- Island **1915**
- Norwegen **1913**
- Schweden **1921**
- Finnland **1906**
- Dänemark **1915**
- Estland **1918**
- Lettland **1918**
- Litauen **1918**
- Irland **1928**
- Großbritannien **1928**
- Frankreich **1944**
- Niederlande **1919**
- Luxemburg **1918**
- Deutschland **1918**
- Polen **1918**
- Tschechoslowakei **1920**
- Belgien **1948**
- Schweiz **1971**
- Liechtenstein **1984**
- Österreich **1918**
- Ungarn **1945**
- Rumänien **1946**
- Slowenien **1945**
- Jugoslawien **1945**
- Spanien **1931**
- Albanien **1920**
- Italien **1946**
- Bulgarien **1945**
- Griechenland **1952**
- Malta **1947**
- Portugal **1974**

Hamburger Edition

Hedwig Richter | Kerstin Wolff (Hg.)

Frauenwahlrecht

Demokratisierung der Demokratie
in Deutschland und Europa

Hamburger Edition

Hamburger Edition HIS Verlagsges. mbH
Verlag des Hamburger Instituts für Sozialforschung
Mittelweg 36
20148 Hamburg
www.hamburger-edition.de

© 2018 by Hamburger Edition

Umschlaggestaltung: Wilfried Gandras
Satz aus der DTL Dorian von Dörlemann Satz, Lemförde
Karte: Peter Palm, Berlin
Druck und Bindung: CPI books GmbH, Leck
Printed in Germany
ISBN 978-3-86854-323-0
1. Auflage August 2018

Inhalt

Hedwig Richter | Kerstin Wolff
Demokratiegeschichte als Frauengeschichte 7

Raum – Körper – Sprechen

Kerstin Wolff
Noch einmal von vorn und neu erzählt. Die Geschichte des Kampfes um das Frauenwahlrecht in Deutschland 35

Barbara von Hindenburg
Politische Räume vor 1918 von späteren Parlamentarierinnen des Preußischen Landtags 57

Birgitta Bader-Zaar
Politische Rechte für Frauen vor der parlamentarischen Demokratisierung. Das kommunale und regionale Wahlrecht in Deutschland und Österreich im langen 19. Jahrhundert 77

Marion Röwekamp
»The double bind«.
Von den Interdependenzen des Frauenwahlrechts und des Familienrechts vor und nach 1918 99

Raum – Körper – Sprechen

Tobias Kaiser
Die Suffragetten als »Eroberinnen« des politischen Raumes. Zur Bedeutung von Straße und Parlament als Orte der Politik in der Frauenwahlrechtsbewegung um 1900 125

Hedwig Richter
Reformerische Globalisierung.
Neuordnungen vor dem Ersten Weltkrieg — 145

Malte König
Frauenwahlrecht und Prostitution.
Über die Notwendigkeit politischer Selbstvertretung — 166

Raum – Körper – **Sprechen**

Susanne Schötz
Politische Partizipation und Frauenwahlrecht
bei Louise Otto-Peters — 187

Birte Förster
Den Staat mitgestalten.
Wege zur Partizipation von Frauen im Großherzogtum
und Volksstaat Hessen 1904–1921 — 221

Lutz Vogel
Weitgehend chancenlos.
Landtagskandidatinnen in Sachsen 1919–1933 — 249

Harm Kaal
Die Stimmen der Frauen für sich gewinnen.
Auswirkungen des Frauenwahlrechts auf
die niederländische Wahlkultur 1922–1970 — 270

Über die Autorinnen und Autoren — 291

Hedwig Richter | Kerstin Wolff

Demokratiegeschichte als Frauengeschichte

Die Geschichte der Demokratie gibt sich gerne triumphal: mit wehenden Fahnen und geballten Fäusten, über Barrikaden stiebend und Mauern einreißend. Demokratische Staaten feiern Revolutionen als ein geradezu heiliges Erbe. Der Kampf – so die Erzählung – liege der Demokratie zugrunde, weil Menschen sich nach Partizipation sehnen und mit Macht und Gewalt um ihr Mitbestimmungsrecht kämpfen. Der zentrale Topos eines globalen Demokratienarrativs lautet: Demokratiegeschichte ist ein revolutionärer Kampf von unten gegen oben, und es liegt auf der Hand, dass diese Geschichte in aller Regel eine Männergeschichte ist.[1] Entsprechend gestaltet sich die demokratische Ikonografie. Von den europäischen Barrikaden, über die philippinischen Freiheitskämpfer, von den bewaffneten Rebellen in Kenia bis zu George Washingtons Armee – die Geschichte der Ursprünge von Demokratie präsentiert sich der Welt als eine Geschichte von Männern in Waffen und im Aufruhr. Das Gesicht des bärtigen, bewaffneten Che Guevara wird in reichen und stabilen Demokratien gerne von jungen Männern als Konterfei auf dem T-Shirt getragen: Der für bestimmte Ziele gewaltausübende Mann ist die zur Popikone komprimierte Sehnsucht nach Freiheit und Demokratie. Der Fall Kuba zeigt einen weiteren Erzählstrang: Paradoxerweise sind diese fast überall anzutreffenden Demokratie- und Freiheitsgeschichten spezifisch nationale Erzählungen.

---

1 Prototypisch für diese Erzählung: Sean Wilentz, Rise of American Democracy. Jefferson to Lincoln, New York u. a. 2005, S. xix.

Es ist also folgerichtig, wenn die politische Ermächtigung der Hälfte der Menschheit durch das Frauenwahlrecht in vielen Demokratiegeschichten kaum der Erwähnung wert erscheint. Der Stoff passt nicht in die Erzählanordnung, nicht in das »emplotment«, um mit Hayden White zu sprechen.[2] Allenfalls die gewalttätigen Suffragetten in Großbritannien erhalten in der globalen demokratiehistorischen *Hall of Fame* ein Denkmal, und sie sind es, derer in Spielfilmen mit Starbesetzungen gedacht wird. Das Bedürfnis, Demokratiegeschichte als Geschichte des gewalttätigen Kampfes zu erzählen, verleitet also dazu, ausgerechnet eine kleine Minderheit unter den Frauenrechtlerinnen in den Fokus der Geschichte des Frauenwahlrechts zu rücken. Für Deutschland wird häufig behauptet, es sei die spezifische Revolution am Ende des Ersten Weltkriegs gewesen, die das Wahlrecht hervorgebracht habe, und immer noch findet sich die Meinung, der Krieg sei der Vater des Frauenwahlrechts – womit die Bedeutung der sich seit Mitte des 19. Jahrhunderts formierenden Frauenbewegung ebenso missachtet wird wie die Komplexität des ganzen Prozesses überhaupt. Die Geschichte des Frauenwahlrechts wird also, wenn sie denn Erwähnung findet, in das nationale Erzählmuster von Revolution und Krieg gepresst.

Die Beiträge in diesem Band erzählen andere Geschichten, denn die Einführung des Frauenwahlrechts zwingt dazu, alte Narrative zu überdenken und den Blick zu weiten. Die Autorinnen und Autoren dieses Bandes zeigen dies quellengesättigt und an konkreten Beispielen. Dieser Band weitet das Feld in *drei* Richtungen, wobei er oft neuere Forschungsansätze aufnehmen kann: Erstens wird ein weiter Begriff von Politik und *citizenship* genutzt.[3] Zweitens verstehen wir

---

2 Hayden White, Metahistory. Die historische Einbildungskraft im 19. Jahrhundert in Europa, Frankfurt am Main 1991.

3 Ute Frevert / Heinz-Gerhard Haupt (Hg.), Neue Politikgeschichte. Perspektiven einer historischen Politikforschung, Frankfurt am Main / New York 2005; Thomas Mergel, Kulturgeschichte der Politik, Version: 2.0, in: Docupedia Zeitgeschichte, http://docupedia.de/zg/Kulturgeschichte_der_Politik_Version_2.0_Thomas_Mergel [29. 3. 2018]; Barbara Stollberg-Rilinger, Einleitung. Was heißt Kulturgeschichte des Politischen?, in: dies. (Hg.), Was heißt Kulturgeschichte des Politischen?, Berlin 2004, S. 9–24.

wie in der historischen Demokratieforschung länger schon gefordert und in der Frauengeschichte vielfach eingelöst Demokratiegeschichte transnational,[4] und drittens legen wir einen Schwerpunkt darauf, wie Demokratie geschlechtlich praktiziert und erzählt wird – eine Erweiterung, über die in der politikwissenschaftlichen Forschung viel nachgedacht wird, weniger jedoch in der demokratiehistorischen.[5]

Was den *ersten* Punkt eines erweiterten Begriffs von Politik und *citizenship* betrifft, so sind die Anregungen der Historikerin Paula Baker fundamental, die von der »domestication of politics« während des 19. Jahrhunderts spricht: Das bedeutet einerseits die Inkorporation der häuslichen Sphäre in die Politik, andererseits die Zähmung des zuvor als männlich gedachten politisch-öffentlichen Einflussbereichs.[6] So beschäftigen sich die Autorinnen und Autoren dieses Buches mit dem Kampf für kommunale Armenfürsorge oder Prostitu-

---

4 Vgl. etwa Edmund S. Morgan, Inventing the People. The Rise of Popular Sovereignty in England and America, New York 1989; Caroline Daley / Melanie Nolan (Hg.), Suffrage and Beyond. International Feminist Perspectives, New York 1994; Margaret L. Anderson, Lehrjahre der Demokratie. Wahlen und politische Kultur im Deutschen Kaiserreich, Stuttgart 2009; Joanna Innes / Mark Philip (Hg.), Reimaging Democracy in the Age of Revolutions. America, France, Britain, Ireland 1750–1850, Oxford 2015. Zur Transnationalität der Frauengeschichte vgl. beispielhaft Anja Schüler, Frauenbewegung und soziale Reform. Jane Addams und Alice Salomon im transatlantischen Dialog, 1889–1933, Stuttgart 2004; Dawn Teele, Forging the Franchise. The Political Origins of the Women's Vote, Princeton 2018; Malcolm Crook, L'Avènement du suffrage féminin dans une perspective globale (1890–1914), in: Landry Charrier (Hg.), Circulations et réseaux transnationaux en Europe (XVIIIe–XXe siècles), Berlin 2013, S. 57–68. Allerdings halten sich gerade im angelsächsischen Raum nach wie vor Sonderwegerzählungen, vgl. etwa Jad Adams, Women & the Vote. A World History, Oxford 2014, S. 261–277.
5 Vgl. etwa Carole Pateman, The Disorder of Women. Democracy, Feminism, and Political Theory, Stanford 1989; Barbara Holland-Cunz, Feministische Demokratietheorie, Opladen 1998; Gundula Ludwig / Birgit Sauer / Stefanie Wöhl (Hg.), Staat und Geschlecht. Grundlagen und aktuelle Herausforderungen feministischer Staatstheorie, Baden-Baden 2009; Jean L. Cohen / Andrew Arato, Civil Society and Political Theory, Cambridge, Mass. 1992.
6 Paula Baker, The Domestication of Politics. Women and American Political Society, 1780–1920, in: *The American Historical Revue* 89/3 (1984), 620–647.

tionsregulierungen, sie denken Familien- und Wahlrecht zusammen, erzählen von Frauen-Lesesälen und Körperpraktiken auf offener Straße oder vom weiblichen Reden im Gerichtssaal. Diese »domestication of politics«, zu der wesentlich die Herausbildung des Wohlfahrtstaates gehört, einer zentralen Säule von Demokratie, fand bereits vor dem Ersten Weltkrieg einen Höhepunkt.[7]

Auch Carole Pateman, die einen international vergleichenden Blick auf die Implementierung des Frauenwahlrechts wirft, verweist auf die Vorkriegsjahre. In dieser Zeit habe sich die Bedeutung des Wahlrechts überhaupt geändert. Mit dem Politikwissenschaftler C. B. Macpherson vermutet Pateman, dass durch die neue Machtfülle der Parteien das Wahlrecht gezähmt und daher weniger gefürchtet worden sei. International gesehen (insbesondere im Hinblick auf die partizipative Bedeutung der Parteien für die Massenmobilisation) aber erscheint uns ein anderer von Pateman genannter Faktor wichtiger: Mittlerweile galt das Massenwahlrecht nicht zuletzt dank der Entwicklungen in der Vorkriegszeit als unverzichtbare Voraussetzung für Herrschaftslegitimation. In Deutschland oder Frankreich war das nicht wesentlich anders als in Belgien oder in den USA.[8] Diese Aufbrüche vor dem Ersten Weltkrieg sprechen für die These, die Historikerinnen wie Ute Planert, Sandra Stanley Holton oder Angelika Schaser seit längerer Zeit darlegen, dass das Wahlrecht für Frauen durch den Krieg eher hinausgezögert als befördert worden sei.[9] Das Frauen-

---

7 Vgl. aus der reichhaltigen Forschung etwa Kerstin Wolff, »Stadtmütter«. Bürgerliche Frauen und ihr Einfluss auf die Kommunalpolitik im 19. Jahrhundert (1860–1900), Königstein i. Ts. 2003. Angelika Schaser, Frauenbewegung in Deutschland 1848 bis 1933 (= Geschichte kompakt, Bereich Neuzeit), Darmstadt 2006; Gro Hagemann u. a. (Hg.), Women's Politics and Women in Politics. In Honor of Ida Blom, Oslo 2000; Gisela Bock / Pat Thane, Maternity and Gender Politics. Women and the Rise of the European Welfare States, 1880s–1950s, London / New York 1991.
8 Patemen, Beyond Suffrage, S. 343; Hedwig Richter, Transnational Reform and Democracy. Election Reform in New York City and Berlin around 1900, in: *Journal of the Gilded Age and Progressive Era* 15 (2016), S. 149–175.
9 Sandra Stanley Holton, Feminism and Democracy, Women's Suffrage and Reform Politics in Britain, 1900–1918, London 2003, S. 130; Ute Planert, Nation und Nationalismus in der deutschen Geschichte, in: *Aus Politik und Zeitgeschichte* 39

wahlrecht kam auch in Deutschland nicht über Nacht, durch Krieg und Revolution in die Welt gestoßen.

Zur Bedeutung der Frauenbewegung gehörte die anwachsende internationale Vernetzung der Welt, die häufig als erste Globalisierung bezeichnet wird.[10] Und das ist die *zweite* Perspektiverweiterung: Es lohnt sich, Demokratiegeschichte transnational zu verstehen. Die Beiträge von Malte König oder Hedwig Richter zeigen, dass die Geschichte der Frauenwahlrechtsbewegung als integraler Teil der ersten Globalisierung um 1900, mit ihrer Transnationalität und als verstörender Faktor im aufkommenden Zeitalter der Extreme, dazu beitragen kann, die nationalen Erzählmuster zur Demokratie aufzubrechen.[11] Wie erwähnt betonen gerade die Studien zur Frauengeschichte den globalhistorischen und transnationalen Aspekt der Demokratiegeschichte. Auch wenn sich Aktivistinnen häufig innerhalb dezidiert nationaler Diskurse bewegten, engagierten sie sich insbesondere im nordatlantischen Raum für die gleichen Bereiche und betteten fast immer das Wahlrecht in einen größeren Zusammenhang von Sozialreformen und speziellen Frauenrechten ein.[12]

Dabei bleibt es für die Analyse wichtig, der Frage nachzugehen, warum Demokratiegeschichten nationalen Narrativen folgen: Seit Demokratie in der ersten Hälfte des 20. Jahrhunderts weithin zur Ver-

---

(2003), S.11–18, hier S.18; auch mit weiterer Forschung: Angelika Schaser, Zur Einführung des Frauenwahlrechts vor 90 Jahren am 12. November 1918, in: *Feministische Studien* 1 (2009), S. 97–110, hier S. 107.

10 Michael Geyer / Charles Bright, World History in a Global Age, in: *The American Historical Review* 100 (1995), S. 1034–1060, hier S. 1044–1047.

11 Beispielhaft sei hier auf zwei Aufsätze mit Forschungsüberblick verwiesen: Ida Blom, Structures and Agency; Agency. A Transnational Compairison of the Struggle for Women's Suffrage in the Nordic Countries During the Long 19th Century, in: *Scandinavian Journal of History* 27/5 (2012), S. 600–620; Crook, L'Avènement du suffrage féminin; vgl. generell zur Forschung über das Frauenwahlrecht den Literaturüberblick im Beitrag von Kerstin Wolff und in der Einleitung.

12 Vgl. Literatur in Fußnote 4; Daniel Rodgers spricht von einer »atlantischen Ära der Sozialpolitik« für die Zeit von 1870 bis zum Zweiten Weltkrieg, in: Daniel T. Rodgers, Atlantiküberquerungen. Die Politik der Sozialreform, 1870–1945, Stuttgart 2010, S. 14f.

heißung wurde und ein globales Renommee errungen hat,[13] betrifft Demokratie das Selbstbild, die Selbstdarstellung – das, was Personen, Gruppen oder Nationen als ihre Identität präsentieren. Nationale Erinnerungskulturen und Historiografien sind unverzichtbar für diese Selbstkonstruktionen. Und so lautet eine unserer Thesen: Demokratiegeschichte hängt eng mit Identitätserzählungen zusammen, mit Vorstellungen von Gesellschaft, Nation und Staat und mit dem Verständnis von Herrschaft – allesamt geschlechtlich konnotierte, normative Begrifflichkeiten.[14]

Das erklärt auch die zahlreichen Exzeptionalismusgeschichten, die nationale Forschungen in verschiedenen Ländern zur Einführung des Frauenwahlrechts hervorgebracht haben – obwohl doch schon der Umstand, dass das Frauenwahlrecht in zahlreichen Ländern innerhalb weniger Jahre parallel eingeführt wurde, verdeutlicht, wie wenig plausibel rein nationale Erklärungen sind. Für Historikerinnen und Historiker in der jungen Bundesrepublik beispielsweise war es wichtig, die Frauenbewegung in das historische Narrativ einer von jeher deutschen Demokratiefeindlichkeit einzubetten: Unter Missachtung zahlreicher Parallelen in anderen Ländern diagnostizierten sie einen besonders starken deutschen Antifeminismus, eine besonders schwache oder besonders nationalistische oder besonders auf Mütterlichkeit absetzende Frauenbewegung im deutschsprachigen Raum, allein in Deutschland sei die Frauenbewegung stark zerstritten gewesen und habe nicht an einem Strang gezogen.[15] Doch die Phäno-

---

13 Adam Tooze, Ein globaler Krieg unter demokratischen Bedingungen, in: Tim B. Müller / Adam Tooze (Hg.), Normalität und Fragilität. Demokratie nach dem Ersten Weltkrieg, Hamburg 2015, S. 37–70; C. B. Macpherson, The Life and Times of Liberal Democracy, New York 1977, S. 64–69.

14 Andrea Maihofer, Geschlecht als Existenzweise. Macht, Moral, Recht und Geschlechterdifferenz, Frankfurt am Main 1995; Iris Marion Young, Das politische Gemeinwesen und die Gruppendifferenz. Eine Kritik am Ideal des universalen Staatsbürgerstatus, in: Herta Nagl-Docekal u. a. (Hg.), Jenseits der Geschlechtermoral. Beiträge zur feministischen Ethik, Frankfurt am Main 1993, S. 267–304.

15 Vgl. Herrad-Ulrike Bussemer, Frauenwahlrecht, in: dies. u. a. (Hg.), Debatte um das Frauenwahlrecht in Deutschland, Hagen 1992, S. 5–19; Amy Hackett, The German Women's Movement and Suffrage, in: Robert J. Bezucha (Hg.), Modern

mene glichen sich in den verschiedenen Staaten.[16] Kerstin Wolff untersucht in ihrem Beitrag, wie diese Erzählungen zu Deutschland entstanden und welche Rolle sie spielten – zur Stärkung des eigenen Lagers und Diffamierung der anderen etwa oder um sich aus taktischen Gründen weniger entschieden feministisch zu geben. Wolff kann aufzeigen, dass es der sich selbst als radikal bezeichnende bürgerliche Flügel der Frauenbewegung war, der die Meistererzählung für den Wahlrechtskampf vorgab, dem dann die frühe Geschichtsforschung folgte. Demnach habe sich der Großteil der deutschen Frauenbewegung nicht für das Wahlrecht interessiert.[17] Ein Irrtum, wie beispielsweise im Beitrag von Susanne Schötz über die Anfänge der deutschen Frauenbewegung deutlich wird.

Die Revolutionsnarrative bestärkten die nationalen Sondererzählungen. Die Demokratieunfähigkeit der Deutschen beispielsweise wird daran festgemacht, dass allein die Revolution von 1918/19 diesem Land das Frauenwahlrecht aufzwingen konnte (wobei ansonsten die deutsche Demokratieaversion gerade an der angeblichen Unfähigkeit zur Revolution nachgewiesen wird).[18] So wird verständlich, wa-

---

European Social History, Lexington 1972, S. 354–386; Barbara Holland-Cunz: Die alte neue Frauenfrage, Frankfurt am Main 2003, S. 43–49 et passim; vgl. die detaillierte Widerlegung deutscher Sonderweggeschichten für das Frauenwahlrecht mit umfassender Literatur bei Gisela Bock, Das politische Denken des Suffragismus. Deutschland um 1900 im internationalen Vergleich, in: dies., Geschlechtergeschichten der Neuzeit. Ideen, Politik, Praxis, Göttingen 2014, S. 168–203.

16 Ute Planert, Wie reformfähig war das Kaiserreich? Ein westeuropäischer Vergleich aus geschlechtergeschichtlicher Perspektive, in: Sven Oliver Müller / Cornelius Torp (Hg.), Das Deutsche Kaiserreich in der Kontroverse, Göttingen 2009, S. 165–184, hier S. 172.

17 Dabei betonte beispielsweise schon die Frauenrechtlerin Ika Freudenberg, die zahlreiche Probleme bearbeitete, mit denen Frauen zu kämpfen hatten, dass man »das politische Wahlrecht der Frau, ihren vollen Anteil an der Gesetzgebung ihres Volkes, als den Kernpunkt der ganzen Frauenbewegung« anzusehen habe – so die Wiedergabe ihres Vortrags anlässlich des Internationalen Frauenkongresses in Berlin 1904 bei Marie Stritt, Der Internationale Frauenkongress in Berlin 1904, Berlin 1905, S. 520.

18 Das erklärt auch, warum die stark parteipolitisch geprägte Sicht der Sozialdemokratin Marie Juchacz aus der ersten Rede einer Abgeordneten im deutschen Par-

rum Großbritannien seine militanten Suffragetten feiert und warum Deutschland sich nicht an seine Rolle erinnert, von der es im Zentralorgan der internationalen Frauenwahlrechtsbewegung »Ius Suffragii« 1919 hieß: Die Einführung des Frauenwahlrechts in Deutschland sei »zweifellos der bedeutendste Sieg«, der bisher je für die Sache gewonnen worden sei. »Deutschland«, so hieß es weiter, komme »die Ehre zu, die erste Republik zu sein, die auf wahrhaften Prinzipien der Demokratie gründet, dem allgemeinen und gleichen Wahlrecht für alle Männer und Frauen.«[19] Der transnationale Zugriff bleibt allerdings nicht jenseits der Kategorie Nation; es geht vielmehr darum, die nationalen Geschichten transnational oder auch national vergleichend zu reflektieren und zu interpretieren.

Drittens schließlich wird mit der Erweiterung des Zugriffs die Reflexion darüber fortgesetzt, wie sich die nahezu exklusive Verbindung der Demokratiegeschichte mit Männlichkeit erklären lässt. Und zwar auf zwei Ebenen: Einerseits wurde Demokratie und Partizipation tatsächlich bis ins 20. Jahrhundert als männlich gedacht, konzipiert und praktiziert – man denke etwa an die dezidiert maskulinen Inszenierungen der Stimmabgabe im 19. Jahrhundert.[20] Zweitens aber hat ein Großteil der Forschung zur Demokratiegeschichte diese tiefe geschlechtliche Durchdringung kaum in die Forschung einbezogen und beispielsweise die demokratische Männlichkeit tatsächlich wie die Zeitgenossen als »Universalität« verstanden. Nicht zuletzt der ideengeschichtliche Zugang zur Demokratiegeschichte spiegelt zuweilen eher die historische Geschlechtlichkeit von Demokratie wider, als dass er sie reflektiert, wenn er von den Männern auf der Agora bis zu den Arbeitern in Massenparteien alles integriert, aber mit den Frauen konsequent die Hälfte der Menschheit ausblen-

---

lament vielfach als historische Tatsache zitiert wird: »[I]ch möchte hier feststellen, und zwar ganz objektiv, daß es die Revolution gewesen ist, die auch in Deutschland die alten Vorurteile überwunden hat.« Rede Marie Juchacz, Stenographischer Bericht, Nationalversammlung, 11. Sitzung, 19. 2. 1919, S.177.
19 Ius Suffragii – *International Woman Suffrage News* 4 (1919), S.1.
20 Vgl. etwa Richard Bensel, The American Ballot Box in the Mid-Nineteenth Century, Cambridge 2004.

det. »Das Studium der historischen Texte ist ein wichtiger Teil«, erklärt Carole Pateman, »aber die meisten der gängigen Interpretationen der Texte übersieht nach wie vor die Tatsache, dass faktisch jede Theorie auf den Mann als den politischen Akteur hin entworfen ist.«[21] Ein weiterer Politikbegriff nun ermöglicht es, beide Geschlechter in den Blick zu nehmen, indem er Entwicklungen einbezieht, die für Demokratisierungsprozesse unverzichtbar waren, wie den Ausbau des Wohlfahrtsstaats oder den Aktionsraum der Kommunen.

Mit dem dritten Punkt weiten wir also zugleich den Begriff von Demokratie. Vorstellungen und Deutungen von Demokratie haben sich immer wieder grundlegend verändert.[22] Eine auf heutige Demokratievorstellungen fixierte, normativ festgelegte Definition erlaubt es kaum, Demokratieentwicklungen vor 1919 oder selbst vor 1945 sinnvoll zu analysieren – sei es in den USA (wo ein gewichtiger Teil der Erwachsenen bis in die 1960er Jahre de facto vom Wahlrecht ausgeschlossen blieb) oder in Europa (wo wie in Frankreich oder Großbritannien die Frauen erst zur Jahrhundertmitte das volle und gleiche Wahlrecht erhielten). Doch im Kern drehte es sich bei Demokratie stets um Vorstellungen und Praktiken von Gleichheit, Freiheit und Gerechtigkeit.[23] Frauengeschichte nun drängt die Demokratieforschung dazu, sich erneut und konsequenter mit dem Konzept von Gleichheit auseinanderzusetzen. Die Forderung nach universaler Gleichheit und Freiheit stand seit dem Revolutionszeitalter im ausgehenden 18. Jahrhundert im Zentrum demokratischer Reflexionen: der Anspruch, dass die Gleichen kraft ihrer Freiheit die Herrschaft aus-

---

21 »The study of the historic texts is an important part of political theory but most standard interpretations of the texts still overlook the fact that virtually every theory is formulated around men as political actors«, Patemen, Beyond Suffrage, S. 337.
22 Vgl. Tim B. Müller/Hedwig Richter (Hg.), Demokratiegeschichten. Deutschland (1800–1933) in transnationaler Perspektive. Themenheft Geschichte und Gesellschaft, im Erscheinen.
23 Vgl. dazu die umsichtigen Ausführungen von Tim B. Müller, Nach dem Ersten Weltkrieg. Lebensversuche moderner Demokratien, Hamburg 2014, S. 22–30, insbes. S. 29.

üben und in Freiheit ihr Leben gestalten.[24] Durch diesen Universalitätsanspruch wird das Umstürzende der Moderne deutlich. Moderne Demokratie heißt in letzter Konsequenz die egalitäre Relevanz aller Menschen – gerade auch für die Herrschaft. Und damit rückt Geschlecht ins Herz der Forschung über Macht und Politik. Geschlecht konstituiert nicht nur Vorstellungen von Herrschaft, sondern trägt wesentlich zur Konstruktion des modernen Staates bei, was auch damit zusammenhängt, dass es zu den wirkmächtigsten Produzenten von Ungleichheit gehört.[25]

Der zähe Ausschluss der Frauen erweist sich im Kontext der allgemeinen Wahlrechtsgeschichte als überaus erklärungsbedürftig. Frauen bildeten eine der wenigen Gruppen, die intensiv und über einen langen Zeitraum hinweg um ihr Wahlrecht gekämpft haben. Während die Einbeziehung von immer mehr Männern im Verlauf des 19. Jahrhunderts häufig sogar von oben oktroyiert wurde, blieb Frauen das Wahlrecht trotz ihres Engagements über Jahrzehnte verwehrt.[26] Und dieser Ausschluss gestaltete sich bis zum Ende des 19. Jahrhunderts bemerkenswert unumstritten und stabil.[27] Warum hielt die Exklusion von Frauen aus dem Gleichheitsverständnis so problemlos an? Diese immer wieder gestellte Frage bleibt essenziell,

---

24 Vgl. dazu pointiert Christoph Möllers, Demokratie – Zumutungen und Versprechen, Berlin 2008, S. 7–26; Müller, Nach dem Ersten Weltkrieg, S. 22–30.
25 Vgl. Joan W. Scott, Gender. A Useful Category of Historical Analysis, in: *The American Historical Review* 91/5 (1986), S. 1053–1075; Young, Das politische Gemeinwesen, S. 267–304.
26 Hilda Sabato, Citizenship, Political Participation and the Formation of the Public Sphere in Buenos Aires 1850s–1880s, in: *Past and Present* 136 (1992), S. 139–163; Alexander Keyssar, Voting, in: Michael Kazin/Rebecca Edwards/Adam Rothman (Hg.), Princeton Encyclopedia of American Political History, Princeton 2009, S. 854–863; Ruth B. Collier, Paths toward Democracy. The Working Class and Elites in Western Europe and South America, Cambridge 1999; vgl. auch den Forschungsüberblick in Hedwig Richter/Hubertus Buchstein, Eine Neue Geschichte der Wahlen, Einleitung, in: dies. (Hg.), Kultur und Praxis der Wahlen. Eine Geschichte der modernen Demokratie, Wiesbaden 2017, S. 1–27.
27 Paula Bartley, Votes for Women 1860–1928, London 2003.

und die Forschung dazu reißt nicht ab.[28] Daran schließt sich die Frage an, warum dann um die Jahre des Ersten Weltkriegs in vielen Ländern möglich wurde, was sich die Jahrzehnte zuvor schlicht als abwegig dargestellt hatte: die Anerkennung von Frauen als Gleiche, als politische Subjekte?[29] Das wiederum führt zu der Frage, wie das universale Wahlrecht aufgenommen wurde und welche Wirkungen es hatte. Die Beiträge in diesem Band befassen sich mit diesen Fragen. Geordnet nach drei Gesichtspunkten tragen sie zu der geforderten Weitung des Blickwinkels bei, mit der die Neuordnung des Geschlechterarrangements – jene zentrale Entwicklung der Demokratisierung – nicht außen vor bleibt, sondern elementar die Analyse durchdringt: Raum, Körper und Sprechen – wobei alle drei eng miteinander verwoben sind und die meisten Texte mindestens zwei dieser Aspekte verdeutlichen.

Raum – Körper – Sprechen

Zunächst müssen auf einer metaphorischen Ebene Staat und Herrschaft als *Raum* verstanden werden, durchdrungen von männlicher Dominanz. Die Geschlechterforschung verweist seit Langem auf die enge Verbindung von staatlicher Ordnung, gesellschaftlichem Selbstverständnis und Geschlecht.[30] Für demokratische und partizipative

---

28   Um nur einige der neueren einschlägigen Arbeiten zu nennen: Blom, Structures and Agency, S. 600–620; Angela K. Smith, Suffrage Discourse in Britain During the First World War, New York 2016; Sandra F. Vanburkleo, Gender Remade. Suffrage, Citizenship, and Statehood in the New Northwest, 1879–1912, Cambridge 2015; Zoé Kergomad, An die Urnen, Schweizerinnen! Die Erfindung der Wählerin im eidgenössischen Wahlkampf von 1971, in: Richter/Buchstein (Hg.), Kultur und Praxis der Wahlen, S. 237–265.
29   Siehe zu dem Fragenkatalog: Carole Pateman, Beyond Suffrage. Three Questions About Woman Suffrage, in: Daley/Nolan (Hg.), Suffrage and Beyond, S. 331–348.
30   Ulla Wischermann, Frauenbewegungen und Öffentlichkeiten. Netzwerke, Gegenöffentlichkeiten und Protestinszenierungen einer sozialen Bewegung um 1900, Königstein i. Ts. 2003; Robert Connell, The State, Gender and Sexual Politics, Theory and Appraisal, in: *Theory and Society* 19 (1990), S. 507–544; Ben Griffin, The Politics of Gender in Victorian Britain. Masculinity, Political Culture and the

Ordnungen ist das aus historischer Sicht bisher eher am Rande untersucht worden. Dabei ist die Frage nach Geschlecht und Identitätserzählungen gerade für Demokratien zentral, denn hier wird die für Herrschaft unverzichtbare Frage nach Legitimität, um mit Max Weber zu reden, »rational« behandelt, was beträchtliche Probleme aufwirft.

Als Legitimationsstifter ersten Ranges wirkt Maskulinität:[31] sowohl im Herrschaftskonzept intellektueller Eliten und ökonomischer Oberschichten als auch in der Arbeiterbewegung, in Monarchien, in denen viele der Frauenrechtlerinnen operierten, ebenso wie in Demokratien. Die historische Dimension dieses Mechanismus ist tief in nationalstaatlichen Strukturen verankert. So weist die Historikerin Karen Hagemann nach, wie eng sich in Deutschland National- und Geschlechtsidentität in der ersten Hälfte des 19. Jahrhunderts miteinander verbanden. Das als unruhig, revolutionsgeschüttelt geltende Frankreich hielten viele Deutsche für den Inbegriff weibischer Wankelmütigkeit. Die demokratisch gesinnten Turner hingegen rühmten sich ihrer intensiven Männlichkeit und bezichtigten ihre Gegner des weibischen Luxus.[32] Auch der »Männlichkeitskult« der Sozialisten im 19. Jahrhundert gründete, wie der Historiker Thomas Welskopp darlegt, tief in patriarchalischen Gesellschaftsvorstellungen.[33]

Struggle for Women's Rights, Cambridge 2012; Gabriele Metzler / Dirk Schumann (Hg.): Geschlechter(un)ordnung und Politik in der Weimarer Republik, Bonn 2016, (Schriften der Stiftung Reichspräsident Friedrich-Ebert-Gedenkstätte 16); Kirsten Heinsohn, Konservative Parteien in Deutschland 1912 bis 1933. Demokratisierung und Partizipation in geschlechterhistorischer Perspektive, Düsseldorf 2010.

31 Pierre Bourdieu, Die männliche Herrschaft [1997], in: Irene Dölling / Beate Krais (Hg.), Ein alltägliches Spiel. Geschlechterkonstruktion in der sozialen Praxis, Frankfurt am Main 1997, S. 153–217, hier S. 158 et passim.

32 Karen Hagemann, Nation, Krieg und Geschlechterordnung. Zum kulturellen und politischen Diskurs in Preußen in den Jahren der antinapoleonischen Erhebung, 1806–1815, in: *Geschichte und Gesellschaft* 22 (1996), 4, S. 562–591, hier S. 571; Daniel A. McMillan, »... die höchste und heiligste Pflicht ...«. Das Männlichkeitsideal der deutschen Turnerbewegung 1811–1871, in: Thomas Kühne (Hg.), Männergeschichte – Geschlechtergeschichte. Männlichkeit im Wandel der Moderne, Frankfurt am Main 1996, S. 89f.

33 Thomas Welskopp, Das Banner der Brüderlichkeit. Die deutsche Sozialdemokratie vom Vormärz bis zum Sozialistengesetz, Bonn 2000, S. 145 u. S. 335–337.

Für die Historiker und Staatsrechtslehrer des frühen und mittleren 19. Jahrhunderts konnte es keinen Zweifel geben: »Unser Staat ist männlichen Geschlechts« (so der Kulturhistoriker Wilhelm Heinrich Riehl 1855 in einer vielgerühmten Studie mit hoher Auflagenzahl),[34] und Heinrich von Treitschke sekundierte: »Obrigkeit ist männlich«, Weiblichkeit hingegen finde in »schamhafter Stille« einer Königin Luise ihre Vollendung.[35] Der Jurist und Staatstheoretiker Johann Caspar Bluntschli begründete 1870 den Ausschluss der Frauen in einem Deutschen Staatswörterbuch mit der »herkömmliche[n] Sitte aller Völker, welche den Staat, der unzweifelhaft ein männliches Wesen ist, auch als die Aufgabe und Sorge der Männer betrachtet«. Er wies darauf hin, dass »die unmittelbare Theilnahme an den Staatsgeschäften unweiblich, für den Staat gefährlich und für die Frauen verderblich wäre«.[36] Männliche Legitimationskraft wirkte auch ex negativo: Wer seine Gegner delegitimieren wollte, identifizierte sie mit Weiblichkeit. Weibliche Herrschaft galt in modernen Staaten des 19. Jahrhunderts als Inbegriff des dekadenten, irrationalen Ancien Régime.[37] Und zur Verunglimpfung demokratischer Herrschaft behaupteten ihre Feinde einen besonders großen Einfluss von Frauen auf das Staatsgeschehen.[38] – Die Logik von legitimierender Männlichkeit und

---

34 Wilhelm Heinrich Riehl [1855], Die Familie, Stuttgart 1861, in: http://gutenberg.spiegel.de/buch/die-familie-1206/3 [16. 12. 2017], S. 5.
35 Zitiert nach Ute Planert, Antifeminismus im Kaiserreich, Göttingen 1998, S. 36; zu Treitschkes Idealisierung Königin Luises s. Birte Förster, Der Königin Luise-Mythos. Mediengeschichte des »Idealbilds deutscher Weiblichkeit«, 1860–1960, Göttingen 2011, S. 143–147; vgl. auch Ute Frevert, »Unser Staat ist männlichen Geschlechts«. Zur politischen Topographie der Geschlechter vom 18. bis frühen 20. Jahrhundert, in: dies., »Mann und Weib, und Weib und Mann«. Geschlechter-Differenzen in der Moderne, München 1995, S. 112.
36 Johann Caspar Bluntschli (Hg.), Deutsches Staats-Wörterbuch. Bd. 11, München 1870, S. 130.
37 Barbara Stollberg-Rilinger, Maria Theresia. Die Kaiserin in ihrer Zeit. Eine Biographie, München 2017, S. XVII.
38 In Karikaturen über Wahlen etwa malten die Demokratiegegner Frauen, vgl. etwa »Acts for better maintaining of the purity of elections«, 1844, American School, (19th century) / American Antiquarian Society, Worcester, Massachusetts, USA; »The Great Suffrage Question. Colored Gentlemen, Strong-Minded

delegitimierender Weiblichkeit bewies indes schon lange vor dem 19. Jahrhundert ihre Gewicht: Die Frau auf dem Thron wurde, wie Barbara Stollberg-Rilinger erläutert, als Staatsgebrechen und Monstrosität betrachtet, ein Umstand, der im Notfall erduldet werden musste; und die Herrscherin tat gut daran, sich symbolisch explizit als männlich zu präsentieren.[39] Zu Recht sind Opfergeschichten in die Kritik geraten, aber diese Bedenken sollten nicht über die Selbstverständlichkeit und Habitualisierung der Exklusion von Frauen hinwegtäuschen, über die Bedeutung der »gender longue durée« (John Tosh).[40]

Die neuen republikanischen oder plebiszitären Herrschaftsformen sahen sich womöglich in einem noch stärkeren Ausmaß auf den Legitimationseffekt von Männlichkeit angewiesen, weil sie keine Rückgriffmöglichkeiten auf den traditionalen Legitimationsbestand von Gottesgnadentum und Geburtsprivilegien hatten.[41] In Frankreich pflegte das revolutionäre Heer eine intensiv maskuline Kultur, und Napoleons Code civil räumte den Ehemännern großzügig juristische und physische Gewalt gegenüber der Ehefrau ein, die nicht als Individuum zählte, sondern als ein unmündiger Teil der Familie.[42]

Women, Minors and Distinguished Foreigners – We all want to vote!«, 1865; eine Zeichnung der Wahlen in New York zeigt kontrastierend den würdevollen Ablauf der Wahlen in einem wohlhabenden Viertel ausschließlich mit männlicher Besetzung, während sich in dem ärmeren Viertel neben prügelnden Kerlen einige Frauen zeigen, Election Day in New York, *The Illustrated London News*, 3.12.1864.

39 Stollberg-Rilinger, Maria Theresia, S. 68–71 u. 88–115 u. 123.
40 John Tosh, Hegemonic Masculinity and the History of Gender, in: Dudnik/Hagemann/Tosh (Hg.), Masculinities, S. 41–60, hier S. 48; vgl. dazu Silvia Bovenschen, Die imaginierte Weiblichkeit. Exemplarische Untersuchungen zu kulturgeschichtlichen und literarischen Präsentationsformen des Weiblichen, Frankfurt am Main 2003, S. 66.
41 Gisela Bock, Frauen in der europäischen Geschichte. Vom Mittelalter bis zur Gegenwart, München 2000, S. 183; vgl. Tosh, Hegemonic Masculinity, S. 41 u. 47–48.
42 Michael J. Hughes, Forging Napoleon's Grande Armée. Motivation, Military Culture, and Masculinity in the French Army, 1800–1808, New York 2012; Ninon Maillard, La Femme, le mari et le juge: étude sur la procédure à fin d'autorisation d'ester en justice, in: *Revue historique de droit français et étranger* 87/4 (2009), S. 599–613; Christoph Sorge, Die Hörigkeit der Ehefrau. Entstehungsgeschichte und Entwicklungslinien von Art 213 Code civil 1804 sowie Kritik der französischen Frauenbewegung, in: Stephan Meder/Christoph-Eric Mecke (Hg.), Re-

Den Gipfel des Männlichkeitskultes aber erreichten im 19. Jahrhundert zweifellos die jungen Vereinigten Staaten, deren Selbstbegeisterung sich gleichermaßen an ihrer Freiheit und an ihrer Männlichkeit berauschte. Im dichotomischen Weltbild vieler Amerikaner (in dem die neue Welt der Freiheit gegen das tyrannische Europa stand) zählte Luxus zur Sphäre der Frauen, diesmal als Ausdruck weibisch-europäischer Aristokratie, die im Gegensatz zum kernigen Republikanismus stehe.[43] Die renommierte *Democratic Review* erläuterte: »Das große konservative Element unserer Regierung besteht im Ausschluss der Frauen von einer aktiven Teilnahme an den politischen Gremien der Nation.« Die Monarchien hingegen seien vor einem weibisch schwachen Thronfolger oder gar vor einer Frau auf dem Thron nicht gefeit. Da in Amerika ausschließlich Bildung und Leistung zählten, blieben Frauen – »disqualified by nature« – in der angemessenen Unterordnung.[44] Überhaupt bestätigte die Vorstellung von Demokratie als der »natürlichen« Staatsform den Anspruch der Männerherrschaft. Dass in Frankreich immer wieder revolutionäre Unordnung herrsche, lag auch nach Überzeugung vieler Amerikaner an dem widernatürlichen Einfluss der Frauen auf die Regierung.[45] Der Akt der Stimmabgabe bei den Wahlen gewann gerade in den Vereinigten Staaten durch seine Identifizierung mit Männlichkeit an Bedeutung und Attraktivität.[46]

formforderungen zum Familienrecht international, Bd. 1: Westeuropa und die USA (1830–1914), Köln u. a. 2015, S. 126–187.

43 Michael Kimmel, Manhood in America. A Cultural History, New York u. a. 1996, S. 19 u. 28, S. 59–61; vgl. dazu Washington Irving, A Tour on the Prairies, 1835, http://www.telelib.com/authors/I/IrvingWashington/prose/tourofpheprairies/index.html [10.12.2017], Kap. 10.

44 Female Influence in the Affairs of State, in: *Democratic Review* 43 (1859), S. 175 f. u. 177.

45 The Homes of America the Hope of the Republic, in: *Democratic Review* 38/11 (1856), S. 292–298; Female Influence in the Affairs of State – Politics not Woman's Sphere, in: *Democratic Review* 43 (1859), S. 178–185; vgl. auch Six Weeks in the Moon, in: *Democratic Review* 1 (1853), S. 513–523.

46 David Grimsted, American Mobbing, 1828–1861. Toward Civil War, New York 1998, S. 181; mit einem Überblick über die neuere Forschung Hedwig Richter, Moderne Wahlen. Eine Geschichte der Demokratie in Preußen und den USA im 19. Jahrhundert, Hamburg 2017, S. 137–228.

Moderne Wahlen, also solche mit einem prinzipiellen Anspruch auf ein allgemeines Wahlrecht, definierten paradoxer- und logischerweise den Ausschluss der Frau explizit. Das betraf etwa das preußische Wahlrecht nach der Städteordnung von 1808, den britischen *Reform Act* von 1832 oder die Einzelstaaten der USA – wo die Republikaner im Jahr 1868 die Wahlqualifikation »male« sogar in die Bundesverfassung schrieben. Carole Pateman kommentiert: »Das schiere Frausein bedeutet die Disqualifizierung für Staatsbürgerschaft.«[47] Gisela Bock hat die These aufgestellt, dass die extrem späte Einführung des Frauenwahlrechts in den Ländern mit einer besonders lauten und alten republikanischen Rhetorik kein Zufall sei: in Frankreich 1944 und in der Schweiz 1971; vielmehr habe die Verbindung von Männlichkeit und Republik hier so tiefe Wurzeln schlagen können, dass Veränderungen auf besonders heftigen Widerstand stießen.[48]

Wie es Frauen – mit Mühen, Witz und politischem Sachverstand – nach und nach gelingen konnte, in diesen in jederlei Hinsicht mit Männlichkeit durchdrungenen Bereich hineinzugelangen, untersuchen Marion Röwekamp, Birgitta Bader-Zaar, Barbara von Hindenburg und Kerstin Wolff in ihren Beiträgen im ersten Teil des Bandes über den Raum. Zuerst gelang das bereits im 19. Jahrhundert auf lokaler Ebene. Im Jahr 1869 etwa erhielten britische Frauen das kommunale Wahlrecht und US-amerikanische Frauen das Stimmrecht im Bundesstaat Wyoming. Gegen Ende des 19. Jahrhunderts eröffneten sich immer mehr Partizipationsmöglichkeiten in sozialen Institutionen, in Kirchen oder in Städten.

Birgitta Bader-Zaar, Birte Förster und Barbara von Hindenburg diskutieren die vielfältigen Partizipationsrechte, die Frauen besaßen, bevor sie das nationale Wahlrecht erhielten. Dabei handelte es sich zum Teil um frühneuzeitliche Privilegien, wie das Gemeindestimmrecht verwitweter Grundbesitzerinnen; teilweise handelte es sich um neu erworbene Rechte, wie etwa das Wahlrecht in sozialen Einrich-

---

47 Patemen, Beyond Suffrage, S. 336.
48 Gisela Bock, Wege zur demokratischen Bürgerschaft: transnationale Perspektiven, in: dies., Geschlechtergeschichten der Neuzeit, S. 204–240.

tungen. Legen aber diese Befugnisse nicht doch die Einsicht nahe, dass der Ausschluss von Frauen keineswegs kategorisch gewesen sei? Jedoch waren diese Wahlberechtigungen in der Regel ein Überbleibsel, das erneut zeigt, dass die ständische Ordnung zwar weibliche Herrschaft kannte, sie aber als notwendiges Übel erachtete: Frauen durften in diesen frühneuzeitlichen Verfahren ihre Stimme nicht selbst abgeben, denn der Herrschaftsraum gehörte den Männern; die wahlberechtigte Frau war gezwungen, einen männlichen Stellvertreter zur Stimmabgabe zu schicken. Bezeichnenderweise verloren viele Frauen im 19. Jahrhundert mit der Purifizierung und der Ausformulierung von Politik als männlicher Domäne das Recht auf ihre Stimme, teilweise ging jedoch auch nur das Wissen um ihr Stimmrecht verloren. Diese Gemengelage nun nutzten einige Frauenrechtlerinnen um die Wende zum 20. Jahrhundert, so Barbara von Hindenburg und Birte Förster in ihren Studien. Die Aktivistinnen gaben dem alten Recht eine neue Bedeutung: Das obsolete weibliche Stimmrecht, in dem die Frau beispielsweise nur als Witwe Gültigkeit besaß und als Ersatz für den verstorbenen Ehemann diente, interpretierten Frauenrechtlerinnen um in ein individuelles Recht. Sie suchten die wahlberechtigten Frauen auf, erinnerten sie an ihre Möglichkeiten, fanden bei Bedarf Männer, die sich zur Stellvertreterwahl bereit erklärten, und schufen damit für sich und ihre Anliegen eine neue Öffentlichkeit. In Hessen-Nassau machten im Jahr 1911 mit 415 Frauen immerhin ein Drittel der Wählerinnen von ihrem Wahlrecht Gebrauch; in Schlesien waren es teilweise bis zu hundert Prozent. Eine solche Partizipation konnte auch für konservative Frauen zu einem Symbol weiblicher Ermächtigung werden, blieben sie damit doch innerhalb des traditionalen Rahmens.[49]

Als einer der wichtigsten Aktionsräume in der Transformationszeit um 1900 diente der kommunale Raum. Hier konnten sich traditionale und emanzipative Vorstellungen vermengen und die weiblich private Sphäre und die männlich öffentliche Sphäre schleichend ver-

---

[49] Vgl. zum diffizilen Beitrag konservativer Frauen zur Frauenemanzipation Heinsohn, Konservative Parteien in Deutschland 1912 bis 1933, Planert, Antifeminismus im Kaiserreich.

mischen.⁵⁰ Da Frauen zumeist für den sozialen Bereich arbeiteten, ließ sich das kommunale Wahlrecht bei Bedarf gar als »unpolitisch« beschreiben (was konservative Frauen als Argument für das weibliche Kommunalwahlrecht nutzten und Sozialistinnen als Argument dagegen). Mit ihrer Propagierung der sozialen Arbeit – im Sinne von Paula Bakers »domestication of politics« – und mit der Thematisierung des Privaten im Öffentlichen vertraten die Frauenrechtlerinnen und Frauenrechtler ein weiter gefasstes Konzept von *citizenship*, das Kathleen Canning als »participatory citizenship« definiert.⁵¹ Entsprechend herrschte in den meisten Ländern unter einer Mehrheit der Frauenrechtlerinnen die Auffassung vor, dass sich das Frauenwahlrecht nicht von den anderen Rechten, Reformen und Forderungen der Bewegung trennen ließe. Wie Marion Röwekamp in ihrem Aufsatz zeigt, nutzten Frauen andere Reformforderungen oft unterschwellig, um damit zugleich das Frauenwahlrecht zu plausibilisieren und zu befördern.

Dass das Wahlrecht gleichwohl auf nationaler Ebene lange Zeit für eine überwältigende Mehrheit weiterhin nicht infrage kam, unterstreicht seine identitätsstiftende und legitimierende Bedeutung für die Nation, die sich ohne grundstürzende Änderungen schlicht nur männlich denken ließ.⁵² In einigen Ländern saß das Misstrauen der Regierungen gegen ein nationales Frauenwahlrecht so tief, dass die Gesetzgeber bei seiner Einführung zur Reinhaltung der Wählerschaft besondere Kautelen einfügten, die einiges über die identitäts-

---

50 Wobei die Forschung schon länger darauf hingewiesen hat, dass diese Trennung in der Praxis keineswegs so absolut war, wie in der Theorie angenommen, Ute Planert, Vater Staat und Mutter Germania. Zur Politisierung des weiblichen Geschlechts im 19. und 20. Jahrhundert, in: dies. (Hg.), Nation, Politik und Geschlecht. Frauenbewegungen und Nationalismus in der Moderne, Frankfurt am Main 2000, S. 15–65, hier S. 25 u. 30.
51 Kathleen Canning, Citizenship vs. National Identity in Modern Germany, in: Geoff Eley/Jan Palmowski (Hg.), Citizenship and National Identity in Twentieth-Century Germany, Stanford, Ca. 2008, S. 214–231; vgl. auch dies., Claiming Citizenship. Suffrage and Subjectivity in Germany After the First World War, in: dies./Kerstin Barndt/Kristin McGuire (Hg.), Weimar Publics/Weimar Subjects. Rethinking the Political Culture of Germany in the 1920s, New York 2010, S. 116–137.
52 Pateman, Beyond Suffrage, S. 331.

stiftenden Implikationen des nationalen Wahlrechts aussagen: Österreich und Italien etwa schlossen Prostituierte von den Wahlen aus – nicht jedoch die Freier –, und Belgien exkludierte mit der Erweiterung des Wahlrechts 1920 alle Frauen, die keine Mütter waren oder uneheliche Kinder hatten.

Der symbolische Raum der Politik und des Staates verband sich mit konkreten physischen Räumen. Als 1908 das alte Vereinsrecht in Preußen fiel, das den Frauen politische Versammlungen untersagt hatte, erschien das vielen Akteurinnen und Akteuren vor allem als ein symbolischer Sieg. Frauen hatten längst Mittel und Wege gefunden, das rechtliche Relikt zu umgehen; sie durften ohnehin offiziell an politischen Treffen teilnehmen, jedoch in einem separaten Raum, für dessen Markierung oft ein Strick diente. Als das Recht fiel, feierten in Breslau die Frauenrechtlerinnen die Befreiung des Raums: Sie rollten die »drollige« schwarzweiße Schnur »als ein Symbol vergangener Tage« ein, wie sie festhielten.[53] Durch Leseräume und Beratungsräume für Frauen, durch Redaktionsstuben für Frauenzeitschriften und Büros der Frauenorganisationen, durch bessere Mädchenschulen und die Öffnung der Universitäten: Der Raum der Frauen weitete sich hinein in die Öffentlichkeit. Tobias Kaiser und Malte König verdeutlichen in ihren Beiträgen, wie Frauen bereits in den Vorkriegsjahren bei den Demonstrationen in Großbritannien oder den USA, aber auch in kleinerem Umfang in Deutschland oder Frankreich Platz und Raum in der Öffentlichkeit reklamierten. Und schließlich hielten Frauen mit dem Wahlrecht auf den Podien der Parlamente und der Gerichtssäle Einzug.

Der Einsatz für Frauenrechte war für viele Reformerinnen und Frauenrechtlerinnen gleichbedeutend mit dem Kampf gegen Gewalt und für mehr Wohlfahrt, wie Hedwig Richter in ihrem Beitrag untersucht. Diese Diskurse lassen sich als eine spezifische Ermächtigung der Frauen verstehen: als Aneignung ihres *Körpers* – womit wir beim zweiten Gesichtspunkt wären. Denn während für die moderne staatliche Ordnung konstitutiv war, dass das souveräne Subjekt, der

---

53 Vgl. den Beitrag von Barbara von Hindenburg.

Mann, seinen Körper (die »grundlegendste Form des Eigentums«)[54] bezähmt, galt die Frau durch die Möglichkeit der Mutterschaft als von ihrem Körper beherrscht – so die Analyse der Politologin Gundula Ludwig.[55] Für die Frage nach der Beharrungskraft der Geschlechterordnung, aber auch nach den Veränderungsmöglichkeiten ist also eine Analyse des Körpers zentral, wie in den Beiträgen von Tobias Kaiser, Malte König und Hedwig Richter im zweiten Teil des Bandes deutlich wird. Pierre Bourdieu beschreibt die »Somatisierung gesellschaftlicher Herrschaftsverhältnisse«: »Der gesellschaftlich geformte biologische Körper ist also ein politisierter Körper oder, wenn man das vorzieht, eine inkorporierte Politik.«[56] Die Minderwertigkeit der Frau, ihre Inkompetenz für Herrschaft – und damit das Geschlecht von Politik – waren nicht nur mental tief verankert, sondern in die »Körper eingeschrieben«.[57]

Im 19. Jahrhundert begannen Frauen Mutterschaft umzudefinieren und besetzten sie positiv als elementare gesellschaftliche Aufgabe. Emmeline Pankhurst gab als wesentliche Ursache für ihren Kampf die mütterliche Sorge um uneheliche Kinder an, um die sich »nur die Frauen wirklich kümmern«.[58] Die Probleme dieser Welt, die soziale Frage, Alkoholismus, Kinderarmut, Gesundheitsprobleme, schlechte Arbeitsbedingungen – dafür brauche die Gesellschaft eben: Frauen. Männer hingegen galten in dieser differenzfeministischen Argumentation als unbeherrscht und aggressiv.[59] So entwickelten

---

54 Philipp Sarasin, Reizbare Maschinen. Eine Geschichte des Körpers 1765–1914, Berlin 2001, S. 76.
55 Gundula Ludwig, Zur Dekonstruktion von »Frauen«, »Männern« und »dem Staat«, Foucaults Gouvernementalitätsvorlesungen als Beitrag zur Weiterentwicklung feministischer poststrukturalistischer Staatstheorie, in: *femina politica* 2 (2010), S. 39–49, hier S. 42f. u. 46.
56 Bourdieu, Die männliche Herrschaft, S. 173 u. 186.
57 Ebd., S. 159; vgl. zur Konstruktion des disqualifizierenden Verhältnisses der Frauen zu ihren Körpern: Ludwig, Dekonstruktion, S. 42f.
58 Emmeline Pankhurst, Suffragette. Die Geschichte meines Lebens, Göttingen 2016, S. 31.
59 Christoph Kucklick, Das unmoralische Geschlecht. Zur Geburt der Negativen Andrologie, Frankfurt am Main 2015.

sich Prostitution und Alkohol zu zwei der am häufigsten diskutierten Themen der Jahrhundertwende.[60] Sie standen für jene destruktive Männlichkeit, die es zu zähmen galt. Frauen griffen international das Thema der Prostitution auf, wie Malte König in seinem Beitrag entfaltet, und nutzten es als Diskurs, anhand dessen sie von einem moralisch geradezu unangreifbaren Standpunkt aus Männer attackieren und ihre Souveränität einfordern konnten. Die verschiedenen Strömungen der Frauenbewegung engagierten sich auf dem weiten Themenfeld der »Sittlichkeit«, reklamierten ihre Kompetenz – und verknüpften sie mit der Stimmrechtsfrage. Die »Domestizierung der Politik« griff immer mehr um sich.[61]

Der Kampf gegen Gewalt war für die Frauenrechtlerinnen nicht ein Thema unter vielen, sondern ihre vermeintlich von der Natur gegebene Gewaltfreiheit galt ihnen als Ausweis ihrer besonderen Befähigung zur Politik und zur Neugestaltung der Gesellschaft. War Souveränität durch Körperbeherrschung zuvor mit physischer Gewalt verbunden (etwa der waffenfähige Mann oder der Ehemann, der seine Frau züchtigt), so beschrieben Frauen körperliche Souveränität zunehmend als die Fähigkeit zur Friedfertigkeit. Nur eine Minderheit der Frauenrechtlerinnen entschied sich dann auch dafür, Gewalt als Mittel ihres Kampfes zu nutzen. Nach Ansicht vieler Frauenrechtlerinnen leisteten diese radikalen Aktionen der britischen Suffragetten keineswegs Überzeugungsarbeit für die Frauenrechte, sondern verunglimpften die Frauenbewegung und wirkten auf die mit der weiblichen Differenz argumentierende Strategie der Frauenbewegung kontraproduktiv. Der in Tobias Kaisers' Beitrag untersuchte *Black Friday* am 18. November 1910 in London mit den Ausschreitungen gegen die Suffragetten entsetzte zwar die Öffentlichkeit wegen der polizeilichen Gewalt und sorgte für Aufmerksamkeit, doch schienen die brutalen Enthemmungen für viele Beobachterinnen und Beobachter ein Ausdruck dafür zu sein, dass die richtige Ordnung gestört war – und wieder hergestellt werden müsse. John Stuart Mill hinge-

---

60 Vgl. zur neuesten Forschung Kerstin Wolff, Anna Pappritz (1861–1939). Die Rittergutstochter und die Prostitution, Sulzbach i. Ts. 2017.
61 Vgl. dazu auch Wischermann, Frauenbewegungen.

gen forderte das Wahlrecht der Frauen mit dem Hinweis auf häusliche Gewalt, auf »die Anzahl der Frauen, die jährlich von ihren männlichen Beschützern zu Tode geprügelt, zu Tode getreten, zu Tode getrampelt werden«. Wie könne man im Ernst behaupten, Ehemänner seien prinzipiell dafür geschaffen, ihre Frauen zu repräsentieren, fragte er die Männer im Parlament?[62]

Der körperlichen Herrschaftsaneignung, der Besetzung des staatlichen Raums entsprach das öffentliche *Sprechen*. Das verdeutlichen die Analysen von Susanne Schötz, Birte Förster, Lutz Vogel und Harm Kaal im dritten Teil des vorliegenden Buches. Das öffentliche Reden galt für Frauen als unangemessen, so Mary Beard in ihrer Interpretation republikanischer Traditionen, während sie den Mann geradezu definierten.[63] Wenn sich jedoch der Impuls, Frauen zum Schweigen zu bringen, als ein grundlegendes Muster in der Geschichte ausmachen lässt, wie Beard darlegt, warum wurde es dann doch möglich, dass Frauen in die Politik eintraten und schließlich legitimiert öffentlich reden konnten? Die Geschichte der schreibenden Frauen erreichte bereits in der Aufklärung einen ersten Höhepunkt. Susanne Schötz zeigt das Engagement und die vielfältigen Publikationstätigkeiten von Louise Otto-Peters, die in der Mitte des 19. Jahrhunderts einsetzten. Doch um 1900 erreichten die Frauen mit ihren Schriften und Reden ein völlig neues Ausmaß an Öffentlichkeit. Sie gründeten vermehrt eigene Zeitschriften und Zeitungen, und ihr Anliegen fand auch außerhalb der Frauenbewegung unter herrschenden

---

62 John Stuart Mill, Speech on the Admission of Women to the Electoral Franchise. Spoken in the House of Commons, 20. 5. 1867, S.826, http://hansard.millbanksystems.com/commons/1867/may/20/clauses-3-4-progress-may-17#S3V0187P0_18670520_HOC_83 [31. 3. 2018].

63 Mary Beard, Women & Power, London 2017, insbes. S.17; Josephine Hoegaerts, Masculinity and Nationhood, 1830–1910. Constructions of Identity and Citizenship in Belgium, Genders and Sexualities in History, Houndmills 2014; Josephine Hoegaerts, Speaking Like Intelligent Men. Vocal Articulations of Authority and Identity in the House of Commons in the Nineteenth Century, in: *Radical History Review* 121 (January 2015), S.123–144; vgl. dazu auch Theo Jung, »Schweigen«, in: Daniel Morat/Hansjakob Ziemer (Hg.), Handbuch Sound: Geschichte – Begriffe – Ansätze, Stuttgart/Weimar, im Druck.

Männern Anklang. Immer mehr Frauen bestiegen die Rednertribünen. Aktivistinnen wie Helene Stöcker waren international gefragte Expertinnen. Helene Lange trug zu einem Prachtband über *Das deutsche Volk zur Jahrhundertwende* mit einem Text über die »Frauenbewegung« bei, und eine Seite mit Fotos und Kurzbiografien widmeten die Herausgeber den Frauenrechtlerinnen und Reformerinnen.⁶⁴ Als die Vorsitzende des Bundes Deutscher Frauenvereine, Marie Stritt, während des Internationalen Frauenkongresses in Berlin im Jahr 1904 auf dem Titelblatt der *Berliner Illustrirten Zeitung* prangte, musste gerade auch dem antifeministischen Lager klar geworden sein, wie sehr die alte Geschlechter- und Gesellschaftsordnung unter Beschuss stand. Während dieses Kongresses in Berlin wurde unter Mitwirkung deutscher Frauenrechtlerinnen wie Marie Stritt oder Anita Augspurg die *International Woman Suffrage Alliance* gegründet.⁶⁵ 1909 schrieb August Bebel zur 50. Auflage von *Die Frau und der Sozialismus* über den Kampf um die Gleichstellung der Frauen: »Es dürfte kaum eine zweite Bewegung geben, die in so kurzer Zeit so günstige Resultate erzielte […]. Wir leben bereits mitten in der sozialen Revolution.«⁶⁶ Diese Erfolge brachten auch die Gegner und Gegnerinnen auf den Plan, und in allen Ländern entstanden antifeministische Strömungen. In Deutschland etwa erhielt der Publizist Paul Julius Möbius für seine misogynen Schriften großen Beifall, doch sorgte er damit auch für so viel Empörung und Spott, dass er die weiteren Auflagen vor allem mit vielseitigen Verteidigungen anfüllte.⁶⁷

In den europäischen Ländern und in Nordamerika berichteten die Zeitungen mit Interesse und meistens mit Sympathie von den Aktionen der Frauenrechtsbewegung. In Großbritannien erhoben Frauen

---

64 Das Goldene Buch des Deutschen Volkes an der Jahrhundertwende, Leipzig o. D. [1900], Teil »Wirtschaftsleben«, S. 9 und 13.
65 Der »Weltbund für Frauenstimmrecht«, so der deutsche Name, wurde später in »International Alliance of Women« umbenannt; vgl. Stritt, Der Internationale Frauenkongress, S. 520.
66 August Bebel, Die Frau und der Sozialismus [50. Aufl., 1909]. Mit einem einleitenden Vorwort von Eduard Bernstein, Berlin/Bonn 1985, S. 36.
67 Paul Julius Möbius, Über den physiologischen Schwachsinn des Weibes, Halle an der Saale 1908.

schon in der Vorkriegszeit ihre Stimmen auch im Parlament: Sie störten die Parlamentsreden der Männer mit Zwischenrufen von der *Ladies' Gallery*. Und in den Räumen des deutschen Reichstags tagten bereits in den Jahren vor dem Ersten Weltkrieg Gruppierungen der Frauenbewegung, wie der Verband fortschrittlicher Frauenvereine, und reklamierten ihren Anspruch auf Mitsprache im Parlament. Malte König verdeutlicht auch den Epochenwechsel, der sich durch den Einzug der Frauen auf die Parlamentsbänke vollzog: Die männlichen Delegierten verhandelten Politik nicht mehr unter sich, sondern mussten für ihre Äußerungen gegenüber ihren weiblichen Parteiangehörigen einstehen. Der Ton im Parlament, so Malte König, änderte sich.

Frauenrechtlerinnen redeten im Chor der öffentlichen Stimmen mit, bevor der Erste Weltkrieg dem ein Ende setzte: Sie erklärten selbstbewusst und zumeist im fortschrittsoptimistischen Ton der Reformzeit ihre Berufung zur Weltverbesserung, verwiesen auf die weibliche Friedfertigkeit, auf die Differenz von Frauen, auf ihren angeblich natürlichen Hang zur Fürsorge und Mutterliebe. Helene Lange sprach es 1896 offen aus: »Der rein männliche Staat in seiner starren Einseitigkeit hat sich eben nicht bewährt.«[68] Und Bertha von Suttner beschwor 1906 in ihrer Ansprache zur Verleihung des Nobelpreises die Notwendigkeit, »die ganze militärisch organisierte Gesellschaftsordnung« neu zu strukturieren. Dafür sahen diese Frauen die Zeit gekommen.[69]

Von 1906 bis 1932 führten rund 40 Nationalstaaten das Frauenwahlrecht ein. Warum wird diese grundstürzende Veränderung der politischen und gesellschaftlichen Welt so erstaunlich selten in die allgemeine Geschichte aufgenommen? Neben der Tatsache, dass Demokratiegeschichte vielfach die Frage nach dem Geschlecht ausblendet, mag eine weitere Ursache darin liegen, dass nur wenige Jahre später der Nationalsozialismus und faschistische Ideologien die Welt

---

68 Helene Lange, Intellektuelle Grenzlinien zwischen Mann und Frau / Frauenwahlrecht, Berlin 1899, S. 34.
69 Bertha von Suttner, Nobelvorlesung, gehalten vor dem Nobel-Comité des Storthing zu Christiania am 18. 4. 1906, Nobelprize.org, https://www.nobelprize.org/nobel_prizes/peace/laureates/1905/suttner-lecture-ge.html [5. 1. 2018].

erneut veränderten und schließlich der Zweite Weltkrieg begann. Tatsächlich schienen sich die positiven Auswirkungen des Wahlrechts, auf die Feministinnen gesetzt hatten, in Grenzen zu halten. Auch nachdem Frauen wählten, wirkte Geschlecht vielfach stärker als die politischen Unterschiede, wie Harm Kaal für die Niederlande konstatiert. Frauen wurden weiterhin zum Schweigen gebracht (solange sie ihrer Garderobe mehr Beachtung als der Politik schenkten, sollten sie sich nicht in Politik einmischen, erklärten Männer den Niederländerinnen), und Frauen wurden als unmündige Wesen behandelt, die man nicht mit rationalen Argumenten überzeugen konnte. Birte Förster beschreibt in ihrem Text den zähen, aggressiven Widerstand gegen die Gleichberechtigung von Frauen in juristischen Berufen; und der Landtagspräsident der Hessischen Volkskammer wies die DDP-Abgeordnete Karoline Balser zurecht, als sie beklagte, dass keine einzige Parlamentarierin in die entscheidenden Ausschüsse gewählt worden sei. Die Frau, ihre Stimme erhebend und mit Macht ausgestattet im öffentlichen Raum, blieb eine Provokation, und die Warnung vor einer Vermännlichung von Richterinnen, Anwältinnen und anderen Frauen im Staatsdienst wurde wieder lauter. Lutz Vogel zeigt in seinem Aufsatz über Sachsen die Verdrängung der Frauen aus einflussreichen politischen Positionen. In Deutschland sank der Anteil der Parlamentarierinnen auf Reichsebene von 1919 bis 1933 von bemerkenswerten neun Prozent auf vier Prozent; erst 1980 würden die neun Prozent wieder erreicht werden. Marion Röwekamp legt die Hemmnisse gegen eine Reform des Familienrechts dar, das wesentlich zu einer Gleichstellung der Frau beigetragen hätte. Die Kontinuitäten der Repression blieben bestehen – trotz der Einführung des neuen Wahlrechts.

Die Kunde davon, dass Frauen politische Subjekte sein könnten, und die praktische Umsetzung dieses Wissens und seine Einübung: All das erwies sich als ein längerer und hochkomplexer Prozess, dessen Folgen umstritten blieben und der nicht zuletzt durch die Nationalsozialisten partiell annulliert wurde – eine Entwicklung, die wir in diesem Band vom 19. Jahrhundert bis tief ins 20. Jahrhundert analysieren. Wenn wir mit einem weiteren Begriff von Politik und Demokratie arbeiten, werden aber nicht nur die Misogynie demokratischer

Traditionen deutlich, sondern auch die Aufbrüche. Fast nirgendwo ließ sich das Frauenwahlrecht im 20. Jahrhundert tatsächlich wieder annullieren, vielmehr breitete es sich auch weiterhin kontinuierlich aus. Frauen konnten sich neu definieren. Politikerinnen und Politiker etablierten in der Zwischenkriegszeit den Sozialstaat und vertieften ihn, indem sie viele der von den Reformerinnen und Frauenrechtlerinnen geforderten Besserungen umsetzten. Der Vergleich von der Zeit vor und nach der Einführung des Frauenwahlrechts zeigt, wie in den betroffenen Ländern die Frauenemanzipation zu einer signifikanten Erhöhung der Sozialausgaben führte.[70] So entwickelte sich in ganz Europa ein altes Anliegen der Frauenbewegung zu einem zentralen Thema, das dann insbesondere nach 1945 vielfach ins Zentrum der Politik rückte: der Schutz der menschlichen Würde.[71]

---

70 Teele, Forging the Franchise, S. 274 f.
71 Müller, Nach dem Ersten Weltkrieg; Laura Beers, Frauen für Demokratie. Möglichkeiten und Grenzen des zivilgesellschaftlichen Engagements, in: Müller/Tooze, Normalität und Fragilität, S. 111–132; Jeppe Nevers, Demokratiekonzepte in Dänemark nach dem Ersten Weltkrieg, in: ebd., S. 379–391.

Raum – Körper – Sprechen

Kerstin Wolff

Noch einmal von vorn und neu erzählt
Die Geschichte des Kampfes um das Frauenwahlrecht in Deutschland

Die Geschichte des Frauenwahlrechtskampfes in Deutschland ist auf den ersten Blick gut erforscht. Im Zuge der Etablierung der Frauen- und Geschlechtergeschichte und in der Folge von Jubiläen oder runden Geburtstagen erschienen zahlreiche Einzelstudien, und mit der 1998 postum publizierten Dissertation von Ute Rosenbusch legte zum ersten Mal eine Juristin eine Arbeit über den Weg der deutschen Frauen zum Wahlrecht vor.[1] Seit der Jahrtausendwende ist es allerdings – bezogen auf die Forschungen zur deutschen Entwicklung – eher ruhig um das Thema geworden, lediglich zum 90. Jahrestag 2008 erschienen noch einige Arbeiten, darunter die wichtige Arbeit von Angelika Schaser, die in ihrem Text auf die ältere Forschungsliteratur[2] einging und auf immer wieder nacherzählte Stereotypen hinwies.[3] Auch die Historikerin Gisela Bock, die sich als eine der ersten

---

1 Ute Rosenbusch, Der Weg zum Frauenwahlrecht in Deutschland, Baden-Baden 1998.
2 Z.B. Bärbel Clemens, »Menschenrechte haben kein Geschlecht!«. Zum Politikverständnis der bürgerlichen Frauenbewegung, Pfaffenweiler 1988; Christl Wickert (Hg.), »Heraus mit dem Frauenwahlrecht«. Die Kämpfe der Frauen in Deutschland und England um die politische Gleichberechtigung, Pfaffenweiler 1990; Ute Gerhard, Unerhört. Die Geschichte der deutschen Frauenbewegung, Reinbek 1990; Barbara Greven-Aschoff, Die bürgerliche Frauenbewegung in Deutschland 1894–1933, Göttingen 1981.
3 Angelika Schaser, Zur Einführung des Frauenwahlrechts vor 90 Jahren am 12. November 1918, in: *Feministische Studien* 27 (2009), H.1, S. 97–110.

kritisch mit besonders wirkmächtigen Arbeiten zur Geschichte des Frauenwahlrechts in Deutschland auseinandergesetzt hat, konstatierte, dass viele dieser Arbeiten einen deutschen »Sonderweg« postulierten, ohne diese These tatsächlich beweisen zu können.[4]

Es sind, so Gisela Bock, vier Argumentationsmuster die diese »Sonderwegthese« untermauern sollen. Dies ist einmal die Hinwendung der deutschen Frauenbewegung des 19. und frühen 20. Jahrhunderts zum Differenzansatz. Bei diesem argumentierten die Aktivistinnen mit einer besonderen Rolle der Frau in der Gesellschaft aufgrund ihres »natürlichen« Geschlechtscharakters. Das Argument einer grundsätzlichen Verschiedenheit zwischen Mann und Frau habe zur Folge gehabt, dass die deutschen Frauenrechtlerinnen »das Wahlrecht eigentlich nicht gewollt [hätten] und schon gar nicht zu dem Zweck, die separaten Geschlechtersphären und die geschlechtsspezifische Arbeitsteilung abzuschaffen«.[5] Die Forderung nach dem Wahlrecht auch für Frauen wäre nur möglich gewesen – so die von Bock untersuchte Forschungsliteratur[6] – mit einem Gleichheitsansatz. Nur durch diesen seien die frühen Wahlrechtlerinnen in der Lage gewesen, das Stimmrecht zu fordern, denn nur wenn Geschlechtergleichheit herrsche, könne der Ausschluss von Frauen angeprangert werden. Betone man hingegen die Geschlechterdifferenz, stütze man die Annahme, dass es Bereiche in der Gesellschaft gebe, die für Frauen nicht zugänglich seien, z. B. Politik oder politische Repräsentation.

Das zweite Argumentationsmuster bezieht sich auf die Trennung der deutschen Frauenbewegung in einen bürgerlich-gemäßigten und einen bürgerlich-radikalen Flügel, so Gisela Bock. Nur letzterem sei das Frauenwahlrecht ein wirkliches Anliegen gewesen, denn nur dieser Flügel stehe der Gleichheit der Geschlechter nahe und unterscheide sich damit diametral vom gemäßigten Flügel, der seine Politik

---

4   Gisela Bock, Das politische Denken des Suffragismus: Deutschland um 1900 im internationalen Vergleich, in: dies., Geschlechtergeschichte der Neuzeit. Ideen, Politik, Praxis, Göttingen 2014, S. 168–203, hier S. 170.
5   Ebd., S. 171.
6   Zu der von Bock untersuchten Forschungsliteratur siehe Fußnote 2.

auf den Unterschieden der Geschlechter aufgebaut habe. Drittens sei die deutsche Frauenbewegung in Sachen Frauenwahlrecht immer nur zögerlich, leise und vorsichtig aufgetreten, was als Beweis ihrer mangelnden politischen Durchsetzungskraft gesehen wurde. Und viertens schließlich habe die Entwicklung des Kampfes um das Frauenwahlrecht in Deutschland später als in anderen europäischen Ländern stattgefunden.

Gisela Bock überprüft diese vier miteinander verschränkten Argumentationsweisen auf ihre Stichhaltigkeit, indem sie einen internationalen Vergleich durchführt und so aufzeigen kann, dass die oben beschriebenen Einschätzungen einer genaueren Betrachtung nicht standhalten. Sie stellt fest, dass z. B. auch die radikalen englischen Suffragetten, die häufig als maßgeblich im Wahlrechtskampf herangezogen werden, ebenso mit der Geschlechterdifferenz argumentierten wie die bürgerlich-gemäßigten in Deutschland. Radikale Wahlrechtlerinnen argumentierten also nicht immer egalitär. Gisela Bock konnte auch zeigen, dass der Hinweis auf den späten Einstieg der Deutschen in den Frauenwahlrechtskampf ebenfalls nicht stimmig ist. Im Vergleich mit der Situation in England und den USA arbeitet sie heraus, dass es in allen Ländern einen gemeinsamen Faktor gab, der entscheidend war für den Zeitpunkt, an dem die Frauen begannen, für ihr Wahlrecht zu kämpfen. »Eine Frauenwahlrechtsbewegung entstand dann, wenn das Wahlrecht für Männer zur Debatte stand«,[7] und dies war in Deutschland um 1900 der Fall, als das Dreiklassenwahlrecht, welches nach wie vor im größten Flächenland Preußen herrschte, immer stärker in die Kritik geriet, nicht zuletzt, weil es stark mit dem allgemeinen und gleichen Männerwahlrecht auf Reichsebene kontrastierte.[8]

Die Ergebnisse von Gisela Bock und Angelika Schaser zum Ausgangspunkt nehmend möchte ich der Frage nachgehen, warum die

---

7 Bock, Das politische Denken des Suffragismus, S. 201.
8 Zu England vergleiche: Elizabeth Crawford, The Women's Suffrage Movement in Britain and Ireland. A Regional Survey, London 2013; zu den USA: Sally Gregory McMillen, Seneca Falls and the Origins of the Women's Rights Movement, New York 2008.

Forschung zur deutschen Frauenwahlrechtsbewegung bestimmte Narrative entwickelt hat. Warum verliehen viele deutsche Forscherinnen in den 1980er Jahren der eigenen Wahlrechtsgeschichte ein »konservatives« Gesicht und beschrieben sie als verspätet? Und warum zementierten sie die Trennung in einen radikalen und einen gemäßigten Flügel der Frauenbewegung? Die Geschichte des Kampfes um das Frauenwahlrecht in Deutschland kann, vielleicht sogar sollte – so meine These –, anders erzählt werden. Der Kampf der deutschen bürgerlichen Frauenbewegung um das Frauenstimmrecht ab Mitte der 1890er Jahre ist als Gemeinschaftsprojekt aller Flügel und Richtungen zu verstehen, der von jedem Verband oder Verein in seiner Art und Weise geführt wurde. Der Bund Deutscher Frauenvereine (BDF) verfasste Musterpetitionen zum Frauenstimmrecht und stellte diese seinen Mitgliedsverbänden zur Verfügung, der Allgemeine deutsche Frauenverein (ADF) arbeitete auf kommunaler Ebene und versuchte, den Einfluss von Frauen in städtische Ämter hinein auszudehnen (um damit den Weg für das Frauenwahlrecht zu bahnen), der Deutsch-Evangelischer Frauenbund (D. E. F. B) drängte in seinen Reihen auf das kirchliche Stimmrecht, und die diversen Frauenstimmrechtsvereine und -verbände trugen das Thema sowohl in die externe als auch in die interne Öffentlichkeit und hielten durch ihre Debatten das Thema »am Kochen«. Innerhalb dieses politischen Agitationsprozesses kam es zwischen den verschiedenen Akteurinnen immer wieder zu politischen Verwerfungen um die richtige Richtung und um das zweckdienliche Vorgehen, aber letztendlich war die Frauenstimmrechtsbewegung ein Teil der bürgerlichen Frauenbewegung, die seit dem ausgehenden 19. Jahrhundert von fast allen Richtungen der bürgerlichen Frauenbewegung mitgetragen wurde. Dies sahen die Zeitgenossinnen durchaus so, z. B. Anna Lindemann, die 1913 eine der ersten zusammenfassenden Geschichten des Frauenwahlrechtskampfes vorlegte. Selber dem »radikalen« Flügel angehörend publizierte sie ihren Artikel im Jahrbuch der Frauenbewegung, herausgeben von Elisabeth Altmann-Gottheiner, also in einer Publikation des »gemäßigten« Flügels. Sie schrieb: »Allein oder mit anderen Frauenvereinen treten die Stimmrechtsvereine auch für alle anderen Forderungen der Frauenbewegung ein, wo und wann die Gelegenheit es fordert.« Die Frauenstimmrechtsbewegung sei, so Lindemann weiter, »geboren aus der ganzen Not der Frau, getragen von ihrem ganzen Streben nach innerer und äußerer Freiheit, fördert sie mit jedem Schritt vorwärts, ihrem eigenen Ziele zu, die GANZE Frauenbewegung, schafft ihr mehr Licht und Luft, gibt ihr einen festeren Boden unter die Füße.«[9] Wie also konnte es – fußend auf solchen Aussagen der Zeitgenossinnen – zu der verschobenen Wahnehmung der Forschungsliteratur kommen, und welche Auswirkungen hatte dies?

Meine im Folgenden vorzustellenden Überlegungen stützen sich auf eine Re-Lektüre zentraler Quellen, vor allem der Zeitschriften der bürgerlichen Frauenbewegung und der Schriften von Helene Lange und Minna Cauer, die als Vertreterinnen der beiden Flügel der Frauenbewegung verstanden werden und im Zentrum dieser Untersuchung stehen. Helene Lange und Minna Cauer werden in der Geschichtsschreibung der Frauenbewegung als Antagonistinnen verstanden. Auf der einen Seiten die als konservativ und bürgerlich-gemäßigt geltende Helene Lange, die explizit nicht als Vorkämpferin für das Frauenwahlrecht verstanden wird, auf der anderen Seite die als fortschrittlich und radikal verstandene Minna Cauer, die als mutige Kämpferin für ein liberales Frauenwahlrecht dargestellt wird. In einem ersten Schritt möchte ich die Positionen der beiden Protagonistinnen (und damit auch die beiden »Flügel«) auf einer quantitativen und einer qualitativen Ebene vergleichen: Für die quantitative Ebene habe ich die von Lange und Cauer herausgegebenen Publikationsorgane daraufhin untersucht, wie häufig das Thema Frauenstimmrecht/Frauenwahlrecht auftaucht. Für die qualitative Ebene habe ich die frühen Schriften zum Frauenstimmrecht von Lange und Cauer verglichen; dabei stand die Frage im Zentrum, wie und worin sich die Argumentation der beiden Protagonistinnen zum Frauenwahlrecht unterscheidet. Abschließend habe ich in einem dritten Schritt die Entwicklung der deutschen Frauenstimmrechtsbewegung nachgezeichnet, um anhand der Rekonstruktion der Organisations-

---

9   Anna Lindemann, Die Frauenstimmrechtsbewegung in Deutschland, in: Jahrbuch der Frauenbewegung 1913, hrsg. von Elisabeth Altmann-Gottheiner, Berlin 1913, S. 163.

geschichte der bürgerlichen Frauenbewegung in Sachen Wahlrecht zu verstehen, wie auf der organisatorischen Ebene mit diesem Thema umgegangen wurde. Im Folgenden möchte ich diese Re-Lektüre vorstellen und so anregen, das Bild der deutschen Frauenstimmrechtsbewegung noch einmal unter die Lupe zu nehmen, vielleicht sogar zu revidieren.

Die Frau – Das Intellektuellenblatt der Frauenbewegung

Helene Lange gab ab 1893 die Zeitschrift *Die Frau* heraus. Die Kommunikationswissenschaftlerin Ulla Wischermann kommt in einer Analyse der Zeitschrift zu dem Ergebnis, dass Helene Lange mit ihrem Anspruch und der inhaltlichen Ausgestaltung »weit über die bis dato existierenden Frauenbewegungszeitschriften, die eher Vereins- und Mitteilungsblätter waren, hinaus«ging.[10] In der *Frau* schrieb die Crème de la Crème der bürgerlichen Frauenbewegung. Hier entwarfen die Autorinnen anspruchsvolle Grundsatzartikel.

Helene Lange, die Gründerin der Zeitschrift, arbeitete eng mit dem Dachverband der bürgerlichen Frauenbewegung, dem BDF, zusammen, trotzdem war *Die Frau* nicht das Zentralorgan des BDF. Aber sie gehörte in das »Spektrum seiner Öffentlichkeitsarbeit«, wie Ulla Wischermann dies nennt[11], und Helene Lange gelang es, durch ihre Zeitschrift die Themen im BDF zu steuern und zu beeinflussen. So machten die Herausgeberinnen Helene Lange und Gertrud Bäumer mit und durch *Die Frau* im BDF Politik.

In *Die Frau* wird von Beginn an über das Frauenwahlrecht berichtet. Bereits im ersten Jahrgang wird unter der Rubrik »Frauenleben und -streben« ein Artikel zum Frauenwahlrecht in Neuseeland publiziert[12], es folgen Berichte aus Wyoming, mehrfach aus England und

---

10 Ulla Wischermann, Die Blätter des Bundes. Zur Publikationstätigkeit des BDF, in: *Ariadne – Forum für Frauen- und Geschlechtergeschichte* 25 (1994), S. 46–51, hier S. 48.
11 Ebd., S. 47.
12 Die Beteiligung der Frauen an den Wahlen in Neuseeland, in: *Die Frau* 1 (1893/1894), H. 10, S. 692.

den Niederlanden[13]. Auch künftig finden sich in jedem Jahrgang mehrere Berichte über die Entwicklungen in anderen Ländern. 1902 wird über den frisch gegründeten deutschen Verein für Frauenstimmrecht geschrieben, und ab 1903 setzt die Debatte zum kirchlichen Frauenstimmrecht/Frauenwahlrecht in Deutschland ein. Ab 1906 brachte *Die Frau* dann auch eigenständige Artikel zu allen Fragen des Frauenwahlrechts; ein erster eigenständiger Artikel von Helene Lange folgte 1910.[14] Überhaupt beginnt ab 1910 eine rege Berichterstattung, die in den ersten beiden Jahren des Ersten Weltkrieges etwas einbricht, aber spätestens ab 1916 wieder aufgenommen wird.

Die Frauenbewegung – Das radikale Sprachrohr

Die Zeitschrift *Die Frauenbewegung* kam ab 1895 heraus und verstand sich als Sprachrohr der sich als radikal bezeichnenden Richtung. Minna Cauer war die Herausgeberinnenschaft angetragen worden, und sie war es auch, die die politische Richtung des Blattes bestimmte. Obwohl das Motto der Zeitschrift zu Beginn lautete: Dieses Blatt steht allen Richtungen offen, waren es vor allem die »Radikalen«, die hier publizierten. Die Zeitschrift kann als liberal und demokratisch bezeichnet werden und setzte sich für eine sich stetig in diese Richtung fortentwickelnde Veränderung der Gesamtgesellschaft ein. In der Zeitschrift finden sich zwei Rubriken, nämlich »Aus der Frauenbewegung« und »Vermischtes«, in denen Meldungen aus der Frauenbewegung aufgenommen wurden.[15] Ab 1899 erschien *Die Frauenbewegung* mit einer Beilage, *Parlamentarische Angelegenheiten und*

---

13 Wirkungen des Frauenstimmrechts (Wyoming), Die Frau 2 (1894/1895), H. 5, S. 317; Alice Zimmer (London), Das Wahlrecht der Frauen in England, in: Die Frau 2 (1894/1895), Nr. 6, S. 364–365; Helene Mercier, Das Wahlrecht der Frau, in: Die Frau 2 (1894/1895), H. 12, S. 731–734.

14 Helene Lange, Frauenglossen zur preußischen Wahlreform, in: Die Frau 17 (1910), H. 6, S. 321–323.

15 Siehe dazu: Susanne Kinnebrock, Anita Augspurg (1857–1943). Feministin und Pazifistin zwischen Journalismus und Politik. Eine kommunikationshistorische Biographie, Herbolzheim 2005, S. 169–175.

Gesetzgebung genannt, redigiert von Anita Augspurg. Diese Beilage sollte den juristischen Kämpfen der Frauenbewegung mehr Beachtung schenken und auch aus den Parlamenten berichten.

In Bezug auf die Debatten um das Frauenstimmrecht verfährt *Die Frauenbewegung* ebenso wie die Zeitschrift *Die Frau*. Bereits in der ersten Nummer werden Artikel zum Frauenstimmrecht lanciert, und es ist vor allem die positive Berichterstattung aus anderen Ländern, die sich in jeder Nummer, in jedem Jahrgang findet.[16] Diese Berichterstattung verlagert sich im Laufe der Zeit immer stärker in die Beilage; trotzdem reißen die Artikel über den Kampf um das Frauenwahlrecht auch in *Die Frauenbewegung* nicht ab. Ein Höhepunkt der Berichterstattung stellt das Jahr 1902 dar, als der Verband für Frauenstimmrecht gegründet wurde und sich viele Pro- aber auch Kontrastimmen zum Frauenwahlrecht finden. Über die weitere Entwicklung des Verbandes wird in den nächsten Jahrgängen regelmäßig berichtet, bis dann am 15.1.1907 die *Zeitschrift für Frauenstimmrecht* als eigenständige Publikation, aber auch als Beilage der Zeitschrift *Die Frauenbewegung* erschien. Ab diesem Zeitpunkt verlagerte sich fast die gesamte Berichterstattung in die Beilage, 1912 und 1913 waren Jahre mit vermehrter Publikation auch im Hauptblatt, bis dann der Erste Weltkrieg die Berichterstattung fast komplett zum Erliegen brachte, bevor sie 1917 wieder anstieg.

Bei einem direkten Vergleich mit der Zeitschrift *Die Frau* können also kaum Unterschiede zwischen den beiden Flügeln festgestellt werden. In Thematik wie auch in der Anzahl der Artikel verfahren beide Zeitschriften ähnlich. Auch die Methode, die Berichterstattung über Beispiele aus dem Ausland als Motor für die Entwicklung im eigenen Land zu nutzen, wird von beiden Zeitschriften eingesetzt – in beiden Publikationsorganen wird vorzugsweise positiv über das zu erreichende Frauenwahlrecht berichtet.

---

16 Z.B.: Ein Protest gegen das Frauenstimmrecht, aus: *The Englishwoman's Review*, Juli 1894, in: *Die Frauenbewegung* 1 (1895), H.2, S.11; über die erste Ausübung des Stimmrechts seitens der Frauen in Colorado berichtet die *New York Staatszeitung*, die eine erbitterte Gegnerin ist, in: *Die Frauenbewegung* 1 (1895), H.4, S.29.

Wie aber sieht es mit den inhaltlichen Differenzen zwischen den beiden Flügeln aus? Wird in den eigenständigen Publikationen das sichtbar, was in der älteren Forschungsliteratur als »diametral entgegengesetzte« Emanzipationskonzepte bezeichnet wird?[17]

Frühe Publikationen von Helene Lange und Minna Cauer zum Frauenwahlrecht

In das Bild der zögernden und zaudernden bürgerlich-gemäßigten Frauenbewegung passt es schlecht, dass Helene Lange bereits 1896 einen wichtigen Aufsatz veröffentlichte, in dem sie sich dezidiert für das Wahlrecht aussprach.[18] In diesem Text verweist sie darauf, dass durch Wahlen jeder die »Interessen seines Standes, seines Bildungskreises, seiner Scholle vertritt«[19]; durch die Einführung des allgemeinen Wahlrechts habe man diese Vertretungslogik auch anerkannt. »Bis auf eine Kleinigkeit«, fährt Lange fort. »Obwohl niemand an der oben ausgeführten Wahrheit ernstlich zweifelt, ist eine Fiktion doch immer aufrechterhalten worden, die nämlich, daß die Männer zugleich die Interessen der Frauen wahren.«[20] Hier kann – so Lange – nur »die Frau der Frau« helfen, denn »so wenig ein Stand für den anderen, so wenig auch ein Geschlecht für das andere eintreten kann«, das leuchte jedem konsequenten Denker ein. »Erst durch das Frauenstimmrecht wird das allgemeine Stimmrecht zu etwas mehr als eine reine Redensart.«[21]

Im weiteren Verlauf des Artikels entkräftet Lange die ihr und allen Zeitgenossinnen wohlbekannten Gegenargumente wie: Kriegsdienst und Wahlrecht seien miteinander verschränkt oder die Frau

---

17 So Gerhard, Unerhört, S. 217.
18 Helene Lange, Frauenwahlrecht, in: F. Ortmans (Hg.), *Cosmopolis – an international monthly review* (1896), H. 3, S. 539–554; später als eigenständige Schrift publiziert unter dem Titel: Intellektuelle Grenzlinien zwischen Mann und Frau / Frauenwahlrecht, Berlin 1899.
19 Ebd., S. 25.
20 Ebd., S. 26.
21 Ebd., S. 29.

verstünde nichts von Politik und wolle überhaupt das Stimmrecht nicht haben. Nur ein Argument wäre für Lange stark genug, um das Stimmrecht der Frau nicht zu fordern, und dies sei die Gefährdung des öffentlichen Wohls. Aber wie steht es denn um das öffentliche Wohl am Ausgang des 19. Jahrhunderts? Hier stellt Lange dem Männerstaat ein schlechtes Zeugnis aus. Die Völker stünden sich bis an die Zähne bewaffnet gegenüber, der Alkoholismus gedeihe und fülle die Zuchthäuser, ein Kampf aller gegen alle, Verarmung, Heimatlosigkeit, Jugendkriminalität, Prostitution und Egoismus greife immer weiter um sich. »Der rein männliche Staat in seiner starren Einseitigkeit«, so schlussfolgert Lange, »hat sich eben nicht bewährt. In dieser Überzeugung kann uns Frauen keine ›Belehrung‹ erschüttern, und sei sie noch so sehr von oben herab, im deutschen Professorenton gehalten.«[22]

Die eigentliche Frage sei also nicht, *ob* Frauen ein Wahlrecht brauchen oder nicht, sondern *wie* zu diesem zu gelangen sei. Die Zeiten, so Lange, stünden für eine Einführung nicht sehr gut. Die öffentliche Meinung stehe noch nicht aufseiten des Frauenstimmrechtes und viele Männer hätten noch nicht erkannt, dass die politische Frauenarbeit für das staatliche Gemeinwohl wichtig sei. Das eigentliche Problem sah sie aber im Desinteresse der Frauen selbst, die noch nicht verstanden hätten, dass sie selber es waren, die die öffentliche Meinung und die der Männer verändern müssten. »Und so ist uns der Weg gewiesen«, so Lange. »Es gilt einzudringen in die Arbeit der Gemeinden, in die Schulverwaltungen, die Universitäten, die verschiedenen Berufszweige, und überall zu zeigen: das kann die Frau. [...] Der Weg ist weit; aber er ist kein Umweg.«[23] Damit formulierte Lange eine Herangehensweise, die sie in den nächsten Jahr(zehnt)en immer wieder propagieren wird, der langsame Weg von der Kommune hin zur Staatsspitze. Damit schloss sie sich der liberalen Idee eines langsamen politischen Einflussaufbaus an, der vor allem von Hugo Preuß vertreten wurde, dem späteren Mitbegründer der liberalen Deut-

---

22 Ebd., S. 34.
23 Ebd., S. 40.

schen Demokratischen Partei. Dieser wies seit den 1880er Jahren immer wieder auf die prinzipielle Gleichheit von Gemeinde und Staat hin. Der Staat war als die gegenwärtig größte Körperschaft gedacht, in der alle Körperschaften ihren Zusammenschluss fanden. Alle Gebietskörperschaften waren jedoch wesensgleich und unterschieden sich lediglich in der Größe. Das heißt, dass alle mit grundsätzlich gleichen Rechten, Pflichten und Funktionen versehen waren.[24] Helene Lange nutzte diese politische Theorie und machte sie für die Argumentationen der Frauenbewegung nutzbar. Sie hatte damit einen Weg gefunden, gleichzeitig das Frauenwahlrecht zu fordern und dies mit der praktischen Arbeit vor Ort zu verknüpfen.

Minna Cauer, die zusammen mit Anita Augspurg und Lida Gustava Heymann als wortgewaltigste Vertreterin für das Frauenwahlrecht gilt, äußerte sich 1899 selbst ausführlich zum Wahlrecht. In diesem Jahr publizierte der Berliner Siegfried Cronbach Verlag ihr Buch mit dem knappen Titel: »Die Frau im 19. Jahrhundert«. Das Buch erschien in einer Reihe, die, kurz vor der Jahrhundertwende, verschiedene Rückschauen auf 100 Jahre »geistiger Entwicklung« warf. Cauer kam in ihrem siebten und abschließenden Kapitel, welches sich der Zeit ab der Reichsgründung bis 1899 zuwandte, auf das Frauenstimmrecht zu sprechen. Interessant ist, dass Cauer, wie Lange auch, ihrer eigenen Zeit ein ungünstiges Zeugnis ausstellte. »Klassenkampf, Rassenkampf, Interessenkampf, Kampf der Geschlechter! [...] Trotz, Uebermut, Egoismus, Mangel an Verständnis bei den Herrschenden; Haß, Anfeindung, Märtyrertum bei den Besitzlosen.«[25] Und doch gebe es Hoffnung auf eine neue Zeit, so Cauer, denn nun seien die Frauen auf die politische und gesellschaftliche Bühne getreten. Diese seien es, die in die Gesellschaft das einbringen könnten, was so dringend fehle: »Verständniß, Versöhnung, Ausgleich, Gerechtigkeit, Sitte und Sittlichkeit ...«, und es sei die Frauenbewegung, in der »die wahre Kraft der deutschen Frau für ein solches Arbeiten, für ein sol-

---

24 Siehe: Kerstin Wolff, »Stadtmütter«. Bürgerliche Frauen und ihr Einfluss auf die Kommunalpolitik im 19. Jahrhundert (1860–1900), Königstein i. Ts. 2003.
25 Minna Cauer, Die Frau im 19. Jahrhundert, Berlin 1899, S. 136.

ches Wirken [liege].«[26] Um den Einfluss der deutschen Frauen erreichen zu können, müssten die Frauen endlich – so Cauer – das Stimm- und Wahlrecht erhalten. »Die deutschen Frauen wollen als Staatsangehörige im deutschen Reiche gelten und alle Pflichten, welche von ihnen gefordert werden, erfüllen. Dazu bedürfen sie der Rechte als Bürgerinnen.«[27] Aber auch Cauer sieht, dass diese Forderung, kurz vor der Jahrhundertwende aufgestellt, nicht in kürzester Zeit und vor allem ohne große Mühen zu erreichen sein wird. Im Gegensatz zu Lange, die auf ein allmähliches Hinaufarbeiten der Frauen setzte, wollte Cauer den »Kampf um das Recht«[28] aufnehmen und dafür die geschützte Atmosphäre der reinen Frauenvereine verlassen. »In die Männervereine müssen Frauen Zutritt gewinnen; ebenso müssen die Frauen nicht mehr abgeschlossen nur immer unter sich sein wollen. […] Die Sache erfordert jetzt Zusammenarbeit von Männern und Frauen.«[29] Nur dann, wenn die Frauen es schaffen, auch die Männer von der Notwendigkeit des Frauenwahlrechts zu überzeugen, nur dann gebe es eine realistische Chance auf die Einführung des weiblichen Bürgerrechts – so Cauer.

Hier nun, bei der Debatte über den Weg zum Ziel, unterscheiden sich die beiden Protagonistinnen. Setzt Lange auf ein langsames und stetiges Vorwärtsschreiten von der kommunalen Ebene hin zur staatlichen Spitze, möchte Cauer durch klassische Interessenspolitik das Wahlrecht für die Frauen erringen. Sie möchte Verbündete suchen, die mit ihr das Frauenwahlrecht vertreten und letztendlich auch durchsetzen. Dazu bedarf es aber bei Cauer, wie bei Lange auch, der stetigen Anstrengung der Frauen, die zeigen müssen, dass sie reif für das Frauenstimmrecht sind.

Doch obwohl sich eindeutige Unterschiede im Hinblick auf den zu beschreitenden Weg zur Erreichung des Frauenstimmrechts zeigen, ist die Übereinstimmung in der Argumentationsweise doch recht erstaunlich. Nicht nur Lange weist auf den gescheiterten Män-

---

26 Ebd., S.138
27 Ebd., S.141.
28 Ebd., S.143.
29 Ebd., S.144.

nerstaat hin, auch Cauer tut dies, und wie Lange auch sieht sie die Lösung der Probleme in der Mitarbeit der Frau. Auch Cauer argumentiert also mit der Geschlechterdifferenz und nicht mit der Gleichheit, wenn sie auf die Notwendigkeit der Einführung des Frauenstimmrechts zu sprechen kommt. Interessant ist an dieser Stelle, dass Lange auf ein Agieren innerhalb von Frauenvereinen setzte, während Cauer eine Öffnung in Richtung Parteien andachte. Darin liegt sicher der größte Unterschied zwischen diesen beiden Positionen. Beide Wege aber verstanden sich als Methode, die Stimmung in der Bevölkerung zu drehen und damit das Frauenwahlrecht zu erreichen.

Die Organisationsgeschichte. Das Frauenwahlrecht als Thema innerhalb der bürgerlichen Frauenbewegung

Die bürgerliche Frauenbewegung des 19. und beginnenden 20. Jahrhunderts hatte sich seit ihrem offiziellen Beginn mit der Gründung des Allgemeinen Deutschen Frauenverbandes im Jahr 1865 in Vereinen und später in zusammenschließenden Dachverbänden organisiert. Sie nutzte damit das im 19. Jahrhundert populärste Organisationsmodell und partizipierte an der gesamtgesellschaftlichen Fundamentalpolitisierung, die sich den 1880er Jahren immer weiter durchsetzte.[30] Die Frauenbewegung war sowohl Produkt als auch Produzentin dieser Politisierung, denn sie selbst pluralisierte die öffentliche Meinung und mobilisierte als Interessensverband die Öffentlichkeit. Als Hochphase vieler sozialer Bewegungen – wie der Frauenbewegung – gelten die Jahrzehnte zwischen 1890 und 1914, die Jahre zwischen Aufhebung der Sozialistengesetze bis zum Ausbruch des Ersten Weltkrieges.[31] Von den gesamtgesellschaftlichen Verän-

---

30 Dieter Langewiesche, Liberalismus in Deutschland, Frankfurt am Main 1988.
31 Vgl. dazu den Beitrag von Hedwig Richter in diesem Band, außerdem: Hedwig Richter, Transnational Reform and Democracy. Election Reform in New York City and Berlin around 1900, in: *Journal of the Gilded Age and Progressive Era* 15 (2016), S. 149–175.

derungen profitierte auch die Frauenbewegung, die zwar bis 1908 in einigen Landesteilen (z. B. Preußen und Bayern) noch unter dem Verdikt eines sie einschränkenden Vereinsparagrafen stand; aber dennoch gelang ihr ab den 1890er Jahren ein enormer Mobilisierungsschub.

Als 1904 in Berlin der *International Council of Women* tagte, erreichte die Popularität der Bewegung einen ihrer Höhepunkte.[32] Ulla Wischermann hat für diese Zeit vier große Arbeitsschwerpunkte der bürgerlichen Frauenbewegung herausgearbeitet. Dies war einmal die Verbesserung der Bildung – wozu auch die Zulassung von Frauen zu den Universitäten gehörte –, dann die Haus- und Erwerbsarbeit, die Frage der »Sittlichkeit«, vorzugsweise das Thema Prostitution, und last but not least die Forderung nach der politischen Partizipation. Der Kampf um das Frauenwahlrecht war also als Thema in dieser wichtigen Mobilisierungsphase selbstverständlich vertreten.[33]

1902 war für den Kampf um das Frauenstimmrecht ein sehr entscheidendes Jahr. Anita Augspurg gründete in Hamburg den Deutschen Verein für Frauenstimmrecht, und der Dachverband der bürgerlichen Frauenbewegung BDF nahm auf seiner fünften Generalversammlung in Wiesbaden den Kampf um das Frauenstimmrecht in sein Programm auf. Konkret wurde beschlossen, dass der Gedanke des Frauenstimmrechts nach Kräften gefördert werden sollte, »weil alle Bestrebungen des Bundes erst durch das Frauenstimmrecht eines dauernden Erfolges sicher sind«. Diese Resolution wurde einstimmig angenommen.[34] Damit war der Kampf um das Frauenstimmrecht offiziell in das Programm des BDF aufgenommen worden.

---

32 Siehe dazu Anja Schüler / Kerstin Wolff, »Es sind die gleichen Überzeugungen, die die Frauen aller Länder erfüllen ...«. Zur Entstehung von internationalen Netzwerken in den Frauenbewegungen, in: Eva Schöck-Quinteros u. a. (Hg.), Politische Netzwerkerinnen. Internationale Zusammenarbeit von Frauen 1830–1960, Berlin 2007, S. 13–26.
33 Ulla Wischermann, Frauenbewegung und Öffentlichkeiten um 1900. Netzwerke, Gegenöffentlichkeiten, Protestinszenierungen, Königstein i. Ts. 2003, S. 59.
34 Siehe: Die fünfte Generalversammlung des Bundes deutscher Frauenvereine in Wiesbaden, in: *Centralblatt des Bundes deutscher Frauenvereine* 4 (1902), H. 15, S. 116.

Der Deutsche Verein für Frauenstimmrecht, der sich 1904 in den Deutschen Verband für Frauenstimmrecht (DVerbandFS) umbenannte, setzte vor allem auf Öffentlichkeits- und Aufklärungsarbeit. Darüber hinaus wurden Petitionen verfasst, Flugschriften herausgeben, Vorträge organisiert und vor allem Parteiarbeit betrieben, die darauf abzielte, die Forderung nach dem Frauenstimmrecht in die diversen (bürgerlichen) Parteiprogramme einzubringen.

Von Anfang an war klar, dass der DVerbandFS ein allgemeines, gleiches, geheimes und direktes Wahlrecht forderte. Dies wurde auch auf der Generalversammlung 1907 in Frankfurt am Main noch einmal betont, als »mit überwältigender Mehrheit« eine revidierte Satzung angenommen wurde, in der dieses Wahlrecht als Programmpunkt gestärkt wurde. Hintergrund dieser Klarstellung war, dass die Sozialdemokratinnen immer wieder darauf verwiesen, sie seien die Einzigen, die sich für diese Art von Frauenstimmrecht einsetzten. Der DVerbandFS hoffte nun, allen Zweifeln »die Spitze abgebrochen« zu haben.[35] Auf dieser Generalversammlung in Frankfurt am Main wurde auch beschlossen, die Zusammenarbeit mit der Zeitschrift *Die Frauenbewegung* von Minna Cauer aufzukündigen, die bis dahin als Publikationsorgan auch des DVerbandFS galt. Als Begründung wurde angeführt, dass der »Verband [...] nicht auf dem Boden einer bestimmten politischen Partei, ebensowenig einer Partei oder Richtung der Frauenbewegung«[36] stehe und daher *Die Frauenbewegung*, das Blatt der »radikalen« Richtung, nicht mehr das offizielle Verbandsorgan sein könne. Stattdessen wurde eine eigene Zeitschrift gegründet, die *Zeitschrift für Frauenstimmrecht*, die von Anita Augspurg ab 1907 herausgegeben wurde. Diese scheinbare Nebensächlichkeit ist ausgesprochen interessant, weist sie nämlich darauf hin, dass der DVerbandFS sich zu diesem Zeitpunkt als Sammelbecken aller Frauenstimmrechtsbemühungen verstand und sich nicht »nur« im linken Lager verortete. Dies zeigte sich auch daran, dass der

---

35 Siehe: II. Hauptverhandlung des Deutschen Verbandes für Frauenstimmrecht in Frankfurt am Main, in: *Zeitschrift für Frauenstimmrecht* 1 (1907), H. 11, S. 42.
36 Ebd.

DVerbandFS sowohl Mitglied im Weltbund für Frauenstimmrecht, als auch im BDF war.[37]

1908 änderte sich die Situation schlagartig, als ein einheitliches Reichsvereinsgesetz in Kraft trat und die frauendiskriminierenden Sonderregelungen in diversen Vereinsgesetzen damit aufgehoben wurden. Ab diesem Zeitpunkt nahm die organisierte Stimmrechtsbewegung noch einmal richtig Fahrt auf, und die Mitgliederzahlen wuchsen enorm an. Was allerdings damit auch anwuchs, waren Kontroversen darüber, welchen genauen Inhalt die Frauenstimmrechtsforderungen haben sollten, bzw. darüber, welcher Weg zum Erreichen des Ziels sinnvoll sei. Klar war allen bürgerlichen Frauenstimmrechtlerinnen, dass die Arbeit der Frauen parteiübergreifend sein musste. Wenn aber – so fragten sich einige Mitglieder – ein allgemeines, gleiches, geheimes und direktes Wahlrecht[38] in den Statuten des DVerbandFS als Ziel stand und die Sozialdemokratie als einzige Partei dieses Wahlrecht forderte, war der Verband dann parteipolitisch neutral? Und: Wo war es sinnvoller für das Frauenstimmrecht zu kämpfen? In einem Frauenstimmrechtsverband oder auch oder nur in einer Partei? Erschwerend kam hinzu, dass der Landtag in Preußen nach wie vor durch das Dreiklassenwahlrecht gewählt wurde. Vor allem Frauen aus dem preußischen Landesverband befürchteten, dass die Forderung nach dem allgemeinen usw. Wahlrecht für alle eine zu große Hürde für die preußischen Frauen darstellen würde. Da Minna Cauer als Vorsitzende des preußischen Landesverbandes des DVerbandFS konsequent auf der Forderung dieses Wahlrechts bestand, spalteten sich der westdeutsche und der schlesische Landesverband ab. Sie gründeten 1911 zusammen mit dem norddeutschen Verband eine eigene Organisation, die Deutsche Vereinigung für Frauenstimmrecht (DVereinigungFS), die ein Frauenstimmrecht forderte, das dem der Männer entsprach – also wie etwa in Preußen ein Zensuswahlrecht, das Frauen einbezog.[39]

---

37 Ebd.
38 Im Folgenden: allgemeines usw. Wahlrecht.
39 Deutscher Frauenstimmrechtsbund (Hg.): Auguste Kirchhoff, Zur Entwicklung der Frauenstimmrechts-Bewegung, Bremen 1916, S. 9.

Auch personell kam es zu großen Veränderungen in den Frauenstimmrechtsvereinen; so legten Augspurg und Heymann den Vorsitz im DVerbandFS nieder, und Minna Cauer verließ den Preußischen Landesverband. Statt Augspurg führte ab 1911 Marie Stritt den Verband, der nur noch pro forma (und da sich die Gegnerinnen nicht auf ein gemeinsames Vorgehen einigen konnten) das allgemeine usw. Wahlrecht für Frauen forderte. Es war aber auf der Generalversammlung 1913 mehr als klar geworden, dass die Mehrheit nicht hinter diesem Wahlrecht stand. Da Minna Cauer, Anita Augspurg und Lida Gustava Heymann sowie die bayerischen, hamburgischen, bremischen, Teile der badischen Landesverbände und ein Teil der Berliner Ortsgruppen, die Ortsgruppe Darmstadt und Einzelpersonen eine Fixierung auf das allgemeine usw. Wahlrecht verlangten, verließen sie schließlich den Verband endgültig und gründeten den dritten Frauenstimmrechtsverein, den Deutschen Stimmrechtsbund (DSRB).

Vor dem Ersten Weltkrieg existierten in Deutschland somit drei bürgerliche Frauenstimmrechtsvereine. Einmal der 1902 gegründete DVerbandFS, dann die DVereinigungFS, die 1911 aus den ausgetretenen Mitgliedern preußischer Landesverbände gegründet worden war, und der DSRB. Minna Cauer fasste diese Entwicklung im Februar 1914 mit den Worten zusammen: »Es ist nunmehr genügend Auswahl vorhanden, so daß jeder sein Feld sich aussuchen kann; das konservative, das gemäßigte und das demokratische. Rechnen müssen die Frauen also jetzt mit diesen drei Richtungen der bürgerlichen Frauenstimmrechtsbewegung in Deutschland.«[40]

Wie lässt sich diese Organisationsentwicklung analysieren? Zuerst einmal wird m. E. deutlich, dass sich um das Frauenstimmrecht eben nicht nur der »linke« Flügel bemühte, sondern auch der »rechte«. Auch die sich als »konservativer« verstehenden Gruppen hatten sich für das Wahlrecht engagiert und Möglichkeiten gefunden, ihre politische Präferenz und eine Agitation für das Frauenstimmrecht miteinander zu verbinden. Das Schweigen des Dach-

---

40 Minna Cauer, Drei Richtungen, in: *Zeitschrift für Frauenstimmrecht* 8 (1914), H. 4, S. 11. Zur weiteren Entwicklung siehe Rosenbusch/Weg zum Frauenwahlrecht.

verbandes BDF zu diesem Thema, welches in der Forschung als Nichtinteresse gewertet wurde[41], wird bei genauer Betrachtung der Organisationsgeschichte zum normalen Umgang des BDF mit neuen Themen. Der BDF hatte bereits 1902 auf seiner fünften Generalversammlung den Kampf um das Frauenstimmrecht in sein Programm aufgenommen. Er verstand folglich die sich um das Stimmrecht bemühenden diversen Frauenstimmrechtsvereine als seine Aktionen für das Frauenwahlrecht – umso mehr als der DVerbandFS ja auch sofort Mitglied im BDF geworden war. Umgekehrt verstanden sich die Frauenstimmrechtsvereine als Mitglieder einer allgemeinen Frauenbewegung. Der BDF als Dachorganisation sah unter diesen Voraussetzungen überhaupt keine Veranlassung, sich zusätzlich noch mit dem Thema zu beschäftigen, es wurde ja bereits von der *eigenen* Frauenbewegung bearbeitet. Helene Lange ging 1902 sogar so weit zu sagen: »Herrscht doch über die einschlägigen Fragen – der Vereins- und Versammlungsfreiheit, wie das Stimmrecht – keinerlei Meinungsverschiedenheit innerhalb der deutschen Frauenbewegung.«[42] Und auch noch 1910 formulierte sie in einem internen Schreiben an die ADF-Landesvorsitzenden: »Ferner ist in Betracht zu ziehen, daß die Gegensätze innerhalb der Frauenbewegung, da sie im Wesentlichen nur Gegensätze der Taktik sind, nicht so entscheidend sind, um eine eigentliche Parteibildung notwendig zu machen.«[43]

Es gab also – wie übrigens auch in Großbritannien oder den USA – viele widerstreitende Meinungen im großen Feld der Frauenstimmrechtsbewegung, doch können diese nicht mit »radikal« oder »gemäßigt«, geschweige denn mit Zustimmung oder Ablehnung erklärt werden. Vielmehr sind die Unterschiede auf verschiedene taktische Herangehensweisen, aber auch auf die Tatsache zurückzuführen,

---

41   Siehe: Bärbel Clemens, Der Kampf um das Frauenstimmrecht in Deutschland, in: Christl Wickert (Hg.), »Heraus mit dem Frauenwahlrecht«, S.106.
42   Helene Lange, Der Bund deutscher Frauenvereine in Wiesbaden, in: *Die Frau* 10 (1902/03), H.2, S.65–70, hier S.67.
43   Helen Lange in einem Schreiben an die Vorstände der Ortsgruppen des ADF 23.3. 1910; Nachlass des deutschen Staatsbürgerinnenverbandes, AddF, NL-K-08; 19-2,2.

dass die bürgerliche Frauenbewegung zum ersten Mal versuchte, ein dezidiert (partei)politisches Thema innerhalb ihrer sich als parteipolitisch neutral verstehenden Bewegung zu platzieren. Dabei zeigte sich, dass eine umfassende Frauensolidarität, die noch beim Kampf um das Bürgerliche Gesetzbuch von 1890 bis 1900 als Argumentationsgrundlage funktioniert hatte – da das BGB ja Frauen als Geschlechtsgruppe massiv diskriminierte –, in der Frage nach dem Wahlrecht nicht trug.[44] Vielmehr wurde deutlich, dass der (partei)politische Hintergrund der Frauenbewegungsaktivistinnen eine viel größere Rolle spielte als die gemeinsame Opposition gegen den Ausschluss vom Wahlrecht.

Eine selbstverständliche Übernahme?

Wenn aber – wie oben dargestellt – die Quellen darauf hinweisen, dass die Frauenstimmrechtsbewegung als Teil der Frauenbewegung verstanden werden muss, und zwar als Teil, an dem sich viele Richtungen und Strömungen beteiligten, warum ist dann in der Forschungsliteratur der 1970er bis 1990er Jahre (und teilweise auch heute noch) die angeblich herausragende Rolle der »Radikalen« so betont worden? An dieser Stelle scheint es sinnvoll zu sein, sich einige der Einschätzungen der Forschung noch einmal anzusehen und zu versuchen, deren Herangehensweise zu rekonstruieren.

In Bezug auf die Behauptung der hier zu untersuchenden Forschung, die deutsche Frauenbewegung sei erst verhältnismäßig spät in den Kampf um das Frauenwahlrecht eingestiegen, wird nach einer Re-Lektüre der Quellen deutlich, dass hier die Bewegung um 1900 selbst den Interpretationsrahmen vorgegeben hat, den spätere Forscherinnen dann unreflektiert übernommen haben. Als Beispiel kann exemplarisch auf den bereits erwähnten Artikel von Anna Lindemann aus dem Jahr 1913 verwiesen werden. Sie beginnt ihren Artikel

---

44 Siehe den Text von Marion Röwekamp in diesem Buch, die die These aufstellt, dass bereits der Kampf der Frauenbewegung um eine Revidierung des BGB als Wahlrechtskampf verstanden werden kann.

mit den Worten: »Spät, viel später als die Frauen anderer uns nah verwandter Nationen, haben sich die deutschen Frauen eine Organisation geschaffen zur Erringung ihrer politischen Gleichberechtigung.«[45] Diese Aussage findet sich auch in anderen zeitgenössischen Schriften immer wieder, interessanterweise bereits seit dem Beginn der Wahlrechtsdebatten seit Mitte der 1890er Jahre. Auch Helene Lange schreibt 1896 in ihrer frühen Arbeit zum Frauenstimmrecht, dass der Zeitpunkt des Eintretens für das Frauenstimmrecht in jeder Nation ein anderer sein wird, um dann fortzufahren: »... daß endlich Deutschland mit seiner lastenden Büreaukratie, seinem Schematismus und Militarismus in dieser Frage am allerweitesten zurück ist.«[46] Fast schon überflüssig zu erwähnen, dass 1902 in *Die Frauenbewegung*, dem Blatt von Minna Cauer, über die Gründung des Deutschen Vereins für Frauenstimmrecht geschrieben wurde: »Auch Deutschland braucht nunmehr nicht als einziges Land ohne Stimmrechtsbewegung beiseite zu stehen auf dem Internationalen Stimmrechtskongreß der Frauen, der [...] in Washington abgehalten wird.«[47] Bei dieser gleichlautenden Argumentation drängt sich die Frage auf, was mit dieser Verlautbarung eigentlich erreicht werden sollte. Denn den damaligen Aktivistinnen dürfte klar gewesen sein, dass von einer Verspätung der deutschen Frauenstimmrechtsbewegung chronologisch gesehen nicht die Rede sein konnte, denn andere Länder wiesen keineswegs generell früher eine organisierte Frauenstimmrechtsbewegung auf.[48]

Das Argument der Verspätung zielte – meiner Meinung nach – in zwei Richtungen. Einmal wurde es intern in die Bewegung hinein genutzt, um den eigenen Mitgliedern zu verdeutlichen, dass diese Thematik bereits erfolgreich in anderen Ländern (und seien dies noch so wenige) auf die Tagesordnung gesetzt worden war. Die deutsche Frauenbewegung könne hier – wollte sie im internationalen Konzert

---

45   Lindemann, Frauenstimmrechtsbewegung, S. 159.
46   Lange, Frauenwahlrecht, S. 38.
47   O. A. [Minna Cauer]: Deutscher Verein für Frauenstimmrecht, in: *Die Frauenbewegung* 8 (1902), H. 1, S. 1.
48   Bock, Suffragismus, S. 192–203.

wahrgenommen werden – nicht zurückstehen. Gleichzeitig diente der Blick ins Ausland aber auch dazu, der bewegungsexternen Öffentlichkeit den Gleichklang des Kampfes der Frauenbewegungen weltweit zu verdeutlichen und damit darauf hinzuweisen, dass das Ringen der Frauenbewegung in Deutschland nicht singulär zu begreifen war. Der deutschen Öffentlichkeit sollte so gezeigt werden, dass die Forderungen der nationalen Frauenbewegung durch die gleichlautenden Kämpfe im Ausland legitimiert waren. Diese Strategie findet sich sowohl in den Zeitschriften, in denen immer über das fortschrittliche Ausland berichtet wird, um dann die eigene Rückständigkeit geißeln zu können, als auch in den größeren Schriften der Protagonistinnen. Mit diesem Vorgehen hatte die Bewegung eine Methode gefunden, ihre eigenen Forderungen nicht als singulär und dadurch unwichtig erscheinen zu lassen, sondern als für eine »Kulturnation«, die sich im internationalen Reigen der Nationen bewegen wollte, notwendig, um anschlussfähig zu bleiben.[49] Vor allem in der Anfangsphase eines neuen Themas in der Frauenbewegung bringt die Aufnahme von internationalen Argumenten und sogar Propagandainstrumenten in der eigenen Öffentlichkeit große Vorteile.[50]

Insgesamt möchte ich hier die These aufstellen, dass die frühen Forschungsarbeiten deshalb zu ihren Ergebnissen gekommen sind, weil sie unreflektiert bewegungsinterne Argumentationen übernommen haben, und hier vorrangig solche, die aus der »radikalen« Richtung kamen. Dies kann sehr gut an den zeitgenössischen, die Entwicklung der Frauenstimmrechtsbewegung »zusammenfassenden« Artikeln gezeigt werden. So ist in dem bereits zitierten Artikel der »radikalen« Anna Lindemann aus dem Jahr 1913 exakt die Einschätzung zu finden, die aus der Forschungsliteratur der 1980er Jahre so

---

49 Vgl. zum Argument der »Kulturstaaten« und »Zivilisation« im Zusammenhang mit einem allgemeinen und gleichen Wahlrecht: Hedwig Richter, Moderne Wahlen. Eine Geschichte der Demokratie in Preußen und den USA im 19. Jahrhundert, Hamburg 2017, S. 536f.
50 Darauf hat bereits Susanne Kinnebrock in ihrem Aufsatz: »Wahrhaft international?« Soziale Bewegungen zwischen nationalen Öffentlichkeiten und internationalem Bewegungsverbund, in: Schöck-Quinteros u.a., Politische Netzwerkerinnen, S. 27–56, hingewiesen.

vertraut ist: die Verspätung im internationalen Kontext, die angebliche Vorreiterrolle der sich selbst als Radikale verstehenden Protagonistinnen bei einer ersten Organisation und die Debatten zwischen den verschiedenen Flügeln der Frauenstimmrechtsbewegung. Auch ein Artikel von Auguste Kirchhoff, ebenfalls der »radikalen« Richtung nahestehend, zur Entwicklung der Frauenstimmrechtsbewegung aus dem Jahr 1916 zeichnet das Bild der radikalen Vorreiterstellung in der Frage des Frauenstimmrechts nach. Hier liest man davon, dass die Frauenstimmrechtsforderungen im BDF auf wenig Gegenliebe stießen, da man »zugestandenermaßen von ihrer Propagierung eine Beeinträchtigung der anderen Bundesinteressen« fürchtete.[51] Auch in der Autobiografie von Lida Gustava Heymann – in Zusammenarbeit mit Anita Augspurg 1941 im Schweizer Exil verfasst – findet sich die Erzählung der sich (unversöhnlich) gegenüberstehenden beiden Frauenbewegungsflügel, deren »radikaler« Flügel alleine den Kampf um das Frauenstimmrecht aufnahm.[52] Es ist dieses Bild, welches die Forschungsliteratur bis heute prägt.

Es können an dieser Stelle nur erste Hinweise und Überlegungen erfolgen. Doch schon jetzt lässt sich erahnen, dass die Geschichte des Kampfes um das Frauenwahlrecht und der Beitrag der Frauenbewegung daran auf der Basis einer Re-Lektüre zentraler Quellen neu erzählt werden müsse. Dies wär auch dringend geboten, denn bisher ist der Kampf der deutschen Frauenbewegung um die Demokratie in Deutschland zu wenig in den historischen Standardwerken bedacht worden. Die Frauenbewegung als politische Kraft, als soziale Bewegung, die auf dem Weg zur Politisierung und Demokratisierung der deutschen Gesellschaft eine wichtige Rolle spielte, in dem sie die Auswirkungen der unhinterfragten Geschlechterdifferenz auf Politik und Gesellschaft thematisierte, könnte so wieder sichtbar werden.

---

51 Kirchhoff, Entwicklung, S. 4.
52 Siehe dazu: Lida Gustava Heymann, in Zusammenarbeit mit Anita Augspurg, Erlebtes – Erschautes. Deutsche Frauen kämpfen für Freiheit, Recht und Frieden 1850–1940, Frankfurt am Main 1992, Kapitel 4: Frauenbewegung – Frauenstimmrecht, S. 94–127.

Barbara von Hindenburg

Politische Räume vor 1918 von späteren Parlamentarierinnen des Preußischen Landtags

»Hassest Du morsche Mauern nicht,
Und schwankende Fundamente?
Ich weiß, Du bist, wenn Altes bricht,
In deinem Elemente.

Paß auf! bald stürzen, ganz so wie du, –
Jetzt manches Morsche die Frauen;
Doch nur, um für Kommender Freude und Ruh'
Herrliche Hallen zu bauen.«[1]

In diesen Zeilen aus dem Gedicht »Sturmwind« wies Elsa Hielscher im Jahr 1908 mit der Metapher des Raums darauf hin, wie sich die engen Grenzen für Frauen während des Kaiserreichs allmählich weiteten und wie groß die Erwartung und die Hoffnung auf Neues waren.

Zehn Jahre später konnten Frauen in neue Räume – die Parlamente – einziehen und die Zusammensetzung des Parlaments mitbestimmen. Elsa Hielscher war eine von 91 Parlamentarierinnen, die zwischen 1919 und 1933 in die Verfassunggebende Preußische Landesversammlung bzw. den Preußischen Landtag gewählt wurden (im Folgenden beide: Preußischer Landtag).

---

1 Elsa Hielscher-Panten, Sturmwind, in: dies., Gedichte, Neue Ausgabe, Jauer 1909 (zuerst: Jauer 1908), S. 30 f.

Das Land Preußen war mit zwei Dritteln der Bevölkerung und drei Fünfteln des Territoriums in der Weimarer Republik das bei weitem größte Land innerhalb Deutschlands. Der Preußische Landtag und die preußische Regierung gelten als demokratisches Vorbild der Weimarer Republik, besonders im Gegensatz zum Reichstag und der Reichsregierung. Der Historiker Heinrich August Winkler beschrieb Preußens Entwicklung zu einer »Art republikanischem Musterstaat« als ein die Weimarer Republik wesentlich stabilisierendes Element.[2]

In den Preußischen Landtag wurden zwischen 1919 und 1933 insgesamt fast 1400 Abgeordnete gewählt, darunter waren pro Legislaturperiode 6 bis 10 Prozent weibliche Abgeordnete. Die SPD-Fraktion hatte stets den höchsten Frauenanteil (13 bis 15 Prozent), gefolgt vom Zentrum (10 bis 13 Prozent).[3] Der Frauenanteil sank u. a. mit Zunahme der Stimmen der NSDAP, da die NSDAP keine Frauenkandidaturen zuließ und so faktisch für ihre Fraktion das passive Frauenwahlrecht abschaffte.[4]

Welche politische Herkunft hatten die Kandidatinnen bzw. späteren Parlamentarierinnen bei der Einführung des Frauenwahlrechts? Hatten sie sich bereits vorher in den Parteien engagiert? Für die Sozialdemokratinnen und die späteren Kommunistinnen unter den Ab-

---

2 Heinrich August Winkler, Weimar 1918–1933. Die Geschichte der ersten deutschen Demokratie, München 1998, S. 598.

3 Siehe zum Preußischen Landtag u. a. Horst Möller, Parlamentarismus in Preußen 1919–1932, Düsseldorf 1985 (S. 601: Fraktionsstärken und Legislaturperioden); Siegfried Heimann, Der Preußische Landtag 1899–1947. Eine politische Geschichte, Berlin 2011. Zu Lebensläufen der genannten Abgeordneten siehe Barbara von Hindenburg (Hg. und Bearb.), Biographisches Handbuch der Abgeordneten des Preußischen Landtags. Verfassunggebende Preußische Landesversammlung und Preußischer Landtag 1919–1933, 4 Teile, Frankfurt am Main 2017; dieser Aufsatz fasst Teilergebnisse zusammen: dies., Die Abgeordneten des Preußischen Landtags 1919–1933. Biographie – Herkunft – Geschlecht, Frankfurt am Main 2017, Kap. III. 1 und 2, S. 27 (Forschungsliteratur).

4 Siehe u. a. Angelika Schaser, Frauenbewegung in Deutschland 1848–1933, Darmstadt 2006, S. 112. Da die weiblichen Abgeordneten häufiger wiedergewählt wurden als die männlichen, war ihr prozentualer Anteil an der Gesamtzahl der Abgeordneten geringer als ihr prozentualer Anteil in den jeweiligen Legislaturperioden.

geordneten des Preußischen Landtags trifft das zu. Seit das Reichsvereinsgesetz dies 1908 möglich gemacht hatte, waren die meisten von ihnen Parteimitglieder. Vorher hatten sie sich in Organisationen der SPD, die als »Frauenbildungsvereine« getarnt waren, betätigt, die 1908 nach einigen Diskussionen aufgelöst wurden. Die Sozialdemokratie hatte schon 1891 das Frauenwahlrecht in ihr Parteiprogramm aufgenommen, und sie war die erste und lange Zeit die einzige Partei, die eine nennenswerte Anzahl an weiblichen Parteimitgliedern in ihren Reihen aufweisen konnte.[5]

Wie gestaltete sich aber das politische Leben jener Frauen, die bürgerlichen Parteien nahestanden und die später Parlamentarierinnen wurden? Dieser Frage wird der vorliegende Text nachgehen.

Die späteren weiblichen Abgeordneten unterlagen wie alle Frauen in Preußen habituellen Grenzen und gesetzlichen Beschränkungen. Bis 1902 durften sie keine politischen Versammlungen besuchen oder Mitglieder in politischen Vereinen sein, danach konnten sie, ohne das Wort zu ergreifen, in einem abgetrennten Bereich – dem Separée oder Segment – an politischen Versammlungen teilnehmen. Erst seit 1908 konnten sie Parteimitglieder werden und bei politischen Versammlungen öffentlich sprechen, 1918 wurden die politischen Rechte schließlich um das Frauenwahlrecht erweitert.[6]

Wie aber verlief die politische Sozialisation der Parlamentarierinnen, und wo erfolgte sie? Schufen spätere Parlamentarierinnen eigene Handlungsräume, wenn ihnen eine öffentliche politische Betätigung in Parteien vor 1908 nicht möglich war? Änderte sich dies mit der gesetzlichen Möglichkeit der politischen Tätigkeit in den Parteien?[7]

---

5 Siehe u. a. Christl Wickert, Unsere Erwählten. Sozialdemokratische Frauen im Deutschen Reichstag und im Preußischen Landtag 1919 bis 1933, 2 Bde., Göttingen 1986; Barbara von Hindenburg, Die Abgeordneten, S. 193–214.

6 Siehe u. a. Ute Gerhard, Grenzziehungen und Überschreitungen. Die Rechte der Frauen auf dem Weg in die politische Öffentlichkeit, in: dies. (Hg.), Frauen in der Geschichte des Rechts. Von der Frühen Neuzeit bis zur Gegenwart, München 1997, S. 509–546, bes. 526–534.

7 Siehe diese und weitere Fragestellungen auch in: Barbara von Hindenburg, Die Abgeordneten, S. 25 f.

Nur drei weibliche Landtagsabgeordnete bürgerlicher Parteien waren vor 1918 Parteimitglieder. Zu bedenken ist allerdings, dass die meisten bürgerlichen Parteien Honoratiorenparteien waren und nicht Mitgliederparteien wie die SPD. Daher waren die Mitgliederzahlen dort insgesamt deutlich geringer.

Beispielhaft herausgegriffen wird das Wirken der bereits erwähnten Elsa Hielscher in Schlesien, die später deutschnationale Abgeordnete wurde. Sie war bis 1918 im Schlesischen Frauenverband und im Schlesischen Verein für Frauenstimmrecht aktiv. Ein zweiter Schwerpunkt wird auf der nationalliberalen Partei zwischen 1908 und 1918 und auf Charlotte Garnich liegen, die dort bereits vor 1918 aktiv und später Abgeordnete der DVP im Preußischen Landtag war.

Kurze methodische Überlegungen

Neben der geschlechtervergleichenden Perspektive nähere ich mich meinem Thema unter Zuhilfenahme der Kategorie Raum, die besonders geeignet ist, Grenzen von Handlungsräumen und deren Erweiterungen und Einschränkungen aufzuzeigen. Raum wird hier sowohl als realer – »absoluter« – Raum (»Containerraum«) und als sozialer Raum gedacht. Mit dem realen Raum werden Handlungsmöglichkeiten und -grenzen z. B. in einer bestimmten Region oder Stadt aufgezeigt. Durch die Handlungen der Akteurinnen und Akteure wird er zum sozialen Raum, und es werden soziale, dynamische – Veränderungen bewirkende –, handlungsrelevante und diskursive Prozesse untersucht. Somit ist die Raumkategorie stark akteursorientiert und auf Prozesse ausgerichtet.[8]

Berücksichtigt werden außerdem die Erkenntnisse der neuen Politikgeschichte, wie sie unter anderem von Ute Frevert und Heinz-

---

8 Siehe grundlegend u. a.: Martina Löw, Raumsoziologie, Frankfurt am Main 2012; Karl Schlögel, Im Raume lesen wir die Zeit. Über Zivilisationsgeschichte und Geopolitik, München, Wien 2003; Jörg Döring / Tristan Thielmann (Hg.), Spatial turn. Das Raumparadigma in den Kultur- und Sozialwissenschaften, Bielefeld 2008.

Gerhard Haupt vertreten werden.⁹ Die Engführung des Politikbegriffs in der klassischen Politikforschung auf Parteien, staatliche Institutionen und Parlamente verschloss lange Zeit den Blick auf davon abweichende Arten des politischen Handelns. Wird der Blick mit einem breiteren Verständnis von Politik auf andere politische Räume gerichtet, erschließen sich bisher wenig beachtete Handlungsräume von Einzelnen und Gruppen.¹⁰ Nach Heinz-Gerhard Haupt hat die Aufnahme der Raummetapher in die neue Politikgeschichte den Vorteil, »dass sie nicht von einem vorgegebenen Begriff des Politischen ausgeht, sondern jeweils spezifisch bestimmt, welche Akteure, Institutionen und Semantiken zu einer bestimmten Zeit legitimerweise dem Politischen zugeordnet werden bzw. welche Akteure andere Zuordnungskriterien entwickeln.«¹¹

Reformerinnen in Schlesien

Elisabeth (Elsa) Hielscher wurde 1871 in Panten bei Liegnitz in Schlesien als Tochter eines Domänenpächters und seiner Frau geboren. Die spätere deutschnationale Abgeordnete engagierte sich seit Anfang des 20. Jahrhunderts im Schlesischen Frauenverband und seit seiner Gründung 1908 im Schlesischen Frauenstimmrechtsverband. Der Schwerpunkt ihres Handelns lag auf dem kommunalen und regionalen Raum Schlesien, sie besuchte aber auch internationale und nationale Frauenkongresse und berichtete in Vorträgen und Artikeln darüber.

Hielscher schrieb zahlreiche Artikel für die Zeitschrift des Schlesischen Frauenverbandes, die in der Redaktion und in der Druckerei

---

9   Siehe grundlegend: Ute Frevert / Heinz-Gerhard Haupt (Hg.), Neue Politikgeschichte. Perspektiven einer historischen Politikforschung, Frankfurt am Main 2005.
10 Siehe auch Barbara Vogel, Zwischenbilanz eines Forschungsprojekts, in: Gabriele Boukrif (Hg.), Geschlechtergeschichte des Politischen. Entwürfe von Geschlecht und Gemeinschaft im 19. und 20. Jahrhundert, Münster 2002, S. VII–XII, S. XI.
11 Heinz-Gerhard Haupt, Historische Politikforschung. Praxis und Probleme, in: Ute Frevert / ders. (Hg.), Neue Politikgeschichte, S. 304–313, S. 308.

ausschließlich von Frauen hergestellt wurde.[12] Diese Zeitschrift war mit dem Ziel angetreten, einen Diskursraum für Frauen in Schlesien zu schaffen, wie die Herausgeberin und Vorsitzende des Schlesischen Frauenverbandes Marie Wegner schrieb, den es bis dahin ihrer Einschätzung nach nicht gegeben hatte.[13] Neben den schriftlichen Beiträgen in Zeitschriften hielt Elsa Hielscher häufig Vorträge, über die ebenfalls in der Zeitschrift berichtet wurde.

Das Ziel des Schlesischen Frauenverbandes war eine Stärkung der Frauen in »wirtschaftlicher, rechtlicher und geistiger Hinsicht«, der Verein für Frauenstimmrecht wollte die staatsbürgerliche Gleichberechtigung der Frauen erreichen.[14] Der Schlesische Frauenstimmrechtsverein und der Frauenverband agierten gemeinsam – Marie Wegner und Elsa Hielscher waren in beiden Organisationen sehr aktiv –, und sie verfolgten dabei ausgesprochen kreative und vielfältige Strategien. Marie Wegner wies einmal darauf hin, dass Aktionen des Frauenverbandes leichter durchzusetzen seien als die des Stimmrechtsvereines, da auf Letzteren eher ablehnend reagiert würde.[15]

Zu den wichtigsten Aktionen gehörte es, auf bereits existierende Rechte hinzuweisen und die Frauen zu mobilisieren, diese auszuüben. So forderten die schlesischen Frauenrechtlerinnen unverheiratete oder verwitwete Grundbesitzerinnen auf dem Land auf, ihr über-

---

12 Die Zeitschrift erschien unter wechselnden Titeln und teilweise mit Parallelausgaben unter: *Mitteilungen des Schlesischen Frauenverbandes, Frau im Osten, Frau der Gegenwart*. Die genauen Titeldaten sind in der Zeitschriftendatenbank (zdb-katalog.de [27. 11. 2017]) einsehbar. Die Mitteilungen des Stimmrechtsvereins erschienen dort als Beiblatt.
13 Siehe zu Marie Wegner den biografischen Abriss und die Zusammenstellung von Quellen von ihrer Enkelin Henriette Bettin, Auf den Spuren von Marie Wegner 1859–1920. Briefe einer vergessenen engagierten Frauenrechtlerin Anfang des 20. Jahrhunderts, Freiberg 2003. Siehe auch Barbara von Hindenburg, Die Abgeordneten, S. 243 f.
14 Merkbuch der Frauenbewegung, hrsg. v. Bunde Deutscher Frauenvereine, zusammengestellt und bearb. v. Marie Wegner, Leipzig, Berlin 1908, S. 65. Siehe zu Frauenstimmrechtsvereinen auch den Beitrag von Kerstin Wolff in diesem Band.
15 Siehe o. Verf. [Marie Wegner], Der Weg zum Frauenstimmrecht, in: *Die Frau der Gegenwart*, Stimmrecht, Beiblatt, Jg. IV, Nr. 2, vom 1. November 1913, S. 29B.

kommenes Gemeindewahlrecht auszuüben. Tatsächlich gab es, wie Birgitta Bader-Zaar in ihrem Beitrag für diesen Band verdeutlicht, ein solches Wahlrecht in verschiedenen Regionen Europas; auch Schlesien gehörte dazu. Typischerweise musste das Recht durch Wahlmänner ausgeübt werden.[16] Die Agitatorinnen besuchten nun aufgrund des ihnen vorliegenden Wählerinnenverzeichnis jede einzelne der Grundbesitzerinnen und klärten über dieses wenig bekannte Recht auf. Zugleich gelang es ihnen, Männer davon zu überzeugen, als Vertreter für die Frauen die Wahl vorzunehmen. Der Erfolg war beachtlich: Bis zu 100 Prozent der Frauen nahmen ihr Wahlrecht wahr.[17] So wurde durch die Agitation des Verbandes der bestehende Rechtsraum in Schlesien zu einem Handlungs- und Funktionsraum von Frauen.

Den Akteurinnen gelang es außerdem, dass Frauen in den Gemeinden Schlesiens als Vormünder eingesetzt wurden und an Sitzungen des Jugendgerichts teilnehmen durften. Sie manifestierten dieses Recht durch einen eigenen Tisch auf der Seite des Verteidigers und besetzten den Gerichtsraum tatsächlich durch ihre Anwesenheit. Dies war ein bedeutsamer Schritt für die aktive Teilhabe von Frauen bei Gericht. In vielen Städten Schlesiens, in denen der Frauenverband aktiv war, gab es infolge der Agitation des Verbandes in der kommunalen Verwaltung stimmberechtigte Waisen-, Armen- oder Schulpflegerinnen. Eine weitere Forderung ging dahin, eine Quotierung von Frauen in den ehrenamtlichen kommunalen Ämtern durchzusetzen, wie es sie beispielsweise in Baden gab.[18]

---

16 Siehe u. a. Erläuterungen von Elsa Hielscher, Zum Gemeindewahlrecht der Frauen, in: *Mitteilungen des Schlesischen Frauenverbandes*, Jg. II., Nr. 5 vom 1. August 1908, S. 19 f.; siehe zu einer ähnlichen Vorgehensweise in Hannover Kerstin Wolff, Praktische Politik in den Gemeinden. Die Reformierung der Gesellschaft durch eine kommunale (Frauen)Politik im Kaiserreich, in: *Ariadne* (November 2001) H. 40, S. 20–25.
17 Siehe Elsa Hielscher, Eine Wahlberechtigte. Rubrik Eingesandt, in: *Die Frauenbewegung*, Bd. 16, Nr. 8 vom 15. April 1910, S. 63. Siehe zu einem ähnlichen Vorgehen in Hessen den Beitrag von Birte Förster im vorliegenden Band.
18 1917 gab es auch in der Gemeindekommission des Preußischen Abgeordnetenhauses eine befürwortende Stellungnahme zur Mitgliedschaft von Frauen in den

Für Elsa Hielscher war die Weiterbildung von Mädchen im ländlichen Raum ein wichtiges Anliegen, und sie unternahm gezielte Schritte, um sie zu fördern und ihnen eigene Bildungsräume zu erschließen. Sie führte regelmäßig Kurse durch, gründete eine Schule, schrieb Artikel u. a. in der Zeitschrift *Die Gutsfrau* darüber und warb in Vorträgen andere für dieses Aktionsfeld.

Zur Unterstützung der Berufstätigkeit von Frauen wurden auch Kinderhorte eingerichtet. Außerdem wurden in schlesischen Städten Rechtsberatungen für Frauen angeboten. Zahlen in Jahresberichten des Verbandes belegen, dass die Beratung von vielen wahrgenommen wurde – allein in Breslau beriet man jährlich etwa 2000 Frauen unentgeltlich, und die Rechtsschutzstelle hielt dreimal wöchentlich eine Sprechstunde ab. Dies bedeutete, dass sich die beratenden Frauen in den Rechtsschutzstellen als Expertinnen fortbilden mussten und dass sie Rat suchenden Frauen einen Raum boten, in dem sie mit ihren Anliegen ernst genommen und unterstützt wurden. Dies stärkte die Frauen in ihren Rechten, aber auch als Persönlichkeiten. In Einrichtungen des Schlesischen Frauenverbandes fanden sich zudem Leseräume für Frauen. Hier gab es eine Bibliothek und die Möglichkeit, sich dort aufzuhalten: Abbildungen zeigen, dass die Räume mit Tischen und Stühlen ausgestattet waren. Dieser Bildungs- und Kommunikationsraum für Frauen war eine wichtige Erweiterung des weiblichen Handlungsfeldes – und wurde in vielen deutschen Städten eingerichtet.[19] Für Männer standen solche Treffpunkte in Form von

---

städtischen Deputationen, solange Frauen zu den Deputationen zugezogen würden, die sich mit sozialen Aufgaben beschäftigten. Siehe *Die Frau der Gegenwart*, Jg. XI, NF Jg. VI 1917, Nr. 11 vom 1. Juni 1917, S. 86.

19 Siehe Abbildungen des Kinderhorts, der Rechtsberatung in Breslau und des Leseraums in: Helene-Lange-Archiv, BDF MF 2964: Rosa Urbach, Vierzig Jahre Frauenbewegung in Schlesien, in: *Sonderbeilage der Mitteilungen des Schlesischen Frauenverbandes*, Oktober 1908, S. 28f. Ähnlich ging beispielsweise der katholische Frauenbund in Berlin vor, der in den 1920er Jahren in Charlottenburg ein »Frauenbundhaus« baute und dort unter anderem ein Ledigenheim für Frauen einrichtete. Daran hatte die Vorsitzende des Katholischen Frauenbundes Berlin und spätere Zentrumsparlamentarierin Maria Heßberger wesentlichen Anteil. Siehe Barbara von Hindenburg, Die Abgeordneten, S. 292.

Klubs, aber auch als Gaststätten oder Kneipen wie selbstverständlich von jeher zur Verfügung.

Die Akteurinnen des Verbandes riefen außerdem dazu auf, an Stadtverordnetenversammlungen und öffentlichen Parteiversammlungen teilzunehmen und dort gezielt Fragen zu stellen oder Abgeordneten schriftliche Anfragen zu stellen. Es gab einen Propagandaausschuss, der politische Schulungsmappen zusammenstellte. Diese wurden von einer »Wanderkommission« in den Haushalten verteilt und vor Ort erörtert. So klärten die Aktivistinnen über Frauenrechte und politische Fragen auf und weckten Interesse für diese Aufgaben. Sie besuchten die Frauen in ihrem häuslichen Raum und machten diesen so zum politischen Raum. Darüber hinaus hielten Elsa Hielscher und andere Frauen Vorträge in ganz Schlesien, und der Verband entfaltete eine rege publizistische Tätigkeit.

Die Akteurinnen des Verbandes wollten den Diskursraum für das Frauenwahlrecht deutlich erweitern und durch Flugblattaktionen im öffentlichen Raum in »Städten, auf Strassen und Plätzen, vor den Versammlungslokalen der politischen Parteien und in [den] [...] Häusern [...] die Bearbeitung der öffentlichen Meinung« erreichen.[20]

Argumente für das Frauenwahlrecht

Die Akteurinnen des Schlesischen Frauenverbandes und Frauenstimmrechtsverbandes argumentierten gegen eine angebliche Minderwertigkeit von Frauen, die für sie in dem Ausschluss vom Wahlrecht zum Ausdruck kam. Sowohl Elsa Hielscher als auch der Sohn Marie Wegners, Armin T. Wegner, veröffentlichten jeweils eine Erzählung, die den Lesenden die erlittene Demütigung veranschaulichen sollte. Beide Geschichten schilderten defizitäre Männerfiguren: mit mangelhafter Bildung, mittellos, mit körperlichen Gebrechen, dem Alkoholismus verfallen oder nichtdeutscher Herkunft, die ebenfalls als Mangel galt. Gleichwohl, so die Moral, besäßen diese Gestal-

---

20 Elsa Hielscher-Panten, [ohne Titel], in: *International Women's News*, 6/6 (1912), S. 54.

ten das Wahlrecht. Ihnen wurden Frauen gegenübergestellt, nämlich die Mutter Hielschers und Marie Wegner, die auf der gesellschaftlichen oder sozialen Ebene und mit ihren Fähigkeiten weit über diesen Männern stünden. Das (Reichstags-)Wahlrecht aber, das in der Erteilung des Rechts den Ein- bzw. Ausschluss einzig über das Geschlecht vornahm, ordnete die Frauen damit allen Männern unter – unabhängig von ihren Fähigkeiten oder ihrer gesellschaftlichen Stellung.[21]

Elsa Hielscher führte auch die Menschenrechte ins Feld und sprach dies in mehreren Gedichten an: »Frei will ich sein! sprecht nicht stets vom Geschlechte / Und hört erst münd'ge Frauen ernsthaft an. / Es handelt sich ja nur um Menschenrechte, / Die wäg ich gleich für Weib und Mann.«[22] Auch wenn bereits Louise Otto und Hedwig Dohm so argumentiert hatten, war dies vielen Zeitgenossen, wie Angelika Schaser und Gabriele Boukrif festgestellt haben, fremd.[23] So lehnte einer der späteren liberalen Abgeordneten des Preußischen Landtags, Ludwig Heilbrunn, wie die meisten liberalen Zeitgenossen das allgemeine, gleiche Männerwahlrecht ebenfalls ab.[24]

An politisch engagierte Frauen wurden andere Aufgaben herangetragen als an Männer. Preußische Landtagsabgeordnete im Kaiser-

---

21 Siehe Armin T. Wegner, Es ist eine weite Kluft, in: *Mitteilungen des Schlesischen Frauenverbandes*, II. Jahrgang, Nr. 7 vom 1. Oktober 1908, S. 38; Elsa Hielscher, Wenn ich groß bin, in: *Die Frau im Osten*, Jg. IV, NF Jg. I 1909/1910, Nr. 11 vom 1. März 1910, S. 85.
22 Elsa Hielscher, Frei will ich sein, in: dies.: Gedichte, S. 112.
23 Siehe Angelika Schaser, Frauenbewegung in Deutschland, S. 50; Gabriele Boukrif, Hedwig Dohm und Anna Maria Mozzoni. Zwei Vorreiterinnen im Kampf um das Frauenwahlrecht im Vergleich, in: Dies. (Hg.), Geschlechtergeschichte des Politischen. Entwürfe von Geschlecht und Gemeinschaft im 19. und 20. Jahrhundert, Münster 2002, S. 19–49.
24 Siehe Andrea Hopp, Jüdisches Bürgertum in Frankfurt am Main im 19. Jahrhundert, Stuttgart 1997, S. 114; so auch Dieter Langewiesche, Deutscher Liberalismus im europäischen Vergleich. Konzeption und Ergebnisse, in: ders. (Hg.), Liberalismus im 19. Jahrhundert. Deutschland im europäischen Vergleich, Göttingen 1988, S. 11–19, S. 14 f.: »Die europäischen Liberalen hatten stets das demokratische Wahlrecht abgelehnt. Politischer Vollbürger sollte nur sein, wer die liberalen Kriterien des Staatsbürgers erfüllte: ein gewisses Maß an Bildung und wirtschaftlicher Unabhängigkeit.«

reich bemühten sich beispielsweise darum, Vorteile für ihre jeweilige Provinz zu erreichen. Diesen Ansprüchen konnten Frauen mit ihrem damaligen gesellschaftlichen und finanziellen Status nicht folgen. Sie argumentierten in eine vollkommen andere Richtung. Marie Wegner sammelte z. B. Unterschriften für das Frauenwahlrecht in der Gemeinde mit der Begründung, dass die Fragen der Säuglingssterblichkeit, des Kinderschutzes, der Wöchnerinnenfürsorge und des Wohnungswesens den Frauen viel näher lägen und daher auf diesen Gebieten Verbesserungen durch das Frauenwahlrecht erzielt würden.[25] Sie hielt Frauen in der Sozialarbeit, z. B. in der Armenfürsorge oder als Vormünder, auch deshalb für wichtig, um diese Frauen durch die allmähliche Einbindung an das Frauenwahlrecht heranzuführen, sie könnten dort stündlich die Notwendigkeit des Frauenwahlrechts erkennen.[26] Die im Verband tätigen Frauen verwiesen zudem auf ihre Erfahrung in der sozialen Arbeit: Die Übernahme von mehr sozialen Aufgaben bringe mehr Pflichten mit sich, daher sollten auch ihre Rechte erweitert werden. Außerdem sei aufgrund der sozialen Arbeit das Bedürfnis entstanden, nicht mehr nur den Mangel zu lindern, sondern an Gesetzen mitzuwirken und Veränderungen in der Gesellschaft mitzugestalten – auch durch die Mitbestimmung darüber, wer in das Parlament einziehe.[27] Auf den amerikanischen Kontext bezogen nennt Paula Baker dies eine »domestication of politics«: Frauen definierten weibliche Räume und Tätigkeitsfelder als politisch, verwiesen auf ihre besondere Expertise und forderten die entsprechenden politischen Rechte ein.[28] Wie häufig bei der Argumentation für

---

25 Siehe *Die Frau der Gegenwart*, Jg. XII, NF Jg. VII 1918, Nr. 10/11 vom 1. Juni 1918, S. 63.
26 Siehe o. Verf. [Marie Wegner], Vereine zur politischen Bildung der Frau, in: *Die Frau der Gegenwart*, Jg. VIII, NF, Nr. 13 vom 1. April 1914, *Stimmrecht, Beiblatt*, Jg. IV, Nr. 7 vom 1. April 1914, S. 115.
27 Siehe z. B. Vortrag von Elsa Hielscher in Berlin im Verein für politische Frauenarbeit, Ortsgruppe Groß-Berlin, 25. 3. 1914, in: *Die Frau der Gegenwart, Stimmrecht, Beiblatt*, Jg. IV, Nr. 7 vom 1. April 1914, S. 116.
28 Siehe Paula Baker, The Domestication of Politics. Women and American Political Society, 1780–1920, in: Ellen Carol DuBois / Vicki L. Ruiz (Hg.), Unequal sisters. A Mulitcultural Reader in U.S. Women's History, New York 1990, S. 66–91. Vgl. dazu den Beitrag von Hedwig Richter in diesem Band.

Frauenrechte in der bürgerlichen Frauenbewegung war der »weibliche Einfluss« ein bedeutsames Argument: »Die Teilnehmerinnen der Frauenkonferenz sind überzeugt, daß alle diese Forderungen zum Wohle des Volkes umso sicherer und zweckentsprechender erfüllt und durchgeführt werden können, je eher die Frauen als vollberechtigte Bürgerinnen in Gemeinde, Staat und Reich [...] ihren weiblich-mütterlichen direkten Einfluß auf Gesetzgebung und Verwaltung ausüben dürfen.«[29] Diese Argumentation reiht sich ein in das Konzept der »organisierten Mütterlichkeit«, das in der bürgerlichen Frauenbewegung eine zentrale Rolle spielte. Diesem Konzept zufolge sollte die bisher in der Familie ausgeübte Mütterlichkeit nun auch in die Gesellschaft eingebracht werden und diese dadurch gebessert werden.[30]

Nach dem für die bürgerliche Frauenbewegung enttäuschenden Ostererlass des Kaisers 1917 setzte der Schlesische Frauenstimmrechtsverband auf die Strategie, zunächst die Einführung des aktiven und passiven kommunalen Frauenwahlrechts auf Grundlage des allgemeinen, gleichen, direkten und geheimen Wahlrechts zu fordern.[31]

So schufen die Aktivistinnen eigene Handlungs- und Diskursräume und sie betraten bisher rein männlich besetzte Räume. Die späteren Parlamentarierinnen Martha Dönhoff (DDP) in Witten, Margarete Poehlmann (DVP) in Tilsit oder Mathilde Drees (DDP) in Hannover gingen in ihrer jeweiligen Region sehr ähnlich vor, auch wenn sie weniger stark für das Frauenwahlrecht warben. Sie hofften ganz ähnlich wie Gertrud Bäumer auf die allmähliche Durchsetzung von Frauenrechten und damit auch des Frauenwahlrechts durch ihre Tätigkeit in Gemeinden und der Region.[32]

---

29 Marie Wegner, Frauenkonferenz zum Studium der Alkoholfrage zu Dresden, in: *Die Frau der Gegenwart*, Jg. XI, NF Jg. VI 1917, Nr. 13 vom 1. Juli 1917, S. 102 f., S. 103.
30 Siehe u. a. Angelika Schaser: Frauenbewegung in Deutschland, S. 28 f.
31 Verein für Frauenstimmrecht, Breslau; Vortrag von Marie Wegner über »Der Ostererlaß und die Frauen«, in: *Die Frau der Gegenwart*, Jg. XI, NF Jg. VI 1917, Nr. 12 vom 15. Juni 1917, S. 96.
32 Siehe Hinweis zu Bäumer: Rubrik Frauenstimmrecht, in: *Die Frau der Gegenwart*, Jg. IX, NF Jg. IV 1914/15, Nr. 20 vom 15. Juli 1915, S. 149 f.

Frauenräume in der Nationalliberalen Partei zwischen 1908 und 1918?

Wie sah es mit einer parteipolitischen Betätigung der späteren Parlamentarierinnen aus, nachdem sie seit 1908 in Preußen rechtlich Parteimitglieder werden konnten? In Breslau wurde die Erweiterung des politischen Raums als performativer Akt gefeiert. Der Verein »Jung-Freisinn« hatte die »Gruppe für Frauenstimmrecht« zu einem Vortrag eingeladen:
»Drollig nahm sich die schwarzweiße Schnur aus, die noch dieses eine Mal den Tisch der Frauen von den Tischen der Männer trennte. [...] Feierlich wurde darauf der Strick zusammengerollt und als ein Symbol vergangener Tage, als ein Zeichen der Fesseln, die gefallen sind, der Vorsitzenden des Vereins Frauenwohl [...] überreicht, zugleich als ein symbolischer Ausdruck dafür, daß im Verein Jungfreisinn von Stund' an die Frau gleichberechtigt neben dem Manne steht. So darf man von dieser ersten Begegnung in der Arena der Politik die Hoffnung hegen, daß sie den Boden bereitet hat für ein gedeihliches Zusammenwirken der beiden Geschlechter.«[33]

Die Hoffnung, die in dem Zitat anklang, nämlich gute Aufnahme in den liberalen oder konservativen Parteien zu finden, zerschlug sich allerdings bald. Für die späteren Landtagsparlamentarierinnen blieben die Parteien vor 1918 im Wesentlichen Leerräume. Allerdings lag das teilweise an der Strategie der Frauen selbst. Zum Beispiel entschied sich die spätere deutschdemokratische Abgeordnete Martha Dönhoff, Vorsitzende des Rheinisch-Westfälischen Frauenverbandes, gegen eine parteipolitische Tätigkeit. Sie wollte die Frauenbewegung – wie sie sagte – als unpolitisch bewahren, das hieß für sie über Partei- und Klassengrenzen stehend.[34] Dieser Gegensatz zwischen

---

33 Gründung des Jungfreisinns in Breslau – Einladung an die Frauenstimmrechtsgruppe, in: *Centralblatt des Bundes Deutscher Frauenvereine*, Jg. X 1908/09, Nr. 5 vom 1. Juni 1908, S. 39.
34 Siehe Wortbeitrag Martha Dönhoff, in: *Sitzungsberichte der Verfassunggebenden Preußischen Landesversammlung*, 157. Sitzung am 23. September 1920, Sp. 12440–12442, Sp. 12440.

(Partei-)politik und (Frauen-)bewegung wurde in Aussagen von Frauen in der Frauenbewegung häufig gebildet, wobei (Partei-)politik eher negativ besetzt war und Letztere positiv.[35]

Im Gegensatz dazu äußerte sich Elsa Hielscher im Jahr 1914, demselben Jahr, in dem sie Mitglied der Freikonservativen Partei wurde, vorsichtig befürwortend in einer Rede: »Ist der Eintritt in die politischen Männerparteien unseren Mitgliedern zu empfehlen?«[36] Schon mit dem Begriff »politische Männerparteien« wird deutlich, dass Frauen dort weiterhin ungewöhnlich waren.

Am Beispiel der Nationalliberalen Partei wird ein Blick in die vermeintlichen Leerräume geworfen und aufgezeigt, inwiefern Frauen, Frauenrechte oder das Frauenwahlrecht zwischen 1908 und 1918 in der Partei von Bedeutung waren.

Die männlich geprägte Parteipublizistik der Nationalliberalen Partei griff Frauenrechtsfragen kaum auf. Die rechtliche Möglichkeit für Frauen, ab 1908 Parteimitglieder zu werden, spielte hier so gut wie keine Rolle. Beim ersten Parteitag, der 1909 nach der Verabschiedung des Reichsvereinsgesetzes stattfand, wurden Frauen ausschließlich »beim Mittagsmahl« erwähnt. Prinz Schönaich-Carolath wünschte sich die »Teilnahme der Frau an den Leiden und Freuden des Mannes und an der Arbeit des Mannes«.[37] In den Protokollen der Parteitage sind Frauen marginalisiert – ohne offizielle Parteimitgliedschaft wurden sie weder auf Listen geführt, noch hatten sie ein Rederecht oder Recht auf Teilnahme an Gremien, die während der Parteitage zusammenkamen und in denen u. a. die Parteiprogramma-

---

35 Auch Marie Wegner äußerte z. B. noch 1918 Enttäuschung über die Spaltungen in der Frauenbewegung, die durch die »Männerparteien« verursacht seien, siehe Marie Wegner, Bahai, in: *Die Frau der Gegenwart*, Jg. XII, NF Jg. VII 1918, Nr. 10/11 vom 1. Juni 1918, S. 57 f.

36 *Die Frau der Gegenwart*, Jg. IX, NF Jg. IV 1914/15, Nr. 20 vom 15. Juli 1915, *Stimmrecht*, Beiblatt, Jg. IV, Nr. 9 vom 1. Juni 1914, S. 152.

37 Elfter Allgemeiner Vertretertag der Nationalliberalen Partei am 3. und 4. Juli 1909 in Berlin. Protokoll auf Grund stenographischer Aufzeichnungen, Berlin 1909, S. 52 (Bericht über »Das Mittagsmahl im Kaiserhof«).

tik erarbeitet wurde.[38] Auch beim Parteitag 1912 wurden die anwesenden Parteimitglieder trotz der Teilnahme von Frauen fast ausschließlich als »Meine Herren« angesprochen – Frauenthemen und das Frauenwahlrecht blieben ausgespart. Die Teilnahme von Frauen an diesem Parteitag und die Thematisierung von Frauenthemen in der Partei sind ausschließlich über von Frauen geschriebene Berichte nachvollziehbar, die außerhalb der Parteipublizistik veröffentlicht wurden.

Organisatorisch entwickelte sich eine eigene Frauengruppe, die aber nicht fest in der Partei institutionalisiert war. Frauen konnten in diesen Frauengruppen Mitglied werden oder teilweise über den Ortsverein Parteimitglied. In Südwestdeutschland gab es einen sehr viel höheren Anteil an Ortsvereinen mit Frauen als in Norddeutschland, wo die Mitgliedschaft von Frauen eher abgelehnt wurde.[39]

1912 fand der erste Frauenparteitag der Nationalliberalen Partei statt. Im Laufe der Jahre 1917 und 1918 veränderte sich die Teilhabe der Frauen in der Partei: Sie hatten sich organisatorisch mehr etabliert, was sich auch in eigenen Publikationen – der Zeitschriftenbeilage *Die Frau in der Politik* –, einem eigenen Büro und der Berücksichtigung von Frauen im Zentralvorstand manifestierte. Die Teilung in verschiedene Räume wurde fortgesetzt. Der allgemeine Partei- und Themenbereich war implizit männlich besetzt, Frauen agierten weitestgehend – explizit – in Frauenräumen.

Wie war aber die Haltung der Parteimitglieder zum Frauenwahlrecht? Der Titel der nationalliberalen Zeitschrift *Die Frau in der Politik* könnte als ein klarer Anspruch gedeutet werden. Die offizielle Haltung war aber keineswegs eindeutig. Einige Frauen erwogen z. B. eine Politik der kleinen Schritte und schlugen zunächst die Einführung des kommunalen und kirchlichen Frauenwahlrechts vor, die Einrichtung von Frauenkammern mit Delegierten aus Frauenvereinen oder

---

38 Eingesehen wurden Allgemeine und Preußische Parteitage sowie diverse Parteipublikationen. Siehe zu eingesehenen Quellen: Barbara von Hindenburg, Die Abgeordneten, S. 303, Fn. 208.
39 Siehe Barbara von Hindenburg, Die Abgeordneten, S. 310 f.

die Entsendung von Frauen in Reichstagsausschüsse.[40] Die Berliner Frauengruppe der Nationalliberalen Partei stellte Ende 1917 die Frage: »Wie stehen wir zum Frauenstimmrecht?« Seit 1914 sei man für das kirchliche und kommunale Wahlrecht eingetreten. Seit Juli 1917 gebe es den Vorstandsbeschluss, das passive Frauenwahlrecht zu befürworten, die Haltung zum aktiven Frauenwahlrecht bleibe aber den einzelnen Mitgliedern überlassen.[41] Ohne die Zustimmung des nationalliberalen Parteivorstands könne von den nationalliberalen Frauen eine bindende Stellung zur Frauenstimmrechtsfrage nicht eingenommen werden. Der Parteivorstand reagierte ausweichend: er erkenne die Frauen zwar als politisch vollberechtigt an. Aber der Zeitpunkt sei der »allerungünstigste, da bei Einführung des Frauenwahlrechts Zentrum und Sozialdemokratie einen noch überwiegenderen Einfluß erhalten würden [...]. Die Rücksicht auf die an sich berechtigten Frauenforderungen müsse daher hinter den staatspolitischen Erwägungen vorläufig noch zurückstehen.« Es ist klar ersichtlich, dass die Gleichberechtigung der Frauen nicht zu den staatspolitischen Zielen der Nationalliberalen Partei gehörte. Der Beschluss der nationalliberalen Frauen berücksichtigte schließlich diese Haltung: »Die nationalliberale Frauengruppe tritt grundsätzlich für die volle politische Gleichberechtigung von Mann und Frau ein, hält es aber nicht für angebracht, die Schwierigkeiten der geplanten Neuordnung des Wahlrechtes während der Kriegszeit zu vermehren.«[42]

Im Februar 1918 äußerte der Propagandaausschuss der nationalliberalen Frauen zwar ein klares Bekenntnis zur vollen politischen Gleichberechtigung von Mann und Frau und zum kommunalen Frauenwahlrecht, die Haltung zum – sogenannten – politischen Frauenwahlrecht überließ er aber weiterhin den einzelnen weiblichen Parteimitgliedern. Im Oktober 1918 unterschrieben schließlich auch

---

40 Siehe o. Verf. [Elsbeth Krukenberg], Die nationalliberalen Frauen und das Frauenstimmrecht, in: *Die Frau in der Politik. Monatsbeilage der »Deutschen Stimmen«*, Nr. 3 vom 31. März 1918, S. 19–21.

41 O. Verf., Die nationalliberalen Frauen und das Frauenstimmrecht, in: *Die Frau der Gegenwart*, Jg. XI, NF Jg. VI 1917, Nr. 23 vom Dezember 1917, S. 174.

42 Vorangegangenes und dieses Zitat ebd.

nationalliberale Frauen einen gemeinsamen Aufruf vieler Frauenvereine zur Einführung des Frauenwahlrechts.

Die männlichen Parteimitglieder ignorierten weiterhin »Frauen«fragen und das Frauenwahlrecht. Einzelne – von Frauen eingeforderte – Stellungnahmen zeigen große Unterschiede bei den Parteimitgliedern: von vehementen Verfechtern des Bundes gegen die Frauenemanzipation bis zu einigen wenigen Befürwortern des Frauenwahlrechts im letzten Kriegsjahr – insbesondere in Anerkennung der Verdienste der Frauen im Krieg. Konstant belegen die wenigen Beiträge von Männern, dass dem Frauenwahlrecht keinerlei Dringlichkeit beigemessen wurde. Im Oktober und November 1918 zeugen Aussagen von männlichen Parteimitgliedern zur Einführung des Frauenwahlrechts nach jahrelangem Verzögern und Ignorieren eher von einem taktischen Einschwenken denn von Überzeugung.[43]

Das erwähnte nationalliberale Parteimitglied Charlotte Garnich war seit seiner Gründung im Deutschen Frauenbunds 1909 aktiv. Dort spiegelt sich die Ambivalenz, die Frauen in der Nationalliberalen Partei bzw. in der Politik entgegengebracht wurde und die viele ihr entgegenbrachten. So war der Deutsche Frauenbund mit dem Ziel angetreten, »Frauen an die Politik heran, nicht in sie hinein« zu führen.[44] Eine Auseinandersetzung mit politischen Fragen hielt er also durchaus für erwünscht und notwendig und zeigte dies z.B. durch staatsbürgerliche Schulungen, die u.a. Charlotte Garnich – eine studierte Volkswirtin – durchführte. Eine aktive Beteiligung an der Politik lehnte der Frauenbund jedoch – noch – ab.

Was wurde aber in welchem Zusammenhang als politisch bezeichnet? Häufig wurde ein Gegensatz zwischen kommunaler Arbeit und »Politik« gebildet, um den Anschein einer unangefochtenen rein männlichen Politiksphäre aufrecht zu erhalten. So forderten etliche Frauen das »kommunale Frauenstimmrecht«, lehnten jedoch das

---

43 Siehe Barbara von Hindenburg: Die Abgeordneten, S.323f.
44 Martha Voß-Zietz, Die Frau im Parteileben, in: Jahrbuch der Frauenbewegung 1912, hrsg. von Elisabeth Altmann-Gottheimer, Berlin 1912, S.120–129, S.120 nach einem Zitat eines Ausschussmitgliedes des Deutschen Frauenbundes, Toni Franke.

»politische Frauenwahlrecht« für das Parlament ab[45] oder befürworteten wie der Alldeutsche Verband die Arbeit von Frauen im sozialen Bereich, aber nicht die politische Teilhabe von Frauen.[46] Und der Deutsche Frauenbund setzte sich für die typische Forderung von Frauenrechtlerinnen ein, weibliche Schöffen beim Jugendgericht zuzulassen, da es sich hier nicht um »Politik« oder Frauenbewegung handele, sondern lediglich um Jugendfürsorge.[47] Auch wenn manche Frauen wie Marie Wegner diese Entgegensetzung ablehnten,[48] wurde so Legitimität hergestellt, sich mit diesen Themen zu befassen, weil die Frauen damit die offiziellen Machtstrukturen scheinbar nicht infrage stellten.

Bei der Mitarbeit von Frauen in den Parteien vor 1918 gab es also wie beim kommunalen und regionalen Engagement von Frauen einen deutlichen Unterschied zwischen der durch Frauen ausgeübten sozialen Praxis und dem männlich dominierten Diskurs. Erst die zu er-

---

45 Dieser Gegensatz zwischen Kommunalpolitik und (Partei)Politik wurde auch im Liberalismus hergestellt. Diesen Hinweis verdanke ich Gisela Mettele. Siehe z.B. Mark Willock, Chancen und Grenzen liberaler Reformpolitik auf der kommunalen Ebene. Das Beispiel Bremen 1900–1914, in: *Jahrbuch zur Liberalismus-Forschung* 18 (2006), S. 59–78, S. 63f., mit der Einschränkung: »Nicht selten dienten Appelle an Gemeinwohl, Sachlichkeit und politische Unabhängigkeit lediglich dazu, eindeutig parteipolitische Standpunkte und Kandidaturen zu kaschieren und ihnen damit eine größere Legitimität zu verleihen.« Siehe zum heute andauernden Postulat der Parteilosigkeit von Kommunalpolitik: Hiltrud Naßmacher / Karl-Heinz Naßmacher, Kommunalpolitik in Deutschland, Wiesbaden 2007, S. 25–30.

46 Siehe Rainer Hering, Konstruierte Nation. Der Alldeutsche Verband 1890 bis 1939, Hamburg 2003, S. 380–396, bes. S. 389. Vgl. zu einer Umwidmung des Politikbegriffs bei nationalistischen Verbänden, um die Beschäftigung von Frauen mit Politik rechtfertigen zu können, auch Ute Planert, Antifeminismus im Kaiserreich. Diskurs, soziale Formation und politische Mentalität, Göttingen 1998, S. 99f., und für die Weimarer Republik u. a. Kirsten Heinsohn, Denkstil und kollektiver Selbstentwurf im konservativ-völkischen Frauen-Milieu der Weimarer Republik, in: Rainer Hering / Rainer Nicolaysen (Hg.), Lebendige Sozialgeschichte. Gedenkschrift für Peter Borowsky, Opladen 2003, S. 189–205.

47 Siehe Käthe Rahmlow, Aus dem Gebiete der Fraueninteressen, in: *Deutscher Frauenbund*, 4. Jg., Nr. 9 vom November 1912, S. 116f.

48 Siehe Marie Wegner, Zur Politisierung der Frau, in: *Die Frau der Gegenwart*, Jg. XI, NF Jg. VI 1917, Nr. 10 vom 15. Mai 1917, S. 73f.

wartende und dann tatsächliche Einführung des Frauenwahlrechts änderte die Haltung der männlichen Parteimitglieder zum Frauenwahlrecht. Die Aufstellung der Kandidatinnen 1918/19 erfolgte dann – außerhalb der Sozialdemokratie – weitgehend aus den Frauenverbänden heraus, an die sich die politischen Parteien gewandt hatten.

Abschließende Überlegungen

Das Desinteresse vieler politisch aktiver bürgerlicher Männer an »Frauen«themen und an der Mitwirkung von Frauen in den politischen Parteien war zugleich eine Chance für bürgerliche Frauen, darunter auch spätere Parlamentarierinnen, in der Frauenvereinskultur und der kommunalen Tätigkeit eine eigene politische Kultur und eigene politische Handlungsräume zu entwickeln und zu etablieren.

Nach 1918 wurden einige der beschriebenen akteursorientierten Prozesse in institutionalisierte und auch staatlich geförderte Bahnen gelenkt. So wurden Rechtsauskunftsstellen in kommunale Stellen umgewandelt und die soziale Arbeit professionalisiert. Kirsten Heinsohn stellte am Beispiel Hamburg fest, dass die in den bürgerlichen Frauenvereinen organisierten Frauen einen Wirkungsverlust hinnehmen mussten, während sie je individuell das Frauenwahlrecht gewonnen hatten.[49] Immerhin konnten die Parlamentarierinnen ihre Forderungen wenigstens teilweise in Gesetzesform bringen. Einige Parlamentarierinnen profitierten zudem deutlich von der Professionalisierung und der Öffnung der Verwaltung für Frauen und wurden z. B. Direktorinnen von Ausbildungsstätten für Sozialarbeiterinnen oder Ministerialbeamtinnen.[50]

---

49 Siehe Kirsten Heinsohn, Gleichheit und Differenz im Bürgertum. Frauenvereine in Hamburg, in: Rita Huber-Sperl (Hg.), Organisiert und engagiert. Vereinskultur bürgerlicher Frauen im 19. Jahrhundert in Westeuropa und den USA, Königstein i. Ts. 2002, S. 233–252, S. 247. Mit ähnlichem Tenor zu Harburg: Kerstin Wolff, »Stadtmütter«. Bürgerliche Frauen und ihr Einfluss auf die Kommunalpolitik im 19. Jahrhundert (1860–1900), Königstein i. Ts. 2003, S. 206f.
50 Siehe Beispiele in: Barbara von Hindenburg, Die Abgeordneten, S. 180f.

In den 1920er Jahren zeigte sich, dass Frauen in den Parteien zu wenig etabliert waren, um dort wirkungsvoll für ihre Aufstellung als Kandidatinnen auf vorderen Listenplätzen eintreten zu können.[51] Sie verfügten nicht über machtvolle, finanzstarke Lobbyverbände, die eine vordere Listenplatzierung hätten beeinflussen können.[52] Auf den Kandidierendenlisten und in den parlamentarischen Handbüchern wurde die räumliche Trennung weiterhin dadurch vorgenommen, dass männliche Kandidierende und Abgeordnete nur mit ihrem Namen verzeichnet, Frauen aber stets mit dem Zusatz »Frau« gekennzeichnet waren.

Die Definition von Politik – so Ute Frevert – entschied über Inklusion und Exklusion von Gruppen und Themen. Entscheidend war, wie auch hier ausgeführt wurde, wer die Deutungshoheit über die Grenzen von Politik, Sozialem oder Kommunalem innehatte und wie diese Definitionsgrenzen transformiert wurden.[53] Besonders interessant ist dabei der Fall jener Frauen, die das Politische explizit als nichtpolitisch definierten, um nicht die Machtfrage zu provozieren.

So erweiterten sich im Laufe des Kaiserreichs die Grenzen für Frauen deutlich. Dazu haben die bürgerliche Frauenbewegung und mit ihr spätere Parlamentarierinnen wesentlich beigetragen.

---

51 Vgl. den Beitrag von Lutz Vogel in diesem Band.
52 Siehe u.a. Barbara von Hindenburg, Die Abgeordneten, S. 328–339, zu Frauenkandidaturen.
53 Siehe Ute Frevert, Neue Politikgeschichte. Konzepte und Herausforderungen, in: dies./Heinz-Gerhard Haupt (Hg.), Neue Politikgeschichte, S. 7–26, S. 24.

Birgitta Bader-Zaar

Politische Rechte für Frauen vor der parlamentarischen Demokratisierung
Das kommunale und regionale Wahlrecht in Deutschland und Österreich im langen 19. Jahrhundert

Das Wahlrecht für Gemeinde- und Stadtversammlungen oder Landtage ist in der Geschichtsschreibung zu Frauenbewegungen selten behandelt worden. Von den Frauenbewegungen selbst sind aber der Einsatz für kommunale und regionale politische Rechte sowie die aktive Nutzung dieser Rechte durch jene Frauen, die diese bereits besaßen, oft als wichtige Bestandteile ihrer politischen Aktivitäten betrachtet worden. Dies war vor allem in Frankfurt am Main der Fall, denn hier gründete der Allgemeine Deutsche Frauenverein nach dem Vorbild der englischen Frauenbewegung 1907 die Auskunftsstelle für Gemeindeämter der Frau. Und der drohende Verlust des Gemeindewahlrechts der steuerzahlenden Frauen in dem Wien umgebenden Kronland Niederösterreich im Herbst 1889 bedeutete für die deutschsprachigen Teile der Habsburgermonarchie den Beginn der Organisierung für das Frauenwahlrecht überhaupt.

Die Einbeziehung von Frauen in die Lokalverwaltung berührt die zentrale Frage, inwiefern Frauen bereits vor dem Stimmrecht auf nationaler Ebene Partizipations- und Gestaltungsmöglichkeiten hatten. Sie ist nicht zuletzt deswegen wichtig, weil damit besser nachvollziehbar wird, wie sich die Entwicklung hin zur Durchsetzung eines allgemeinen und gleichen Stimmrechts gestaltete. Trotz der Relevanz haben sich bisher nur wenige Studien intensiver mit dem Thema des

Engagements von Frauen auf Lokalebene beschäftigt. Dazu gehören Publikationen von Patricia Hollis aus den 1980er Jahren und Krista Cowmans für Großbritannien[1] sowie regionale Studien u. a. von Kerstin Wolff für Deutschland oder (in diesem Band) von Barbara von Hindenburg für Schlesien.[2] Ute Rosenbusch hat in ihrer umfassenden Studie zur Geschichte des Frauenwahlrechts in Deutschland einen Überblick über die gesetzlichen Regelungen des Kommunalwahlrechts von Frauen aufgenommen.[3] Für Österreich[4] hat die Autorin dieses Beitrags erste Ergebnisse veröffentlicht.[5] Die weitere Erforschung etwa der Praxen politischer Partizipation von Frauen auf der kommunalen Ebene wäre wünschenswert.

Dass das Interesse bisher so gering geblieben ist, liegt nicht nur an der schwierigen Quellenlage. Vermutlich sind auch historische Traditionen für die fehlende Beachtung verantwortlich, wie etwa die vor

---

1 Patricia Hollis, Ladies Elect. Women in English Local Government 1865–1914, Oxford 1987; Krista Cowman, Woman, Locality and Politics in Nineteenth-Century Britain, in: Krista Cowman / Nina Javette Koefoed / Åsa Karlsson Sjögren (Hg.), Gender in Urban Europe. Sites of Political Activity and Citizenship, 1750–1900, New York 2014, S. 210–226; vgl. auch Steven King, »We might be trusted«. Women, Welfare and Local Politics, 1880–1920, Brighton 2006.

2 Kerstin Wolff, »Stadtmütter«. Bürgerliche Frauen und ihr Einfluss auf die Kommunalpolitik im 19. Jahrhundert (1860–1900), Königstein i. Ts. 2003; zur Mitwirkung von Frauen in Gemeindeämtern vgl. auch Irene Stoehr, Emanzipation zum Staat? Der Allgemeine Deutsche Frauenverein – Deutscher Staatsbürgerinnenverband (1893–1933), Pfaffenweiler 1990; Iris Schröder, Arbeiten für eine bessere Welt. Frauenbewegung und Sozialreform, 1890–1914, Frankfurt am Main 2001.

3 Ute Rosenbusch, Der Weg zum Frauenwahlrecht in Deutschland, Baden-Baden 1998.

4 Mit dem Begriff Österreich ist im zeitgenössischen Verständnis des 19. Jahrhunderts die österreichische Reichshälfte der Habsburgermonarchie gemeint, die bis 1918 nicht nur das Gebiet der heutigen Republik Österreich umfasste, sondern auch Böhmen und Mähren, polnisch- und ukrainischsprachige Gebiete in Galizien und der Bukowina, Teile des heutigen Sloweniens, Dalmatien, Triest und Südtirol.

5 Birgitta Bader-Zaar, Rethinking Women's Suffrage in the Nineteenth Century. Local Government and Entanglements of Property and Gender in the Austrian Half of the Habsburg Monarchy, Sweden, and the United Kingdom, in: Kelly L. Grotke / Markus J. Prutsch (Hg.), Constitutionalism, Legitimacy, and Power. Nineteenth-Century Experiences, Oxford 2014, S. 107–126.

allem aus der ideologischen Perspektive der zeitgenössischen Sozialdemokratie herrührende Auffassung, kommunale Mitbestimmung sei eine eher unpolitische und damit konservative Forderung; nur das nationale allgemeine und gleiche Wahlrecht könne zur Ablösung des Kapitalismus durch den Sozialismus beitragen. Dies hat allerdings dazu geführt, dass ausschließlich das parlamentarische Wahlrecht als Fundament staatsbürgerlicher Gleichberechtigung gesehen worden ist und in der Folge vor allem politikwissenschaftliche Studien festgestellt haben, dass *citizenship* im 19. Jahrhundert nur als männlich zu definieren sei.[6] Es ist selbstverständlich richtig, dass für den Zeitraum bis zum Ausbruch des Ersten Weltkriegs die allmähliche Individualisierung politischer Rechte durch die Umsetzung des allgemeinen und gleichen Wahlrechts, etwa im Kontext des *nation building*, mit der Vorstellung verknüpft war, dass nur Männer dieses Recht ausüben sollten. Im 19. Jahrhundert waren jedoch in weiten Teilen Europas Normen und Praktiken des Wählens auf den kommunalen und regionalen Ebenen gültig, laut denen weniger das Geschlecht als Vermögen, Einkommen und Bildung definierten, wer wählen durfte und wer nicht. Diese Voraussetzungen schlossen also viele Männer, die diese Bedingungen nicht erfüllen konnten, vom Wahlrecht aus und sahen zudem eine ungleiche Repräsentation der Wählerstimmen vor. Sie inkludierten allerdings gar nicht so selten auch Frauen in dieses Zensuswahlrecht. Bevor sie das parlamentarische Wahlrecht erhielten, waren also manche Frauen auf der Basis von Grund- bzw. Hausbesitz oder als Steuerzahlerinnen aufgrund eines Gewerbes oder einer Erwerbsarbeit u.a. sowohl in mehreren deutschen Bundesstaaten als auch in Kronländern der österreichischen Reichshälfte der Habsburgermonarchie, in der ungarischen Reichshälfte, in Großbritannien, Schweden, Dänemark und Finnland zu Wahlen der Lokalverwaltung oder auf Länder- bzw. Bezirksebene zugelassen. Sogar in der Schweiz, in der Frauen erst 1971 bei Bundeswahlen stimmberechtigt wurden, war im Kanton Bern ledigen oder verwitweten Frauen mit Grundbesitz

---

6 So z.B. John Markoff, Margins, Centers, and Democracy. The Paradigmatic History of Women's Suffrage, in: *Signs* 29 (2013), H.1, S. 85–116.

die Mitbestimmung in der Gemeindeversammlung ab den 1830er Jahren möglich. 1887 wurde dieses Recht allerdings wieder abgeschafft.[7] Auch außerhalb Europas gingen lokale Rechte dem parlamentarischen Recht voraus, so in mehreren US-amerikanischen Bundesstaaten und in Thailand.[8] Zur Zahl der wahlberechtigten Frauen mit kommunalem Stimmrecht gibt es meist keine genauen Daten. Nur beispielhaft können über eine Million weibliche Stimmberechtigte in Großbritannien um 1900 sowie 385 Wählerinnen in der niederösterreichischen Stadt Wiener Neustadt 1913 genannt werden.[9]

Im Folgenden werden nun einerseits diese Mitbestimmungsmöglichkeiten für die Fallbeispiele Deutschland und Österreich kurz umrissen und ähnlichen Entwicklungen in Großbritannien und Schweden gegenübergestellt, um die unterschiedlichen Rechtstraditionen zu verdeutlichen, die hinter den gesetzlichen Vorgaben standen. Andererseits wird auf das Engagement der deutschen und österreichischen Frauenbewegungen in der Frage des kommunalen Wahlrechts, ihre Strategien und Diskurse eingegangen und dabei auch aufgezeigt, dass die beiden Fallbeispiele durchaus den internationalen Entwicklungen entsprachen. Für die Frauenbewegungen bedeutete die Forderung des Gemeindewahlrechts meist einen ersten Schritt zur vollen politischen Gleichberechtigung. Ihr Diskurs über das Kommunale als politische Dimension des Privaten konnten sie der Öffentlichkeit jedoch auch als Deradikalisierung der Ansprüche vermitteln. Hinsichtlich der Klärung des Verhältnisses zwischen kommunalem und parlamentarischem Wahlrecht schlugen Frauengruppen, darunter vor allem auch Sozialdemokratinnen, somit unterschiedliche Wege ein.

---

7   Yvonne Voegeli, Frauenstimmrecht, in: Historisches Lexikon der Schweiz, http://www.hls-dhs-dss.ch/textes/d/D10380.php [13.12.2017].
8   Zu den USA vgl. Elizabeth Cady Stanton u.a. (Hg.), The History of Woman Suffrage, Rochester/New York 1881–1922, 6 Bde.; Judith Apter Klinghoffer/Lois Elkins, »The Petticoat Electors«. Women's Suffrage in New Jersey, 1776–1807, in: *Journal of the Early Republic* 12 (1992), S. 159–193; zu Thailand: Katherine Bowie, Women's Suffrage in Thailand. A Southeast Asian Historiographical Challenge, in: *Comparative Studies in Society and History* 52 (2010), H. 4, S. 708–741.
9   Hollis, Ladies Elect, S. 32; *Zeitschrift für Frauenstimmrecht* 3 (1913), H. 2, S. 2.

Gesetzesnormen zur politischen Partizipation von Frauen in der Lokalverwaltung

Als allgemeines Fazit der vielen divergierenden Bestimmungen in den hier verglichenen vier Ländern Deutschland, Österreich, Großbritannien und Schweden, die mit lokalen politischen Kontexten und Interessen zu tun haben, lassen sich doch einige allgemeine Charakteristika festmachen. Usus war, neben der Grundlage eines mehr oder weniger großen Vermögens, häufiger die Vertretung durch einen männlichen Bevollmächtigten bei der Stimmabgabe und – vor allem in Gegenden mit einer Tradition der Gütergemeinschaft bei der Eheschließung – die Einschränkung des Rechts auf ledige Frauen und Witwen. Setzte sich in den einzelnen Staaten die Idee politischer Partizipation als allgemeines bzw. Individualrecht durch, waren Frauen nicht in diese Reformen inkludiert, sondern verloren bisweilen ihr Stimmrecht auf der lokalen Ebene. Neben diesen auftretenden Gemeinsamkeiten gab es jedoch besonders im britischen und österreichischen Fall auch gegenläufige Entwicklungen, die zu Erweiterungen des kommunalen und Landtagswahlrechts für Frauen führten.

Deutschland

In Deutschland hatte sich das Wahlrecht in den einzelnen Bundesstaaten im Laufe des 19. Jahrhunderts unabhängig entwickelt.[10] In Bundesstaaten, die einheitliche Gemeindeordnungen erließen, also nicht zwischen Städten und ländlichen Gemeinden unterschieden, waren meist nur sehr vermögende Frauen wahlberechtigt, so in den Landesteilen Bayerns östlich des Rheins, dem Fürstentum Waldeck, dem Herzogtum Sachsen-Meiningen oder Hohenzollern; sie mussten sich bei der Stimmabgabe allerdings vertreten lassen. Unter den gleichen Bedingungen des Zensuswahlrechts wie für Männer konnten Frauen in den Gemeinden des Fürstentums Schwarzburg-Rudolstadt und des Großherzogtums Sachsen-Weimar-Eisenach ihre

---

10 Für das Folgende vgl. insbes. Jenny Apolant, Das kommunale Wahlrecht der Frau in den deutschen Bundesstaaten, Leipzig 1918; Rosenbusch, Weg zum Frauenwahlrecht, S. 79–123.

Stimme bei einer Wahl Bevollmächtigten übergeben. Die Abschaffung eines ursprünglich bestehenden Wahlrechts für Frauen kam selten vor, so in der Stadt Schwerin 1887 und in den Gemeinden Schwarzburg-Sondershausens 1912. Als die Stadt Travemünde 1913 in die Hansestadt Lübeck eingemeindet wurde, verloren die dortigen Grundbesitzerinnen ihr persönlich ausgeübtes Gemeindewahlrecht.

In solchen Bundesstaaten, die zwischen Stadt- und Landgemeinden unterschieden, waren Frauen häufig in den Landgemeinden wahlberechtigt, möglicherweise in Fortsetzung älterer Traditionen, die ihnen die Teilnahme an den Gemeindeversammlungen erlaubt hatten,[11] so in den sieben östlichen Provinzen Preußens, Schleswig-Holstein und Hessen-Nassau. Steuern und Grundbesitz der Ehefrau wurden allerdings hier dem Ehemann angerechnet, und ledige Frauen mussten sich durch einen Bevollmächtigten vertreten lassen. Grundbesitz, zuweilen der Besitz eines Wohnhauses, war auch vorwiegend in Gemeinden, in denen das Zensuswahlrecht für Männer auf der Zahlung der Gemeindesteuern basierte, die Voraussetzung für das aktive Stimmrecht von Frauen, so in Hannover, Braunschweig, Bremen, Lübeck und Sachsen. In den Landgemeinden Hamburgs konnten Grundbesitzerinnen, auf deren Boden ein selbstständiger landwirtschaftlicher oder industrieller Betrieb bestand, das durch Bevollmächtigte auszuübende Wahlrecht beanspruchen. Seltener bildete ausschließlich die Zahlung von Gemeindesteuern die Bedingung für das Wahlrecht, so für ledige Frauen in Sachsen-Altenburg. Nur in den Landgemeinden der preußischen Provinz Westfalen und im Fürstentum Schaumburg-Lippe waren Frauen unter den gleichen Bedingungen wie Männer wahlberechtigt. Hier war den Wählerinnen auch die persönliche Stimmabgabe erlaubt, so wie in Bremen und Lübeck; in Sachsen allerdings nur dann, wenn sie ledig oder verwitwet waren oder, ab 1912, der Ehemann nicht wahlberechtigt war. Vom städti-

---

11 Vgl. Ute Frevert, »Mann und Weib, und Weib und Mann«. Geschlechter-Differenzen in der Moderne, München 1995, S. 71 f.; Heide Wunder, Herrschaft und öffentliches Handeln von Frauen in der Gesellschaft der Frühen Neuzeit, in: Ute Gerhard (Hg.), Frauen in der Geschichte des Rechts. Von der Frühen Neuzeit bis zur Gegenwart, München 1997, S. 27–54, hier S. 51.

schen Wahlrecht waren Frauen allerdings in diesen Staaten, die zwischen Städten und Landgemeinden unterschieden, ausgeschlossen. Dies wurde auch in Ostpreußen sowie Niederschlesien von Gerichten bestätigt.

Schließlich ist die Verwaltung von selbstständigen Gutsbezirken zu erwähnen. Für weibliche Gutsbesitzerinnen musste allerdings ein Stellvertreter die Rechtsgeschäfte führen, so in Anhalt, in den sieben östlichen Provinzen Preußens, in den preußischen Provinzen Schleswig-Holstein und Hessen-Nassau. In Sachsen hingegen durften unverheiratete und verwitwete Frauen selbstständig als Gutsbesitzerinnen agieren.

Frauen verfügten im Deutschen Reich nicht über das Landtagswahlrecht. In Bundesstaaten mit Zensuswahlrecht war es allerdings oft üblich, das Einkommen, Haus- und Grundbesitz bzw. die Steuerleistung der Ehefrau dem Vermögen oder der Steuerleistung des Ehemannes hinzuzurechnen, wie auch das Vermögen der minderjährigen bzw. in väterlicher Gewalt befindlichen Kinder dem Vater angerechnet wurde, damit der Stimme für die Einteilung in Wahlklassen mehr Gewicht verliehen werden konnte.

Schon vor dem Ersten Weltkrieg konnten Frauen zudem in einigen Bundesstaaten an der Kommunalverwaltung mitwirken und waren vor allem in der Wohlfahrtspflege oder den Schulaufsichtsbehörden ehrenamtlich tätig.[12] Kerstin Wolff hat darüber hinaus alternative Möglichkeiten für Frauen aufgezeigt, in der Lokalverwaltung aktiv zu werden.[13] In Baden *mussten* Frauen gar ab 1910 zu den Kommissionen für das Armenwesen, Unterrichts- und Erziehungsangelegenheiten usw. als Mitglieder mit Sitz und Stimme zugezogen werden.[14] Im Großherzogtum Hessen galt ab 1911, dass bis zu einem Viertel der

---

12 Vgl. Anna Blos (Hg.), Die Frauenfrage im Lichte des Sozialismus, Dresden 1930, S. 80 f.; Ute Frevert, Frauen-Geschichte. Zwischen Bürgerlicher Verbesserung und Neuer Weiblichkeit, Frankfurt am Main 1986, S. 100–103; Rosenbusch, Weg zum Frauenwahlrecht, S. 345–354.
13 Wolff, »Stadtmütter«.
14 Vgl. Apolant, Das kommunale Wahlrecht, S. 28 f.; Rosenbusch, Weg zum Frauenwahlrecht, S. 352 f.

Mitglieder von Deputationen für das Armen-, Unterrichts- und Erziehungswesen sowie die Gesundheitspflege und Krankenfürsorge Frauen sein konnten, obwohl sie nicht das aktive Stimmrecht besaßen.[15] Während es hinsichtlich der Frage, wie viele Frauen in den Bundesstaaten tatsächlich stimmberechtigt waren, bisher keine verlässlichen Untersuchungen gibt, sollen nach zeitgenössischen Untersuchungen 1913 insgesamt fast 17 000 Frauen in der staatlichen Wohlfahrtspflege mitgearbeitet haben. Knapp 500 von ihnen waren stimmberechtigte Mitglieder in kommunalen Ausschüssen.[16] Im Ersten Weltkrieg nahm dann das staatliche Interesse am Zugriff auf weibliche Experten in bestimmten Bereichen wie Fürsorgewesen und Mädchenbildung noch zu, und Frauen erhielten in vielen Bundesstaaten das Stimmrecht für Gremien der sozialen Wohlfahrt.

Österreich
Für Österreich ist auffallend, dass die Zahl der Wählerinnen in manchen der Kronländer ab der Einführung des Landtagswahlrechts 1861 und der 1862 erfolgten Novellierung des – ursprünglich 1849 erlassenen, jedoch in der Praxis nicht sofort realisierten – Rechtes, Repräsentanten für den Gemeindeausschuss zu bestimmen, recht hoch war. Allerdings gibt es bisher nur vereinzelte statistische Angaben, etwa für die Gemeinden Böhmens, wo Frauen in den 1880er Jahren durchschnittlich 20 Prozent des Wahlvolks ausmachten, oder die Stadt Salzburg, in der die Zahl der Wählerinnen um die Jahrhundertwende mehr als ein Viertel der Wahlberechtigten betrug.[17] Während in der ungarischen Reichshälfte der Habsburgermonarchie nur ledige Steuerzahlerinnen über einen Bevollmächtigten in Städten und Dörfern wählen konnten, waren in den österreichischen Kronländern laut der Gesetzgebung von 1861/62 grundsätzlich steuerzahlende

---

15 Vgl. Rosenbusch, Weg zum Frauenwahlrecht, S. 345–347.
16 Ebd., S. 354.
17 Vgl. Peter Urbanitsch, Die Gemeindevertretungen in Cisleithanien, in: Helmut Rumpler / Peter Urbanitsch (Hg.), Die Habsburgermonarchie 1848–1918, Bd. 7/2: Die regionalen Repräsentativkörperschaften Habsburgermonarchie, Wien 2000, S. 2199–2281, hier S. 2214.

Frauen unabhängig von ihrem Familienstand wahlberechtigt, und zwar wie Männer auf der Basis von Haus- oder Grundbesitz bzw. einem Gewerbe oder Erwerb.[18] Eine Ausnahme bildeten allerdings manche der Städte mit eigenem Statut, wie z. B. Wien und Prag, wo das Wahlrecht nur Männern zustand. Im Gegensatz zu Deutschland waren Frauen seit 1861 unter den genannten Bedingungen auch für die Landtage stimmberechtigt, und – eine europäische Ausnahme – Großgrundbesitzerinnen auch für das Parlament (Reichsrat), zumindest bis zur Einführung des allgemeinen und gleichen Männerwahlrechts auf dieser Ebene 1906/1907. Dieses – angesichts des vorherrschenden Geschlechterdiskurses, der Frauen von der politischen Öffentlichkeit ausschloss – scheinbare Paradoxon des Wahlrechtes für Frauen hat sicherlich nicht damit zu tun, dass Frauen als gleichberechtigte und aktive Staatsbürgerinnen gesehen wurden, sondern damit, dass das Recht auf politische Mitbestimmung im Staat vor allem vom Prinzip der Repräsentation von Grundbesitz und Steuerleistung her abgeleitet wurde. Dementsprechend waren auch Minderjährige im österreichischen Wahlsystem stimmberechtigt. Da grundsätzlich Gütertrennung herrschte, waren zudem verheiratete Frauen mit Besitz in diese lokalen und regionalen politischen Rechte inkludiert. Der Geschlechterdiskurs fand aber doch zum Teil Eingang in die Gesetzgebung, zumindest auf der Ebene der Gemeinden, in Form der notwendigen Vertretung durch einen männlichen Bevollmächtigten, bei Ehefrauen durch den Ehemann. Bei Landtagswahlen war allerdings prinzipiell die persönliche Stimmabgabe vorgeschrieben.

In den 1861/62 folgenden Jahrzehnten entwickelte sich dann ein komplexes Gewirr an divergierenden Vorschriften für das Wahlrecht von Frauen. Manche Kronländer und Städte schafften das Gemeindewahlrecht ab, manche hielten es trotz Angriffen aufrecht und führten auch die persönliche Stimmabgabe auf der kommunalen Ebene ein, so Niederösterreich 1904 und Vorarlberg 1909. Das Landtagswahlrecht wurde hingegen öfters, so z. B. in Kärnten, Niederösterreich, Ober-

---

18 Näheres zu diesem Abschnitt, auch zu Verweisen auf einzelne Gesetze u. a. in Bader-Zaar, Rethinking Women's Suffrage, S. 111–120.

österreich und der Steiermark, auf die Kurie der Großgrundbesitzer eingeschränkt und stand den weiblichen Wahlberechtigten in den Kurien der Städte und Landgemeinden nicht mehr zu. (Im Kuriensystem bildeten der Großgrundbesitz, die Handels- und Gewerbekammern, die Städte und die Landgemeinden eigene Wahlkörper, wobei der Adel und in geringerem Maße auch das städtische Bürgertum eine privilegierte Repräsentation gegenüber den Landgemeinden zukam.) Frauen waren in der Regel auch nicht zu der allmählich neu eingeführten Kurie mit allgemeinem Männerwahlrecht zugelassen. Eine Ausnahme bildet allerdings Vorarlberg 1909, wo Frauen, die einen niedrigeren Steuersatz zahlten, als er für die Kurien der Städte und Landgemeinden Voraussetzung war, in der allgemeinen Kurie mitstimmen durften. Die Katholisch-Konservativen bzw. Christlichsozialen intendierten damit vermutlich in Erwartung eher konservativer Stimmabgaben durch die Frauen ein Gegengewicht zum allgemeinen Männerwahlrecht. Gerade am österreichischen Beispiel lässt sich also gut aufzeigen, dass politische Interessen dafür maßgebend waren, ob es das Frauenwahlrecht gab oder nicht und wie dieses aussah. Verknüpft waren diese Interessen nicht nur im Rahmen des sozioökonomischen Wandels mit jenen der Mittelschicht, sondern auch mit dem Nationalitätenstreit. So nutzten Minderheiten wie tschechischsprachige Böhmen oder die polnischsprachigen Einwohner Galiziens politische Rechte von Frauen für die Stärkung ihrer nationalen Bewegungen.

Großbritannien und Schweden

Um aufzuzeigen, dass das kommunale bzw. Landtagswahlrecht für Frauen in Deutschland und Österreich im europäischen Kontext keine Sonderfälle waren, soll hier zum Vergleich exemplarisch auf Großbritannien und Schweden verwiesen werden, wo Frauen ebenfalls als stabilitätsfördernde Elemente erkannt wurden. Im Gegensatz zu den deutschen Bundesstaaten und Österreich-Ungarn, wo der Staat bzw. die Länder noch vor Entstehen der Frauenbewegung das aktive Stimmrecht von Frauen eingeführt hatten, waren in Großbritannien und Schweden die Frauenbewegungen entscheidend für die umfassende Inklusion von Frauen in kommunale Partizipation. Sowohl in Großbritannien als auch Schweden galt Gütergemeinschaft bei der Eheschließung. Verheiratete Frauen waren hier also nicht oder nur beschränkt rechtsfähig, und die Frauenbewegungen setzten sich gleichzeitig mit den Wahlrechtsforderungen für deren Eigentumsrechte ein.

Nachdem in Großbritannien einzelne ledige rechtsfähige Frauen noch Ende des 18. Jahrhunderts in den Wahlregistern für Parlamentswahlen zu finden gewesen waren, setzte der *Representation of the People Act* von 1832 dem vorerst ein Ende, mit Auswirkungen auch auf kommunale Rechte, denn das Gesetz sprach politische Rechte ausdrücklich »männlichen Personen« (»male persons«) zu.[19] Hier wird einmal mehr deutlich, wie moderne Partizipation gerade auf parlamentarischer Ebene geschlechtlich konnotiert wurde. Die Frauenbewegung nahm aber die Vereinheitlichung und Erweiterung der diversen kommunalen Mitbestimmungsrechte im Laufe der zweiten Hälfte des 19. Jahrhunderts als Chance wahr. Auf deren Initiative hin wurden zuerst in England und Wales und dann auch in Schottland und Irland Frauen in diese Gesetzgebung inkludiert. So gelang es, 1869 im *Municipal Franchise Act* das aktive Gemeindewahlrecht für ledige Frauen in Städten einzuführen, ohne Vertretung durch einen Bevollmächtigten. Ab den 1880er Jahren folgte das Wahlrecht zuerst für die Vertretungskörperschaften von Grafschaften, dann für die neuen Bezirksvertretungen im ländlichen Raum und schließlich für die neuen Londoner Stadtgemeinderäte. 1881/1882 konnte die Frauenbewegung das Recht verheirateter Frauen auf selbstständige Kontrolle über ihr Eigentum durchsetzen, sodass diese nun in die Reformen inkludiert waren. Um die Jahrhundertwende verfügten somit über eine Million Frauen allein in England und Wales über das aktive kommunale Frauenwahlrecht – ledige Frauen und Witwen mit dem entsprechenden Vermögen an Grund- und Hausbesitz, Lehrerinnen, Ärztinnen und gewerbetreibende Frauen, die z. B. eine Pension, eine Wäscherei oder eine Schneiderei führten.[20]

---

19 Näheres zu den Bestimmungen in Großbritannien ebd., S. 122–125.
20 Vgl. Hollis, Ladies Elect, S. 32.

Die 1888 gegründete Women's Local Government Society ermutigte Frauen auch zu kandidieren. Ab 1870 waren sowohl ledige als auch verheirate Frauen in Schul- und ab 1875 in Armenräte wählbar. 1907 wurde das passive Wahlrecht für alle kommunalen politischen Körperschaften durchgesetzt, in die Frauen jedoch eher im ländlichen als im städtischen Raum gewählt wurden.[21] Obwohl Großbritannien also der letzte der hier behandelten Staaten war, der das gleichberechtigte parlamentarische Frauenwahlrecht 1928 einführte, war er der erste mit einem gleichberechtigten aktiven und passiven, allerdings noch nicht allgemeinen kommunalen Wahlrecht für Frauen.

In Schweden gab es ebenfalls eine graduelle Entwicklung mit zunehmender Ausweitung des Wahlrechts ab dem 19. Jahrhundert, die wohl, ähnlich wie in Großbritannien, damit zusammenhing, dass auch hier ein nationales Parlament für die kommunale Gesetzgebung verantwortlich war und nicht verschiedene regionale Körperschaften. Auch hier wirkten im frühen 18. Jahrhundert Witwen als Repräsentantinnen ihres verstorbenen Ehemanns und seines Eigentums bei Wahlen des Reichstags (Riksdag) mit. Laut den Forschungen von Åsa Karlsson Sjögren sind für Städte, vor allem bei Wahlen des Bürgermeisters, Stimmabgaben einiger lediger und verheirateter Frauen verzeichnet, die meistens durch einen Bevollmächtigten vertreten wurden.[22] Proteste dagegen und das Verbot der Berücksichtigung von Frauenstimmen bei Bürgermeisterwahlen 1758 führten schließlich zu einem Rückgang dieser Form der politischen Partizipation von Frauen. Im ländlichen Raum akzeptierte hingegen die Ständevertretung der Bauern weiterhin die Repräsentation der Höfe durch Witwen, einzelne Frauen wählten bis in das frühe 19. Jahrhundert hinein. Mit der Abschaffung des ständischen Wahlrechts für den Riksdag

---

21 Ebd., Anhang B, S. 486.
22 Åsa Karlsson Sjögren, Voting Women before Women's Suffrage in Sweden 1720–1870, in: Irma Sulkunen u. a. (Hg.), Suffrage, Gender and Citizenship. International Perspectives on Parliamentary Reforms, Newcastle upon Tyne 2009, S. 56–82.

1866 waren jedoch auch diese Rechte von Hofbesitzerinnen hinfällig. Die Reformen des kommunalen Wahlrechts im 19. Jahrhundert, insbesondere die Einführung von städtischen und ländlichen sowie Bezirkswahlordnungen, erlaubten aber steuerzahlenden ledigen Frauen und Witwen auf diesen Ebenen mitzustimmen. Die für ledige Frauen geltende Geschlechtsvormundschaft war 1863 abgeschafft worden. Verheiratete Frauen mussten dafür zwar noch bis 1920 warten, einige konnten aber wegen einer Lücke in der Steuergesetzgebung, die es ihnen ermöglichte, Steuern in ihrem eigenen Namen zu zahlen, trotzdem an kommunalen Wahlen teilnehmen. Ab 1889 waren Frauen offiziell in Armen- und Schulräte wählbar, nachdem einzelne schon ab den 1840er Jahren Ämter in diesen Bereichen übernommen hatten. 1921 wurden Frauen dann endgültig zum vollen Wahlrecht zugelassen.

Frauenbewegungen und Partizipation in der Lokalverwaltung

Die hier skizzierte gesetzliche Lage wurde von den Frauenbewegungen in Deutschland und Österreich erhoben und beobachtet. Zu öffentlichen Forderungen des kommunalen Wahlrechts für Frauen kam es im österreichischen Fall, wie erwähnt, aus Protest gegen die Beschränkung bereits vorhandener Rechte. Sowohl in Österreich als auch in Deutschland spielten aber auch aktuelle Debatten über die Erweiterung des Gemeinde- bzw. Landtagwahlrechts zu einem allgemeinen und gleichen Männerwahlrecht eine wesentliche Rolle für diesbezügliche Aktivitäten der Frauenbewegungen.

Strategien

Zu den zentralen Strategien der Frauenbewegungen in Österreich und Deutschland gehörte, wie auch sonst in Europa, vor allem die Sammlung von Unterschriften für Petitionen. Diese richteten sich nicht nur gegen die Abschaffung vorhandener Rechte, sondern verlangten auch neue, wie z.B. die Inklusion von Frauen in das Wiener Gemeindewahlrecht oder des allgemeinen Stimmrechts in die preußische Städteordnung.²³ Die Petitionen konnten durchaus Erfolge vorweisen: So konnte die drohende Abschaffung des niederösterreichischen Frauenwahlrechts auf Gemeindeebene abgewendet werden.²⁴ Auch in der Stadt Salzburg wurde so 1901 die geplante Abschaffung des Gemeindewahlrechts verhindert,²⁵ und 1908 wehrten schlesische Frauen die Abschaffung des Gemeindewahlrechts für Steuerzahlerinnen in Troppau/Opava ab.²⁶

Die Reklamation von Rechten vor Gericht durch eine geschlechtsneutrale Interpretation des Rechts war ein von internationalen Vorbildern übernommener Schritt, was allerdings mit Niederlagen endete, wie der Fall der verwitweten Fabrikbesitzerin Elisabeth Hirsch aus Liegnitz, Niederschlesien, 1908²⁷ oder jener von Frauenorganisationen aus Mähren für das Akademikern und Lehrern zustehende Landtagswahlrecht ohne Steuerleistung²⁸ zeigen. Maßnahmen mit eher aktionistischem Charakter waren der Versuch, das persönlich auszuübende Wahlrecht durchzusetzen. In Písek, Böhmen, versuchte eine Lehrerin 1913, ihre Stimme – in Anwesenheit ihres Bevollmächtigten – persönlich in die Wahlurne zu werfen.²⁹ Mehrere Frauen verlangten in Preußen, in Wählerverzeichnisse aufgenommen zu werden, so Minna Cauer im Oktober 1906 für den Bezirks- und Gemeinderat in Berlin-Charlottenburg, allerdings erfolglos.³⁰ Die Bemühungen, bereits wahlberechtigte Frauen zur Ausübung ihres Rechtes zu bewegen, waren

---

23 Vgl. Rosenbusch, Weg zum Frauenwahlrecht, S. 344 u. 369.
24 Allerdings bedeutete dann die Einbeziehung der Gemeinden um die Stadt Wien in eine Kommune Groß-Wien 1890 den Verlust des kommunalen Wahlrechts für die steuerzahlenden Frauen der Wiener Vororte.
25 W. v. T., Das Frauenwahlrecht in Salzburg, in: *Frauenleben* 13 (1901), H. 10, S. 182.
26 Elisabeth Guschlbauer, Der Beginn der politischen Emanzipation der Frau in Österreich (1848–1919), Diss. Univ. Salzburg 1974, S. 269.
27 Vgl. Rosenbusch, Weg zum Frauenwahlrecht, S. 96–98, für weitere fehlgeschlagene Versuche S. 83–85.
28 Birgitta Bader-Zaar, Das Frauenwahlrecht vor Gericht. Reklamationen und Beschwerden in der österreichischen Reichshälfte der Habsburgermonarchie, in: Milan Vojáček (Hg.), Reflexe a sebereflexe ženy v české národní elitě 2. poloviny 19. Století, Praha 2007, S. 11–27.
29 Vgl. *Der Bund* 8 (1913), H. 10, S. 15.
30 Vgl. Apolant, Das kommunale Wahlrecht, S. 7.

manchmal, wie z.B. Barbara von Hindenburg in diesem Band für die schlesischen Frauenrechtlerinnen aufzeigt, jedoch nicht immer von Erfolg gekennzeichnet.[31] Es waren die Tschechinnen in Böhmen und die Polinnen in Galizien, die die Möglichkeiten des bestehenden Frauenwahlrechts, auch im Sinne nationaler Ziele, am deutlichsten nutzten. Bekannt sind hier Kandidaturen von Frauen bei Landtagswahlen.[32]

Die deutsche Frauenbewegung legte auf die politische Schulung von Frauen mittels Vorträgen, Flugblättern und Broschüren, unter anderem zum Thema kommunaler Einrichtungen, einen besonders großen Wert.[33] Hier spielte das Interesse an der Mitarbeit von Frauen in der Gemeindeverwaltung, und zwar im Bereich der Fürsorge, eine besondere Rolle. Zumindest in den deutschsprachigen Teilen Österreichs wurde dies erst 1912 und dann besonders im Ersten Weltkrieg breiter diskutiert.[34] Doch schon 1868 hatte die Leipzigerin Henriette Goldschmidt im Allgemeinen Deutschen Frauenverein (ADF) die Übertragung von Gemeindeämtern auf Frauen gefordert. 1907 gründete der Verein dann, wie schon erwähnt, nach dem Vorbild der englischen Frauenbewegung die Auskunftsstelle (ab 1911 Zentralstelle) für Gemeindeämter der Frau in Frankfurt am Main unter der Leitung von Jenny Apolant. 1910 erweiterte der ADF außerdem seine Vereinsbezeichnung um den Titel Verband für Frauenarbeit und Frauenrechte in der Gemeinde.[35] Zur Tätigkeit der Auskunftsstelle gehörte die Recherche und Dokumentation von Materialien über die Stellung

---

31 Vgl. den Beitrag von Barbara von Hindenburg in diesem Band; Näheres zu entsprechenden Aktionen vgl. Rosenbusch, Weg zum Frauenwahlrecht, S. 356–358.

32 Vgl. hierzu Luboš Velek, »Der« erste weibliche Abgeordnete der Habsburgermonarchie im Böhmischen Landtag 1912, in: *Österreichische Zeitschrift für Geschichtswissenschaften* 26 (2015), H. 2, S. 41–69; Natali Stegmann, Die Töchter der geschlagenen Helden. »Frauenfrage«, Feminismus und Frauenbewegung in Polen 1863–1919, Wiesbaden 2000, S. 163–165 u. S. 183–188.

33 Vgl. u. a. *Frauenstimmrecht. Monatshefte des Deutschen Verbandes für Frauenstimmrecht* 1 (1912), H. 1–2, S. 37; ebd., H. 7, S. 158; ebd. 2 (1914), H. 1–2, S. 253–255.

34 Vgl. u. a. Adele Gerber, Frauenarbeit und kommunales Frauenwahlrecht, in: *Neues Frauenleben* 24 (1912), H. 4, S. 89–91; Helene Granitsch, Die Frauen und die Gemeinde, in: *Zeitschrift für Frauen-Stimmrecht* 2 (1912), H. 3, S. 2 f.

35 Vgl. Stoehr, Emanzipation zum Staat?, S. 36–44 u. S. 49–74; Klausmann, Politik und Kultur, S. 271–289.

der Frau in der Gemeinde. Sie organisierte Umfragen, erteilte auch Auskünfte und unterstützte die Aufnahme von Frauen in städtische Ämter. Apolant gab 1910 im Auftrag des ADF eine Übersicht über »Die Stellung und Mitarbeit der Frau in der Gemeinde« heraus, die 1913 zum zweiten Mal aufgelegt und 1918 unter dem Titel »Das kommunale Wahlrecht der Frau in den deutschen Bundesstaaten« neu überarbeitet wurde. Propaganda für die Erteilung des Gemeindewahlrechts stand jedoch nicht im Zentrum der Tätigkeit der Auskunftsstelle.[36] Diese lief über andere Vereine.

Für Teile der Frauenbewegungen spielte das kommunale und Landtagswahlrecht als eine möglicherweise leichter zu erreichende Forderung neben dem parlamentarischen Wahlrecht also eine wichtige Rolle. Das bedeutet jedoch nicht, dass der Einsatz für das kommunale Wahlrecht als eine spezifische Strategie der so genannten »gemäßigten« Frauenbewegung »radikalen« Befürworterinnen des Frauenwahlrechts gegenüberzustellen ist, wie in der älteren Literatur behauptet wurde.[37] Der 1902 von Anita Augspurg, Lida Gustava Heymann und Minna Cauer mitbegründete Deutsche Verein (ab 1904 Verband) für Frauenstimmrecht setzte als eines seiner Ziele fest, dass jene Frauen, die bereits das Landtags-, Gemeinde-, berufliche oder kirchliche Wahlrecht besaßen, es auch ausüben sollten,[38] und er war in der Folge über seine Landesvereine für diese Ebenen des Wahlrechts aktiv. Ein Problem war allerdings – wie auch in anderen Ländern –, dass manche Mitglieder der deutschen Stimmrechtsvereine und auch des Bundes Deutscher Frauenvereine (BDF) nicht bereit waren, der radikaleren Forderung des allgemeinen und gleichen Wahlrechts, statt der Angleichung an das bestehende Zensus- oder das Dreiklassenwahlrecht, zu folgen.[39] Letzteres bedeutete aber, dass

---

36 Vgl. Christina Klausmann, Politik und Kultur der Frauenbewegung im Kaiserreich. Das Beispiel Frankfurt am Main, Frankfurt am Main 1997, S. 278.
37 So z. B. von Klausmann, Politik und Kultur, S. 240.
38 Vgl. Parlamentarische Angelegenheiten und Gesetzgebung. Beilage der *Frauenbewegung*, 15.10.1903, S. 73.
39 Vgl. Barbara Greven-Aschoff, Die bürgerliche Frauenbewegung in Deutschland 1894–1933, Göttingen 1981, S. 133, S. 248 Anm. 11, u. S. 290.

sich, wie Ute Rosenbusch ausgeführt hat, diese Vereine de facto nur für das Wahlrecht lediger Frauen einsetzten, denn Ehefrauen wurden nicht immer selbstständig besteuert.[40] Das führte zu einer Zersplitterung der Organisationen und dem Fehlen einer gemeinsamen Strategie.[41] Im Gegensatz zu Deutschland konnten sich die Österreicherinnen bis 1918 aufgrund des Ausschlusses von Frauen aus politischen Vereinen nach § 30 des Vereinsgesetzes von 1867 nicht in einem Verein organisieren, sondern nur als Privatpersonen bzw. im Rahmen von informellen Komitees für das Frauenwahlrecht eintreten.

Sozialdemokratinnen und das kommunale Wahlrecht

Festzuhalten ist ebenfalls, dass die Forderung des kommunalen Wahlrechts zumindest in der Praxis nicht nur eine Strategie liberal oder konservativ orientierter Frauen war, sondern vor allem in Österreich auch der Sozialdemokratinnen. So forderte die Arbeiterinnenbewegung im Zuge der Diskussion über eine neue Gemeindewahlordnung für Wien und Niederösterreich 1899, unter anderem bei der Demonstration zum 1. Mai, das Frauenwahlrecht für Land und Gemeinde.[42] Eine Einführung des Wahlrechts in Etappen, mit dem kommunalen Wahlrecht als ersten Schritt zum vollen Frauenwahlrecht, wurde von Clara Zetkin allerdings nachdrücklich abgelehnt. Möglicherweise wurde es deswegen in den ersten Jahren nach der Jahrhundertwende etwas ruhiger um diese Frage. Der Internationale Sozialistenkongress 1907 bestätigte dann das Primat des vollen Wahlrechts, was sich auch gegen die vorläufige Einführung eines beschränkten Wahlrechts für Frauen richtete, wie es deutsche reformerische Sozialdemokratinnen, darunter Wally Zepler, forderten. Diese Vorgabe hielt sich aber nicht dauerhaft, denn schon 1908 nahm die Österreicherin Emmy Freundlich in einem Leitartikel in der *Arbeiterinnen-Zeitung* das Gemeindewahlrecht ins Visier. Der Artikel zeigt allerdings auch die problematische Zerrissenheit zwischen praktischen und ideologischen Überlegungen auf: Einerseits betonte Freundlich, dass

---

40 Vgl. Rosenbusch, Weg zum Frauenwahlrecht, S. 359 f.
41 Vgl. Greven-Aschoff, Die bürgerliche Frauenbewegung, S. 136–139.
42 Vgl. Guschlbauer, Beginn der politischen Emanzipation, S. 166 f.

das Gemeindewahlrecht als »Grundlage des staatlichen Lebens« gerade für Frauen wichtig sei, so als »tapfere Gehilfin des Mannes« im Kampf gegen die Misswirtschaft der Gemeinden auf dem Gebiet der Fürsorge und in Hinblick auf die Durchsetzung progressiver Wohnformen wie des genossenschaftlichen Haushalts mit zentralen Waschanstalten und Volksküchen. Hingegen stellte sie gleichzeitig die Forderung des parlamentarischen Wahlrechts ins Zentrum, denn sonst »würden die Frauen viele ihrer Forderungen nicht durchsetzen«, und »[d]er Kampf in umgekehrter Reihenfolge wäre auch ein längerer und schwieriger«.[43]

1911 gab es einen klaren Positionswechsel der Sozialdemokratinnen in Hinblick auf das kommunale Frauenwahlrecht, denn es wurde nun auf den Frauenkonferenzen sowohl in Österreich als auch in Deutschland thematisiert. Auf der vierten sozialdemokratischen Frauenreichskonferenz in Innsbruck sprach Therese Schlesinger über »Die Bedeutung des Gemeindewahlrechtes für die Frauen« und rief dazu auf, sich in der Kommunalpolitik mehr zu engagieren und sich damit Themen anzunehmen, die sonst von der bürgerlichen Seite vereinnahmt würden.[44] Auch beim internationalen Frauentag am 12. Mai 1912 stand das Gemeindewahlrecht im Mittelpunkt.

In Deutschland waren ebenfalls »Die Frauen und die Gemeindepolitik« das Thema der sechsten sozialdemokratischen Frauenkonferenz in Jena 1911. Hier wurde zur Mitarbeit bei der staatlichen sozialen Fürsorge als »Pflicht der Frau« aufgerufen und das allgemeine, gleiche, geheime und direkte Gemeindewahlrecht ohne Unterschied des Geschlechts gefordert.[45] 1912 erschien eine von Klara Weyl verfasste Broschüre »Die Frau und die Gemeindepolitik«, als Druckfassung ihres auf der Jenaer Frauenkonferenz gehaltenen Referats. Im Gegen-

---

43 Emmy Freundlich, Das Gemeindewahlrecht und die Frauen, in: *Arbeiterinnen-Zeitung*, 4.8.1908, S. 1 f.
44 Vgl. Protokoll der vierten sozialdemokratischen Frauenreichskonferenz. Abgehalten in Innsbruck vom 28. bis 29. Oktober 1911, Wien 1911, S. 368–370.
45 Vgl. Handbuch der sozialdemokratischen Parteitage von 1910 bis 1913, München 1917, S. 138; Rosenbusch, Weg zum Frauenwahlrecht, S. 362; Richard J. Evans, Sozialdemokratie und Frauenemanzipation im Deutschen Kaiserreich, Berlin 1979, S. 260.

satz zum österreichischen Diskurs passte sie die Notwendigkeit, sich auf kommunaler Ebene zu engagieren, in die ideologische Basis der Sozialdemokraten ein: »Die Kommunen sind im Klassenstaate zwar nur Verwaltungskörper, die der Klassenherrschaft unterliegen, und daher nicht imstande, die Wohlfahrt aller zu fördern. Dennoch ist es heute schon möglich, dem mannigfachen Elend der arbeitenden Klasse durch soziale Fürsorge wenigstens in etwas zu steuern und so zur geistigen und körperlichen Wiedergeburt der Arbeiterklasse beizutragen.«[46] Dies sei wichtig für den »proletarischen Freiheitskampf«. Die Mitarbeit der Frauen in der Gemeinde sei »unentbehrlich«. Durch diese würden »sich die Frauen das Wahlrecht am ehesten erringen«.[47]

Forderungen im Ersten Weltkrieg

Das Kriegs- und Revolutionsjahr 1917 bot eine besondere Dichte an Forderungen des Frauenwahlrechts in allen politischen Lagern der Frauenbewegungen.[48] Ernestine von Fürth vom Wiener Frauenstimmrechtskomitee wies darauf hin, dass der Krieg gezeigt habe, wie wichtig die Mitarbeit der Frau sei, »werden doch gerade von der Gemeindeverwaltung alle jene Angelegenheiten behandelt, die das ursprünglichste Ressort des Frauenkönnens bilden«. »Bei der Rückkehr zu geordneten, friedlichen Zuständen« werde »die kommunale Mitarbeit der Frauen« notwendig sein.[49] Auch der BDF hielt einige Monate später in seiner Anfang Oktober 1917 veröffentlichten Denkschrift zur Stellung der Frau in der politisch-sozialen Neugestaltung Deutschlands unter anderem fest: »Die Einbeziehung der Frauen in das aktive Wahlrecht in Gemeinde und Staat ist unerläßlich, um den

---

46 Klara Weyl, Die Frau und die Gemeindepolitik, Berlin 1912, S. 5.
47 Weyl, Frau und die Gemeindepolitik, S. 5 u. S. 30. Weyl schloss ihre Rede mit einem Überblick über das bestehende Gemeindewahlrecht in Deutschland und im Ausland, wobei sie die Habsburgermonarchie nicht anführte.
48 Vgl. für Österreich u. a. *Der Bund* 12 (1917), H. 4, S. 6f., u. H. 6, S. 7–11 u. S. 13f.; für Deutschland: Rosenbusch, Weg zum Frauenwahlrecht, S. 427f.; Evans, Sozialdemokratie, S. 3.
49 Ernestine von Fürth, Die Frauen und die Gemeindeverwaltung, in: *Der Bund* 12 (1917), H. 5, S. 1–3, hier S. 2.

Einfluß der Frauen im Staat auf der ganzen Breite des tatsächlichen Frauenlebens aufzubauen.«[50]

Gerade in Hinblick auf das Gemeindewahlrecht scheint der Konsens für die Einbeziehung von Frauen im Krieg gewachsen zu sein, insbesondere auch der Zugriff auf Expertinnen in bestimmten Bereichen wie Fürsorgewesen und Mädchenbildung.[51] In vielen Ländern, darunter auch Bayern im Januar 1918, erhielten Frauen das Stimmrecht für Gremien der sozialen Wohlfahrt.[52] Im preußischen Landtag fand ein ähnlicher Antrag Zustimmung, das kommunale Stimmrecht der Frauen wurde aber nochmals abgelehnt, wenn es auch den Parteien laut Ute Planert gegen Ende des Krieges klar war, dass das Frauenwahlrecht nicht auf die Dauer zu verhindern sei.[53] Argumentiert wurde mit der Gefahr, dass das kommunale oder Landtagswahlrecht schnell das parlamentarische Wahlrecht nach sich ziehen werde.[54]

Schlussbemerkungen zum Diskurs über das Kommunale

Hinsichtlich der Argumentation der Frauenbewegungen ist die Betonung des Kommunalen als quasi-privater Raum auffallend. Das ließ die Forderung des Kommunalwahlrechts als weniger radikal als das parlamentarische Wahlrecht erscheinen. Frauen leiteten die Notwendigkeit der Mitbestimmung im kommunalen Bereich zum Teil

---

50 Die Stellung der Frau in der politisch-sozialen Neugestaltung Deutschlands, in: *Die Frauenfrage* 19 (1. 10. 1917), S. 147 f.
51 Vgl. Ute Planert, Antifeminismus im Kaiserreich. Diskurs, soziale Formation und politische Mentalität, Göttingen 1998, S. 237 f.
52 Vgl. ebd., S. 229 f.
53 Vgl. ebd., S. 230–232; Rosenbusch, Weg zum Frauenwahlrecht, S. 435–439. Ähnlich kam es in Baden zur Ablehnung des Frauenwahlrechts, vgl. Barbara Guttmann, Weibliche Heimarmee. Frauen in Deutschland 1914–1918, Weinheim 1989, S. 199–203.
54 Vgl. z. B. Abg. Walther Graef, in: *Wörtliche Berichte über die Verhandlungen des Preußischen Abgeordnetenhauses*, 22. Legislaturperiode, 3. Session, Bd. 7, S. 7212 (15. 1. 1918).

aus ihren erweiterten Haushalts- und Erziehungspflichten und ihrer Tätigkeit in der Sozialarbeit ab. Immer wieder hoben bürgerlich-liberale wie auch sozialdemokratische Frauen das Schul- und Armenwesen, die Wohnungsfürsorge, den Verkehr und die Lebensmittelversorgung als »Hauptaufgaben der Gemeinde« hervor – »Aufgaben, die in kleinerem Maßstab und entsprechenden Verhältnissen der Hausfrau und Mutter [...] in Familie und Einzelhaushalt [...] zufallen«, wie etwa Adele Gerber vom Allgemeinen Österreichischen Frauenverein 1912 meinte.[55] Für Alice Salomon vom BDF konnte die Frau hier ihre »Mutterliebe vom Haus auf die Gemeinde [...] übertragen«.[56] Die Sozialdemokratin Emmy Freundlich sprach 1908 von der Gemeinde als »ein[em] große[n] Haushalt, dem leider noch immer die helfenden Hände der Hausfrau fehlen«.[57]

Gisela Bock hat einmal darauf hingewiesen, dass viele Befürworterinnen des Frauenwahlrechts das kommunale und regionale Wahlrecht »für nicht weniger politisch als das national-parlamentarische Wahlrecht« gehalten hätten.[58] Die gerade in der Argumentation für das kommunale Wahlrecht aufgezeigte politische Dimension des Privaten ist dementsprechend keine spezifische deutsche oder österreichische Besonderheit, sondern ab den 1890er Jahren international zu beobachten, etwa bei der amerikanischen Reformbewegung des Progressive Movement, wo sie beispielsweise bei Jane Addams in eine Kritik des modernen Kapitalismus mündete.[59] So weit gingen die

---

55 Gerber, Frauenarbeit und kommunales Frauenwahlrecht, S. 89 f.
56 Zit. n. Schröder, Arbeiten für eine bessere Welt, S. 107.
57 Emmy Freundlich, Das Gemeindewahlrecht und die Frauen, in: Arbeiterinnen-Zeitung, 4. 8. 1908, S. 2.
58 Gisela Bock, Wege zur demokratischen Bürgerschaft – transnationale Perspektiven, in: dies., Geschlechtergeschichten der Neuzeit. Ideen, Politik, Praxis, Göttingen 2014, S. 204–240, hier S. 221.
59 Jane Addams, The Modern City and the Municipal Franchise for Women [1910], zit. n. Andrea Hinding, Feminism Opposing Viewpoints, St. Paul, Minn. 1986, S. 46. Vgl. auch Helen G. Ecob, Why the Housekeeper should Vote, in: The Woman Voter 2 (1911), H. 8, S. 3; Millicent Garrett Fawcett, Home and Politics [1894], in: Jane Lewis (Hg.), Before the Vote was Won. Arguments For and Against Women's Suffrage 1864–1896, New York 1987, S. 420.

deutschen und österreichischen Frauen nicht. Durch die Übertragung der sich aus Haushalt und Familie ergebenden Tätigkeiten auf Aufgabenbereiche der Politik erhoben die Frauenbewegungen aber das Heim zu einer der wichtigsten Institutionen des Staates. Die quasi »Domestizierung der Politik«[60] sollte damit die Grenze zwischen den Geschlechtersphären – also die Dichotomie des Öffentlichen und Privaten – überwinden und die Vorstellungen über den Zweck der Politik verändern. Unterstrichen wurde dies durch den Diskurs der Geschlechterdifferenz, der für Gleichheit auf der Basis der Komplementarität der Geschlechter und insbesondere der als »natürlich« aufgefassten Mütterlichkeit der Frauen argumentierte.

Es ist aber auch wichtig festzuhalten, dass deutsche Sozialdemokratinnen und Teile der deutschen liberalen Frauenbewegung dieser Argumentation nicht folgten. Ihnen mag klar gewesen sein, dass mit dem Bild der Gemeinde als Haushalt im Großen das zeitgenössische Allgemeinverständnis der kommunalen Ordnung als Instrument der Verwaltung im unmittelbaren sozialen und wirtschaftlichen Bereich der Gemeinde unterstrichen wurde, das eben nicht mit den großen politischen Staatsfragen gleichzusetzen war. Daher war es auch von großer Bedeutung, ob das parlamentarische Wahlrecht gleichzeitig mit dem kommunalen in den Wahlrechtsforderungen verlangt wurde. Vor allem den Sozialdemokratinnen war klar, dass ersteres als »politisches« Wahlrecht immer mit zu fordern sei.

---

60 Paula Baker, The Domestication of Politics: Women and American Political Society, 1780–1920, in: *American Historical Review* 89 (1984), H.3, S.620–647, hier S.642.

Marion Röwekamp

»*The double bind*«
Von den Interdependenzen des Frauenwahlrechts und des Familienrechts vor und nach 1918

In Leben und Wissenschaft versuchen wir, Dinge zu vereinfachen, die de facto nicht einfach sind, um sie besser verstehen, strukturieren und ordnen zu können. Dazu nutzen wir bestimmte Denkstrukturen und Kategorien. Dies ist notwendig und hilfreich, vielfach können diese Unterscheidungen jedoch auch den Erkenntnisgewinn behindern. Gerade in der juristischen Wissenschaft wird in Deutschland stark vorstrukturiert, es wird in Bürgerliches, Straf- und Öffentliches Recht unterteilt, Juristinnen und Juristen spezialisieren sich auf ein Gebiet, und es ist nicht üblich, über die Grenzen hinweg zu forschen. Das Thema Wahlrecht fällt grundsätzlich in das Öffentliche Recht, das die Beziehungen von Menschen zum Staat regelt, während das Familienrecht dem Privatrecht als dem Feld der Beziehung von Privatpersonen untereinander zugerechnet wird. Forschungen zur Frauen- und Geschlechtergeschichte neigen ebenfalls dazu, z. B. bei der Unterscheidung von *Citizenship*-Rechten diese in politische, bürgerliche und soziale Rechte zu unterteilen. Eine Kategorisierung, die von dem Soziologen Thomas Marshall übernommen wurde,[1] welche sich im Grunde nicht sehr von den Kategorisierungen der juristischen Wissenschaft unterscheidet. Auch hier fällt das Wahlrecht

---

1 Thomas C. Marshall, Citizenship and Social Class [1949], in: ders., Class, Citizenship, and Social Development, Westport, Conn. 1976, S. 65–122.

unter politische Rechte und das Familienrecht unter bürgerliche Rechte. Es lässt sich also nicht auf den ersten Blick erschließen, was das Frauenwahlrecht und das Familienrecht miteinander zu tun haben.

Dieser Artikel ist ein Versuch, die Kombination von Familien- und Wahlrecht, zwei nur scheinbar gegensätzlichen Themen, zu denken. Helene Lange hat bereits 1918 darauf hingewiesen, wie sehr Einteilungen und Spezialisierungen dazu führen können, das Ganze aus dem Blick zu verlieren und Verknüpfungen nicht mehr zu sehen: Es sei ein Fehler, erklärte sie, das »politische Stimmrecht« als eine Sonderforderung aus dem Gesamtprogramm der Frauenforderungen herauszulösen.[2] Genauso ein Fehler könnte es sein, das Stimmrecht als Sonderbereich in der Forschung aus der Gesamtbetrachtung der Rechtsforderungen der Frauenbewegung herauszulösen.

Wahlrecht und Familienrecht waren bis in das 20. Jahrhundert insofern eng miteinander verbunden, als der Ausschluss von Frauen von beiden Rechten die Ausgangsposition für ihre Diskriminierung im gesamten Recht bildete. Sie bedingten sich gegenseitig in einer Form von *dead-lock* oder *double bind*, wie Gisela Bock dies genannt hat.[3] Der Ausschluss von Frauen vom Wahlrecht war einerseits daran gebunden, dass Frauen im Zivilrecht keine vollständige Rechtsperson waren; andererseits konnten sie schwer eine Änderung des Familienrechts bewirken, ohne an der Gesetzgebung teilzunehmen. Wie in den meisten europäischen Rechtsordnungen waren Frauen auch in Deutschland im Familienrecht erst prinzipiell als Personen weiblichen Geschlechts und nach der Abschaffung der generellen Geschlechtsvormundschaft mit der Aufklärung nur noch als Ehefrauen entmündigt, man hatte ihnen die eigene Rechtspersönlichkeit weitestgehend genommen. Ihr ehelicher Status war also aus-

---

2   Wobei sie hier allerdings von der Abgrenzung zum Gemeindewahlrecht sprach, nicht zu privatrechtlichen Forderungen, siehe Helene Lange, »Das« politische Frauenstimmrecht, in: *Die Frau* 25 (1918), H. 10, S. 321–323.
3   Gisela Bock, Frauenwahlrecht. Deutschland um 1900 in vergleichender Perspektive, in: Michael Grüttner u. a. (Hg.), Geschichte und Emanzipation. Festschrift für Reinhard Rürup, Frankfurt am Main 1999, S. 95–136, hier S. 119.

schlaggebend für den Umfang der eigenen Rechte.[4] In manchen Ländern erhielten Witwen oder unverheiratete Frauen, die entweder einem Haushalt vorstanden oder sonst einen ökonomisch nennenswerten Status hatten, früher das Wahlrecht als verheiratete Frauen. Denn man ging davon aus, dass Ehefrauen prinzipiell durch ihren Mann vertreten waren.[5]

Im 19. Jahrhundert wurde diese rechtliche Diskriminierung im neuen Gebiet des Familienrechts festgeschrieben. Dabei hatte man sich entschlossen, das Familienrecht und das Eherecht als originäres Rechtsverhältnis zwischen zwei Privatpersonen im Privatrecht zu belassen, obwohl gerade das Familienrecht als Teilgebiet der Rechtswissenschaft dezidiert nicht nur bürgerlich-rechtlicher Natur ist. Tatsächlich war im Familienrecht der regelnde Einfluss des Staates stärker, je mehr die privatrechtliche Natur der Familie betont wurde, und zwar nicht nur wegen der darin festgeschriebenen Herrschaftsverhältnisse zwischen Frau und Mann, auch wegen der weiterhin bestehenden Aussagen zum Verhältnis Bürger und Staat, Recht und Religion und Recht und Moral. Während die Naturrechtskodifikationen in allen anderen Rechtsgebieten all diese Aspekte säuberlich trennten, bestand dieser Versuch im Familienrecht nicht einmal vom Anspruch her. So erweist sich gerade das Familienrecht als ein Gebiet, in dem eine Analyse sich nicht nur auf das Privatrecht beziehen darf. Und so macht die gemeinsame Betrachtung mit dem Frauenwahlrecht, sogar wenn man in den Denkkategorien bleibt, umso größeren Sinn.

---

4 Sara Kimble/Marion Röwekamp, Legal Cultures and Communities of Female Protest in Modern European History, 1860–1960, in: dies. (Hg.), New Perspectives on European Women's Legal History, New York 2017, S. 1–36.
5 Blanca Rodríguez-Ruiz/Ruth Rubio-Marín (Hg.), The Struggle for Female Suffrage in Europe: Voting to Become Citizens, Leiden/Boston 2012, S. 11.

Frauenwahlrecht und Familienrecht im gegenseitigen Abhängigkeitsverhältnis vor 1918

Die doppelte rechtliche Diskriminierung von verheirateten Frauen

Es ist oft behauptet worden, dass die meisten Feministinnen in Deutschland entweder kein Wahlrecht oder zu spät das Wahlrecht forderten, dass sie sich über die Natur des Wahlrechts ausgeschwiegen hätten oder dass sie lediglich die Erweiterung des Dreiklassenwahlrechts auf die bürgerlichen Frauen gewollt hätten.[6] Nicht zuletzt in der bisherigen Arbeit von Gisela Bock sowie in dem Beitrag von Kerstin Wolff im vorliegenden Band wird deutlich, dass diese Erzählung empirisch nicht stichhaltig ist.[7] Helene Lange schrieb bereits 1898, dass die Frauenbewegung schon seit 1848 bis zu dem Zeitpunkt, in dem sie sich offiziell zum Frauenwahlrecht als Ziel bekannte, immer das Wahlrecht gefordert hatte: »Als vor 33 Jahren die Vertreterinnen der Frauenbewegung den Kampf begannen, waren sie sich sehr wohl bewußt, daß als letztes Ziel die Erwerbung des Frauenwahlrechts gelten müsse. Damals sprachen sie auch auf mehreren Frauentagen ganz offen diese Ansicht aus, mußten aber die Erfahrung machen, daß sie dadurch ihre sonstigen Unternehmungen schwer schädigten. So wurde beschlossen, für einige Zeit die Besprechung dieses wichtigsten Themas zurückzustellen, aber, sobald es die

---

6 So. z.B. Bärbel Clemens, Der Kampf um das Frauenstimmrecht in Deutschland, in: Christl Wickert (Hg.), »Heraus mit dem Frauenwahlrecht«. Die Kämpfe der Frauen in Deutschland und England um die politische Gleichberechtigung, Pfaffenweiler 1990, S. 51–123; Richard Evans, German Social Democracy and Women's Suffrage, in: *Journal of Contemporary History* 15 (1980) H. 3, S. 533–557; ders., The Feminist Movement in Germany 1894–1933, London 1976; Ute Frevert, »Unser Staat ist männlichen Geschlechts«. Zur politischen Topographie der Geschlechter vom 18. bis zum frühen 20. Jahrhundert, in: dies., »Mann und Weib und Weib und Mann«. Geschlechter-Differenzen in der Moderne, München 1995, S. 61–132; Barbara Greven-Aschoff, Die Bürgerliche Frauenbewegung in Deutschland 1894 bis 1933, Göttingen 1981; Ute Gerhard, Unerhört. Die Geschichte der deutschen Frauenbewegung, Reinbek 1990; dies., Gleichheit ohne Angleichung, München 1990.

7 Vgl. dazu auch Bock, Frauenwahlrecht, S. 96–97, 113–123.

Gelegenheit bot, es stets offen auszusprechen, daß ohne die Gewinnung des Stimmrechts die Frauen auch nie zu der von ihnen angestrebten Entwickelung ihrer Kräfte gelangen können.«[8]

Frauen entschlossen sich also nicht zuletzt aus taktischen Erwägungen, diese Fragen weniger direkt und öffentlich anzusprechen. Zudem stellten die Aktivistinnen auch deshalb Bildungs- und soziale Fragen in den Mittelpunkt des eigenen Wirkens, da sie annahmen, dass Frauen das politische Wirken erst erlernen müssten. Bildung und die aktive Teilnahme an staatlichen Belangen würden den Männern deutlich machen, dass Frauen mit der Zeit auch die Reife entwickelten, offiziell als Bürgerinnen gleichgestellt werden zu können. Man dachte, dass das Frauenwahlrecht ein schwaches Schwert in den Händen der Frau war, wenn nicht vorher bereits ein nachhaltiger rechtlicher und gesellschaftlicher Wandel stattgefunden habe. Und tatsächlich wurde die Forderung nach mehr Frauenrechten immer bewusst angesprochen, sofern sich eine Gelegenheit dazu ergab und Schaden nicht zu erwarten war.[9] Darüber hinaus war innerhalb der rechtlichen Einschränkungen im deutschen Kaiserreich, zumindest was das fehlende Versammlungsrecht in Preußen angeht, die Zurückhaltung im Gegensatz zu der Situation der Engländerinnen und Amerikanerinnen wahrscheinlich eine realistische Einschätzung der Situation.[10]

Anders als die meisten anderen Frauenbewegungen in Europa, standen die deutschen Frauen allerdings vor einer Besonderheit, die ihr Wirken um die Jahrhundertwende stark auf ein Thema fokussierte, das in allen anderen Ländern zwar auch wichtig, aber weniger zentral war: nämlich die Frage nach der Freiheit und Gleichheit im

---

8   Helene Lange über das Frauenwahlrecht, in: *Neue Bahnen* 33 (1898), H. 7, S. 68–70 (68 f.).
9   Helene Lange, Der Weg zum Frauenstimmrecht, in: *Die Frau* 21 (1913), H. 2, S. 65–76, hier S. 71 f.; Blicke in die Runde, in: *Neue Bahnen* 4 (1869), H. 18, S. 140–144, hier S. 142; Charlotte Pape, Zum Frauenstimmrecht, in: *Neue Bahnen* 16 (1881), H. 5, S. 33–34.
10 So der ADF in der Beschreibung der Situation der deutschen Frauenbewegung anlässlich der Gründung des International Council of Women, Report of the International Council of Women. Assembled by the National Woman Suffrage Association, Washington, D.C., March 25 to April 1, 1888, Washington 1888, S. 220.

Zivilrecht. Mit dem Bemühen des deutschen Reichs, ein neues Zivilgesetzbuch (BGB) zu kodifizieren, entschied sich das Schicksal und die Identität der deutschen Frauenbewegung, sie fand gezwungenermaßen neben der Bildung ihr ureigenstes Ziel: den Kampf um gleiche Rechte in der Familie, speziell in der Ehe.[11] Dieser Kampf erfüllte tatsächlich mehrere Zwecke. Erstens führte er dazu, dass sowohl der Allgemeine Deutsche Frauenverein (ADF) als auch der 1894 gegründete Bund Deutscher Frauenvereine (BDF) ein Bewusstsein dafür entwickelten, dass der Kampf um gleiche Rechte prinzipiell geführt werden müsse.[12] Zweitens zeigte er, wie wichtig vor allem der Kampf um gleiche Rechte in der Familie war, weil er breite Auswirkungen auf alle anderen Rechtsgebiete und Lebensbereiche hatte und Frauen im Alltag mehr betraf als das fehlende Wahlrecht.[13] Und drittens einte der Kampf gegen das BGB den BDF und schmiedete ihn schnell, schneller als die anderen National Councils des International Council of Women (ICW) in den anderen europäischen Ländern, zu einer starken Kampftruppe.[14]

Der Kampf um das Familienrecht bot daneben aber noch einen anderen großen Vorteil. Da es vordergründig darum ging, die Stel-

---

[11] Marianne Weber, Ehefrau und Mutter in der Rechtsentwicklung. Eine Einführung, Tübingen 1907, S. 407–505; Sabine Klemm, Frauenbewegung und Familienrecht 1848 bis 1933. Eine Betrachtung anhand von Quellen, Tübingen 1999; Ute Gerhard (Hg.), Frauen in der Geschichte des Rechts. Von der Frühen Neuzeit bis zur Gegenwart, München 1997; Stephan Meder / Arne Duncker / Andrea Czelk (Hg.), Die Rechtsstellung der Frau um 1900. Eine kommentierte Quellensammlung, Köln 2010; dies. (Hg.), Frauenrecht und Rechtsgeschichte. Die Rechtskämpfe der deutschen Frauenbewegung, Köln 2006; Tanja-Carina Riedel, Gleiches Recht für Mann und Frau. Die bürgerliche Frauenbewegung und die Entstehung des BGB, Köln 2008.

[12] Zweiter Tag, in: *Neue Bahnen* 32 (1897), H. 20, S. 192–194, hier S. 193; Anita Augspurg, Gebt acht, solange noch Zeit ist!, in: *Die Frauenbewegung* 1 (1895), H. 1, S. 4–5.

[13] »Das Hauptgebiet, auf dem die Frauenfrage als eine Rechtsfrage erscheint, ist das der Ehe«, Helene Lange / Gertrud Bäumer, Handbuch der Frauenbewegung, 1. Teil: Die Geschichte der Frauenbewegung in den Kulturländern, Berlin 1901, S. 70.

[14] Marie Stritt, Der Bund deutscher Frauenvereine, in: *Frauen-Rundschau* 2 (1899), H. 17, S. 473–74.

lung der Mutter in der Familie zu verbessern, klang das für die Männerwelt weitaus harmloser, der Natur der Frau angemessener und unpolitischer, als die Forderung nach dem politischen Wahlrecht. Dieser erst einmal harmlosere Anschein machte es für den ADF und später den BDF möglich, sich zur rechtlichen Stellung der Frau im Familienrecht überhaupt zu äußern. Auch hier nicht im Sinne einer fundamentalen, revolutionären Kritik an Staat und Gesellschaft – das wäre zu politisch gewesen und hätte die Frauenbewegung insgesamt gefährdet –, sondern mehr im Sinne von Verbesserungsvorschlägen, wie auch andere Reformgruppen sie einbrachten.[15] Fast unbemerkt bedeuteten diese Forderungen viel mehr, nämlich die Forderung nach der Verleihung der vollen Rechtsfähigkeit an verheiratete Frauen und damit die Grundlage für die volle Geschäftsfähigkeit.

Die deutschen Familiengesetze beruhten, wie oben bereits angedeutet, auf dem Gehorsams- oder Autoritätsprinzip. Dazu Hedwig Dohm (1833–1919): »Gehorsam. Gehorsam des Weibes gegen den Mann der Frau. Alle socialen Einrichtungen, alle Sitten und Gesetze hier und dort, damals und jetzt, sind nichts als eine Illustration des Bibelspruchs: Er soll dein Herr sein.«[16] Die Forderung nach einer Gleichstellung im Familienrecht und die Verleihung einer vollen Rechtspersönlichkeit an die verheiratete Frau bedeutete, dass sie gleich einem Mann ohne dessen Genehmigung Verträge schließen, arbeiten gehen, über ihre Kinder, ihr eigenes Vermögen und ihren Wohnort entscheiden und schließlich auch, dass sie als gleichberechtigte Bürgerin ohne privatrechtliche Hindernisse auch einen Anspruch auf öffentliche Ämter und das Wahlrecht hätte erheben können. Die Verweise der Gegner der öffentlichen oder politischen Gleichberechtigung von Frauen verwiesen neben der mangelnden Erfahrung immer wieder darauf, dass der Platz der Frau in der Familie

---

15 Susanne Schötz, »Einige Deutsche Gesetzes-Paragraphen« – Louise Otto-Peters und das Engagement des Allgemeinen Deutschen Frauenvereins für Frauenrechte, in: Ilse Nagelschmidt u. a. (Hg.), Menschenrechte sind auch Frauenrechte, Leipzig 2002, S. 53–78, hier S. 63–65.
16 Hedwig Dohm, Der Frauen Natur und Recht. Zur Frauenfrage. Zwei Abhandlungen über Eigenschaften und Stimmrecht der Frauen, Berlin 1876, S. 106–107.

sei, dass die Aufgaben der Frau in diesem Kontext im Grunde das Funktionieren des Staates garantierten, denn die Frau war in der Familie dem Manne untertan, so wie die Bürger im Staate dem Regenten untertan waren. Diese Dualität des Staatsaufbaus wurde auf Kosten der Freiheit der Frauen im Familienrecht festgeschrieben und sollte um jeden Preis geschützt werden.[17] »Dem Manne der Staat, der Frau die Familie!«, wie es Meyers Konversations-Lexikon in dem Artikel zur »Frauenfrage« von 1897 formulierte.[18] Diese Rolle und dieses Recht galt es zu brechen, um auch öffentlich gleichberechtigt werden zu können. Darauf beruhte die Annahme der deutschen Frauenrechtlerinnen, zuerst gleiche Rechte in der Familie zu fordern und danach daraus abgeleitet auch gleiche Rechte im Staat. Für die umgekehrte Reihenfolge hätte es ebenso gute Gründe gegeben, denn ohne weibliche Abgeordnete im Parlament konnte man nur auf das Verständnis der Männer zur Änderung des Zivilrechts hoffen. Dass dies nicht so hoffnungslos war, wie man annehmen könnte, zeigten Beispiele in den USA und in England, wo gerade Väter Änderungen im Eigentumsrecht zugunsten ihrer Töchter oder besser der Familiendynastie durchsetzten, und damit unbeabsichtigt Frauenrechte stärkten, ohne freilich primär emanzipatorisch wirken zu wollen und die Rechte auch nur so weit zu lockern, wie es den männlichen Interessen entsprach.[19] Deutlich wird auf jeden Fall, wie abhängig beide Rechte – das Familien- und das Frauenstimmrecht – voneinander waren.

---

17 Ursula Vogel, Gleichheit und Herrschaft in der ehelichen Vertragsgesellschaft – Widersprüche der Aufklärung, in: Gerhard (Hg.), Frauen in der Geschichte des Rechts, S. 265–292; Dieter Schwab, Gleichberechtigung und Familienrecht im 20. Jahrhundert, in: Gerhard (Hg.), Frauen in der Geschichte des Rechts, S. 790–827, S. 790–827; Frevert, »Der Staat ist männlichen Geschlechts«, S. 61–132; Bock, Frauenwahlrecht, S. 95–136.
18 Meyers Konversations-Lexikon, Bd. 11, Leipzig/Wien 1897, S. 818–923, hier S. 822.
19 Rebecca Probert, Family Law Reform and the Women's Movement in England and Wales, in: Stephan Meder/Christoph-Eric Mecke (Hg.), Family Law in Early Women's Rights Debates, Köln/Weimar/Wien 2013, S. 170–193; Marion Röwekamp, Equal Rights for Mothers. Custody Law Reform and the Equal Rights Movement 1848–1930, in: Meder/Mecke (Hg.), Family Law, S. 200–237.

Die implizite Forderung des Frauenwahlrechts innerhalb der Familienrechtsreformforderungen

In der Forschung zum Frauenwahlrecht wird oft debattiert, wer wann das erste öffentliche Plädoyer für das Frauenwahlrecht hielt. In der Regel wird die erste Debatte zeitlich in die 1890er Jahre gelegt, weil sich hier teils bedingt durch die stärkere transnationale Zusammenarbeit eine stärkere Dynamik zugunsten des Themas entwickelte, die auch die deutsche Frauenbewegung nun zum öffentlichen und ausdrücklichen Bekenntnis inspirierte.[20] Davor wurde das Frauenwahlrecht immer wieder gefordert, aber es handelte sich um einzelne Stimmen. Bezieht man allerdings das Familienrecht als Untersuchungsgegenstand in diese Frage mit ein, wird deutlich, dass der Kampf um gleiche Rechte in der Familie, der schon einige Jahrzehnte vor den 1890ern die Frauenbewegung zentral beschäftigt hatte, tatsächlich immer wieder die Forderung nach dem Frauenwahlrecht implizierte.

So etwa 1869, als man auf dem dritten Frauentag des ADF in Kassel den Juristen Karl Röder (1806–1879) eingeladen hatte, der über die rechtliche Stellung der Frau referierte und – so Louise Otto-Peters (1819–1895) – »besonders vom Standpunkt des Rechts und der Rechtsphilosophie aus für die Frauenbewegung gesprochen« habe.[21] Röder sah »die Hauptschuld der gesellschaftlichen Unordnung« in der Gesetzgebung: »Ein segenbringendes Zusammenwirken der Gesellschaft kann nicht stattfinden, so lange die Frauen hier nicht vollkommen mitwirken und eintreten in ihren menschheitlichen Beruf. […] Die Gesetze seien jetzt zu Ungunsten der Frauen, weil die Männer sie gemacht, dies müsse anders werden.«[22] Auf dem Frauentag

---

20 Bock, Frauenwahlrecht, S. 99, 116–123; Birgitta Bader-Zaar, Zur Geschichte des Frauenwahlrechts im langen 19. Jahrhundert. Eine international vergleichende Perspektive, in: *Ariadne* 40 (2001), H. 12, S. 6–13; Karen Offen, European Feminism. 1700–1950. A Political History, Stanford 2000, S. 277–310.
21 Louise Otto-Peters, Das erste Vierteljahrhundert des Allgemeinen deutschen Frauenvereins gegründet am 18. Oktober 1865 in Leipzig. Aufgrund der Protokolle mitgeteilt, Leipzig 1890, S. 53.
22 Dritte Generalversammlung des Allgemeinen Deutschen Frauenvereins, in: *Neue Bahnen* 4 (1869), H. 22, S. 169–175, hier S. 173.

1875 in Gotha sprach die in London lebende deutsche Frauenrechtlerin Charlotte Pape (Lebensdaten unbekannt) zu den Rechten der Mutter über ihre Kinder und schilderte den Sorgerechtsfall einer Frau aus Hannover, der die ungleichen Rechte von Vätern und Müttern in den Fokus rückte. Auch Pape betonte, das Problem der Gesetze sei, dass sie »von Männern für Männer gemacht« seien und das Gesetz nur den Vater kenne.[23] Diese Position hatte Louise Otto-Peters selbst schon 1848/1849 vertreten: »Ich fordere, dass Frauen bei denjenigen Gesetzen, welche sie selbst betreffen, eine Stimme haben. Ich fordere diese Stimme für sie auch da, wo es gilt, Vertreter des ganzen Volkes zu wählen – denn wir sind ein Teil des Volkes.«[24]

Was waren aber diese Forderungen anderes als die Forderung nach der Teilnahme von Frauen an der Gesetzgebung, also nach dem zumindest passiven Wahlrecht von Frauen? Es war eine indirekte, aber deutliche und immer wieder ausgesprochene Forderung nach dem Frauenstimmrecht, gestellt in einem vermeintlich harmlosen Gewand, etikettiert, kategorisiert und übersehen unter dem Titel Familienrecht. Der Kampf um gleiche Rechte im Familienrecht bedeutete also einerseits die Forderung nach privatrechtlicher Gleichstellung als ersten Schritt auf dem Weg zur politischen Gleichberechtigung, gleichzeitig aber auch der mehr oder weniger versteckte Kampf um das Frauenwahlrecht, Jahre bevor die Frauenbewegung sich dazu offen äußerte.

---

23 Charlotte Pape, Die Rechte der Mutter über ihre Kinder, in: *Neue Bahnen* 11 (1876), H. 2, S. 9–12, hier S. 11; VII. Generalversammlung des Allgemeinen deutschen Frauenvereins (VIII. Frauentag) in Gotha vom 2. bis 5. Oktober 1875, in: *Neue Bahnen* 10 (1875), H. 22–23, S. 169–176, 177–182.

24 Louise Otto-Peters, Programm als Mitarbeiterin einer Frauenzeitung, in: Das Wesen der Ehe, hg. von Luise Dittmar, Leipzig 1849, S. 19–22.

Das Frauenwahlrecht als Basisrecht für die Reform des Familienrechts

»Was erwarten die Frauen vom Stimmrecht?«

Machen wir nun einen Sprung in die Weimarer Republik.[25] Für viele Feministinnen repräsentierten das Stimmrecht und die Weimarer Verfassung den Höhepunkt eines Kampfes, den sie – spätestens – seit dem ausgehenden 19. Jahrhundert um Gleichberechtigung ausgefochten hatten. »Die Verfassung bringt für die deutschen Frauen den äußeren Abschluß – wenigstens grundsätzlich – eines Kampfes, der seit einem halben Jahrhundert organisiert war«, wie Gertrud Bäumer (1873–1954) schrieb.[26] Andere wiederum fassten die rechtlich-politische Gleichberechtigung, die die Verfassung verlieh, nur als eine Vorbedingung für die volle, unbedingte Gleichheit auf allen Gebieten der Politik, der Wirtschaft, Gesellschaft, der Kultur und des Rechts auf. Man musste sich erst in einer Aussprache auf der ersten Generalversammlung des BDF nach dem Krieg darüber klar werden, ob mit dem Wahlrecht nicht der Zweck des Bundes an sich erfüllt sei oder ob der Kampf im Sinne einer Vorbedingung um volle Rechte für Frauen weitergehen solle.[27] Schnell wurde deutlich, dass genau das der Fall sein musste. »Das Stimmrecht ist zu den Frauen gekommen«, schrieb Camilla Jellinek (1860–1940). »Damit ist aber nicht der Vorhang über dem ›Stück mit dem guten Schluß‹ gefallen, es hat vielmehr ein neuer Akt des Dramas begonnen. Nicht anders ist's, als wenn die Liebenden

---

25 Zur Geschichte der Gewinnung des Frauenstimmrechts in der Weimarer Republik siehe z. B. Ute Rosenbusch, Der Weg zum Frauenwahlrecht in Deutschland, Baden-Baden 1998; Angelika Schaser, Zur Einführung des Frauenwahlrechts vor 90 Jahren am 12. November 1918, in: *Feministische Studien* 27 (1990), H.1, S. 97–110, DOI: https://doi.org/10.1515/fs-2009-0109; Julia Sneeringer, Winning Women's Votes. Propaganda and Politics in Weimar Germany, Chapel Hill / London 2002.
26 Gertrud Bäumer, Die deutsche Verfassung und die Frauen, in: *Die Frau* 26 (1919), H.12, S. 357–359, hier S. 357.
27 Helene Lange, Die Umstellung der Frauenbewegung auf die Stimmrechtsgrundlage, in: *Die Frau* 27 (1919), H.1, S. 10–13.

endlich vereint sind: das Leben mit seinen Schicksalsfragen setzt erst dann wahrhaft ein.«[28]

Auch wenn dem BDF viele andere Tätigkeitsfelder erhalten blieben, so war klar, dass nach der Einführung des Frauenwahlrechts und der Gleichberechtigung in der Verfassung zwischen dem öffentlichen und dem Privatrecht ein bedenklicher Abgrund klaffte, dass die Wirklichkeit hinter den rechtlichen Vorgaben der Verfassung noch weit hinterherhinkte, insbesondere was eine Reform des Familienrechts anging.

Mehrere Artikel in der Frauenpresse verdeutlichten die Überlegungen, was das Wahlrecht für Frauen nun bedeutete. »Was erwarten die Frauen vom Frauenstimmrecht?«, fragte ein Artikel 1919 und wies in Richtung Familienrechtsreform: »Als notwendige Folge [des Frauenwahlrechts; M.R.] ergibt sich weiter die Nachprüfung und Umgestaltung derjenigen Gesetze, in welchen die Frauen hinsichtlich ihrer Erziehung, Berufsausübung, Stellung in der Familie, wirtschaftlichen und sozialen Bewegungsfreiheit früher vom Staate im Stich gelassen worden sind, weil es ihnen an geeigneter Vertretung ihrer Interessen fehlte oder doch an einer Handhabe, solche wirksam zu machen. Die in dieser Richtung unter dem Einfluß der Frauen erzielten Verbesserungen in der Gesetzgebung erstrecken sich hauptsächlich auf das Güterrecht innerhalb der Ehe, welches bisher den Frauen die Verfügung über ihr Eigentum einschränkte, auf das Erbrecht der Ehefrau, Erweiterung der Scheidungsbedingungen und ihre Gleichsetzung für beide Geschlechter, auf das Recht der Mutter an ihren Kindern und die Beseitigung von Nachteilen, welche der Frau aus der Verheiratung mit Ausländern entstehen.«[29]

---

28 Camilla Jellinek, Der graue Alltag in Frauenstimmrecht, in: *Die Frau* 26 (1919), H. 11, S. 340–343; so auch Lange, ebd., S. 10–13.
29 Margarete Weinberg, Was erwarten die Frauen vom Frauenstimmrecht? in: *Frauenwirtschaft* 10 (1919), H. 2, S. 17–22.

Die Verfassungsgebende Nationalversammlung, die Artikel 109 und 119 und die Reform des Familienrechts

Ganz so einfach war aber die Umsetzung dieser theoretisch so klaren Forderung nach einer Erneuerung des Familienrechts nicht, wie bereits die Verhandlungen zu den Formulierungen der Verfassungsartikel zu Ehe und Familie in der Verfassungsgebenden Nationalversammlung zeigten. Tatsächlich stand nämlich die familienrechtliche Gleichberechtigung der Frau weiterhin im krassen Gegensatz zum traditionellen Eheverständnis der bürgerlichen Familie.[30]

Juristen und männliche Eliten erwiesen sich auch in der Weimarer Republik als findig genug, neue Gründe zu finden, warum es trotz der verfassungsrechtlichen Vorgaben keine Notwendigkeit zur Reform des Familienrechts gab. Ein Einfallstor für die Reformgegner war die nur *grundsätzliche* Gleichberechtigung, die in Artikel 109 Absatz 2 für Frauen festgeschrieben war. Die Formulierung sollte laut dem Zentrumsabgeordneten Konrad Beyerle (1872–1933) deutlich machen, dass Frauen »nur dem Grundsätze nach, das heißt vorbehaltlich der durch die Verschiedenheit der Geschlechter nötigen Ausnahmen« gleichberechtigt sein sollten.[31] Ließ sich also argumentieren, dass Frauen naturbedingt Männern ungleich seien, ließ sich jede Ungleichbehandlung verfassungsrechtlich rechtfertigen. Da sowohl Reformgegner als auch -befürworter sowie die Frauenrechtlerinnen freilich mit unterschiedlichen Bewertungen von einer natürlichen Ungleichheit der Geschlechter ausgingen, konnte sich dieser Passus schnell als Falle erweisen. Der BDF hatte deshalb für die Formulierung »Männer und Frauen haben die gleichen staatsbürgerlichen Rechte und die gleichen Pflichten« plädiert, die von Friedrich Naumann in den Verfassungsausschuss eingebracht wurde.[32] Bereits in

---

30 Heide-Marie Lauterer, Parlamentarierinnen in Deutschland 1918/19–1949, Königstein i. Ts. 2002, S. 139–147; Klemm, Frauenbewegung und Familienrecht, S. 124–155.
31 Verhandlungen des Deutschen Reichstags und seiner Vorläufer, Bd. 336, 1919/1920, Anlagen Nr. 391: Bericht des Verfassungsausschuss, Berlin 1920, S. 370.
32 Ebd., Aktenstück Nr. 391, S. 171; Gerhard Anschütz, Die Verfassung des Deutschen Reichs, Berlin 1926, S. 299.

der Debatte um Artikel 109 der Weimarer Reichsverfassung (WRV) wurde deutlich, dass es den Befürwortern der nur *grundsätzlichen* Gleichberechtigung vor allem um die Verhinderung einer Reform des Privatrechts ging.[33] Da sich die DDP, SPD und USPD nicht durchsetzen konnten, schrieb Gertrud Bäumer, dass man nun eben dafür sorgen müsse, »daß von der Gesetzgebung, die der Verfassung konkretes Leben geben wird, die Grenzen richtig gezogen werden«.[34]

Im Artikel 119 WRV, der unter der Überschrift »Das Gemeinschaftsleben« das Verhältnis der Eheleute zueinander regelte und die Ehe unter den Schutz der Verfassung stellte, gelang die Formulierung der Gleichstellung der Eheleute ohne die Einschränkungen des Art. 109 WRV im Sinne des BDF. Auf Initiative der DDP-Abgeordneten Gertrud Bäumer und Marie-Elisabeth Lüders (1878–1966)[35] und gegen die Stimmen der Deutschnationalen und der Mehrheit des Zentrums beschrieb der Artikel in seinem ersten Absatz die Gleichberechtigung beider Geschlechter in der Ehe: »Die Ehe steht als Grundlage des Familienlebens und der Erhaltung und Vermehrung der Nation unter dem besonderen Schutz der Verfassung. Sie beruht auf der Gleichberechtigung der beiden Geschlechter.«[36] Die einschränkende Wirkung erfolgte hier dadurch, dass die Ehe gleichzeitig unter den besonderen Schutz der Verfassung und der Nation gestellt wurde und damit ein Spannungsverhältnis zu den Gleichheitsforderungen des zweiten Satzes erzeugt werden konnte. Denn natürlich bedurfte es nach der Ansicht der meisten Bürgerinnen und Bürger insbesondere nach dem blutigen Krieg traditioneller Familien für den Wiederaufbau des Staats. Die Formulierung des ersten Satzes stammte erneut vom Zentrum und sollte bewusst ein Gegengewicht zu der Gleichberechtigung der Eheleute bilden.

---

33 Verhandlungen des Reichstags, Bd. 328, 1919/20, Berlin 1920, S. 1565.
34 Bäumer, Die deutsche Verfassung und die Frauen, S. 357; Die Stellung der Frau in der deutschen Verfassung, in: *Die Frau* 26 (1919), H. 11, S. 353.
35 Die Stellung der Frau in der deutschen Verfassung, S. 353–54.
36 Verhandlungen des Reichstags, Bd. 328, Stenographische Berichte, Berlin 1920, S. 2126–2127.

Diese verfassungsrechtliche Spannung wurde bereits in den Debatten um die genaue Formulierung des Art. 119 WRV deutlich. Die Gegner einer Familienrechtsreform sahen das Problem der Formulierung im Bereich einer von ihnen gefürchteten Familienrechtsreform. Genau deshalb hatte der Jurist und DNVP-Abgeordnete Adelbert Düringer (1855–1924) den Gleichheitssatz abgelehnt, um »keine Zweifel in das System des Bürgerlichen Gesetzbuches hineinzutragen«.[37] Der DDP-Abgeordnete und Jurist Felix Waldstein (1865–1943) betonte beruhigend, dass natürlich das Namensrecht des BGB sowie das eheliche Güterrecht von der Aufnahme des Gleichberechtigungssatzes unberührt bleiben könnten.[38] Gleichzeitig begründete aber die DDP-Abgeordnete Marie Baum (1874–1964) den Zusatz gerade mit einer geplanten Reform des Familienrechts.[39] Auch nach Ansicht des Juraprofessors Alfred Wieruszowski (1957–1945) stand der Gleichberechtigungssatz des Art. 119 WRV »im Einklange mit der völlig veränderten Stellung der Frau im wirtschaftlichen, gesellschaftlichen und politischen Leben der Gegenwart, die die patriarchale Eheauffassung der Persönlichkeitsgeltung der Frau in der Ehe entgegenstellte«.[40] Das geltende Eherecht des BGB stehe der neuen verfassungsrechtlichen Gleichberechtigung entgegen. Diese Auffassung teilte auch Gertrud Bäumer, die in Artikel 109 und 119 WRV eine entscheidende Weichenstellung für die künftige Rechtsstellung der Frau sah: »Durch die Aufnahme dieses Satzes in die Verfassung ist in Deutschland gesichert, was bisher auch in keinem anderen Land der Erde voll verwirklicht ist, eine Rechtsordnung in der Ehe, die der Frau die Stellung der selbstverantwortlichen freien Persönlichkeit gibt.«[41]

---

37 Ebd., S. 2126.
38 Ebd. S. 2126–2127.
39 Ebd., S. 2126; Marie Baum, Rückblick auf mein Leben, Heidelberg 1950.
40 Alfred Wieruszowski, Artikel 119. Ehe, Familie und Mutterschaft, in: Hans Carl Nipperdey (Hg.), Die Grundrechte und Grundpflichten der Reichsverfassung. Kommentar zum zweiten Teil der Reichsverfassung, Bd. 2, Artikel 118–142, Berlin 1930, S. 72–94, hier S. 81.
41 Gertrud Bäumer, Die neuen Grundrechte der deutschen Frau, in: Die Hilfe 25 (1919), S. 422; dies., Die deutsche Verfassung und die Frauen, S. 359; dies., Die

Wie auch immer, in der Weimarer Nationalversammlung wurden die Grundrechte, egal welche Reichweite man ihnen inhaltlich zuweisen wollte, nicht mit der individuellen Schutzfunktion ausgestattet, die unsere Grundrechte heute haben. Die Verfassungsjuristen diskutierten ausführlich, ob die Grundrechte nur als bloße Richtlinien oder als geltende Rechtsnorm zu verstehen und damit eine rechtlich verbindliche Anweisung an die Gesetzgeber seien. Die Mehrheitsmeinung kam zu der Ansicht, dass weder der Artikel 109 noch der 119 WRV subjektive Rechte und Pflichten begründe und damit keine individuellen Rechtsansprüche beständen.[42] Man ging allerdings davon aus, dass es sich bei Art. 119 WRV um eine Institutsgarantie handle, das heißt die Ehe und Familie sollte in der bestehenden Form [sic!] geschützt werden. Aber selbst wenn die Grundrechte unmittelbar bindend gewesen wären, hätte das nicht bedeutet, dass der Gesetzgeber zu einer Umsetzung gezwungen werden könnte, da es die Institution des Verfassungsgerichts und der Verfassungsklage ja nicht gab. Und sogar im Falle der Existenz dieser Institutionen zeigt uns die Geschichte der Familienrechtsreform nach 1945, wie lange der Gesetzgeber selbst die Anweisungen des Gerichts aussitzen konnte.[43]

Familienrechtsreformforderungen im BDF

Doch eine »Kampfansage an die ›Vormachtstellung‹ des Ehemanns in der Ehe des bürgerlichen Gesetzbuchs«[44] waren die neuen Artikel in der Verfassung durchaus, und so wurden sie auch von der Frauenbewegung genutzt. Der BDF machte sich unmittelbar daran, Reformvorschläge für das Familienrecht auszuarbeiten. 1919 wurde die Juris-

---

erste Phase des Frauenstimmrechts in Deutschland – eine Wertung, in: *Die Frau* 27 (1920), H. 8, S. 227.
42 Charlotte Cohn, Gleichberechtigung der Geschlechter im künftigen Elternrecht (Reichsverfassung 119), Diss. Hamburg 1932, S. 2 f.; Ausnahme: H. Kroeger, Die Rechtsstellung der Ehefrau nach der Reichsverfassung, *Deutsche Juristenzeitung* (DJZ) 27 (1922), S. 601–604.
43 Schwab, Gleichberechtigung und Familienrecht, S. 805–811.
44 Konrad Beyerle, Die Verfassung des Deutschen Reichs, München 1919, S. 52.

tin Marie Munk (1885–1978) Vorsitzende der neuen Kommission Familienrecht des BDF, die neben ihr unter anderem mit Marianne Weber (1870–1954), Camilla Jellinek, Marie Stritt (1855–1928) und Margarethe Bennewiz (1860–1943) besetzt wurde.[45] Munk sollte eine Gesamtdarstellung der Reformvorschläge zur Umgestaltung des Familienrechts ausarbeiten. Sie schlug die Mitarbeit der im ehelichen Güterrecht spezialisierten Juristin Margarete Berent (1887–1965) vor.[46] 1921 wurden Munks und Berents Vorschläge auf der Generalversammlung des BDF besprochen, beschlossen und anschließend dem Reichsjustizministerium überreicht.[47] Später arbeitete Marie Munk die Vorschläge zu einer Denkschrift zum Familienrecht aus, die 1923 erschien und sowohl unter Reformpolitikern als auch unter Juristen Beachtung fand.[48]

Die Reformvorschläge des BDF lehnten insbesondere das Letztentscheidungsrecht des Ehemanns ab. Die elterliche Gewalt sollte beiden Eltern zugeordnet werden. Auch sonst sollten die Regelungen, die das Verhältnis der Ehepartner untereinander regelten, von der Gleichberechtigung der Geschlechter gekennzeichnet sein. Die Juristinnen sahen besonders klar, dass ein neues Scheidungsrecht nur dann sinnvoll war, wenn das Sorgerecht und der nacheheliche Unterhalt unabhängig von der Schuldfrage gelöst werden würden. Über die bisherigen Forderungen der Frauenbewegung hinausgehend verlangten die Frauenrechtlerinnen deshalb eine weniger restriktive Handhabung der Scheidungsgründe im BGB sowie die Möglichkeit einer

---

45 Marion Röwekamp, Marie Munk. Rechtsanwältin – Richterin – Rechtsreformerin, Berlin 2014.
46 Marion Röwekamp, Margarete Berent und Marie Munk. Pionierinnen im Kampf um gleiche Rechte für Frauen, in: Tanja Hitzel-Cassangnes / Joachim Perels (Hg.), Streitbare JuristInnen. Eine andere Tradition, Band 2, Baden-Baden 2015, S. 73–108.
47 Landesarchiv Berlin, Helene Lange Archiv, B Rep. 235–01 BDF MF.-Nr. 2149, 2150; Margarete Berent Collection, Leo Baeck Institute NYC, Folder 2, 30–36; Camilla Jellinek, Frauen unter Deutschem Recht, Mannheim u. a. 1928, S. 27 f.
48 Marie Munk, Vorschläge zur Umgestaltung des Rechts auf Ehescheidung und der elterlichen Gewalt nebst Gesetzesentwurf, Denkschrift 1923.

Scheidung aufgrund von Zerrüttung, im gegenseitigen Einvernehmen und im Falle unüberwindlicher Abneigung.[49]

Gleichzeitig trat der BDF für einen Wandel ein, den die Güterrechtskommission unter der Leitung von Marie-Elisabeth Lüders und Margarete Berent befürwortete: eine mit dem Scheidungsrecht einhergehende Änderung des Ehegüterrechts und hier als »gesetzlichen Güterstand die Gütertrennung mit einer Beteiligung am Ehegewinn«, also einen Zugewinnausgleich. Aufgrund ihrer Tätigkeit als Hausfrau und Mutter habe die Frau »zu dem während der Ehe erworbenen Wohlstand« mindestens »in gleichem Maße« beigetragen wie der Mann. In dem Zugewinn liege daher eine »Art Entlohnung der Hausfrauentätigkeit«.[50]

Der BDF-Vorstand, der aus Nicht-Juristinnen bestand, verstand die Bedeutung der gleichzeitigen Umsetzung aller Reformideen für

---

49 Munk, Vorschläge, S. 6–7, 20–22; dies., Die Reformbedürftigkeit des Ehescheidungsprozesses, DJZ 31 (1926), Sp. 1682–1685; dies., Frauenwünsche zur Ehescheidungsreform, Deutsche Richterzeitung (DRiZ) 20 (1928), S. 15–18; Vorschläge der Mitberichterstatterin Fräulein Rechtsanwalt Dr. Marie Munk, in: Verhandlungen des 33. Deutschen Juristentags, Berlin 1925, S. 339–380, hier S. 339 f.; Marion Röwekamp, Gedachte Grenzen. Ehescheidungsrechtsforderungen als Grenze innerhalb der Bürgerlichen Frauenbewegung, 1918–1933, in: Ariadne 57 (2010), S. 14–21.

50 Marie Munk, Welche Richtlinien sind für die zukünftige Gestaltung des ehelichen Güterrechts aufzustellen?, in: Juristische Wochenschrift (JW) 53 (1924), S. 1816–1819; dies., Die Umgestaltung des ehelichen Güterrechts, in: Die Frau 31 (1924/25), S. 39–44; Margarete Berent, Neuregelung des ehelichen Güterrechtes, in: Nachrichtenblatt des BDF, 10. 9. 1924, S. 43–46; dies., Die Neugestaltung des Familienrechts, in: Die Frau 38 (1930/1931), S. 725–730; Emmy Rebstein-Metzger, Inwiefern bedürfen die familienrechtlichen Vorschriften des Bürgerlichen Gesetzbuchs mit Rücksicht auf den die Gleichberechtigung der Geschlechter aussprechenden Art. 119 Abs. 1 Satz 2 RVerf. einer Änderung?, in: Verhandlungen des 36. Deutschen Juristentages (Lübeck), Berlin/Leipzig 1932, S. 540–591; dies., Gütertrennung oder Gütergemeinschaft, in: Die Frau 34 (1926/27), S. 522–527; Marion Röwekamp, Misjudged and Underestimated. The family law claims of the Bund deutscher Frauenvereine on matrimonial property law, 1918–1933, in: Karin Gottschalk (Hg.), Gender Difference in European Legal Cultures. Historical Perspectives. Dedicated to Heide Wunder on the occasion of her 70th Birthday, Stuttgart 2013, S. 221–234.

die Sicherheit der Ehefrauen nur unzureichend. Er wehrte sich u. a. gegen eine Reform des Scheidungsrechts, weil er fürchtete, dass die Frauen danach faktisch verarmten. Die rechtliche Systematik war zu »technisch« für viele Frauenrechtlerinnen. Gleichzeitig sprach die Neugestaltung des Güterrechts sie an, denn eine Zugewinngemeinschaft hatte sowohl konservative als auch progressive Elemente. Die konservativen Frauen sahen, dass durch das Modell die Familie als Institution gestärkt wurde und die Geschlechterunterschiede von Arbeit gewahrt blieben. Die Neuregelung war gleichzeitig aber auch radikal, weil nicht nur die Arbeit des Mannes innerhalb der Familie sich ökonomisch niederschlug, sondern auch die der Frau. So fand dieser Vorschlag sowohl innerhalb der politisch gemischten Frauenbewegung als auch im Parlament Zuspruch von mehr Gruppen als die Reformideen zur Scheidung und den Scheidungsfolgen. Die progressiven Forderungen zum Ehescheidungsrecht waren dagegen selbst im BDF stark umstritten. Die Ehe galt auch dort als Ideal, sodass es lediglich zu Beginn der 1920er Jahre gelang, die oben ausgeführten Reformideen zum Ehescheidungsrecht innerhalb des BDF als gemeinsame Forderung der Frauenbewegung durchzusetzen. Im Laufe der 1920er Jahre gewannen im BDF die konservativen Frauenvereine, die eine Scheidung grundsätzlich ablehnten, an Gewicht[51], sodass auf der Eisenacher Generalversammlung 1927 die Forderungen der Juristinnen zur Reform des Scheidungsrechts schon nicht mehr mehrheitsfähig waren.[52] Man konzentrierte sich nun auf eine Reform des Ehegüterrechts, weil die in diesem Gebiet angestrebten Reformvorschläge auch mit den konservativen Verbänden des BDF durchzusetzen waren.[53]

Die Familienrechtsreform im Reichstag

Im Reichstag und bei den Regierungen stießen die BDF-Vorschläge auf gemischte Reaktionen. Ein Problem bestand darin, dass die weiblichen Abgeordneten im Parlament sich bei Weitem nicht alle einig

---

51 Klaus Hönig, Der Bund Deutscher Frauenvereine in der Weimarer Republik 1919–1933, Egelsbach u. a. 1995, S. 85–93.
52 Gertrud Bäumer, Die Bundestagung in Eisenach, in: *Die Frau* 25 (1927), H. 2, S. 67.
53 Röwekamp, Misjudged and Underestimated, S. 221–234.

waren, was den Umfang einer Reform betraf, vor allem die christlich konfessionell gebundenen Frauen lehnten jegliche Reform im Familienrecht ab.⁵⁴ Die Abgeordneten der DDP, unter ihnen Marie-Elisabeth Lüders, und die SPD mit Antonie Pfülff (1877–1933) als Referentinnen, die vorrangig für eine Reform eintraten, hatten bei allem Bemühen, gerade unter den Frauen einen Konsens zu finden, keine Chance. Die Zentrumspartei und andere christlich konservative Parteien sahen die Reformvorschläge als eine Bedrohung für die Institution der Ehe und der Gesellschaft im Allgemeinen. Die Ehe, so argumentierten sie, sei ein Bund fürs Leben, vor Gott geschlossen und kein Vertrag, der einfach aufgelöst werden könne. Die Notwendigkeit für eine gleichberechtigte rechtliche Stellung der Ehegatten sah man deshalb nicht, weil in einer idealen Ehe der Ehemann von seinen Rechten keinen Gebrauch mache, sondern die Gatten übereinstimmend Lösungen fänden. Gerade weil Männer und Frauen von Natur aus verschieden und Frauen weniger vernunftbegabt seien, sollten die Männer in der Ehe aber das Letztentscheidungsrecht auch in Kindererziehungsfragen haben. Dass der Staat über die Rechtssetzung nun so stark Einfluss auf die Familie nehmen wolle und damit die Autorität des Mannes innerhalb der Familie angetastet würde, galt als ebenso problematisch.⁵⁵

Aber nicht nur Konservative, auch Sozialdemokraten und Liberale blieben bei einem traditionellen Familienbild. So hatte man sich in der SPD keinesfalls vollständig vom Ideal des männlichen Ernährers verabschiedet, trotz viel heißer Luft um die sogenannte Kameradschaftsehe. Die SPD argumentierte nur anders. Die Gleichstellung von Frauen in der Ehe und deren mögliche Erwerbstätigkeit würden den gesellschaftlichen Realitäten gerecht und stabilisierten damit die

---

54 Dirk Blasius, Ehescheidung in Deutschland 1794–1945, Göttingen 1987, S.164–187; Klemm, Frauenbewegung und Familienrecht, S.124–155, 219–238; Röwekamp, Gedachte Grenzen, S.14–21.
55 Marion Röwekamp, Der Kampf um die Ehe. Der Katholische Frauenbund und das Zentrum im Richtungsstreit um eine Reform des Ehescheidungsrechts, in: Markus Raasch/Andreas Linsenmann (Hg.), Die Frauen und der politische Katholizismus, Paderborn 2018 (im Druck).

Ehe. Sie verwiesen zugleich auf die Grundsätze der Weimarer Reichsverfassung, die eine grundsätzliche Gleichberechtigung der Frauen sowie eine Gleichstellung in der Ehe unter familienfreundlichen Gesichtspunkten vorsah.[56]

Am weitesten brachte es deshalb der Vorschlag zur Gleichbehandlung illegitimer und legitimer Kinder. Hier publizierte die deutsche Regierung 1925 einen Gesetzesentwurf. Darauf konnte man sich einlassen, da hier die bisherige Geschlechterarbeitsaufteilung in der Familie nicht wesentlich angetastet und die Ehe als grundsätzliche Lebensform nicht infrage gestellt wurde.[57] Die anderen Reformvorschläge wurden ausgiebig debattiert, aber blockiert, bis mit der Machtergreifung der Nationalsozialisten 1933 eine vollständige Umsetzung gleicher Rechte für Frauen sowieso undenkbar war, sodass die Entwürfe letzlich nicht umgesetzt wurden. Paradoxerweise wurden allerdings einige der Rechte im Familienrecht, die Frauen in der Weimarer Republik gefordert hatten, vom NS-Staat eingeführt.[58] Die Reformen in der Bundesrepublik Deutschland und der Deutschen Demokratischen Republik der 1950er und 1970er Jahre griffen je nach ihrer Art in fast allen Punkten die Vorschläge der Juristinnen und des BDF sowie anderer Reformpolitiker der Weimarer Zeit auf.[59]

---

56 Rebecca Heinemann, Familie zwischen Tradition und Emanzipation. Katholische und sozialdemokratische Familienkonzeptionen in der Weimarer Republik, München 2004, S. 133–149; Larissa R. Stiglich, A Crisis of Marriage? The Debate on Marriage Reform in the Social Democratic Weimar Women's Press, 1919–1933, PhD thesis, Chapel Hill 2014.
57 Werner Schubert, Die Projekte der Weimarer Republik zur Reform des Nichtehelichen, des Adoptions- und des Ehescheidungsrechts, Paderborn 1986, S. 29–81, 99–454.
58 Werner Schubert, Die Stellung der Frau im Familienrecht und in den familienrechtlichen Reformprojekten der NS-Zeit, in: Gerhard (Hg.), Frauen in der Geschichte des Rechts, S. 828–850.
59 Schwab, Gleichberechtigung und Familienrecht, S. 805–812, 825–827; Theresia Degener, Der Streit um Gleichheit und Differenz in der Bundesrepublik Deutschland seit 1945, in: Gerhard (Hg.), Frauen in der Geschichte des Rechts, S. 871–899; Ute Schneider, Hausväteridylle oder sozialistische Utopie? Die Familie im Recht

Warum aber scheiterten die Reformvorschläge in der Weimarer Republik? Dies war sicher nicht der Schwäche der Frauenbewegung oder des BDF geschuldet. Im Gegenteil, dessen Rechtspolitik und Arbeitsweise hatte sich durch den gezielten Einsatz der deutschen Akademikerinnen, in diesem Fall der Juristinnen, stark professionalisiert, was allerdings in der Geschichtsschreibung der deutschen Frauenbewegung angesichts der übermächtigen Führerinnen, die ihre eigene Geschichte schrieben und offenbar auch die Forschung damit weitestgehend beeinflusst haben, bisher zu wenig gesehen wird.[60] Das Scheitern der Reformen war der Schwäche der Weimarer Republik und insbesondere der Zentrumspartei geschuldet, die in ihrem Bemühen, ihre eigene Identität durchzusetzen, jeden Kompromiss blockierte und über die Reform des Familienrechts beinahe einen Koalitionsbruch der letzten Weimarer Koalition riskierte.

Fazit

Die innere Logik und Verwobenheit des Rechts führte zu einem engen Zusammenhang zwischen dem Familienrecht und dem Wahlrecht, der den Frauen den Ausbruch aus der rechtlichen Diskriminierung fast unmöglich machte. Der Ausschluss von der Wahl und die privatrechtlichen Bestimmungen bewirkten auf eine verheerende Weise, dass Frauen in den benachteiligten Positionen gehalten wurden. Deshalb enthielten die Forderungen nach gleichen Rechten in der Familie implizit auch die Forderung nach dem Wahlrecht, lange bevor die Frauenbewegung diese Forderungen öffentlich zu stellen wagte. Der Kampf der Frauenbewegung um das Wahlrecht darf also nicht isoliert gesehen werden, sondern sollte immer im Kontext der gesamten rechtlichen Rahmenbedingungen untersucht werden.

---

der DDR, Köln 2004; Stephan Meder, Familienrecht. Von der Antike bis zur Gegenwart, Köln 2013, S. 241–266.
60 Zur Übernahme bewegungsinterner Argumentationen siehe auch den Beitrag von Kerstin Wolff in diesem Band.

Das Wahlrecht und die Weimarer Verfassung führten dazu, dass Frauen nun innerhalb der gesetzgebenden Körper Stimmen hatten, und damit notwendigerweise zu einem Wechsel in der Argumentation der Frauenbewegung. Hatten sie vor 1918 mit dem vermeintlich unpolitischeren Reformforderungen im Familienrecht implizit das Frauenwahlrecht gefordert, forderten sie nun basierend auf dem Frauenwahlrecht und den Gleichheitsrechten der Verfassung gleiche Rechte im Familienrecht. War das Familienrecht erst der Schutzmantel für Forderungen nach öffentlicher Teilhabe gewesen, bot das Wahlrecht nun das Tor für die offene Forderung nach gleichen Rechten in der Familie. Dass dieser Kampf in der Weimarer Republik nicht entschieden werden konnte, ist angesichts der Kürze und Beschaffenheit der ersten deutschen Demokratie nachvollziehbar. Aber dass dieser Kampf bis heute weder im Recht noch in der Rechtswirklichkeit gewonnen ist, das würde wahrscheinlich die Feministinnen von damals doch überraschen.

Raum – **Körper** – Sprechen

Tobias Kaiser

Die Suffragetten als »Eroberinnen« des politischen Raumes
Zur Bedeutung von Straße und Parlament als Orte der Politik in der Frauenwahlrechtsbewegung um 1900

»Die Ausschreitungen englischer Suffragetten nehmen jetzt eine ständige Rubrik in den Zeitungen ein, und der ruhige deutsche Bürger liest mit Schaudern bald von eingeschlagenen Fensterscheiben, bald von verwundeten Ministern, von Brandstiftungen und Explosionen, die von ihnen in Szene gesetzt werden.«[1] So beginnt die Schriftstellerin Gabriele Reuter 1913 ein Plädoyer für das Frauenwahlrecht, in dem sie Unterschiede zur deutschen Entwicklung zu erklären versucht und vor allem auch klarstellt, dass die Radikalen auch in England eine Minderheit innerhalb der Frauenwahlrechtsbewegung darstellten.

Das bewusste Übertreten des gesetzlich Erlaubten, passiver Widerstand, Gewalt gegen Sachen, Zerstörung von Kunstwerken und Denkmälern, unangemeldete Demonstrationen und Hungerstreikaktionen bedeuteten Regelüberschreitungen, die die Zeitgenoss_innen weltweit verstörten. Die deutsche Frauenrechtlerin Käthe Schirmacher kommentierte 1912: »Der Kampf der Suffragettes ist etwas ganz neues, etwas beispielloses in der Weltgeschichte: gebildete

---

1 Gabriele Reuter, Suffragetten und das Frauenstimmrecht, in: *Die Woche* 15 (1913), H. 14, S. 555–557, hier S. 555.

Frauen eines ersten Kulturlandes brauchen Gewalt, um Recht zu erlangen. Das wirft alle Traditionen über den Haufen. Die Mitwelt versteht nicht, die Zeitgenossen entsetzen sich.«[2] Es war nur ein Teil der sehr aktiven britischen Frauenwahlrechtsbewegung, der sich selbst als »militant« bezeichnete. Unter dem Motto »Taten statt Worte« traten die »Suffragetten« – ursprünglich ein abwertender Fremdbegriff, der von der Bewegung als Label angenommen wurden – zu Beginn des 20. Jahrhunderts in Erscheinung.[3] Ihr Verhalten überraschte und schockierte viele Beobachter_innen, da es vorgefertigten Rollenvorstellungen widersprach.

Gisela Bock differenziert quellennah die Obergruppe der Suffragistinnen und Suffragisten (also jene Frauen und Männern, die für das Frauenwahlrecht eintraten) von den Suffragetten als einer spezifischen Untergruppe, die ihre Aktionen zum Teil mit Gewalt durchsetzten.[4] Institutionell trennten sich 1903 die Suffragetten als Women's Social and Political Union (WSPU) vom 1897 gebildeten Dachverband der Gemäßigten, der National Union of Women's Suffrage Societies (NUWSS).

In populärwissenschaftlichen Darstellungen, Filmen und Romanen wird die Rolle der Suffragetten bis heute stark betont.[5] Aber auch wissenschaftliche Darstellungen vertreten die These, dass ihr Kampf besonders wichtig, durch die Einführung eines eingeschränkten Frauenwahlrechts im Februar 1918 erfolgreich und langfristig bedeut-

---

2   Käthe Schirmacher, Die Suffragettes, Weimar 1912, S. III [Rechtschreibung so im Original T. K.].
3   Zum ersten Mal tauchte der Begriff 1906 in der Daily Mail auf, so Michaela Karl, »Wir fordern die Hälfte der Welt!« Der Kampf der Suffragetten um das Frauenstimmrecht, Frankfurt am Main 2009, S. 11. Vgl. auch Emmeline Pankhurst, Suffragette. Die Geschichte meines Lebens [1914], München 2016.
4   Vgl. Gisela Bock, Frauenwahlrecht. Deutschland um 1900 in vergleichender Perspektive, in: Michael Grüttner / Rüdiger Hachtmann / Heinz-Gerhard Haupt (Hg.), Geschichte und Emanzipation. Festschrift für Reinhard Rürup, Frankfurt am Main 1999, S. 95–136, hier S. 98.
5   Erinnert sei an den Film Suffragettes von Sarah Gavron aus dem Jahr 2016; vgl. etwa auch Katharina Müller, Rosie und die Suffragetten. Historischer Roman, Berlin 2015.

sam gewesen sei.[6] Dagegen wurde geltend gemacht, dass das tatsächliche gleiche Wahlrecht in Großbritannien erst 1928, also 10 Jahre später als etwa in Deutschland oder den USA, eingeführt werden konnte, sodass die Suffragetten kaum als besonders erfolgreich eingestuft werden können.[7]

Unabhängig von dieser Kontroverse sorgten die von den Suffragetten eingesetzten Mittel und insbesondere die Besetzung des öffentlichen Raumes für eine bemerkenswerte Aufmerksamkeit. Die Suffragetten wurden gerade wegen ihres spektakulären Auftretens gleichsam paradigmatisch für die Frauenstimmrechtsbewegung der Zeit um 1900. In diesem Aufsatz soll versucht werden, die Aktionen sowohl der Suffragist_innen als auch die der Suffragetten in die britische Protest- und Demonstrationsgeschichte einzuordnen. Dabei wird auch zu fragen sein, inwiefern die Rolle der Suffragetten zu relativieren ist. Im britischen Fall spielte stets das Parlament als politischer Kommunikationsort eine besondere Rolle. Erklärbar ist die Bedeutung des Parlaments, das in (scheinbar ungebrochener) Tradition evolutionär aus einer mittelalterlichen Ständeversammlung erwachsen ist, vor allem durch die wichtige Stellung im politischen System des Landes. Zudem wurde es als *mother of parliament* auch außerhalb der Insel als Vorbild wahrgenommen. Die Suffragetten spielen deshalb auch in der historischen Parlamentarismusforschung eine besondere Rolle – als eine Gruppe, die mit unparlamentarischen Mitteln das Ziel der Parlamentarisierung eines Landes verfolgte.

Die sukzessive Politisierung des öffentlichen Raumes, die in Großbritannien durch die Entwicklung und die Bedeutung der freien Rede und der öffentlichen Meinung gefördert wurde, während sich gleichzeitig durch Modernisierung und Industrialisierung soziale Konflikte verstärkten, entwickelte sich im Laufe des 19. und frühen 20. Jahrhunderts häufig entlang der Frage der Demokratisierung des

---

6 Vgl. zur Einschätzung des Erfolgs: Karl, »Wir fordern die Hälfte der Welt!«, S. 336–339.
7 Vgl. Hedwig Richter, Ihr Kampf für die Frauen. Die Erinnerungen der Emmeline Pankhurst, *Frankfurter Allgemeine Zeitung*, 31. 8. 2016.

Wahlrechts. Trotz der großen Reform von 1832, in der vor allem die grotesk gewordene Wahlkreiseinteilung aktualisiert wurde, blieb das Wahlrecht auch für die Männer ungleich, sodass noch zu Beginn des 20. Jahrhunderts fast die Hälfte der männlichen Staatsbürger von der Wahl ausgeschlossen war – also ein weit größerer Teil der Bevölkerung als etwa in Frankreich, Deutschland oder den USA.[8]

Straße und Parlament waren Räume, die nicht für die weibliche Sphäre vorgesehen waren. Das im 19. Jahrhundert wirkmächtige Stereotyp der getrennten Sphären war, wie die neuere Forschung zeigt, nicht so streng wie lange angenommen und sagte ohnehin stets mehr über männliche Vorstellungen als über gesellschaftliche Realität aus.[9] Das Argumentationsmuster spielte jedoch in der Zuweisung angeblich typisch bürgerlichen Verhaltens und damit in der Festlegung des performativ Erlaubten, des Sagbaren und des Denkbaren eine ideologische Rolle. Frauen waren aus dieser Perspektive für das Private und den Bereich des Hauses zuständig, während der Mann für Lohnarbeit, Politik und Landesverteidigung eintrat. Darüber hinaus waren Gesetzgebung und Politik in der traditionellen Gesellschaft Großbritanniens auch nicht jedem Mann zugänglich, blieben diese Bereiche doch einer kleinen männlichen Elite vorbehalten. Im 19. Jahrhundert kam es zu einem gesellschaftlichen Aufbegehren dagegen. Die Entstehung der »Straßenpolitik«[10] mit der Entwicklung des »Kulturmusters der

---

8 Vgl. Anna Clerk / Sarah Richardson, General introduction, in: Sarah Richardson (Hg.), History of Suffrage 1760–1867, Bd. 1, London 2000, S. XIII–XXXVII.

9 Vgl. Brian Harrison, Separate Spheres. The Opposition to Women's Suffrage in Britain, London 1978; Ute Frevert, Frauen-Geschichte. Zwischen bürgerlicher Verbesserung und neuer Weiblichkeit, Frankfurt am Main 1986; vgl. insbesondere auch: dies., Einleitung, in: dies. (Hg.), Bürgerinnen und Bürger. Geschlechterverhältnisse im 19. Jahrhundert, Göttingen 1988, S. 11–16; zur Durchlässigkeit der getrennten Sphären bereits Paula Baker, The Domestication of Politics. Women and American Political Society, 1780–1920, in: *American Historical Review* 89/3 (1984), S. 620–647, hier S. 625.

10 Zum Konzept vgl. Thomas Lindenberger, Straßenpolitik. Zur Sozialgeschichte der öffentlichen Ordnung in Berlin 1900 bis 1914, Bonn 1995; ders., Die Straße als Politik-Arena im langen 20. Jahrhundert, in: Andreas Schulz / Marie-Luise Recker (Hg.), Antiparlamentarismus und Parlamentarismuskritik in Europa, Düsseldorf 2018, S. 151–166.

friedlichen Demonstration«[11] wurde zum Zeichen gesellschaftlicher Demokratisierungsforderungen nach der Erweiterung politischer Kommunikationsräume.

In der Geschichte der britischen Protest- und Wahlrechtsdemonstrationen nimmt dabei das Jahr 1819 eine besondere Rolle ein. Zwanzig Jahre nach der Französischen Revolution kam es beim so genannten *Peterloo-Massaker* zur gewaltsamen Niederschlagung einer friedlichen Demonstration auf dem St. Peter's Square in Manchester. Rund 60 000 Menschen hatten sich in der krisengeschüttelten Industriestadt versammelt und demonstrierten gegen die hohen Getreidezölle und für eine Parlamentsreform: Sie forderten die Erweiterung des Wahlrechts und eine Neufestlegung der Wahlkreise. Dieser Protest wurde mit militärischer Gewalt niedergeschlagen. Am Ende waren 18 Tote und rund 650 Verwundete zu beklagen.[12] Unter den eingesetzten Soldaten waren etliche Veteranen der Schlacht von Waterloo, weshalb die Presse den Begriff *Peterloo* kreierte.[13]

Zu den Rednern gehörte unter anderem Henry Hunt, ein von der Französischen Revolution inspirierter Radikaler, der als begnadeter Redner galt und deshalb den Beinamen *Orator* trug.[14] Er sollte später auch Bedeutung für die Frauenwahlrechtsbewegung erlangen. Ein zeitgenössischer Druck stellt das Einschreiten der bewaffneten Staatsmacht gegen die friedlichen Demonstranten dar.[15] Die Protest-

---

11 Vgl. Bernd Jürgen Warneken u. a., Als die Deutschen demonstrieren lernten. Das Kulturmuster »friedliche Straßendemonstration« im preußischen Wahlrechtskampf 1908–1910, Tübingen 1986.
12 Vgl. Michael L. Bush, The Casualties of Peterloo, Lancaster 2005. Vgl. auch Michael Maurer, Geschichte Englands, Stuttgart 2000, S. 260.
13 Vgl. Ian Hernon, Riot! Civil Insurrection from Peterloo to the Present Day, London / Ann Arbor, MI 2006, S. 40.
14 Vgl. John Belchem, »Orator« Hunt. Henry Hunt and English Working-Class Radicalism, Oxford 1985; Margaret Escott, Hunt, Henry, in: David R. Fisher (Hg.): The History of Parliament. The House of Commons 1820–1832, Cambridge 2009, Bd. 5, S. 784–799.
15 Damit wird Bezug genommen auf den von Richard Carlile produzierten Druck, der in vielen Exemplaren überliefert ist. Carlile war selbst Zeitzeuge und Redner. Vgl. Michael L. Bush, Casualties of Peterloo, S. 24.

ler laufen, sofern sie nicht schon als Opfer am Boden liegen, mit entsetzter Mine davon. Gleichwohl halten die Redner auf der Bühne noch die Fahnen aufrecht. In der Mitte steht Henry Hunt, hinter ihm mittig und gut erkennbar das Banner mit der zentralen Forderung: »Universal Suffrage«. Bemerkenswert ist, dass auf der linken Seite der Rednertribüne eine Frau in weißem Kleid zu sehen ist, die ein Spruchband der Female Reformers of Roynton mit der Aufschrift »Let us die like Men and not be sold like Slaves« trägt.[16]

In der Tat zählten zu den aktiv Teilnehmenden der Demonstration auch Frauen.[17] Über deren Anzahl liegen unterschiedliche Angaben vor; auf jeden Fall waren unter den 654 nachgewiesenen Verletzten 168 namentlich bekannte Frauen.[18] Wichtiger jedoch als die Zahl ist die demonstrative Performanz der Frauen. Sie traten selbstbewusst auf, nicht etwa als Begleiterinnen ihrer Männer oder Kinder, sondern in eigenen Gruppen.[19] Die einheitlich weiße Kleidung ist ebenso überliefert wie die mitgebrachten Fahnen und die demonstrative Präsenz einiger Frauen, wohl der Vorsitzenden lokaler Vereine, auf der Rednertribüne.[20] Frauen nahmen im Demonstrationszug und im Ablauf der Veranstaltung eine herausgehobene und zentrale Rolle ein, weshalb Michael Bush resümiert: »Die Frauen auf dem Treffen schienen eine spöttische Dreistigkeit, ein triumphales Selbstbewusstsein und eine Botschaft der Militanz auszudrücken.«[21]

Im Vorfeld der Demonstration enstanden an verschiedenen Orten die Female Reform Societies. Den Reformvereinen ging es vor allem um die Bekämpfung des sozialen Elends. Die im Juli 1819 gegründete Manchester Female Reform Society brachte dies in einem mit

---

16 Diese Aufschrift ist ebenso wie die Präsenz auf der Bühne in der *Times* vom 19. 8. 1819 überliefert, zit. n. Michael L. Bush, The Women at Peterloo. The Impact of Female Reform on the Manchester Meeting of 16 August 1819, in: *History* 89 (2004), S. 294, 219.
17 Vgl. ebd., S. 209–232. Vgl. auch ders., Casualties of Peterloo, S. 30–33.
18 Vgl. ders., Women at Peterloo, S. 213, 224.
19 Vgl. ebd., S. 212.
20 Vgl. ebd.
21 Ebd., S. 211 [Übersetzung T.K.].

»Dear Sisters of the Earth« überschriebenen Appell deutlich zum Ausdruck: »Wir haben ein Leben satt und sind einer Welt überdrüssig, in der Armut, Elend, Tyrannei und Ungerechtigkeit so lange herrschen durften.«[22] Die Forderung nach den vollen staatsbürgerlichen Rechten für Frauen, die auch das Wahlrecht implizierte, wurde nicht erhoben. Selbstverständlich waren solche Ideen seit der Französischen Revolution und der Aufklärung in der Welt und in Großbritannien insbesondere durch Mary Wollstonecraft prominent ausgesprochen worden. Dennoch muss man, wie Gisela Bock zu Recht anmerkt, im gesamten 19. Jahrhundert die Wahlrechtsforderungen im Spannungsverhältnis der Ideen von »Volkssouveränität« und »vernünftiger Regierung« sehen.[23] Hieraus erwuchsen die durchaus populären Konzepte eines abgestuften Wahlrechts, zunächst für Männer und dann auch für Frauen. Auch Vorstellungen eines »Haushaltswahlrechts«, die dem britischen Gewohnheitsrecht entsprangen und in konservativen Kreisen, aber auch bei Liberalen noch bis ins späte 19. Jahrhundert hinein verbreitet blieben, waren wirkmächtig.[24] Führt man sich dies vor Augen, so ist es wenig verwunderlich, dass die Female Reform Societies des Jahres 1819 vor allem soziale Forderungen aufstellten und nicht über das Wahlrecht sprachen.[25]

Und doch ist die Geschlechterrollen überschreitende öffentliche Performanz dieser Frauenvereinigungen bemerkenswert: ihr selbstbewusstes Auftreten und die aggressive Sprache, die eine Kampfrhetorik pflegte und einer Dichotomie von »Freiheit oder Tod« das Wort

---

22 Zit. n. Michael Herbert, Women at the Peterloo Massacre, 2. 3. 2010, https://radicalmanchester.wordpress.com/2010/03/02/women-at-the-peterloo-massacre [18. 12. 2017] [Übersetzung T.K.].
23 Vgl. Gisela Bock, Frauen in der europäischen Geschichte. Vom Mittelalter bis zur Gegenwart, München 2000, S. 203.
24 Vgl. Ben Griffin, The Politics of Gender in Victorian Britain. Masculinity, Political Culture and the Struggle for Women's Rights, Cambridge 2012, S. 212 f., 270–282.
25 Michael Bush spricht davon, dass die Frauen »remarkably modest in their demands« gewesen seien und betont die grundsätzliche Akzeptanz der klassischen Rollenmuster: Bush, Women at Peterloo, S. 215.

redete.[26] »Die Rolle, die die Frauen spielten, überschritt den Gendercode.«[27] Das Auftreten der Frauen während der Demonstration auf dem St. Peter's Field ist ebenso wie ihre Opferrolle während des Massakers von der Forschung wenig beachtet worden. Erst jüngere mikrohistorische Untersuchungen haben in der letzten Zeit diese Erkenntnislücke verkleinert.[28] So wissen wir nun, dass unter den 18 Todesopfern auch vier Frauen waren, die namentlich erfasst wurden und an die heute vor Ort erinnert wird.[29]

Peterloo brannte sich – vor allem als Kampf der Männer – ins kollektive Gedächtnis der Briten ein. Vonseiten des Staates erfolgten zunächst hilflose Reaktionen, kurzfristig wurden aus Furcht vor einer Revolution restriktive Maßnahmen ergriffen. Langfristig jedoch mutierte Peterloo in gewisser Weise zu einem Wendepunkt des staatlichen Umgangs mit der Straßenpolitik.[30] Zum einen zog man daraus die Lehre der professionellen Notwendigkeit einer »Verpolizeilichung des Gewaltmonopols«[31], denn der Einsatz des Militärs mit seiner Ausrichtung auf den äußeren Feind und mit scharfer Bewaffnung erwies sich hinsichtlich der hohen Opferzahlen als fatal. Zum anderen zeigte die kritische und überregionale Berichterstattung über das Ereignis die wachsende Bedeutung der öffentlichen Meinung. Aus Sicht der Demonstrant_innen wurden dadurch Faktoren wie die Wahl eines publikumswirksamen Ortes und eine gezielte Me-

---

26 Beispiele der »violent language« aus Bannern, Pamphleten und Programmentwürfen bei Bush, Women at Peterloo, S. 220 f.
27 Ebd., S. 214 [Übersetzung T.K.].
28 Hier sind insbesondere die Studien von Michael L. Bush, Professor an der Manchester Metropolitan University und Leiter der dortigen Forschungsstelle für Regionalgeschichte, zu nennen, vgl. vor allem Bush, Casualties of Peterloo; ders., Women at Peterloo.
29 Vgl. Bush, Women at Peterloo, S. 224. Gesamtliste aller bekannten Opfer bei ders., Casualties of Peterloo, S. 63–160.
30 Max Beer kommentierte 1913: »So endete die Riesendemonstration vom 16. August 1819 scheinbar mit einem Siege der Regierung, in Wirklichkeit bedeutete Peterloo eine wichtige Etappe im siegreichen Vormarsch der Arbeiter«, Max Beer, Geschichte des Sozialismus in England, Stuttgart 1913, S. 140.
31 Hannes Wimmer, Gewalt und das Gewaltmonopol des Staates, Wien 2009, S. 297.

dienarbeit wichtiger. Aus spontanen Protesten entwickelte sich die moderne Demonstration, und die Teilnehmer_innen rückten dabei immer näher an das Parlament heran: London wurde zum Zentrum der Straßenpolitik.

Bis zur Mitte des 19. Jahrhunderts waren es die Chartisten, benannt nach der *People's Charter*, die – unzufrieden mit der großen Parlamentsreform von 1832 – durch verschiedene politische Aktionen auf sich aufmerksam machten. Ihr Ziel war die weitgehende Demokratisierung des politischen Systems und der Gesellschaft, insbesondere durch die Einführung des allgemeinen, gleichen und geheimen Männerwahlrechts in gerecht zugeschnittenen Wahlkreisen, aber auch durch spezielle Arbeiterrechte, durch Förderung von Gewerkschaften und durch Landreformen. Die *Chartisten* besetzten mit *mass meetings* den öffentlichen Raum. Als am 10. April 1848 eine Veranstaltung nie dagewesener Größe auf dem Kennington Common geplant war, stilisierte sich der Hauptredner Feargus O'Connor bewusst als Nachfolger Henry Hunts.[32] Nach den Reden sollte die Menge in einer Prozession zum Parlament ziehen, um dort eine Petition abzugeben, die wegen der gewaltigen Zahl von 5,7 Millionen Unterstützerunterschriften besonders eindrucksvoll war. Die Presse sprach von einer »monster petition«.[33] Statt der erwarteten 200 000 Teilnehmer_innen kamen nur rund 20 000. Zudem stellte sich heraus, dass ein Großteil der Unterschriften gefälscht war.

Auch Frauen engagierten sich bei den Chartisten.[34] Darunter befand sich mit Anne Knight, einer Pazifistin, Quäkerin und Sklavereigegnerin, auch eine Vordenkerin des Frauenwahlrechts, die sich explizit gegen die Konzentration auf das Männerwahlrecht wehrte.[35]

---

32 O'Connor kandidierte nach Hunts Tod im Februar 1835 in dessen Wahlkreis, nahm immer wieder Bezug auf ihn und unterstütze das Errichten eines Hunt-Denkmals in Manchester, vgl. Paul A. Pickering, Feargus O'Connor. A Political Life, Monmouth 2008, S. 61f., 73f., 117.
33 The Great Chartist Meeting, *The Standard*, 11. 4. 1848, Titelseite.
34 Vgl. vor allem Jutta Schwarzkopf, Women in the Chartist Movement, Basingstoke/London 1991.
35 Zu Anne Knight vgl. Jane Rendall, The Origins of Modern Feminism. Women in Britain, France and the United States, 1780–1860, London 1985, S. 293, 308–310;

Sie forderte, dass der erste Satz der Charta geändert werden müsse. »Der erste Satz ist fehlerhaft, weil er das universal nennt, was nur für die Hälfte der Menschheit gelten soll.«[36] Zu diesem Zweck wandte sie sich direkt an Feargus O'Connor.[37] Sie kritisierte insbesondere, »dass der Klassenkampf Vorrang vor den Frauenrechten hat«.[38] Unverkennbar knüpfte Knight an die Gleichheitsideen der Aufklärung und an Mary Wollstonecraft an, indem sie staatsbürgerliche Rechte auch für Frauen forderte. 1851 gründete sie zusammen mit Anne Kent die Sheffield Female Political Association, die als erste britische Frauenorganisation gilt, die das Frauenwahlrecht als Hauptziel formulierte.[39] Die Sheffielder Frauen wandten sich mit diesem Anliegen in einer *Adress to the Women of England* an die Öffentlichkeit, schickten eine entsprechende Petition an das House of Lords und konturierten damit ein Muster für spätere Aktionen.[40]

Wenn für die 1860er Jahre von den »eindrucksvollen und aufsehenerregenden Anfängen der organisierten englischen Frauenwahlrechtsbewegung«[41] die Rede ist, so kann Anne Knight als Avantgarde derselben gelten. Sie stand dabei bereits in einer politischen Protesttradition, die auf den öffentlichen Raum zielte und zugleich an die konstruktive Rolle des Parlaments appellierte. Immer wichtiger wurde dabei die Bedeutung der Presse als Multiplikator der öffent-

---

Schwarzkopf, Women in the Chartist Movement, S. 248–254; Elizabeth Crawford, The Women's Suffrage Movement. A Reference Guide, 1866–1928, London 1999, S. 327f.

36 Zit. n. Jane Rendall, The Origins of Modern Feminism. Women in Britain, France and the United States, 1780–1860, London 1985, S. 308 [Übersetzung T.K.].

37 Schwarzkopf, Women in the Chartist Movement, S. 251.

38 Anne Knight, 1850, zit. n. http://spartacus-educational.com/Wknight.htm [18.12.2017] [Übersetzung T.K.].

39 Vgl. Schwarzkopf, Women in the Chartist Movement, S. 248–255; Crawford, Women's Suffrage Movement, S. 327.

40 Vgl. Schwarzkopf, Women in the Chartist Movement, S. 250f.

41 Bock, Frauenwahlrecht, S. 108. Einen detaillierten Einblick in die britische Frauenwahlrechtsbewegung bietet nach wie vor das als »reference guide« titulierte wissenschaftliche Lexikon von Elizabeth Crawford, vgl. Crawford, Women's Suffrage Movement.

lichen Meinung.⁴² Das Parlament als Ort der Rede und der freien Verbreitung von Positionen war Adressat der Petitionen. Bereits am 3. August 1832 wurde zum ersten Mal das Frauenwahlrecht im Parlament besprochen. Eingebracht wurde das Thema von niemand anderem als Henry Hunt, dem *Orator* von Peterloo, der inzwischen als unabhängiger radikaler Abgeordneter ins Unterhaus gewählt worden war.⁴³ Er machte damit von seinem Recht Gebrauch, eine Petition »auf den Tisch des Hauses« zu legen. Diese stammte von Mary Smith aus Yorkshire, die Hunt als »Dame von Rang und Vermögen« vorstellte.⁴⁴ Eine Formulierung in der English Bill of Rights von 1689 sorgte dafür, dass das Petitionsrecht für alle Untertanen und somit auch für Frauen galt: »Es ist das Recht des Untertan, den König zu petitionieren, und alle Untersuchungen und Verfolgungen wegen solcher Petitionen sind illegal.«⁴⁵

Henry Hunt führte nun – unter dem Gelächter seiner Kollegen – aus: »The petitioner stated that she paid taxes, and therefore did not see why she should not have a share in the election of a Representative; she also stated that women were liable to all the punishments of the law, not excepting death, and ought to have a voice in the making of them.«⁴⁶ Zeittypisch zielte die Forderung auf ein abgestuftes, eingeschränktes Wahlrecht. Die Petition von Mary Smith blieb die ein-

---

42 Vgl. den umfangreichen Eintrag »Newspaper and Journals« in: Crawford, Women's Suffrage Movement, S. 450–462.
43 Vgl. Roger Fulford, Votes for Women. The Story of a Struggle, London 1956, S. 33–35; Belchem, »Orator« Hunt, S. 261.
44 Hansard, HC Deb, 3. 8. 1832, Bd. 14, Sp. 1086 [Übersetzung T.K.].
45 In der späteren politischen Auseinandersetzung bezogen sich die Frauenrechtlerinnen immer wieder auf dieses Recht. So schrieb etwa Marion Wallace-Dunplop im Juni 1909 diesen Satz an die Wand der St. Stephan's Hall innerhalb der Houses of Parliament und wurde wegen dieses Graffito verhaftet. Vgl. Silke Hanschke, Der Kampf um das Frauenwahlrecht in Großbritannien. Emmeline Pankhurst, die Women's Social and Political Union und was daraus wurde, in: Christl Wickert (Hg.), »Heraus mit dem Frauenwahlrecht«. Die Kämpfe der Frauen in Deutschland und England um die politische Gleichberechtigung, Pfaffenweiler 1990, S. 13–50, hier S. 21 [Übersetzung T.K.].
46 Hansard, HC Deb, 3. 8. 1832, Bd. 14, Sp. 1086.

zige parlamentarische Stimme dieser Art in der ersten Hälfte des 19. Jahrhunderts. Aber das Mittel der Petition wurde Mitte der 1860er Jahre wieder aufgegriffen.[47] Henry Hunts Rolle als Befürworter des Frauenwahlrechts übernahm am 7. Juni 1866 der liberale Philosoph John Stewart Mill, der sich auch in seinen Schriften und durch Vereinstätigkeiten für die Frauenrechte einsetzte und als Abgeordneter einen erneuten, aber vergeblichen Versuch startete, seine männlichen Kollegen zu überzeugen, Frauen das (abgestufte) Wahlrecht zuzugestehen.[48] Das Besondere an dieser neuen Petition war, dass rund 1500 Unterschriften an verschiedenen Orten gesammelt worden waren und die Aktivistinnen der organisierten Frauenbewegung die Petition in einer Delegation feierlich an den Abgeordneten Mill überreichten – all dies öffentlich organisiert und medial begleitet.

Die Frauenwahlrechtsbewegung konnte nun nicht mehr übersehen werden. Sie organisierte sich in einer Vielzahl von Vereinen, die zum Teil kooperierten und zum Teil in Konkurrenz zueinander standen. Insgesamt wurden in der Zeit von 1866 bis 1918 mehr als 16 000 Petitionen für das Frauenwahlrecht an das House of Commons und an das House of Lords verschickt.[49] Das Frauenwahlrecht musste seit 1866 regelmäßig im Parlament behandelt werden, weil es stets männliche Parlamentarier gab, die die Petitionen »auf den Tisch des Hauses« legten. Zwischen 1870 und 1884 fanden Jahr für Jahr entsprechende Debatten statt, über die in der Presse intensiv berichtet wurde. Die Abgeordneten gehörten verschiedenen Parteien an.[50] Sie

---

47 Vgl. den Eintrag »Women's Suffrage Petition Committee«, Crawford, Women's Suffrage Movement, S. 756f.
48 Vgl. Bock, Frauen in der europäischen Geschichte, S. 203; Chris Bryant, Parliament. The Biography. Vol. 2: Reform, London 2014, S. 244. Noch im Lexikon von Elisabeth Crawford wird die von Mill vorgebrachte Petition als »first petition to parliament« bezeichnet. Ein Eintrag zu Henry Hunt fehlt. Vgl. Crawford, Women's Suffrage Movement, S. IX.
49 https://www.parliament.uk/business/committees/committees-a-z/commons-select/petitions-committee/petition-of-the-month/votes-for-women-the-1866-suffrage-petition/ [18.12.2017].
50 Antragsteller waren zum Beispiel 1878 und 1886 Leonard Courtney (Liberal Unionist), 1890 Robert Dimsdale (Conservatives), 1892 Sir Albert Rollit (Conservati-

traten dabei jedoch als Einzelabgeordnete auf, die keine Unterstützung durch ihre Partei oder die Regierung vorweisen konnten und die damit höchstens die wenig aussichtsreichen »private member bills« einbringen konnten.[51]

Die Aktivitäten im Parlament lassen sich also als Teil einer symbolischen Politik verstehen, die durch politischen Druck gesellschaftliches Umdenken und eine mittelfristige Umorientierung herbeiführen wollte. Für diese Strategie steht vor allem die wichtigste und größte Organisation der Suffragistinnen, die »National Union of Women's Suffrage Societies« (NUWSS) mit ihrer Vorsitzenden Millicent Garrett Fawcett, Ehefrau des liberalen Abgeordneten Henry Fawcett.[52] Diese saß regelmäßig auf der *Ladies' Gallery* im House of Commons, einem durch einen Sichtschutz abgetrennten Bereich in den Zuschauertribünen, vom dem aus Frauen der Parlamentssitzung folgen konnten.[53] Die NUWSS setzte sehr stark auf Überzeugungs- und Lobbyarbeit, war jedoch nicht allein darauf konzentriert.

Sie knüpfte durchaus auch an die oben skizzierten Protesttraditionen an und besetzte ebenso den politischen Raum der Straße. So trat Millicent Fawcett regelmäßig bei öffentlichen Demonstrationen

---

ves), 1894 Sir Charles Dilke (Radical Liberal), 1897 Faithfull Begg (Unionist), 1904 Charles McLaren (Liberals), 1905 John Slack (Liberal), 1910 David Shackleton (Labour Party), 1911 Sir George Kemp (Liberal Unionist). Vgl. Bryant, Parliament, S. 244–246. Zu beachten ist, dass diese Vorstöße das Frauenwahlrecht in ganz unterschiedlichem Maße und unterschiedlicher Form forderten. Erst die 1900 gegründete Labour Party befürwortete das Frauenwahlrecht aus grundsätzlichen demokratietheoretischen Überlegungen heraus; vgl. hierzu Constance Rover, Women's Suffrage and Party Politics in Britain 1866–1914, London / Toronto 1967, S. 146–167.

51 Vgl. Bock, Frauenwahlrecht, S. 122.
52 Ebd., S. 108. Zu Millicent Fawcett vgl. Crawford, Women's Suffrage Movement, S. 214–218.
53 Die Ladies' Gallery ist mit dem Neubau des Westminister Palace 1834 eingerichtet worden. Bereits zuvor war es Frauen möglich, durch eine Lücke in der Decke den Sitzungen zu folgen. Die Galerie war so eingerichtet, dass die MPs die Frauen nicht sehen konnten, um nicht abgelenkt zu werden, https://www.parliament.uk/about/living-heritage/transformingsociety/electionsvoting/womenvote/parliamentary-collections/ladies-gallery-grille/ladies-gallery/ [18.12.2017].

im Hyde Park auf, wobei die NUWSS sich mit großen Bannern als »law abiding suffragists«, gesetzestreue Suffragistinnen, zu erkennen gab.[54] Das ist kein Zufall, denn inzwischen hatte sich eben jene Gruppe abgespalten und medienwirksam in Szene gesetzt, die »Suffragetten«, die sich ausdrücklich nicht an das Gesetz hielten und mit ihren gewalttätigen Aktionen weitgehend auf Ablehnung stießen.

Am 10. Oktober 1903 kam es in der Stadt des Peterloo-Massakers, dem nach wie vor politisierten und radikalisierten Manchester, zur schon erwähnten Gründung der radikalen WSPU unter ihrer Vorsitzenden Emmeline Pankhurst, auf die die hierarchische Organisationsstruktur der Vereinigung klar ausgerichtet war.[55] Die Frauen starteten medienwirksame Aktionen und besetzten den Politikraum Straße. Dabei bewegten sich die Suffragetten geografisch von den industriellen Zentren im Norden Englands nach London, also von der Peripherie in die Hauptstadt. Große Demonstrationen fanden im Hyde Park[56] oder auf dem Trafalgar Square[57] statt.

Die Suffragetten legten eine extrovertierte Symbolik an den Tag. »Banner, Postkarten, Musikkapellen, eigene Zeitungen oder Anstecknadeln wurden genutzt.«[58] Insbesondere setzten sie auf das neu

---

54 Vgl. Sophia A. van Wingerden, The Women's Suffrage Movement in Britain, 1866–1928, Basingstoke/New York 1999, S. 97f.
55 Vgl. Martin Pugh, The Pankhursts, London 2002, dort auch S. 1f. zur prägenden Bedeutung der Stadt Manchester. Vgl. zu Emmeline Pankhurst auch Crawford, Women's Suffrage Movement, S. 488–515, und autobiografisch Emmeline Pankhurst, Suffragette. Die Geschichte meines Lebens [1914], Göttingen 2016.
56 Vgl. das Kapitel »To Hyde Park!« in: Andrew Rosen, Rise Up, Women! The Militant Campaign of the Women's Social and Political Union 1903–1914, London/Boston 1974, S. 95–108.
57 Etwa am 15. Mai 1906, vgl. Schirmacher, Suffragettes, S. 149.
58 Detlef Hoffmann, Opposition, in: Uwe Fleckner/Martin Warnke/Hendrik Ziegler (Hg.), Handbuch der politischen Ikonographie. Bd. 2: Imperator bis Zwerg, München 2011, S. 188–196, hier: S. 191. Vgl. auch Lisa Tickner, The Spectacle of Women. Imagery of the Suffrage Campaign 1907–14, London 1987; Jana Günther, Die politische Inszenierung der Suffragetten in Großbritannien. Formen des Protests, der Gewalt und symbolische Politik einer Frauenbewegung, Freiburg 2006; Kenneth Florey, Women's Suffrage Memorabilia. An Illustrated Historical Study, Jefferson NC/London 2013.

zur Verfügung stehende Medium der Fotografie. Es entstand das *Suffrage Atelier*, ein Fotoatelier, das auch durch Ausstellungen und Fundraising-Aktionen an die Öffentlichkeit trat, vor allem jedoch »seine Mitglieder u.a. in neuen Methoden der Grafik und des Druckens aus[bildete], damit diese ihre Medien, Flyer, Plakate etc., unabhängig produzieren konnten«.[59]

Vor allem aber zeichneten sich die radikalen Suffragetten dadurch aus, dass sie Grenzen überschritten. Sie erhoben die Stimme dort, wo nur der Mann reden durfte: im Parlament. Am 25. April 1906 stand wieder einmal das Frauenwahlrecht auf der Tagesordnung des britischen Unterhauses. Nach dem Erdrutsch-Wahlsieg der Liberalen vom Januar des Jahres war die Erwartungshaltung an das Parlament in Hinblick auf eine Demokratisierung des Wahlrechts hoch.[60] Schnell zeigte sich jedoch, dass die Regierung nicht bereit war, den Schritt zum gleichen Wahlrecht zu gehen. Als der walisische Abgeordnete Samuel Evans für die Regierungsfraktion der Liberalen sprach und eine naturgegebene Trennung der Aufgaben der Geschlechter propagierte, wurde er von Zwischenrufen aus der *Ladies' Gallery* unterbrochen. Rufe wie »justice for women« und »you are true liberals«, aber auch »New Zealand« wurden protokolliert, womit an die Einführung des Frauenwahlrechts in Neuseeland erinnert wurde.[61] Schließlich stellten verschiedene Abgeordnete den Antrag, die Polizei zu holen, um die *Ladies' Gallery* räumen zu lassen – was auch geschah.[62] Am

---

59 Jana Günther, Suffragetten. Mediale Inszenierung und symbolische Politik, in: Paul Gerhard (Hg.), Das Jahrhundert der Bilder 1900 bis 1949, Göttingen 2009, S. 108–115, hier S. 111. Vgl. June Hannam/Mitzi Auchterlonie/Katharine Holden, International Encyclopedia of Women's Suffrage, Santa Barbara/Denver/Oxford 2000, S. 285f.
60 Vgl. Maurer, Geschichte Englands, S. 321; Rover, Women's Suffrage and Party Politics, S. 146–167.
61 Hansard, HC Deb, 25.4.1906, Bd. 44, Sp. 1584f.
62 In typischer Redeweise des britischen Parlaments formulierten George Whiteley: »I think it is desirable that the Ladies' Gallery should be cleard«, und William Redmond: »I desire to ask, as a point of order, whether it is in accordance with decency that a policeman should be called into the Ladies' Galery to turn the ladies out.« Daraufhin fühlte sich Samuel Evans bestätigt in seiner Meinung von der po-

28. Oktober 1908 kam es zu einem weiteren Zwischenfall, als zwei protestierende Suffragetten laut rufend ein übergroßes »Votes for Women«-Banner von der *Ladies' Gallery* herunterließen und sich dabei anketteten, um nicht so schnell aus dem Raum geschafft zu werden.[63]

Für die radikalen Suffragetten rückte der Platz unmittelbar vor dem Parlament immer mehr in den Fokus ihres Interesses. Während der Sitzungstage fanden sich stets Frauen (und auch unterstützende Männer), die den Platz besetzten und hineingehende Abgeordnete agitierten. Am 30. Juni 1908 rief die WSPU zu einer Massendemonstration am Parliament Square auf, bei der bereits am frühen Morgen 100 000 Demonstrant_innen auf über 5000 teilweise berittene Polizisten stießen.[64] Die Polizei ließ keine einzige Rednerin zu Wort kommen, 29 Frauen wurden verhaftet. Frustration und Aggressivität steigerten sich weiter bis zu den Neuwahlen des Unterhauses, die für Januar 1910 terminiert waren. Im Jahr 1909 wurden landesweit 1000 Demonstrationen monatlich registriert.[65] Als die WSPU am 29. Juni 1909 zum »March to Parliament« aufrief, geschah dies bereits zum dreizehnten Mal, diesmal war die Aktion jedoch größer und sowohl logistisch als auch publizistisch besonders gut vorbereitet.[66] Der Ton wurde konfrontativer, das Handeln gewaltsamer. Den Demonstrierenden wurde der Weg zum Parlament oder zum Premierminister nicht nur verweigert, sie wurden mit Gewalt zurückgedrängt, wobei 3000 Polizisten zum Einsatz kamen. 108 Frauen und 14 Männer wurden verhaftet. Doch nur der Gewalteinsatz der Suffragetten wurde von der Mehrheit als illegitim betrachtet und führte zur Einschränkung des Demonstrationsrechtes, zur Schließung der *Ladies' Gallery* und auch zur Nichtannahme von Petitionen.

---

litischen Unreife der Frauen, denn – so war er sich sicher – solche Störungen habe es von Männern noch nie gegeben, ebd., Sp. 1585.
63 Vgl. Bryant, Parliament, S. 246. Das Originalbanner befindet sich in den Parliamentary Archives, HC / SA / SJ / 3 / 1.
64 Vgl. Hanschke, Kampf um das Frauenwahlrecht, S. 20.
65 Hernon, Riot!, S. 128.
66 Rosen, Rise Up, Women!, S. 118 f.

In den 1910er Jahren radikalisierte sich der Konflikt weiter. Im Vorfeld der erneuten Unterhauswahlen im Doppelwahljahr 1910 kam es am 18. November nach einer Rede von Premierminister Herbert Henry Asquith direkt vor dem Parlament zu blutigen Auseinandersetzungen zwischen Suffragetten und der Polizei, die als »Schwarzer Freitag« in die britische Geschichte eingingen.[67] Ein Bild wurde dabei zur fotografischen Ikone. Es zeigt Ada Wright, eine bekannte Frauenrechtlerin, am Boden liegend, während sich Polizisten über sie beugen.[68] Der *Daily Mirror* publizierte das Bild auf seiner Titelseite mit der Überschrift »Black Friday«. Vergeblich hatte die Regierung versucht, diese Berichterstattung zu verhindern. Wieder zeigte sich die besondere Bedeutung der öffentlichen Meinung und der selbstbewussten Presse Großbritanniens.

Am 1. März 1912 zerstörten Suffragetten mit Hämmern und Steinen bewaffnet Fenster im Einkaufsviertel des Londoner Westend. Dies führte zur Festnahme von 220 Frauen. Im darauf folgenden Jahr 1913 starb Emily Davison nach einer Protestaktion, bei der sie mit einem »Votes-for-Women«-Banner vor das Pferd König Georgs V. lief.[69] Die Regierung geriet zunehmend unter Druck und reagierte insgesamt hilflos auf die weitreichenden Aktionen der Suffragetten, die nach Verhaftungen regelmäßig in den Hungerstreik traten und damit ihr eigenes Leben aufs Spiel setzten.[70] Offenbar wollte die Regierung nun erst recht nicht nachgeben, sah sie doch die »staatsbürgerliche Männlichkeit« gefährdet und die »Definition des Weiblichen als das irrationale Element« bestätigt.[71]

---

67 Ausführliche Beschreibung ebd., S. 128–132. Vgl. auch Pankhurst, Suffragette, S. 160–164.
68 *Daily Mirror*, 19. 11. 1910, Titelbild. Zu Ada Wright vgl. Crawford, Women's Suffrage Movement, S. 759–761.
69 Zu Emily Davison vgl. ebd., S. 159–163. Auf die konkreten Motive und insbesondere die Frage nach Unfall oder politischem Suizid braucht an dieser Stelle nicht eingegangen werden.
70 Vgl. Frederike Felcht, Essen Verweigern. Hungerstreik und Skandal bei den britischen Suffragetten, in: *Ariadne* 62 (2012), S. 41–49.
71 Hedwig Richter, Moderne Wahlen. Eine Geschichte der Demokratie in Preußen und den USA im 19. Jahrhundert, Hamburg 2017, S. 208f.

Der in England lebende sozialistische Publizist Max Beer kommentierte 1913: »Mit der Entfaltung der politischen Krise nahm der Feldzug der ›Suffragettes‹ einen terroristischen Charakter an und steigerte noch die ohnehin hohe politische Temperatur des Landes.«[72] Damit spielte er auch auf die gleichzeitig aktive irische Unabhängigkeitsbewegung und auf diverse Streiks und Arbeiterunruhen an, die als *Great Unrest* (1910–1914) bezeichnet wurden. Diese prägten die Straßenpolitik der Zeit vor dem Ersten Weltkrieg in Großbritannien. Bemerkenswert bleibt jedoch, dass die Suffragetten eine deutlichere Ablehnung – vor allem durch Polizei und Regierung – erfuhren als die männlichen Demonstrierenden jener Zeit. Emmeline Pankhurst erwähnt in ihren Lebenserinnerungen ein polizeiliches Verbot für Demonstrationen der WSPU im Hyde Park, durch das »die Regierung die Redefreiheit der Frauen eingeschränkt« habe.[73] Begründung hierfür war die offen erklärte Militanz der Suffragetten, durch die diese sich selbst disqualifiziert hätten. Pankhurst stellte jedoch empört fest, dass »die militanten Männer von Ulster [...] ihre Strategie des Krieges im Hyde Park verfechten«[74] konnten, wobei sie allerdings unerwähnt lässt, dass im Hyde Park durchaus Demonstrationen für das Frauenwahlrecht stattfanden, nämlich die der friedlichen nichtmilitanten Mehrheit der Frauenwahlrechtsbewegung. Jahr für Jahr demonstrierte die gemäßigte NUWS explizit und öffentlich gegen Gewalt und betonte dabei: »Unsere Vereinigung ist bei Weitem die größte, die älteste und hat immer für das Frauenwahlrecht mit unparteiischen und gesetzestreuen Methoden gearbeitet.«[75] Ähnlich wie es Kerstin Wolff in ihrem Beitrag über Deutschland zeigt, kämpften

---

72 Beer, Geschichte des Sozialismus in England, S. 494.
73 Pankhurst, Suffragette, S. 290.
74 Ebd. Pankhurst erwähnt eine (geradezu subversiv geplante) gemeinsame Veranstaltung der Suffragetten mit den Nordiren, bei der dann eine Frau – die Suffragette Flora Drummond – sprach und sofort verhaftet wurde, während die militanten Männer reden durften.
75 So der Text eines Plakates aus dem Jahr 1912, zit. n. Laura E. Nym Mayhall, The Militant Suffrage Movement. Citizenship and Resistance in Britain, 1860–1930, Oxford 2003, S. 106 [Übersetzung T.K.].

auch in Großbritannien die Beteiligten darum, wer die Deutungshoheit hatte und wer sich als die wahre Verfechterin des Frauenwahlrechts präsentieren durfte.

Das aktive politische Leben von Frauen musste denkbar werden, um erreichbar zu sein. Die Krisensituation, die durch die Aktivitäten der Suffragetten erkennbar wurde, verweist auf die strukturellen Übergangsprobleme einer von der Demokratisierung des politischen Systems und der Politisierung der Öffentlichkeit geprägten Gesellschaft. Für große Teile der Bevölkerung erweiterten sich die politischen Möglichkeiten. Mit den Kategorien Kosellecks gesprochen, veränderte sich der »Erfahrungsraum«, wobei gleichzeitig nun zum »Erwartungshorizont« größere Partizipationsforderungen der (weiblichen) Bevölkerung hinzukamen.[76] Das Beispiel der Suffragetten zeigt dies in besonderem Maße: Als eine politische Bewegung, die die Partizipation im parlamentarischen System schon im Namen trug, brachten sie Erwartungen vor, die auf eine Fortentwicklung des Parlamentarismus zielten, zugleich scheuten sie jedoch vor dem unparlamentarischen Mittel der Gewaltanwendung nicht zurück. Auch wenn den radikalen Suffragetten die Traditionslinie zu Peterloo nicht bewusst war, so griffen sie doch auf dieselben Mittel zurück wie die Frauen damals: auf die radikale Grenzüberschreitung und den Tabubruch. Sie standen damit in einer Tradition, in der die politischen Räume »Straße« und »Parlament« in einem durch sich weiterentwickelnde Medien verbundenen System interagierten.

Die Suffragetten waren nicht die Erfinderinnen dieser wichtigen Symbolpolitik, sondern bauten sie konsequent aus und nutzten sie zu ihren Zwecken. Sie brachten, gerade wegen der prinzipiellen Grundsätzlichkeit ihrer Forderung und der Dekonstruktion der Geschlechterbilder, die Grenzen des Sagbaren und Denkbaren deutlich ins Wanken. Die Debatten wurden schärfer geführt, sowohl auf der Straße und in den Medien als auch immer wieder im Parlament selbst.

---

76 Vgl. Reinhart Koselleck, »Erfahrungsraum« und »Erwartungshorizont«. Zwei historische Kategorien, in: ders., Vergangene Zukunft. Zur Semantik geschichtlicher Zeiten, Frankfurt am Main 1989, S. 349–375.

Gerade die erstaunlich selbstbewussten und mit aggressiver Rhetorik auftretenden Frauen von Peterloo zeigen jedoch die Traditionslinie bei der Einnahme des öffentlichen Raumes, die eben keine Erfindung der Suffragetten war.

Hedwig Richter

Reformerische Globalisierung
Neuordnungen vor dem Ersten Weltkrieg

Über die Einführung des Frauenwahlrechts in Deutschland hieß es in der renommierten, internationalen Zeitung »Ius Suffragii«: »Das ist zweifellos der durchschlagendste Sieg, der jemals von uns errungen wurde [...]. Deutschland kommt die Ehre zu, die erste Republik zu sein, die auf den wahren Prinzipien der Demokratie gründet: dem allgemeinen und gleichen Wahlrecht für alle Männer und Frauen.«[1]

Wie war es dazu gekommen? Als das preußische Herrenhaus am 2. Oktober 1918 das gleiche Wahlrecht für Männer angenommen und damit die Frauen explizit ausgeschlossen hatte, rief das die Empörung von Frauen aus verschiedenen Verbänden und Vereinen und den unterschiedlichsten politischen Lagern hervor. Sie taten sich zusammen: von Gertrud Bäumer vom Bund Deutscher Frauenvereine über Anita Augspurg vom Deutschen Frauenstimmrechtsbund bis hin zur Sozialdemokratin Marie Juchacz und Vertreterinnen aus der Gewerkschaftsbewegung und Parteimitgliedern aus der nationalliberalen Partei. Sie schickten am 25. Oktober 1918 ein Schreiben an den neuen Reichskanzler Max von Baden und legten Protest ein. Anfang November 1918 versammelten sich Frauen und Männer in Berlin, Hamburg und München zu großen Kundgebungen, um für die Einführung des Frauenstimmrechts zu demonstrieren. Im Reichstag brachten die Parlamentarier noch am 8. November einen Initiativantrag zum Frauenwahlrecht auf den Weg. Doch entscheidend war dann, dass

---

1 Ius Suffragii – *International Woman Suffrage News* 4 (1919), S. 1. [Übersetzung H.R.].

der Rat der Volksbeauftragten am 12. November 1918 das Frauenwahlrecht einführte.²

Was hier stattfand lässt sich eigentlich nicht hoch genug bemessen: In Deutschland – und vielen anderen Ländern – gewann jene Hälfte der Menschheit das allgemeine und gleiche Wahlrecht, die seit Jahrhunderten rechtlich als minderwertig gegolten hatte. Insgesamt erhielten die Frauen von 1917 bis 1920 in rund 17 Staaten die Wahlberechtigung. Wieso war es so plötzlich dazu gekommen? Die ältere Forschung hatte zwei Antworten für die Umwälzung parat. Für den deutschen Fall folgte sie entweder dem Urteil Clara Zetkins: Das Frauenwahlrecht sei »ein Geschenk einer Revolution, die von proletarischen Massen getragen wurde«; oder sie erklärte schlicht das Frauenwahlrecht zu einer Belohnung für den Einsatz der Frauen im Krieg.³ Die neuere Forschung – etwa die von Birgitta Bader-Zaar oder Angelika Schaser – zeigt hingegen, dass die Ursachen komplexer waren, dass viele Faktoren zur Durchsetzung des Frauenwahlrechts beitrugen, und sie betont die große Rolle der Frauenbewegungen.⁴

Meine These orientiert sich an dieser neueren Forschung und erweitert den Rahmen: Die Einführung des Frauenwahlrechts war das Ergebnis umfassender und struktureller Veränderungen, die sich um 1900 weltweit beobachten ließen und intensiv durch gesellschaftliche Reformen vorangetrieben wurden. Zwei Zusammenhänge, in denen die Neuerungen stehen, sind besonders wichtig: Erstens wurden die Reformen wesentlich durch Frauen und dabei häufig (nicht immer) durch feministische Frauenbewegungen befördert. Zweitens lassen sich die Reformen nur im internationalen, womöglich im globalen Rahmen verstehen. Schon die parallele Einführung des Frauenwahlrechts in vielen Ländern innerhalb weniger Jahre legt

---

2 Angelika Schaser, Zur Einführung des Frauenwahlrechts vor 90 Jahren am 12. November 1918, in: *Feministische Studien* 1 (2009), S. 97–110, S. 97.
3 Vgl. den Überblick in Schaser, Einführung.
4 Vgl. dazu den Literaturüberblick in der Einleitung sowie den Beitrag von Birgitta Bader-Zaar.

nahe, dass die rein nationalen Geschichten und Erklärungen eher zu kurz greifen.

Meine zentrale Fragestellung lautet daher: Inwiefern trugen die Reformen um 1900 zur Durchsetzung des Frauenwahlrechts bei? Ich werde mir dafür beispielhaft die pädagogischen Reformen, die Wohnungsreform und die Reformen der Wahlpraktiken anschauen. Zunächst aber werde ich zur Entfaltung meiner These analysieren, was das Wahlrecht für Zeitgenossinnen und Zeitgenossen bedeutete, um darzulegen, welche Rolle die Erfahrungen aus der Vorkriegszeit für die junge Demokratie spielten.

1919: Die Frauen wählen

Was also bedeutete für die Menschen 1919 in Deutschland das Frauenwahlrecht? Erstmals nahmen die Frauen am 19. Januar 1919 an nationalen Wahlen teil, als es galt, die verfassunggebende Nationalversammlung zu wählen. Trotz der ausgesprochen hohen Wahlbeteiligung von Frauen mit 82 Prozent zeigten sich linke Frauenrechtlerinnen wie Lida Gustava Heymann oder Anita Augspurg von den Wahlen enttäuscht. Denn sie hatten sich von der Partizipation der Frauen ein anderes Wahlergebnis erhofft: »Der alte Reichstag und die neue Nationalversammlung haben ein verflucht ähnliches Aussehen«, schrieben sie.[5] Damit lagen sie richtig. Diese Kontinuität steht wohl auch für die Selbstverständlichkeit und Ruhe, mit der die ersten Nationalwahlen nach dem Krieg verliefen. »Ruhiger Wahlverlauf«, titelte etwa die *Vossische Zeitung* am Tag nach der Wahl – und in einer weiteren Überschrift hieß es: »Starke Wahlbeteiligung«.[6] Die *Deutsche Allgemeine Zeitung* analysierte dieses Gefühl der Selbstverständlichkeit: »Es zeigte sich, daß ein Volk monarchisch oder republika-

---

5 Lida Gustava Heymann / Anita Augspurg, Erlebtes – Erschautes. Deutsche Frauen kämpfen für Freiheit, Recht und Frieden 1850–1940 [1941], hrsg. von Margrit Twellmann, Meisenheim am Glan 1972, S. 168.
6 *Vossische Zeitung*, 20.1.1919, S. 1.

nisch, aristokratisch, plutokratisch oder demokratisch, gut oder weniger gut regiert werden kann, daß es recht und schlecht, unter welcher Form es auch sei, bestehen muß, daß es aber nicht ohne Parlament sein kann, weil dieses die moderne Seele jedes Staates überhaupt geworden ist.«[7] Wahlen und Parlament erwiesen sich nicht als etwas Neues, sondern als etwas, das Kontinuität und Sicherheit vermittelte. Harry Graf Kessler notierte über den Wahlgang: »Alles ruhig und grau in grau; weder Aufregung noch Begeisterung. [...] Das Ganze untheatralisch wie ein Naturereignis; wie ein Landregen.«[8] Und doch ging mit der Selbstverständlichkeit ein gewisser Stolz einher. Die *Berliner Volkszeitung* schrieb am Wahltag: »Der Tag des deutschen Volkes ist gekommen.«[9] Der Wahlgang habe »den Beweis erbracht«, so die *Vossische Zeitung* am Tag danach, »mit welcher Freudigkeit das deutsche Volk in seiner Gesamtheit sich an der Wahl beteiligt hat, in dem Gefühl, damit an dem Neuaufbau nach Kräften mitzuarbeiten. Viele Stunden lang harrten die Wähler und Wählerinnen vor und in den oft unzureichenden Lokalen bei unfreundlicher Witterung aus, um ihr Recht nicht zu versäumen.«[10]

Interessanterweise kommentierten die Redakteure das Frauenwahlrecht nur zurückhaltend. Wenn die Wählerinnen überhaupt Erwähnung fanden, dann meistens beiläufig. Manchmal wurde ihr besonderer Eifer herausgestrichen. Die *Berliner Börsen-Zeitung* etwa schrieb: »Die Wahlen hatten diesmal eine besondere Note durch die Frauen erhalten. Fast überall machte man die Beobachtung, dass die Frauen die ersten waren, die sich am Wahltisch einfanden, um ihrer neuen staatsbürgerlichen Pflicht zu genügen. Typisch waren gestern die Familienwahlen. Unter der Führung des Oberhauptes erschienen in der Regel alle Familienmitglieder, um ihr politisches Glaubensbekenntnis abzulegen. Die im Krieg errungene Gewohnheit des Anste-

---

7 Oscar Müller, Volk und Wahl, *Deutsche Allgemeine Zeitung*, 20.1.1919, S.1.
8 Harry Graf Kessler, Das Tagebuch (1880–1937), Bd. 7: 1919–1923, hrsg. von Angela Reinthal, Stuttgart 2007, S.105.
9 *Berliner Volkszeitung*, 19.1.1919, S.1.
10 Starke Wahlbeteiligung, *Vossische Zeitung*, 20.1.1919, S.1.; ähnlich *Berliner Tageblatt*, 20.1.1919, S.1f.; *Königsberger Hartungsche Zeitung*, S.2.

hens galt auch für den gestrigen Tag.«[11] Dass das Frauenwahlrecht nicht als etwas Außerordentliches beschrieben wurde, mag daran liegen, dass Frauen bereits seit Dezember 1918 auf Länderebene gewählt hatten, etwa in Württemberg, Anhalt oder Baden. Dennoch scheint der Gleichmut gegenüber der neuen Wählerschaft auch Teil der geradezu demonstrativen Selbstverständlichkeit gewesen zu sein, mit der die deutschen Bürgerinnen und Bürger ihr Wahlrecht ausübten. Die ruhige und selbstgewisse Performanz der Wahlen für die Nationalversammlung lässt sich als ein Beleg dafür verstehen, dass die Einführung der Republik nicht wie ein Wunder über Deutschland kam: Demokratie war schon im Kaiserreich in vielerlei Hinsicht praktiziert worden.[12]

Das spricht für meine These, dass die Einführung des Frauenwahlrechts als Ergebnis von Veränderungen verstanden werden muss, die lange vor 1918/19 eingesetzt hatten. Wie sahen diese Veränderungen aus? Welche Rolle spielten die internationalen Reformen dabei? Und welchen Anteil hatten Frauen daran?

Die Dynamik der Reformen um 1900

Die Jahrhundertwende gestaltete sich als grandiose Aufbruchszeit. Die Städte wuchsen und schmückten sich mit wuchtigen Wohn- und repräsentativen Rathäusern, in Berlin entstand das Reichstagsgebäude.[13] Die Industrialisierung stellte gewaltige Ressourcen zur Verfügung. Die einen stiegen ins Automobil und setzten auf die Technisierung der Welt – die anderen riefen »Zurück zur Natur!« Nackttanzen, Wandervögel, vernetzte Kontinente. Alles war im Aufbruch,

---

11 Die Nationalwahlen in Berlin, *Berliner Volkszeitung*, 20. 1. 1919, Nr. 22, S. 1; weitere Beispiele dieser Berichterstattung vgl. etwa *Deutsche Allgemeine Zeitung*, 20. 1. 1919, S. 1; *Berliner Börsen-Zeitung*, 20. 1. 1919, S. 1; *Berliner Volkszeitung*, 20. 1. 1919, Nr. 22, S. 1.
12 Margaret L. Anderson, Lehrjahre der Demokratie. Wahlen und politische Kultur im Deutschen Kaiserreich, Stuttgart 2009.
13 Wolfgang Hardtwig, Politische Stile 1800–1945, in: Dietrich Erben/Christine Tauber (Hg.), Politikstile und die Sichtbarkeit des Politischen in der Frühen Neuzeit, Passau 2016, S. 325–355, hier S. 335.

alles änderte sich.¹⁴ Frauen probierten neue Freiheiten aus. Sie bestiegen das Rad, fanden Gefallen an bequemeren Badeanzügen, und immer mehr verdienten ihr eigenes Geld als Arbeiterin oder Hausmädchen, aber auch in Berufen wie Lehrerin oder Stenotypistin. Zu Tausenden zogen junge Frauen an die Universitäten. Vor dem Weltkrieg stellten sie allein in Preußen acht Prozent der Studierenden. Die Frauenrechtlerin Helene Stöcker erinnerte sich, wie sich in diesen Jahren »so Vieles an Starkem, Neuem und Hoffnung Erweckendem geregt« hat. »Wir durften in jenen Jahren an einen ständigen Aufstieg zu höheren Stufen glauben.«¹⁵ In dieser Zeit wurde erstmals die Emanzipation der Frauen von einer breiteren Gesellschaftsschicht getragen; in vielen Bereichen sorgten Reformerinnen und Reformer für ihre Umsetzung – und für weitere Veränderungen wurde der Boden bereitet.¹⁶

Es gibt zu der Reformzeit eine reiche Forschung.¹⁷ Aber diese gehört zu den abgelegeneren Themen: Architektur- und Museumsgeschichte, zum skurrilen Bereich der Lebensreformer und der Nacktkultur, auch ein bisschen zur Frauengeschichte. In Überblicksdarstellungen zur Deutschen Geschichte finden die Reformen jedoch kaum Platz. Die Bühne der großen deutschen Historiografie für diese Zeit ist ja bereits bevölkert mit Pickelhauben und törichtem Kaiser (Erwähnung findet gerne sein neobarocker Dom in Berlin), mit Junkerherrschaft, märkischem Sand und Reformblockaden. Die Überblicksdarstellungen rubrizieren die Jahre um 1900 nach wie vor unter:

---

14 Daniel T. Rodgers, Atlantiküberquerungen. Die Politik der Sozialreform, 1870–1945, Stuttgart 2010.
15 Helene Stöcker, Lebenserinnerungen, hrsg. von Reinhold Lütgemeier-Davin u. Kerstin Wolff, Köln u. a. 2015, S. 57 u. 76.
16 Wolfgang Keim / Ulrich Schwerdt (Hg.), Handbuch der Reformpädagogik in Deutschland (1890–1933), 2 Bde., Frankfurt am Main u. a. 2013; Michael A. Meyer, Response to Modernity. A History of the Reform Movement in Judaism, New York, NY u. a. 1988.
17 Einen Überblick über die jeweiligen Themen bieten etwa Diethart Kerbs / Jürgen Reulecke (Hg.), Handbuch der deutschen Reformbewegungen, Wuppertal 1998; Angelika Schaser, Helene Lange und Gertrud Bäumer. Eine politische Lebensgemeinschaft, Köln 2010.

Flotte, Zabern-Affäre, Militarismus oder Monarchismus. Das ist freilich nicht falsch, doch während die immer gleichen Geschichten erzählt werden, bleibt anderes ausgeblendet, obwohl es teilweise typischer für die Zeit war und jedenfalls das Leben der Menschen viel tiefgreifender geprägt hat. Und schließlich fehlt nicht der dezidierte Hinweis, dass diese ganzen Reformen »unpolitisch« seien.[18]

Ganz anders sieht das in der US-amerikanischen Historiografie aus. Dort werden die gleichen historischen Vorgänge um 1900 selten in einem Überblickswerk ausgespart. Sie gelten als ein gewichtiger Teil der allgemeinen Geschichte.[19] Die Zeit wird als *Reformära* bezeichnet oder als *Progressive Era*. Historikerinnen und Historiker schieben dabei die problematischen Seiten keineswegs beiseite: etwa die überbordende Korruption, in der die amerikanische Demokratie zu ersticken drohte, oder den mörderischen Rassismus.[20] Dass die Reformen *unpolitisch* seien, kommt niemandem in den Sinn.[21] In zahlreichen weiteren Länder des nordatlantischen Raums tauchten um 1900 Reformen und Reformdiskurse auf, und überall zeigte sich der Wille, die Welt zu verändern. Die Reformen ähnelten sich, und die Reformerinnen und Reformer hielten untereinander vielfach Kon-

---

18 Kerbs/Reulecke, Vorwort, in: Handbuch der deutschen Reformbewegungen, S. 7–18, hier S. 11; Thomas Nipperdey, Nachdenken über die deutsche Geschichte. Essays, München 1986, S. 218. Eine Position, die in der Frauenforschung nicht geteilt wird: Iris Schröder, Arbeiten für eine bessere Welt. Frauenbewegung und Sozialreform 1890–1914, Frankfurt am Main 2001, S. 17 f.
19 Vgl. beispielsweise George Brown Tindall/David Emory Shi, America. A Narrative History, New York 2010; Edwin Burrows/Mike Wallace, Gotham. A History of New York City, Oxford/New York 1999.
20 Ballard Campbell, Comparative Perspectives on the Gilded Age and Progressive Era, in: *Journal of the Gilded Age and Progressive Era* v/2 (2002), S. 154–178; James J. Connolly, An Elusive Unity. Urban Democracy and Machine Politics in Industrializing America, Ithaca/London 2010; Robert Harrison, Congress, Progressive Reform, and the New American State, Cambridge 2004.
21 Vgl. beispielhaft für die differenzierte Forschung James J. Connolly, The Triumph of Ethnic Progressivism. Urban Political Culture in Boston, 1900–1925, Cambridge/London 1998; Shelton Stromquist, Reinventing »The People«. The Progressive Movement, the Class Problem, and the Origins of Modern Liberalism, Urbana/Chicago 2006; Michael McGerr, A Fierce Discontent. The Rise and Fall of the Progressive Movement in America, 1870–1920, New York 2003.

takt und tauschten sich auf zahlreichen internationalen Konferenzen aus.[22] Ich gehe daher davon aus, dass sich die Zeit um 1900 als internationale Reformära erzählen lässt. Diese Interpretation bietet eine Darstellung der Hochmoderne für Deutschland, die den wenig überzeugenden Zugang einer rein nationalen Geschichtsschreibung vermeidet und zeigt, dass scheinbar typisch deutsche Phänomene als internationale Prozesse zu verstehen sind. Sie verdeutlicht zugleich die Spannungen dieser Geschichte. Detlev Peukert erklärte: »Die Epoche ist widersprüchlicher als jede andere […]. Alles das, wovon wir heute noch zehren, ist damals gedacht und auch versucht worden, und zwar in kontroverser Form.«[23] Der Zugriff über eine internationale und transnationale Geschichte ermöglicht zudem einen theoretischen Rahmen, der die Erkenntnisse über die Zeit um 1900 anknüpfungsfähig macht und auf der Makroebene verständlicher werden lässt. So kann auch die größte Umwälzung in dieser Zeit – nämlich die Veränderung der Geschlechterordnung – in den Fokus rücken.

Inwiefern also – um meine leitende Frage aufzugreifen – trugen diese Reformen um 1900 zur Durchsetzung des Frauenwahlrechts bei? Für die Antwort sollen drei Reformfelder untersucht werden: pädagogische Reformen, Wohnungsreformen und demokratische Aufbrüche.

Pädagogische Reformen

In der Reformzeitschrift *Die deutsche Schule* schrieb ein Pädagoge empört: »In unseren Schulen spüren wir immer noch den Geist der Autokratie, den Geist des Mittelalters. Das Kind kann nichts, weiß

---

22 Anja Schüler, Frauenbewegung und soziale Reform. Jane Addams und Alice Salomon im transatlantischen Dialog, 1889–1933, Stuttgart 2004; Rodger, Atlantiküberquerungen.

23 Dokumentation: Die Jahrhundertwende – eine Epoche? Eine Diskussion zwischen Reinfried Hörl (SDR), August Nitschke, Detlev Peukert und Gerhard A. Ritter, in: August Nitschke u. a. (Hg.), Jahrhundertwende. Der Aufbruch in die Moderne 1880–1930, Bd. 1, Reinbek b. Hamburg 1990, S. 13–24, hier S. 19.

nichts, hat nichts ... das Kind darf nur lernen, nichts lehren.«[24] Ein anderer Reformer erklärt in einer der vielen weiteren Zeitschriften über die Schulreform, für den Erzieher müsse »das lebendige Kind mit seinem körperlichen und seelischen Wachsen« im Zentrum stehen, nicht das »Abfragen, Auswendiglernen«.[25] Die Schwedin Ellen Key stellte ihrem populären Buch *Das Jahrhundert des Kindes* von 1900 das Nietzsche-Zitat voran: »Eurer *Kinder Land* sollt ihr lieben: [...]. An euren Kindern sollt ihr *gut machen*, daß ihr eurer Väter Kinder seid: alles Vergangene sollt ihr *so* erlösen! [...].« Key ergänzt das Zitat mit: »Allen Eltern, / die hoffen, im neuen Jahrhundert / den neuen Menschen zu bilden«.[26] Tatsächlich, es ging um den neuen Menschen. Maria Montessori begann in dieser Zeit mit ihrer pädagogischen Arbeit in einem Armenviertel in Rom. Häufig stand die Individualität des Kindes im Zentrum der Bemühungen: Die Erziehung sollte sich an den Bedürfnissen und Fähigkeiten des Kindes orientieren, mechanisches Auswendiglernen galt als überholt und schädlich. Allgemein betrachteten um 1900 Reformerinnen und Reformer Kindheit und Jugend als besonders schützenswert. Damit wird eine erste Kategorie zur Interpretation der Reformzeit deutlich: die Individualisierung, bei der es um die Würde des Individuums geht, aber auch um seinen Schutz und seine Freiheit.

Auffällig häufig thematisieren die Reformdiskurse den Körper – den es zu schützen galt. Ständig mahnten sie zu Leibesübungen und zur frischen Luft. Die Konzentration auf den Schutz von Kindern und Jugendlichen (besonders häufig Opfer physischer Gewalt) zeigt besonders deutlich, wie der wachsende Respekt vor dem Individuum mit seinem Körper verbunden wurde.[27] Immer wieder drängte dabei die neue Bewegung und die neue »Wissenschaft« vom Rassismus in die Überlegungen, die in vielfacher Verbindung zu den Reformen

---

24 Zitiert in: M. Reiniger, Aus der Reformbewegung, in: *Zur Volksschulpädagogik* 28 (1912), S. 6.
25 Zitiert ebd., S. 5.
26 1902 auf deutscher Sprache im S. Fischer Verlag (Berlin) erschienen.
27 Vgl. dazu auch die Ausführungen von Ta-Nahesi Coats, Between the World and Me: Notes on the First 150 Years in America, New York 2015.

standen. Viele der Vertreterinnen und Vertreter des Rassismus sahen den Schutz des individuellen Körpers als Teil der Bemühung, den »Volkskörper« gegen »Fremdes« und »Krankes« zu verteidigen. Ellen Key etwa war eine der Vorkämpferinnen für Euthanasie. Sie plädierte für Eugenik, für die Höherzüchtung des Menschen und in diesem Zusammenhang für das Recht auf Abtreibung, ähnlich wie die Frauenrechtlerinnen Helene Stöcker oder Margarete Sanger in den USA.[28]

Hier seien kurz einige theoretische Überlegungen zum Körper eingefügt, denn um ihn gab es einen »regelrechten epistemologischen *science war*«, wie Maren Lorenz ausführt: zwischen einem Beharren auf der Eigenlogik des materiellen Körpers und einem radikalen Konstruktivismus.[29] Der Großteil der Geschlechterforschung neigt eher in Richtung Konstruktivismus: Es waren die Gender Studies, die in wichtigen Studien darauf aufmerksam gemacht haben, wie die Geschlechterdichotomie im 19. Jahrhundert mithilfe der sich etablierenden Wissenschaften durchdekliniert wurde. Im Körper, so das Ergebnis, werde die bürgerliche Ordnung der Geschlechter mit objektivierender Wissenschaftssprache ausformuliert und damit die »Frau« auf ihre begrenzte Rolle festgelegt.[30] Dieses Prinzip ist grundlegend auch für die Staatsordnung. Die Politologin Gundula Ludwig zeigt, wie die vergeschlechtlichten Körper zur Konstruktion des modernen Staats mit souveränen, freien Bürgern beitrugen: Der freie

---

28 Vgl. zu Eugenik, Sterilisation, Gesundheit: Walter Nugent, Progressivism. A Very Short Introduction, Oxford / New York 2010, S. 55; für die USA zuletzt David Oshinsky, »Imbeciles« and »Illiberal Reformers«, The New York Times 14. 3. 2016.
29 Maren Lorenz, Leibhaftige Vergangenheit. Einführung in die Körpergeschichte, Tübingen 2000, S. 22.
30 Um nur wenige Beispiele zu nennen: Claudia Honegger, Die Ordnung der Geschlechter. Die Wissenschaften vom Menschen und das Weib 1750–1850, Frankfurt am Main, 1991; Donna Haraway, Die Neuerfindung der Natur. Primaten, Cyborgs und Frauen, Frankfurt am Main / New York 1995; Evelyn Fox Keller, Geschlecht und Wissenschaft. Eine Standortbestimmung, in: Barbara Orland / Elvira Scheich (Hg.), Das Geschlecht der Natur. Feministische Beiträge zur Geschichte und Theorie der Naturwissenschaften, Frankfurt am Main 1995, S. 64–91; vgl. den Literaturüberblick bei Bettina Brockmeyer, Selbstverständnisse. Dialoge über Körper und Gemüt im frühen 19. Jahrhundert, Göttingen 2009.

Mann muss seinen Körper beherrschen, eine Fähigkeit, die ihm kraft seiner »Rationalität« zugeschrieben wird. Die Frau könne diese Rationalität nicht erringen, denn sie sei ihrem Leib, ihrer Natur – ihrer Mütterlichkeit – ausgeliefert.[31] Es lohnt sich, wie ich im Folgenden darlegen will, auf dieser Forschung aufbauend die konstruktivistischen Ansätze zu erweitern, und mit Barbara Duden auch die partielle Unverfügbarkeit des materiellen Körpers ernst zu nehmen.[32]

Woher aber kam um 1900 das Interesse am Körper? Wesentlich dafür war der wachsende Wohlstand, der nun auch den unteren Schichten zugutekam. Die schlimmste Armut, die noch in der Mitte des 19. Jahrhunderts zu Hungersnöten geführt hatte, war gebannt, und seit den 1850er Jahren waren die Reallöhne auch der unteren Einkommensschichten fast kontinuierlich angestiegen.[33] Lynn Hunt zeigt in ihrer *Geschichte der Menschenrechte* diese Zusammenhänge. Sie verdeutlicht, wie die veränderte Einstellung zur Würde des Körpers, etwa Mitleid mit den Schmerzen der anderen, Scham oder körperliche Distinktion, das Postulat der universellen Menschenwürde mit hervorgebracht hat.[34] Hunt konstatiert einen wachsenden Respekt vor körperlicher Unversehrtheit, sie bemerkt ein zunehmendes Schamgefühl. Dazu gehören auch Dinge und Praktiken: So schliefen die Menschen beispielsweise häufiger in getrennten Räumen, nicht mehr mit den Tieren unter einem Dach, und die Mägde und Knechte seltener mit der Herrschaft in einem Zimmer. Mehr und mehr Men-

---

31 Philipp Sarasin, Reizbare Maschinen. Eine Geschichte des Körpers 1765–1914. Frankfurt 2001; Gundula Ludwig, Zur Dekonstruktion von »Frauen«, »Männern« und »dem Staat«. Foucaults Gouvernementalitätsvorlesungen als Beitrag zur Weiterentwicklung feministischer poststrukturalistischer Staatstheorie, in: *femina politica* 2 (2010), S. 42–46; vgl. dazu auch die Einleitung in diesem Band.
32 Vgl. zur Kritik an der rein auf Diskursanalyse gerichteten Geschlechterforschung: Barbara Duden, Frauen-»Körper«, in: Ruth Becker/Beate Kortendiek (Hg.), Handbuch Frauen- und Geschlechterforschung. Theorie, Methoden, Empirie, Wiesbaden 2008, S. 593–607; Karen Barad, Agentieller Realismus, Berlin 2012, S. 8.
33 Jörg Fisch, Europa zwischen Wachstum und Gleichheit 1850–1914, Stuttgart 2002, S. 260.
34 Lynn Hunt, Inventing Human Rights. A History, New York 2007.

schen konnten sich ein eigenes Bett leisten. Kein Menschenrecht also, so ließe sich Hunt zusammenfassen, ohne den Schutz des Körpers, ohne Obdach, Kleidung und Bett.[35]

Damit ergibt sich auch eine erste Antwort auf meine Fragestellung, inwieweit die Reformen der Jahrhundertwende zum Frauenwahlrecht beigetragen haben: Sie beförderten ein neues Körperregime. Der Umgang mit dem Körper lässt sich nicht von Fragen der Gleichheit und der Menschenwürde trennen und damit auch nicht von demokratischen Entwicklungen. Vermutlich hängt die immer wieder empirisch nachgewiesene Verbindung von Demokratie und Wohlstand auch damit zusammen.[36] Bereits um 1800 setzten zahlreiche Reformen die Menschenrechte in vielerlei Hinsicht in die Tat um, etwa die Beendigung der Leibeigenschaft oder die Abschaffung von körperlichen Strafen. Um 1900 aber ist der Wohlstand so stark angestiegen, dass der aufklärerische Gleichheitsgedanke immer konkreter werden konnte und immer drängender von unten eingefordert wurde, ganz wesentlich von der Sozialdemokratie. Die Industriegesellschaft stellte immer mehr Dinge bereit, die eine würdige Behandlung des menschlichen Körpers ermöglichten. Krasse Armut wurde als Unrecht empfunden, und die physische Misshandlung von abhängigen Arbeiterinnen und Arbeitern oder von Kindern entwickelte sich – diskursiv – zum Skandal. Gertrude Himmelfarb zeigt in ihren Studien zum 19. Jahrhundert, wie die Menschen in der britischen Gesellschaft der Armut zunehmend mit *Mitleid* begegneten und zahlreiche Mittel und Wege fanden, um Armut zu bekämpfen oder doch zu lindern.[37] Mit der Skandalisierung verschwand die Armut nicht, aber die veränderte Sicht auf die Dinge und die sanktionierenden Diskurse

---

35 Hunt, Human Rights, S. 82.
36 Siehe dazu den Forschungsüberblick bei Barbara Geddes, What Causes Democratization?, in: Oxford Handbook of Comparative Politics, Oxford / New York 2009, S. 593–615.
37 Gertrude Himmelfarb, Poverty and Compassion: The Moral Imagination of the Late Victorians, New York 1992; vgl. dazu Hans-Jürgen Schings, »Der mitleidigste Mensch ist der beste Mensch«. Poetik des Mitleids von Lessing bis Büchner, München 1980.

trugen zu ihrer Zurückdrängung bei. Der vielgelesene Jenaer Philosoph und Literaturnobelpreisträger Rudolf Eucken schrieb 1913, trotz der wachsenden materiellen Ungleichheit gelte: »[I]mmer unabweisbarer wird die Anerkennung der Gleichheit alles dessen, was Menschengesicht trägt.«[38]

Wohnungsreform

In den USA sorgte der dänisch-amerikanische Journalist Jacob Riis mit seinen Berichten und Fotografien über die Elendsviertel in New York für Aufsehen (How the Other Half Lives«, 1890). Mithilfe einer neuen Technik, die Aufnahmen in dunklen Räumen ermöglichte, brachte die Fotografie ans Licht, was dem Bürgertum zuvor verborgen geblieben war. Die Technik zeigte kein neues Phänomen, sondern erhob einen alten Umstand zum Skandal. Ganz ähnlich verwies in Großbritannien der Reformer Seebohm Rowntree 1901 in seiner Studie *Poverty, a Study of Town Life* auf die Armut und forderte staatliche Intervention. Rowntree verband den moralischen Appell zur Veränderung mit wissenschaftlichen Diskursen und statistischen Informationen.[39] Auch Rowntrees Forderungen wurden unterstützt durch die neue Fototechnik. Ähnliche Berichte, Fotos und wissenschaftliche Studien gab es zugleich in zahlreichen anderen Ländern.[40] Lebensverhältnisse, in denen Kinder ohne Sonne und im Dreck aufwuchsen, galten nunmehr als ein Zustand, der beendet werden musste.

Der neue Skandalisierungsdiskurs trotz (oder besser wegen) des steigenden Wohlstands erklärt auch, warum um 1900 die Wohnsituation der Arbeiterinnen und Arbeiter so viel Aufsehen erregte, obwohl die Lebensbedingungen besser waren als zuvor und selbst die Mie-

---

38 Rudolf Eucken, Geistige Strömungen der Gegenwart. Der Grundbegriffe der Gegenwart, vierte umgearbeitete Auflage (Neue Ausgabe), Leipzig 1913, S. 314.
39 H. C. G. Matthew, The Liberal Age (1851–1914), in: Kenneth O. Morgan, The Oxford Illustrated History of Britain, Oxford/New York 2009, S. 463–522, hier S. 516f.
40 Matthew, Liberal Age, S. 516.

ten wahrscheinlich niedriger.⁴¹ In den Vereinigten Staaten gewann die *Settlement*-Bewegung um Jane Addams an Prominenz. Die Idee stammte aus England und fand auch in Deutschland und anderen Ländern Anhängerinnen und Anhänger. Wie kaum ein anderes Reformprojekt bot die Wohnungsreform all die *Dinge*, die für den Schutz des neuen Menschen, sein Bedürfnis nach Privatheit und für die modernen Ansprüche an Gerechtigkeit notwendig erschienen. Sozialhygieniker, Pädagogen, Psychologen, Architekten und Städteplaner, die vielfach einen neuen Experten-Typus darstellten: Sie alle redeten und reformierten bei der Wohnungsfrage mit.⁴²

All diese Themen – Wohnung, Privatheit, Familienleben, aber auch Kindererziehung und Pädagogik – zählten ursprünglich nicht zur großen Politik, sondern wurden in der Regel zur weiblichen Sphäre gerechnet. Nun aber ereignete sich zunehmend, was die Historikerin Paula Baker als »domestication of politics« bezeichnet: Frauen sorgten im 19. und bis ins 20. Jahrhundert dafür, dass häusliche Themen auf die politische Bühne kamen. Sie betonten ihre besondere Expertise bei der Erziehung, bei der Wohnungsfrage und auf dem weiten Feld der sozialen Arbeit, Frauen forderten Reformen ein – und verlangten ein Mitspracherecht. Da Sozialpolitik zunächst als Problem der Kommunen galt, erhielten Frauen häufig, wie etwa in Großbritannien, zunächst das Kommunalwahlrecht. Manche konservativen Frauenrechtlerinnen argumentierten kontraintuitiv: Da die weiblichen Felder der Pädagogik oder Armenpflege kommunale Themen seien, könne man sie nicht als Politik bezeichnen – und daher sei es auch angemessen, das »unpolitische« kommunale Wahlrecht den Frauen zu gewähren.⁴³ Politik blieb immer weniger auf Krieg und

---

41 Vgl. Clemens Zimmermann, Von der Wohnungsfrage zur Wohnungspolitik. Die Reformbewegung in Deutschland 1845–1914, Göttingen 1991, S. 122–130.
42 Vgl. für den größeren Zusammenhang Thomas Etzemüller, Strukturierter Raum – integrierte Gemeinschaft. Auf den Spuren des *social engineering* im Europa des 20. Jahrhunderts, in: Lutz Raphael (Hg.), Theorien und Experimente der Moderne. Europas Gesellschaften im 20. Jahrhundert, Köln u. a. 2012, S. 129–154.
43 Patricia Hollis, Ladies Elect, Women in English Local Government 1869–1914, Oxford 1987; vgl. zum Kommunalwahlrecht auch die Einleitung sowie die Beiträge von Birgitta Bader-Zaar und Marion Röwekamp.

Diplomatie beschränkt. Mit der *domestication of politics* trugen die Frauen dazu bei, dass in den Jahrzehnten vor dem Ersten Weltkrieg der Interventionsstaat beständig anwuchs und sich der Sozialstaat entwickelte, eine der Grundlagen moderner Demokratien.[44]

Wahlreformen

Zum neuen Körperregime gehörten auch Aspekte der Disziplinierung, womit das dritte Reformthema angeschnitten ist: die Wahlreformen. In den großen Erzählungen muss die Sonderrolle Deutschlands in Sachen Demokratie kaum eigens unterstrichen werden. Sie gilt als gesetzt. Axel Schildt spricht von der deutschen »Kontinuität notorisch gescheiterter demokratischer Bewegungen«.[45] Auch die Frauengeschichte in Deutschland wurde in diesen düsteren Erzählhorizont eingebettet und wird es teilweise – trotz der Forschungen von Angelika Schaser oder Gisela Bock – insbesondere im angelsächsischen Raum heute noch.[46] Ein sorgfältig vergleichender Blick wirft jedoch ein anderes Licht auf diese Geschichte.

Die in der Geschichtsschreibung durch Oswald Spengler oder durch Thomas Manns Essay »Betrachtungen eines Unpolitischen« vorherrschende Annahme, es habe in Deutschland eine alles beherrschende Unterscheidung gegeben zwischen »Zivilisation«, die für den demokratischen undeutschen Westen stehe, und »Kultur«, die für Deutschland gelte, wird den Komplexitäten und Widersprüchen

---

44 Schröder, Arbeiten für eine bessere Welt; Bettina Hitzer, Im Netz der Liebe. Die protestantische Kirche und ihre Zuwanderer in der Metropole Berlin (1849–1914), Köln u. a. 2006; Hans-Peter Ullmann, Der deutsche Steuerstaat. Geschichte der öffentlichen Finanzen, München 2005, S. 39–42.
45 Axel Schildt, Westlich, demokratisch. Deutschland und die westlichen Demokratien im 20. Jahrhundert, in: Anselm Doering-Manteuffel / Elisabeth Müller-Luckner (Hg.), Strukturmerkmale der deutschen Geschichte des 20. Jahrhunderts, München 2006, S. 225–239, hier S. 225.
46 Ingrid Sharp, Overcoming Inner Division: post-suffrage strategies in the organised German women's movement, in: *Women's History Review* 11 (2013), S. 1–18; vgl. dazu auch den Beitrag von Kerstin Wolff und die Einleitung zu diesem Band.

der zeitgenössischen Diskurse nicht gerecht.[47] In den Diskussionen um das richtige Wahlrecht galt der Hinweis auf die Rechtslage in anderen »zivilisierten« oder »Kulturstaaten« als gutes Argument.[48] In enzyklopädisch angelegten Werken verglichen die Gelehrten im internationalen Rahmen »das parlamentarische Wahlrecht« (Georg Meyer, 1901) oder einfach »das Wahlrecht« (Oskar Poensgen, 1908), untersuchten »die Grundlagen des amerikanischen und deutschen Verfassungsrechts« (Erich Kaufmann, 1908), »das Verfassungsleben der heutigen Kulturstaaten« (Otto Hintze, 1914) oder »How the World Votes« (Charles Seymour und Donald P. Frary, 1918).[49] Deutschland sah sich dabei selbstredend als Teil dieser zivilisierten Welt.[50] Immer wieder verbanden US-amerikanische und deutsche Publizisten und Politiker Massenwahlen mit »Zivilisation«, »Kultur«, immer wieder auch mit »Fortschritt«.[51] Um 1900 demonstrierten

---

47 Hermann Kurzke, Thomas Mann. Epoche – Werk – Wirkung, München 2010, S. 32; vgl. dazu auch die Einschätzung des Essays von Peter-Klaus Schuster, Kultur und Zivilisation. Eine deutsch-französische Debatte im Zeichen von Thomas Mann, in: Angelika Wesenberg (Hg.), Impressionismus – Expressionismus. Kunstwende. Ausstellungskatalog, Alte Nationalgalerie Berlin, München 2015, S. 27–34.

48 Das Wahlrecht in anderen europäischen Kulturstaaten, *Deutsche Tageszeitung*, 4. 9. 1893, R8034II, 5851, BA; »Demokratie«, Staatslexikon der Görres-Gesellschaft, 1892, S. 122 u. 127; Siegfried, Schriftsteller, an Reichsamt des Innern, Königsberg, 29. 9. 1899, R 1501, Nr. 114 470, GSTA PK; Diskussion im Preußischen Abgeordnetenhaus, Sten. Ber. pr. AH, 5. 12. 1883, Sp. 191ff., u. 5. 12. 1917, Sp. 6606; Akten in I. HA Rep. 169 C 80, Nr. 2e, GSTA PK.

49 Georg Meyer, Das parlamentarische Wahlrecht. Nach des Verfassers Tode hrsg. v. Georg Jellinek, Berlin 1901; Oskar Poensgen, Das Wahlrecht, Leipzig 1909; Otto Hintze, Das Verfassungsleben der heutigen Kulturstaaten [1914], in: Otto Hintze, Gesammelte Abhandlungen zur Allgemeinen Verfassungsgeschichte, Göttingen 1970, S. 390–423; Charles Seymour / Donald Paige Frary, How the World Votes. The Story of Democratic Development in Elections, 2 Bde., Springfield 1918.

50 Richard J. Evans, Society and Politics in Wilhelmine Germany, London u. a. 1978, S. 23.

51 Edwin L. Godkin, The Republican Party and the Negro, in: *Forum* VI (1889), S. 246–257, hier 253; »We Want No Tammany Election Thefts Here«, Zeitungsausschnitt, o. A., 28. 9. 1916, Presidential Elections 147, NARA; Fortschritt und

zwar weltweit Intellektuelle ihre Abscheu gegen die Massen und die Nivellierung der Kultur. Doch die Reformer in den verschiedenen Ländern überzeugte dieser elitäre Diskurs nicht, weil sie wahrnahmen, dass die Vielen längst Macht besaßen und partizipierten – ganz egal, wie die Eliten darüber dachten. Sie argumentierten realpolitisch und nahmen die Relevanz der Mehrheit als eine soziologische Gegebenheit: »Die Masse regiert, nicht, weil sie weise ist, sondern weil sie Macht ist«, erklärte Hans Delbrück.[52] Eine der grundlegenden Entwicklungen der Geschichte sei die »fortschreitende Befreiung der Massen«, so Otto Hintze, ohne die Massen lasse sich kein Staat mehr machen.[53] Massenpartizipation ist nach dieser Logik fest mit rationaler Legitimation verknüpft.[54] Und Rudolf Eucken, der Demokratie eher kritisch sah, erklärte: »[...] Alle [Widerstände] hindern nicht das Vordringen der demokratischen Strömung [...]. Mögen bei dieser Bewegung die kleinen Wogen vielfach zurücklaufen, die große Woge geht noch immer in der Richtung der Demokratie.«[55] Der Politikwissenschaftler Marcus Llanque zeigt, wie sich in den USA um 1900 ein ähnlicher Pragmatismus ausbreitete. Politikwissenschaftler wie Herbert Croly oder Walter Lippmann analysierten korrupte Mafia-Organisationen wie die New Yorker *Tammany Hall* als Folge der Massenpolitik, die sich nur beseitigen ließe, wenn ein effizienter Staat die Aufgaben dieser Organisationen übernahm, der Bevölkerung soziale Hilfe bot und vor allem für bessere Bildung sorgte.[56]

Wahlrecht, *Hallesche Zeitung*, 30.9.1911; Zum Schutze der Wahlfreiheit, *Freisinnige Zeitung*, 6.5.1898, R8034 II, 5075, Bl. 100, BA.
52 Hans Delbrück, Regierung und Volkswille. Eine akademische Vorlesung, Berlin 1914, S.131.
53 Vgl. zu der Argumentation Marcus Llanque, Demokratisches Denken im Krieg. Die deutsche Debatte im Ersten Weltkrieg, Berlin 2000, S.95; Hans Delbrück, Das allgemeine Stimmrecht, in: *Preußische Jahrbücher* 72 (1893), S.377–384, hier 381; vgl. auch Max Weber, Wahlrecht und Demokratie in Deutschland [1917], in: Max-Weber-Gesamtausgabe, Bd.1.15, Tübingen 1984, S.347–396, hier 349.
54 Vgl. Peter Graf Kielmansegg, Volkssouveränität. Eine Untersuchung der Bedingungen demokratischer Legitimität, Stuttgart 1977, S.251f.
55 Eucken, Geistige Strömungen, S.314.
56 Marcus Llanque, Tammany Hall, die Macht über die Wahlen und die Wende zur realistischen Demokratietheorie, in: Hedwig Richter / Hubertus Buchstein (Hg.),

Vieles weist darauf hin, dass es in den Jahren vor dem Ersten Weltkrieg einen Konsens für Massenpartizipation, für Volksherrschaft, für Demokratie gab – wie auch immer die Zeitgenossen die Integration der männlichen und erwachsenen Bevölkerung nannte. In den USA, im Deutschen Reich und in zahlreichen anderen Ländern des nordatlantischen Raums fand eine intensive Reform der Wahlpraxis statt. Überall ging es darum, die demokratische Idee von Wahlen zu befördern: Die Stimme des Einzelnen sollte so geschützt werden, dass jede Stimme gleich und frei war. Entsprechend ähnelten sich die Reformen überall: Die Reformer standardisierten beispielsweise Wahlkabinen und Wahlurnen und vereinheitlichten die Stimmzettel oder neutralisierten sie durch einen Umschlag – zuvor hatten Parteien die Stimmzettel gedruckt und dafür gesorgt, dass sie leicht identifizierbar waren. Wenn nun also die Partei auf dem gefalteten Stimmzettel sich nicht mehr erkennen ließ, wenn die Wände der Wahlkabinen hoch genug waren, um den Wähler vor den Blicken der anderen zu schützen, und wenn die Urnen so groß waren, dass die Wahlzettel nicht säuberlich einer auf den anderen flog, so dass sich beim Auszählen leicht herausfinden ließ, wie das Votum des Einzelnen ausgefallen war (falls man sich die Reihenfolge der Wähler notiert hatte): Dann erst war die Stimmabgabe geheim; erst dann wurde die Stimme des Einzelnen und seine Würde als autonomes, partizipierendes Individuum geschützt.[57]

Die Wahllokale sollten das Ideal des Bürgers widerspiegeln: sauber, ruhig, nüchtern, elektrisch beleuchtet. Und anders als früher hat-

---

Idee und Praxis der Wahlen. Eine Geschichte der modernen Demokratie, Wiesbaden 2017, S. 141–160.

57 Malcolm Crook / Tom Crook, Reforming Voting Practices in a Global Age. The Making and Remaking of the Modern Secret Ballot in Britain, France and the United States, c. 1600–c. 1950, in: *Past and Present* 212 (2011), S. 199–237; Hedwig Richter, Transnational Reform and Democracy. Election Reform in New York City and Berlin around 1900, in: *Journal of the Gilded Age and Progressive Era* 15 (2016), S. 149–175; vgl. zu den kritischen Aspekten des geheimen Wahlrechts Hubertus Buchstein, Geheime Abstimmung und Demokratiebewegung. Die politischen Ziele der Reformbewegung für das »Australian Ballot« in den USA, in: *Politische Vierteljahresschrift* 41 (2000), S. 48–75.

ten die Wahlen nicht mehr in Kneipen und Schenken und dunklen Spelunken stattzufinden, sondern möglichst in hehren Räumen des öffentlichen Lebens, wie in Gerichtsgebäuden oder Schulen. Auf den Idealbildern von Wahllokalen, die vor allem Reformer verbreiteten, fällt die Beherrschung der Körper auf. Jeder Schritt im Wahllokal war determiniert. Tatsächlich gaben die Reformer minutiöse Anweisungen, wie der Mann durch das Wahllokal zu gehen habe, wo er den Stimmzettel erhielt, wo er ihn abgeben musste und wie viele Minuten er dazwischen in der Wahlkabine verbringen durfte.[58] In zahlreichen Verordnungen und Gesetzen wurde damals jenes Regelwerk mit standardisierten Wahl-Dingen und Wahlpraktiken festgelegt, das jene Wahlpraxis konstituiert, die bis heute für Demokratien gültig ist. Dabei zielten viele Reformen auf die Disziplinierung. Die Wahlen als wilder Mannesritus mit Alkohol, Prügeleien, gewalttätigem Rassismus – wie sie insbesondere in den USA gepflegt wurden – gerieten in Verruf.

Hier kommt nun wieder der Körper ins Spiel: Die veränderten Wahlpraktiken sorgten dafür, dass das Wahlrecht für Frauen allmählich als denkbar galt – nicht nur für einige Intellektuelle und Aktivistinnen, sondern für breite Gesellschaftsschichten. In einem disziplinierten Wahlablauf mit gezähmter Männlichkeit wurde die Gegenwart der Frau denkbar.

Fazit

Selbstverständlich ist es kaum möglich, klare Kausalitäten auszumachen, aber die Reformen haben in zweierlei Hinsicht einen weitreichenden kulturellen Wandel forciert, der zur Akzeptanz emanzipativer Bewegungen beitrug. *Erstens* zielten viele Reformen auf ein

---

58 Hedwig Richter, Die Konstruktion des modernen Wählers um 1900. Angleichung der Wahltechniken in Europa und Nordamerika, in: Tim B. Müller / Adam Tooze (Hg.), Normalität und Fragilität. Demokratie nach dem Ersten Weltkrieg, Hamburg 2015, S. 70–90.

neues Körperregime. Neben den genannten Feldern der pädagogischen, der Wohnungs- und der demokratischen Reform gehörte auch der gesamte Bereich des Arbeitsschutzes dazu, der Kinder-, Mütter- und Jugendschutzgesetzgebung.[59] Die Analyse des Körperregimes verdeutlicht, warum damals der Kampf gegen Alkohol und Prostitution in den Fokus der Reformbemühungen rückte.[60]

All das waren Themenfelder, die typischerweise die Frauen bewegten und in ihren Bereich gehörten. Nun standen sie groß in den Parlamentsdebatten auf der Tagesordnung. Das verdeutlicht den *zweiten* Komplex, der zu den tiefgreifenden Veränderungen der Lebenswelt beitrug, sodass das Frauenwahlrecht denkbar wurde: die *domestication of politics*. *Domestication* ist freilich doppeldeutig: Sie steht nicht nur für die Prägung der Politik durch häuslich-»weibliche« Themen, sondern sie bedeutet auch Zähmung. Viele der genannten Reformen wandten sich an den Mann oder auch: gegen ihn. Sie zielten konkret auf die Domestizierung der Männlichkeiten. So wurde die Sexualität des Mannes angegriffen, und viele seiner Praktiken von alltäglicher Gewalt wurden problematisiert: häusliche Gewalt, Vergewaltigung in der Ehe, Prostitution oder Alkohol. Die ganze Anti-Alkohol-Bewegung argumentierte mit der Zurückdrängung der männlichen Aggressivität. Tatsächlich wird um 1900 Männlichkeit prekär und problematisch. Ein Sozialreformer sprach gar von »Männersterblichkeit«, weil das männliche Geschlecht so vielen Gefahren ausgesetzt sei.[61]

Physische Körperkraft erwies sich als immer weniger relevant. Elektrizität, Maschinen, die Einführung des Telefons, Autos, Fahrräder – all diese Erfindungen veränderten den Alltag und trugen zu einem Wandel in der Geschlechterordnung bei. Diese Zurückdrän-

---

59 Bob Hepple, Working Time. A New Legal Framework? Institute for Public Policy Research, London 1990, S. 20.
60 Vgl. zur Prostitution den Beitrag von Malte König in diesem Band.
61 Hugo Paas, Jugendfürsorge in der Fortbildungsschule. Vortrag, in: *Zur Volksschulpädagogik* 25 (1911), S. 9; 1903 wurde erstmals eine Bahnhofsmission für Männer installiert, die man nunmehr besonderen Gefahren ausgesetzt sah, Hitzer, Im Netz der Liebe, S. 107–112 u. 121.

gung eröffnete den Raum für Frauen: diskursiv, aber auch ganz konkret physisch.[62] Beides war nötig, um den Denkhorizont für das Frauenwahlrecht zu öffnen, damit es schließlich umgesetzt werden konnte.

---

62 Sigrid Hofer, Reformarchitektur 1900–1918. Deutsche Baukünstler auf der Suche nach dem nationalen Stil, Stuttgart / London 2005, S. 18.

Malte König

Frauenwahlrecht und Prostitution
Über die Notwendigkeit
politischer Selbstvertretung

Die Idee der virtuellen Repräsentation, derzufolge die Interessen von Frauen auch durch männliche Parlamentarier vertreten werden könnten, entpuppte sich in der Frage der staatlich reglementierten Prostitution als Augenwischerei. Unmissverständlich zeigt das Thema, dass die politischen Prioritäten von Frauen und Männern nicht bloß anders geartet waren, sondern bisweilen in Widerspruch zueinander standen. Tatsächlich wurden in allen im Folgenden betrachteten Staaten – Deutschland, Frankreich und Italien – die Gesetze zur Neuregelung des Prostitutionswesens erst erlassen, nachdem Frauen das Wahlrecht erhalten hatten: in Deutschland 1927, in Frankreich 1946 und 1960, in Italien 1958.[1] Frauen starteten die jeweilige Gesetzesinitiative, trieben sie voran und hielten das Verfahren in Gang. Allein ihre Anwesenheit veränderte die parlamentarische Diskussion, inhaltlich wie atmosphärisch.

Im vorliegenden Beitrag wird die Bedeutung des Faktors »Frauenwahlrecht« innerhalb der Debatte um die Abschaffung der staatlich reglementierten Prostitution untersucht. Mit einem historischen Vergleich[2] der Entwicklungen in Deutschland, Frankreich und Italien soll

---

1 Vgl. Malte König, Der Staat als Zuhälter. Die Abschaffung der reglementierten Prostitution in Deutschland, Frankreich und Italien im 20. Jahrhundert, Berlin 2016.
2 Zur Methode des historischen Vergleichs vgl. weiterführend Margrit Pernau, Transnationale Geschichte, Göttingen 2011, S. 30–66; Hartmut Kaelble, Der his-

dabei herausgestellt werden, dass es sich nicht um eine zufällige Koinzidenz handelte, sondern dass die Einführung des Frauenwahlrechts ein grundlegendes Element bildete, ohne das die jeweiligen Gesetzesinitiativen nicht stattgefunden hätten. Gleichzeitig sollen die Grenzen dieses Faktors zur Sprache kommen. Denn in der Debatte um die Reglementierung ging es nicht allein um die Frage der Geschlechterhierarchie. Neben menschenrechtlichen und moralischen standen auch gesundheits-, sozial- und sicherheitspolitische Aspekte zur Diskussion – ein Umstand, der es mit sich brachte, dass Frauen die politische Diskussion zwar initiieren und beschleunigen, nicht aber steuern und entscheiden konnten.

Wechselwirkung: Frauenwahlrecht und Abolitionismus

Um die Wechselwirkung zwischen Frauenwahlrecht und Abolitionismus zu verstehen, muss zunächst die politische Schieflage in Erinnerung gerufen werden, die durch die einseitige Vorenthaltung des Wahlrechts gegeben war.

Bis ins 20. Jahrhundert dominierte in den Ländern Europas die Idee der virtuellen Repräsentation: Für jede Frau gebe es einen Mann, der ihre Interessen im Parlament wahrnehme. Väter, Brüder und Ehemänner sorgten angeblich dafür, dass der weibliche Standpunkt auf politischer Ebene Gehör finde. Eine unmittelbare eigenständige Teilnahme am Staatsleben hielt man hingegen für bedenklich; Rechtswissenschaftler wie Johann Caspar Bluntschli oder Robert von Mohl bezeichneten eine solche als »für den Staat gefährlich und für die Frauen verderblich«.[3]

---

torische Vergleich. Eine Einführung zum 19. und 20. Jahrhundert, Frankfurt am Main / New York 1999; Jürgen Kocka, Comparison and Beyond, in: *History and Theory* 42 (2003), S. 39–44; Heinz-Gerhard Haupt, Comparative History, in: International Encyclopedia of the Social and Behavioral Sciences, Bd. 4, Amsterdam 2001, S. 2397–2403.
3 Johann Caspar Bluntschli, Wahlrecht und Wählbarkeit, in: ders. / Karl Brater (Hg.), Deutsches Staats-Wörterbuch, Bd. 11, Stuttgart / Leipzig 1870, S. 128–146,

Das Hauptargument, mit welchem Frauenrechtlerinnen demgegenüber das Recht auf politische Betätigung einforderten, lief stets auf denselben Punkt hinaus: Männer seien nicht die natürlichen Repräsentanten der Frauen; eine politische Vertretung finde folglich nicht statt.[4] Allein die Frau verstehe »alle Bedürfnisse und Interessen ihres Geschlechtes ganz«, stellte zum Beispiel Helene Lange 1896 fest. Selbst »ethisch hochstehende« Männer seien mit dieser Aufgabe überfordert, handelten sie doch zwangsläufig gegen ihre Natur.[5] Die »männliche Seele [sei] von der weiblichen allzu sehr verschieden«, unterstrich 1913 die Italienerin Emilia Mariani. Die Interessen von Männern und Frauen seien nicht bloß anders geartet, sondern häufig konträr.[6]

Die Prostitutionsfrage war eines jener Themen, in dem diese Diskrepanz deutlich zutage trat. 1802 war das System der staatlich reglementierten Prostitution unter Napoleon in Frankreich eingeführt worden und hatte daraufhin in ganz Europa Einzug gehalten.[7] Hauptziel der Kontrollmaßnahmen war es, die Ausbreitung der Geschlechtskrankheiten einzudämmen; die Prostituierten galten als Hauptquelle von Syphilis (Lues) und Gonorrhoe (Tripper) – Krankheiten, die zum einen das Militär schwächten und zum anderen die demografische Entwicklung der Bevölkerung bremsten: Während eine unbehandelte Syphilis den Tod bringen konnte, vermochte die lange als harmlos unterschätzte Gonorrhoe Männer wie Frauen un-

---

hier S. 130; Robert von Mohl, Encyclopädie der Staatswissenschaften [1859], Tübingen 1872, S. 14.

4   Hedwig Dohm, Der Frauen Natur und Recht [1876], Berlin 1893, S. 352–354 u. 318 f.; Emilia Sarogni, La donna italiana. Il lungo cammino verso i diritti 1861–2000 [1995], Mailand 2004, S. 36; vgl. Ute Rosenbusch, Der Weg zum Frauenwahlrecht in Deutschland, Baden-Baden 1998, S. 292–294; Gisela Bock, Frauen in der europäischen Geschichte. Vom Mittelalter bis zur Gegenwart, München 2000, S. 193.

5   Helene Lange, Frauenwahlrecht [1896], in: dies., Kampfzeiten. Aufsätze und Reden aus vier Jahrzehnten, Bd. 1, Berlin 1928, S. 180–196, hier S. 183; ähnlich die Französin Marguerite de Witt-Schlumberger, Une Femme aux femmes. Pourquoi les femmes doivent étudier la question des mœurs [1908], Paris 1911, S. 57.

6   Zitiert nach Bock, Frauen, S. 195.

7   Vgl. König, Staat als Zuhälter, S. 15–31.

fruchtbar zu machen.⁸ Die Art und Weise, in der das Prostitutionswesen aus diesem Grund überwacht wurde, brachte jedoch für Frauen erhebliche Nachteile mit sich. Denn aus dem System resultierte, dass – zur Eindämmung der Geschlechtskrankheiten – der männlichen Bevölkerung medizinisch kontrollierte Frauen »kostengünstig« zur Verfügung gestellt wurden und diese wiederum jederzeit weggesperrt werden konnten. Die Reichweite und Komplexität des damit verbundenen Regelwerks lieferte diese Frauen der Willkür der Sittenpolizei aus, die Verhaltensvorschriften waren kaum einzuhalten.⁹ Als »Parias der Gesellschaft« bezeichnete eine deutsche Sozialdemokratin 1923 die Prostituierten: »Nicht das anstößige Verhalten [werde] bestraft, sondern die Ausübung der allergewöhnlichsten Menschenrechte«.¹⁰ Noch 1949 klagte die italienische Sozialistin Lina Merlin, dass die Bordellfrauen in den *case di tolleranza* – den staatlich lizenzierten Bordellen – wie Vieh gehalten würden.¹¹ Ausgangskontrollen und die Einrichtung von Sperrbezirken gehörten dabei noch zu den geringeren Übeln; entwürdigend waren vor allem die Gesundheitskontrollen, denen sich die Frauen zwangsweise mehrmals die Woche – wie am Fließband – unterziehen mussten. Eine Frau, die als Prostituierte registriert wurde, verlor den Großteil ihrer Bürger- und Menschenrechte.

Dass dieses Reglementierungssystem ein Anliegen politisch engagierter Frauen war, liegt auf der Hand. Nicht zu Unrecht vermutete Helene Lange, dass die parlamentarischen Debatten über

---

8   Sheila Lukehart, Syphilis, in: Manfred Dietel / Norbert Suttorp / Martin Zeitz (Hg.), Harrisons Innere Medizin, Bd. 1, Berlin 2005, S. 1052–1060, hier S. 1053–1057; Sanjay Ram / Peter A. Rice, Gonokokkeninfektionen, in: ebd., S. 918–924; J. Hämel, Gonorrhoe, in: Heinrich A. Gottron / Walter Schönfeld (Hg.), Dermatologie und Venerologie einschließlich Berufskrankheiten, dermatologischer Kosmetik und Andrologie, Stuttgart 1965, Bd. 5.2, S. 787–834.
9   Vgl. König, Staat als Zuhälter, S. 31–53.
10 Reichstagsprotokolle. Verhandlungen des Deutschen Reichstages (RTP), Bd. 360, 367. Sitz., S. 11 422 – 16. 6. 1923, Adele Schreiber-Krieger.
11 Senato della Repubblica, Atti Parlamentari. Resoconti delle Discussioni (Senato, Discussioni), Vol. VIII: 1948–49, Roma 1949, S. 10809 – 12. 10. 1949.

Sittlichkeitsfragen unter dem Einfluss von Frauen zu einem »anderen Ergebnis« führen würden »als zur bloßen polizeilichen Regelung der Unsittlichkeit«.[12] Dem »männlichen Staat« warf sie nicht nur Versagen in der Friedenspolitik vor, sondern auch in der Sozialpolitik. Schließlich habe eben dieser »Männerstaat« dafür gesorgt, dass »der Jüngling seine Studien über die Frau an der Dirne macht und den ganzen Ekel mit ins Leben nimmt, der damit zusammenhängt«.[13] In den Zeitschriften der verschiedenen Strömungen der deutschen Frauenbewegung wurden Sittlichkeits- und Stimmrechtsfrage häufig miteinander verknüpft.[14] Als die Italienerin Anna Maria Mozzoni ihre Petition verteidigte, mit der sie 1877 das Wahlrecht eingefordert hatte,[15] verband sie dieses Ansinnen ebenfalls mit der Frage der Prostitution. Das staatliche System der Reglementierung sei »abstoßend«, die Frauen müssten vor dem Gesetz vertreten werden.[16] In Frankreich konstatierte die Abgeordnete des internationalen Frauenrates, Marguerite de Witt-Schlumberger, dass Probleme wie Alkoholismus, Prostitution und Jugendkriminalität von den männlichen Parlamentariern stets vernachlässigt würden. Ihr Entschluss, sich für das Frauenwahlrecht zu engagieren, resultierte aus dieser Feststellung.[17]

---

12 Lange, Frauenwahlrecht, S.185f.
13 Ebd., S.187.
14 Von 1106 Artikeln aus drei Zeitschriften, welche die Position der radikalen, gemäßigten und proletarischen Frauenbewegung widerspiegelten, behandelten 1894–1914 knapp 21 Prozent die Sittlichkeits- und Stimmrechtsfrage gemeinsam. Vgl. Ulla Wischermann, Frauenbewegungen und Öffentlichkeiten um 1900. Netzwerke – Gegenöffentlichkeiten – Protestinszenierungen, Königstein i. Ts. 2003, S.88.
15 Anna Rossi-Doria, Diventare cittadine. Il voto alle donne in Italia, Florenz 1996, S.78f. Die Wiedervorlage der Petition von 1906 findet sich abgedruckt in: Camera dei deputati, Voto alle donne, S.108–114.
16 Rina Macrelli, L'indegna schiavitú. Anna Maria Mozzoni e la lotta contro la prostituzione di Stato, Rom 1981, S.123.
17 Marguerite de Witt-Schlumberger, Le Suffrage des femmes et la réglementation de la prostitution, in: L'Abolitionniste 3 (1911), S.5f.; vgl. Steven C. Hause / Anne R. Kenney, Women's Suffrage and Social Politics in the French Third Republic, Princeton 1984, S.136.

Obschon Prostitution für die Frauenrechtlerinnen ein heißes Eisen darstellte, wussten diese in Deutschland, Frankreich und Italien, dass der Punkt essenziell war: Denn die Diskriminierung, die Prostituierte durch den Staat und seine Organe erfuhren, betraf nicht diese allein, sondern alle Frauen. Jede Frau, die unter Prostitutionsverdacht geriet, konnte von der Sittenpolizei aufgegriffen und zwangsuntersucht werden. Außerdem verliere die männliche Jugend jeden Respekt vor dem weiblichen Geschlecht, hieß es in feministischen Kreisen. Es handele sich um eine allgemeine Degradierung zur »Sklavin des Mannes«, die Würde aller Frauen werde verletzt.[18] Kurz, es handelte sich um einen Streitpunkt, für den Frauen eine eigenständige Vertretung im Parlament benötigten.

Frauen im Parlament.
Grenzen und Möglichkeiten der Einflussnahme

Inwiefern aber wirkte sich die Einführung des Frauenwahlrechts auf die parlamentarische Debatte aus? Handelte es sich um einen Faktor, der die Diskussion um die Abschaffung der reglementierten Prostitution entscheidend veränderte?

Zunächst muss festgestellt werden, dass die Einführung des Frauenstimmrechts in keinem der drei Länder auf normalem parlamentarischem Wege erfolgte.[19] Stets lag eine Ausnahmesituation zugrunde, ein systemischer Umbruch, der diesen Schritt ermöglichte

---

18 Macrelli, L'indegna schiavitú, S. 63; Gertrud Guillaume-Schack, Über unsere sittlichen Verhältnisse und die Bestrebungen und Arbeiten des Britisch-Continentalen und Allgemeinen Bundes, Berlin 1882, S. 16; Anna Pappritz, Das Reichsgesetz zur Bekämpfung der Geschlechtskrankheiten vom Standpunkt der Frau, in: *Mitteilungen der Deutschen Gesellschaft zur Bekämpfung der Geschlechtskrankheiten* 25.11–12 (1927), S. 133.
19 Vgl. Gabriele Bremme, Die politische Rolle der Frau in Deutschland, Göttingen 1956, S. 24 f.; Bettina Bab, Gemeinsamkeiten und Unterschiede – die Einführung des Frauenstimmrechts im Vergleich, in: dies. (Hg.), Mit Macht zur Wahl. 100 Jahre Frauenwahlrecht, Bd. 1: Geschichtlicher Teil, Bonn 2006, S. 246–252, hier S. 250 f.

oder unumgänglich machte. In Deutschland waren dies der Erste Weltkrieg und der Zusammenbruch des Kaiserreichs. Der provisorische Rat der Volksbeauftragten erteilte den Frauen am 12. November 1918 das aktive und passive Wahlrecht.[20] In Frankreich und Italien sollte erst der Zweite Weltkrieg die entscheidende Zäsur setzen: Für Frankreich proklamierte General de Gaulle am 21. April 1944, dass die *Assemblée nationale constituante* von Männern und Frauen gewählt werden sollte.[21] In Italien einigte sich ein Übergangskabinett auf die Erweiterung des Allgemeinen Wahlrechts; im Februar 1945 erhielten die Italienerinnen das aktive Stimmrecht,[22] im März 1946 das passive.[23]

Die Wahlbeteiligung der Frauen fiel von Anfang an hoch aus. Die Befürchtung, diese würden sich enthalten, erwies sich in allen drei Ländern als unbegründet.[24] Ernüchternd fielen jedoch die Zahlen

---

20 Reichs-Gesetzblatt Nr. 153 (1918), S. 1303 f.: Aufruf des Rates der Volksbeauftragten an das deutsche Volk – 12. 11. 1918.

21 Ordonnance portant organisation des pouvoirs publics en France après la libération – 21. 4. 1944, in: *Journal officiel de la république française. Lois et décrets* 76 (1944) H. 34, S. 325–327, hier S. 326, Art. 17 [Journal officiel der Exil-Regierung, Algier]. Vgl. Andrew Shennan, Rethinking France. Plans for a Renewal 1940–1946, Oxford 1989, S. 63 f. u. 106–113; Anne-Sarah Bouglé-Moalic, Le Vote des Françaises. Cent ans de débats 1848–1944, Rennes 2012, S. 310–313.

22 Decreto Legislativo Luogotenziale n. 23: Estensione alle donne del diritto di voto – 1. 2. 1945, in: *Gazzetta Ufficiale del Regno d'Italia* 22 (1945), S. 202; vgl. Alessandro Sferruza, Concessione o conquista?, in: Gabriella Bonacchi / Manola Ida Venzo (Hg.), La lunga marcia della cittadinanza femminile. 60° anniversario del voto alle donne, Rom 2006, S. 103–130, hier S. 103.

23 Decreto Legislativo Luogotenziale n. 74: Norme per l'elezione dei deputati all'Assemblea Costituente – 12. 3. 1945, in: *Gazzetta Ufficiale del Regno d'Italia* 60 (1946), Supplemento ordinario alla Gazzetta Ufficiale n. 60; vgl. Giulia Galeotti, Storia del voto alle donne in Italia. Alle radici del difficile rapporto tra donne e politica, Rom 2006, S. 209–215.

24 Sowohl in Deutschland als auch in Italien unterschied sich die Beteiligung der Geschlechter während des ersten gemeinsamen Urnengangs kaum; allein in Frankreich fiel der Anteil der Frauen gegenüber dem der Männer etwas ab. In Deutschland nahmen an der Wahl zur verfassunggebenden Nationalversammlung (1919) 82,3 Prozent der wahlberechtigten Frauen teil, in Italien entschieden 89,1 Prozent über die Zusammenstellung der Assemblea Costituente (1946). Vgl. Rosenbusch, Weg zum Frauenwahlrecht, S. 473 f.; Galeotti, Storia del voto, S. 270; Mattei Do-

hinsichtlich ihrer Repräsentanz aus. Obwohl die Einwohnerschaft jedes Landes zu mehr als 50 Prozent aus Frauen bestand, hielten unverhältnismäßig wenige Politikerinnen Einzug in die Parlamente. In der ersten deutschen Nationalversammlung lag ihr Anteil bei 9,6 Prozent (1919), in der französischen bei 5,1 (1946) und in der italienischen bei 4,2 (1946). Anders als man vermuten sollte, verbesserte sich diese Quote in den Folgejahren nicht. Im Gegenteil, die Zahlen fielen steil ab: Nach über einem Jahrzehnt waren nur noch 7,0 Prozent (1930) der deutschen Abgeordneten weiblich, während der Anteil in Frankreich und Italien sogar auf 1,6 (1958) und 3,7 Prozent (1958) sank.[25]

In Anbetracht solcher Quoten steht außer Frage, dass sich der weibliche Einfluss darin hätte äußern können, die männlichen Abgeordneten zu überstimmen. Quantitativ bildeten die Parlamentarierinnen der ersten Stunde eine zu vernachlässigende Größe. Wohl aber vermochten sie, durch Anträge, Wortmeldungen oder bloße Anwesenheit die Atmosphäre und den Inhalt der Debatten zu ändern. In der Weimarer Republik wurde dies bereits in der verfassunggebenden Versammlung ersichtlich, als die USPD vergeblich die Aufhebung aller Ausnahmeregeln gegen Prostituierte forderte.[26] Keine andere Partei ließ sich im Juli 1919 überzeugen, dies in die Freiheitsrechte der Verfassung aufzunehmen. Drei Frauen protestierten jedoch abschließend gegen die Art und Weise, in der über die Angelegenheit gesprochen worden war. »Ich stehe auf dem Standpunkt, daß diese Frage nicht in die Verfassung gehört«, meinte etwa die Deutschdemokratin Marie Baum. »Aber ich bedaure den Ton, in dem sie hier behandelt wurde [...].«[27] Anna Blos, SPD, und Louise Zietz, USPD, stimmten in die Beschwerde ein und forderten mehr Respekt gegenüber der Pros-

---

gan / Jacques Narbonne, Les Françaises face à la politique. Comportement politique et condition sociale, Paris 1955, S. 85–87.
25 Bremme, Rolle der Frau, S. 124, Tab. 39; Jean Pascal, Les Femmes députés de 1945 à 1988, Paris 1990, S. 67; Gabriella Fanello Marcucci, Donne in parlamento: i conti che non tornano, Rom 1987, S. 85.
26 RTP Nationalversammlung, Bd. 337, Dok.-Nr. 455, S. 294 – 3. 7. 1919, Änderungsantrag Nr. 7.
27 RTP Nationalversammlung, Bd. 328, 57. Sitz., S. 1578 – 15. 7. 1919.

titutionsfrage.²⁸ Der USPD-Abgeordnete Oskar Cohn ergriff daraufhin die Gelegenheit und sprach im Namen gleichgesinnter Männer von einem »Gefühl der Beschämung« angesichts der »würdelosen Weise«, in der sich die Nationalversammlung des Themas angenommen habe.²⁹ Obwohl der Präsident diesen Vorwurf – unter viel Beifall – als unbegründet zurückwies, markierte die unscheinbare Episode einen Epochenwechsel: Die männlichen Delegierten waren nicht mehr unter sich, sondern mussten für ihre Äußerungen gegenüber weiblichen Parlamentsmitgliedern einstehen.³⁰ Auch im italienischen Senat, dessen Frauenquote bei Gründung der Republik nur 1,1 Prozent betrug, hielt nach der Wahlreform eine neue Mentalität Einzug. Gegen die *Legge Merlin* – das Gesetz zur Schließung der staatlich lizenzierten Bordelle – zu stimmen, sei ein Ding der Unmöglichkeit, betonte 1949 der Kommunist Ermanno Lazzarino: Denn nicht zuletzt aufgrund weiblicher Stimmen hätten die anwesenden Senatoren auf ihren Bänken Platz genommen. Wer lediglich die eigenen Egoismen verteidige, werde seinem Mandat nicht gerecht.³¹ Zugespitzt brachte dies der Christdemokrat Italo Mauro Sacco auf die Formel: »Wenn in dieser Aula ebenso viele Frauen versammelt wären, wie es arithmetisch der Zahl an Frauen [...] entspricht, die uns ihre Stimme gegeben haben, würde dieser Gesetzentwurf mit überwältigender Mehrheit verabschiedet [...].«³²

Zu diesem Bewusstseinswandel trat die Tatsache, dass die weiblichen Abgeordneten die Prostitutionsfrage nicht nur in die parlamentarische Debatte einbrachten, sondern dort auch im Gespräch

---

28 Ebd., S. 1579.
29 Ebd.
30 Im Juni 1923 meinte der Sozialdemokrat Fritz Kunert sogar, dass die Abgeordneten von ihren weiblichen Parteigenossen mittlerweile so weit geschult seien, dass sie gehorsamst nach deren Willen abstimmten. Vgl. RTP, Bd. 360, 367. Sitz., S. 11426 – 16. 6. 1923.
31 Senato, Discussioni, IX, S. 12594 f. – 7. 12. 1949.
32 Ebd., S. 12606, Italo Mauro Sacco: »[...] se in questa Aula vi fossero tante donne quante potrebbero aritmeticamente corrispondere al numero delle donne del Paese che ci hanno dato il voto, questo disegno di legge passerebbe a stragrande maggioranza [...]«.

hielten. Hatten Petitionen von Frauen zuvor wenig Resonanz gefunden,[33] fanden sich nun direkte Ansprechpartner in den Nationalversammlungen, die dem Ansinnen politisches Gewicht gaben. 16 Parlamentarierinnen schlossen sich im Oktober 1919 in der Weimarer Republik zusammen, um die Aufhebung der Reglementierung und die Auflösung der Sittenpolizei zu beantragen. Aus nahezu allen Fraktionen rekrutierten sich die Unterzeichnerinnen, die – unter Antragstellerin Marie Baum – bewusst überparteilich auftraten, um dem Anliegen Nachdruck zu verleihen.[34] In Italien bat 1948 eine Delegation der *Associazione Femminile Internazionale* Lina Merlin, die Schließung der *case chiuse* politisch voranzutreiben. Kaum hatte die Senatorin zugesagt, wurde sie von den Frauenrechtlerinnen umfassend mit Material ausgestattet. Für die Ausarbeitung des Gesetzes stellte ihr die Organisation – nach eigenem Bekunden – einen »Staranwalt« zur Verfügung, sodass bereits im Sommer ein ausgefeilter Entwurf eingereicht werden konnte.[35] In Frankreich wurde Marthe Richard eher zufällig zur Protagonistin und Namensgeberin der Gesetzesinitiative. Nachdem sie im Ersten Weltkrieg als Geheimagentin gegen die Deutschen gekämpft hatte, war sie in Romanen, Biografien und einem Spielfilm zu einer Nationalheldin stilisiert worden – ein Mythos, den sie durch ihr Mitwirken verstetigte und der es ihr nach 1944 erleichterte, sich als Widerstandskämpferin zu inszenieren und in den Stadtrat von Paris gewählt zu werden.[36] Erst auf Drängen der

---

33 Der Deutsche Kulturbund reichte z.B. 1883/84 zwei Petitionen bei Reichstag und Ministerien ein, ohne damit eine Debatte anstoßen zu können. In Frankreich hatte Julie Victoire Daubié 1870 vergeblich eine Behandlung des Themas beantragt. Vgl. Petra Schmackpfeffer, Frauenbewegung und Prostitution. Über das Verhältnis der alten und neuen Frauenbewegung zur Prostitution, Oldenburg 1989, S. 40; Raymonde Albertine Bulger, Lettres à Julie Victoire Daubié (1824–1874). La première bachelière de France et son temps, New York 1992, S. 126.
34 RTP Nationalversammlung, Bd. 339, Nr. 1324, S. 1300 – 22. 10. 1919; vgl. RTP, Bd. 377, Nr. 5801, S. 6745 – 4. 5. 1923.
35 Lina Merlin, La mia vita, hrsg. v. Elena Marinucci, Florenz 1989, S. 94f.
36 Vgl. Elizabeth Coquart, Marthe Richard. De la petite à la grande vertu, Paris 2006, S. 43–164; Natacha Henry, Marthe Richard. L'aventurière des maisons closes, Paris 2006, S. 37–117.

Christdemokraten übernahm sie hier die Führung in der Prostitutionsdebatte. Ihre wohlfundierte Eingangsrede basierte auf einer Textvorlage Pierre Corvals, eines Vollblutpolitikers des *Mouvement républicain populaire* (MRP) und Experten in dieser Frage. Nicht nur in den Augen ihrer Biografen erscheint Richard daher wie eine Marionette, die von den Politikern des MRP und den Abolitionisten instrumentalisiert wurde;[37] schon Zeitgenossen warfen ihr dies vor.

Falsch wäre es jedoch, daraus den Schluss zu ziehen, Frauen wären für die französische Gesetzesinitiative nur vordergründig von Bedeutung gewesen. Im Hintergrund agierte mit Marcelle Legrand-Falco nämlich die wahre Politikerin, eine ehemalige Krankenschwester, die 1926 die *Union temporaire contre la prostitution reglementée* gegründet und sich seitdem unermüdlich für die Abschaffung der Reglementierung eingesetzt hatte. Minister, Senatoren und Abgeordnete wurden von ihr über zwei Jahrzehnte großzügig mit Informationsmaterial bedacht.[38] Pierre Dominjon, der im März 1946 den Gesetzesentwurf im Parlament einreichte, sprach sich im Vorfeld mit ihr ab.[39] Der umfangreiche Bestand an Korrespondenzen, der im Pariser *Musée social* gelagert ist, weist nach, dass diese Frau zunehmend Gehör im Parlament und in den Ministerien fand.

Wenngleich die Diskussion in allen Ländern – aufgrund der schieren Überzahl – mehrheitlich von männlichen Abgeordneten bestritten wurde, fällt in Frankreich und Italien dennoch auf, dass die Verfahren in den entscheidenden Momenten Anstöße von weiblicher Seite erhielten. Gefährdet waren die Initiativen zumeist weniger durch die unverblümte Ablehnung einiger Parlamentarier als durch den Unwillen der schweigenden Masse, die am Fortschritt der Debatte nicht interessiert war. Das Thema drohte, im politischen Betrieb unterzugehen. Und sobald dies geschah, bedurfte es eines Abgeord-

---

37 Coquart, Richard, S. 191 f.; Henry, Richard, S. 151 f.
38 Vgl. Cedias, Fonds Legrand-Falco, Inventaire provisoire C7-A: Correspondance 1930 à 1960; ebd., Dossier III-2: Correspondance avec Ministres et parlementaires.
39 Vgl. ebd., Dossier III-2: Correspondance avec Ministres et parlementaires, die Briefe vom 27. 12. 1945, 28. 1., 30. 1., 14. 2., 29. 2., 19. 3. u. 27. 3. 1946.

neten, der es wieder ins Spiel brachte: Stets handelte es sich um Frauen. Lina Merlin etwa initiierte das Verfahren nicht nur im Jahre 1948, sie scheute auch keine Mühen, es 1953 erneut auf den Weg zu bringen, als das Ende der Legislaturperiode alle vorhergehenden Erfolge hinfällig machte[40] und sie als einzige Frau wieder in den Senat gewählt worden war.[41] In der Kammer stellte sich im Januar 1958 Gigliola Valandro der fortwährenden Vertagung der Angelegenheit entgegen und erwirkte die abschließende Verhandlung.[42]

In Frankreich täuschte die zügige Verabschiedung der *Loi Richard* zunächst darüber hinweg, dass entscheidende Punkte des Gesetzes durch ein Ergänzungsgesetz – die *Loi Cordonnier* – neutralisiert wurden. Die Neuregelung wurde zudem in der Praxis gar nicht respektiert – ein Umstand, auf den Germaine Poinso-Chapuis und Francine Lefebvre im Dezember 1954 aufmerksam machten: Sowohl der Gesundheits- als auch der Innenminister mussten sich der unangenehmen Frage stellen, ob tatsächlich – wie von der Presse kolportiert – neue *maisons de tolérance* eröffnet worden seien.[43] Hinter den Kulissen setzte Legrand-Falco ihr Wirken fort. Da die französische Regierung das Prostitutionsgesetz verwässert hatte, war Paris nicht in der Lage, die UN-Konvention von 1949[44] – gegen die Prostituierung anderer – zu unterzeichnen. Über ihren Vertrauten Jean Cayeux, Abgeordneter des MRP, ersuchte Legrand-Falco das Außenministerium wiederholt um Stellungnahme.[45] An Kriegsminister, Parteivorsitzende und

---

40 König, Staat als Zuhälter, S. 93.
41 Merlin, La mia vita, S. 96.
42 Camera dei Deputati, Legislatura II, Atti Parlamentari. Discussioni, Anni 1957–1958, Bd. XLIV, Rom 1958, S. 39124; Merlin, La mia vita, S. 97.
43 Journal officiel de la république française. Débats parlementaires, Assemblée nationale 110 (1954), Séances du jeudi 2 décembre 1954 – 3.12.1954, S. 5715 f.; Y a-t-il encore des maisons tolerées?, in: *La prophylaxie sanitaire et morale* 27 (1955), H. 4, S. 92–94.
44 UN-Konvention Nr. 317 IV, abgedruckt in: Christian Tomuschat (Hg.), Menschenrechte. Eine Sammlung internationaler Dokumente zum Menschenrechtsschutz, Bonn 2002, S. 283–290.
45 Vgl. Bidault an Cayeux – 17.12.1953, in: Cedias, Fonds Legrand-Falco, Inventaire provisoire C7-A: Correspondance 1930 à 1960, n.p.; Cayeux an Legrand-Falco – 12.1.1954, in: ebd.

Ministerpräsidenten richtete Legrand-Falco ihre Briefe, in denen sie den engen Zusammenhang zwischen Frauenhandel und Reglementierung hervorhob.[46] In der *Assemblée nationale* nahm 1956 die Abgeordnete Lefebvre den Ball auf und bat das Innenministerium mehrfach um Auskunft zu den Verschleppungen, denen jedes Jahr Tausende französischer Frauen zum Opfer fielen.[47] Wenige Monate später beantragten Lefebvre und Cayeux eine Änderung des Strafgesetzbuches: Die Aufdeckung des Mädchenhandels solle erleichtert und die Sanktionen für Zuhälterei verschärft werden.[48] Gleichzeitig schlossen sich parteiübergreifend vier Frauen zusammen – Marie-Madeleine Dienesch, Rachel Lempereur, Germaine Degroud sowie Francine Lefebvre – und reichten der Abgeordnetenkammer einen Beschlussantrag ein, um die Ratifizierung der UN-Konvention durchzusetzen.[49] Als Lefebvre aus dem Parlament ausschied, sprang mit Marie-Madeleine Dienesch die nächste Frau in die Bresche und hielt die Diskussion aufrecht.[50] Dieser Vorstoß besiegelte schließlich die Entscheidung: Im Juni 1960 wurde das geforderte Gesetz verab-

---

46 Legrand-Falco an Pierre Billotte, Pierre Mendès France u. Guy Mollet – 29. 12. 1955, 15. 12. 1955 u. 7. 7. 1956, in: Cedias, Fonds Legrand-Falco, Inventaire provisoire C7-B: Actions-Lettres, années 1950/60, n. p. Ende der 1950er Jahre erreichte ihr Drängen, das Übereinkommen endlich zu unterzeichnen, selbst Charles de Gaulle. Vgl. den Briefwechsel zwischen Maurice Schumann und Legrand-Falco – 8. 12. 1958, 19. 1., 23. 1. 1959 sowie 11. 10., 17. 10. u. 18. 10. 1960, in: Cedias, Fonds Legrand-Falco, Dossier III-2, n. p.

47 Journal officiel de la république française. Débats parlementaires, Assemblée nationale 20 (1956), Questions orales du 29 février 1956 – 1. 3. 1956, S. 589; ebd. 31 (1956), Séance du 16 mars 1956 – 17. 3. 1956, S. 1014 f.

48 Germaine Touquet, Un Trafic qui déshonore le pays de la liberté. Modifiez trois articles du code pénal propose Francine Lefebvre, in: *Forces Nouvelles* 201 (1957) – 30. 11. 1957, S. 7.

49 Vgl. Francine Lefebvres Rede auf der Assemblée générale der Union française contre le trafic des femmes – 5. 12. 1958, in: *La prophylaxie sanitaire et morale* 31 (1959), H. 4, S. 89–93, hier 91.

50 Vgl. *La prophylaxie sanitaire et morale* 32 (1960), H. 10, S. 252; Cesare Ducrey, I nuovi aspetti legislativi e medico-sociali della lotta antivenerea in Francia, in: Associazione nazionale ispettori dermosifilografi (Hg.), Atti del X convegno nazionale (Roma, 4–5 novembre 1961), Turin 1962, S. 104–109, hier S. 106.

schiedet,⁵¹ und im Oktober unterzeichnete De Gaulle das Abkommen.⁵² Erst damit wurde die Diskriminierung der Prostituierten endgültig aufgehoben.

Die Abschaffung der staatlich kontrollierten Prostitution: Faktoren und Argumente

Um einer monokausalen Erklärung vorzubeugen, muss abschließend herausstellt werden, dass die Einführung des Frauenwahlrechts in keinem der drei Länder automatisch zur Schließung der staatlich lizenzierten Bordelle führte. Tatsächlich zogen sich die Debatten bis zur Verabschiedung des jeweiligen Gesetzes noch über neun bis vierzehn Jahre hin. Die weiblichen Abgeordneten konnten die Diskussion zwar initiieren und beschleunigen, Für und Wider wägten die Parlamente aber trotzdem ab. Um die entwürdigenden Kontrollen der Prostituierten zu beenden, bedurfte es folglich weiterer Faktoren, die sich änderten. Einige sollen im Folgenden kurz skizziert werden:

Der Demokratisierungsschub, den Deutschland, Frankreich und Italien nach dem Ersten beziehungsweise Zweiten Weltkrieg erfuhren, schlug sich nicht nur darin nieder, dass Frauen fortan im Parlament vertreten waren. Zusätzlich reduzierte der Demokratisierungsprozess auch die sozialen Hierarchien. Sozialistisches Gedankengut fand zunehmend Gehör.⁵³ Der Einsatz für die Unterschicht musste

---

51 *La prophylaxie sanitaire et morale* 32 (1960), H. 12, S. 305.
52 Vgl. die Korrespondenz Legrand-Falco / Schumann – 11. 10., 17. 10. u. 18. 10. 1960, in: Cedias, Fonds Legrand-Falco, Dossier III-2, n. p. sowie Chef de Cabinet, Pierre Pelletier, frz. Außenministerium, an Schumann – 25. 10. 1960, in: ebd.
53 Ursprünglich war die Schließung der Bordelle in allen drei Ländern ein Projekt der Linken. Seit Erscheinen des Kommunistischen Manifests bezeichneten Sozialisten die Prostitution als eine Sonderform kapitalistischer Ausbeutung. Vgl. Karl Marx, Das Manifest der Kommunistischen Partei. Kommentierte Studienausgabe, hrsg. v. Theo Stammen u. Alexander Classen, Paderborn 2009, S. 82; Chryssoula Kambas, Frühsozialismus und Prostitution. Zum Verdacht unsittlicher Vergesellschaftung, in: *Ästhetik und Kommunikation* 6 (1975), H. 21, S. 34–48, hier S. 42.

nicht mehr aus christlicher Güte herrühren, sondern konnte aus dem naturrechtlichen demokratischen Grundprinzip begründet werden, laut dem alle Menschen vor dem Gesetz gleich sind; der Schutz der menschlichen Würde gewann in allen drei Ländern an Bedeutung. Vor diesem Hintergrund wurde das Engagement für die Rechte von Prostituierten, die zumeist aus der Unterschicht stammten, selbstverständlicher.[54]

Eine Aufwertung erfuhr – im Rahmen dieses Demokratisierungsschubs – zudem das Expertenwissen der Ärzte; denn ihre Expertise wurde von den Abgeordneten erfragt und in die Debatten eingebracht.[55] Die Effektivität des Reglementierungssystems geriet dadurch zunehmend in die Kritik. Es stellte sich nämlich heraus, dass die sogenannte »kontrollierte Prostitution« die Ausbreitung von Syphilis und Gonorrhoe nicht verhinderte, sondern vielmehr begünstigte: Durch das Reglementierungssystem wurde eine medizinische Sicherheit vorgetäuscht, die nicht gegeben war. Auch in den staatlich kontrollierten Häusern kursierten die Krankheiten; und die hohe Kundenzahl führte dazu, dass viele dieser Bordelle regelrechte Infektionsherde waren.[56]

Ein Faktor, der erst durch den Ländervergleich zur Geltung kommt, ist der Einfluss der katholischen Kirche. Diese hatte, im Gegensatz zu den Protestanten, die Existenz staatlich lizenzierter Bordelle bis zum Ende des 19. Jahrhunderts nämlich toleriert – als notwendiges Übel, das von den Kirchenvätern als unabdingbar bezeichnet worden sei. So hatte Augustinus im 4. Jahrhundert zu bedenken

---

54 Vgl. König, Staat als Zuhälter, S. 229–248.
55 Vgl. Hermann Lübbe, Politische Entscheidung und Fachwissen, in: Reinhard Löw / Peter Koslowski / Robert Spaemann (Hg.), Expertenwissen und Politik, Weinheim 1990, S. 77–90, hier S. 83; Ludwig Jäger, Expertenkultur und Sprachkultur: »Innersprachliche Mehrsprachigkeit« und das Problem der Transparenz des Expertenwissens, in: Max Kerner (Hg.), Aufstand der Laien. Expertentum und Demokratie in der technisierten Welt, Aachen / Leipzig / Paris 1996, S. 45–60, hier S. 47; Malte König, Democrazia e diritti umani. L'abolizione della prostituzione regolamentata in Germania e Italia 1918–1958, in: *Scienza & Politica. Per una storia delle dottrine*, Vol. 27 (2015), H. 53, S. 375–389, hier S. 382–384.
56 Vgl. König, Staat als Zuhälter, S. 152–184.

gegeben, dass die Wolllust die gesamte Gesellschaft ins Chaos stürze, wenn man die Prostituierten aus ihr entferne. Thomas von Aquin verglich das Gewerbe mit einer Kloake, mit einem Kanalsystem, das »Unreines« aus der Stadt abführe.[57] Um die Jahrhundertwende wandelte sich jedoch die Einstellung des Vatikans: Die Päpste und der Klerus, die sich in der Frage zuvor bedeckt gehalten hatten, unterstützten fortan das Werk der Abolitionisten; und nach dem Ersten Weltkrieg kritisierten in wachsender Zahl Katholiken die staatliche Reglementierung – ein Umstand, der sich überall in der Positionierung der katholisch geprägten Parteien niederschlug.[58]

Von Bedeutung war des Weiteren der Abbau alter Mythen, die bis dahin den Erhalt des Reglementierungssystems begünstigt hatten: So geriet die These der »geborenen Prostituierten«, die der Kriminologe Cesare Lombroso 1893 verbreitet hatte,[59] zunehmend in Misskredit. Die Vorstellung, dass es sich um eine Veranlagung, eine Art angeborener Kriminalität handele, verlor an Boden – zunächst in Deutschland und Frankreich, später in Italien –, mit der Konsequenz, dass es fortan schwerer fiel, die Prostituierten als Täterinnen zu bezeichnen, vor denen die Gesellschaft geschützt werden müsse. Die

---

57 Vgl. weiterführend: Giovanni Battista Guzzetti, Prostituzione. L'atteggiamento dei moralisti, in: Enciclopedia cattolica 10 (1953), S. 162–164, hier S. 162 f.; Italo Mereu, Prostituzione (storia), in: Enciclopedia del diritto 37 (1988), S. 440–451, hier S. 443.
58 Vgl. König, Staat als Zuhälter, S. 382–406.
59 Cesare Lombroso / Guglielmo Ferrero, La donna delinquente, la prostituta e la donna normale, Turin / Rom 1893. Zur Rezeption von Lombrosos Kriminalanthropologie vgl. Mariacarla Gadebusch Bondio, Die Rezeption der kriminalanthropologischen Theorien von Cesare Lombroso in Deutschland von 1880–1914, Husum 1995; Richard F. Wetzell, Inventing the Criminal: A History of German Criminology, 1880–1945, Chapel Hill / London 2000; Mary Gibson, Cesare Lombroso and Italian Criminology: Theory and Politics, in: Peter Becker / Richard F. Wetzell (Hg.), Criminals and their Scientists: The History of Criminology in International Perspective, New York / Washington 2006, S. 137–158; dies., Born to Crime; Marc Renneville, La Réception de Lombroso en France (1880–1900), in: Laurent Mucchielli (Hg.), Histoire de la criminologie française, Paris 1994, S. 107–135.

sozialistische Interpretation, laut der es sich vielmehr um Opfer der bürgerlichen Gesellschaft handele, gewann an Gewicht.[60]

Auf Unglaube stieß zudem zunehmend die Behauptung, dass sexuelle Abstinenz Männer krank mache und die Bordelle aus diesem Grund benötigt würden – eine bis ins 20. Jahrhundert verbreitete Ansicht.[61] Die Spannbreite der mit Abstinenz verbundenen Krankheiten reichte weit: Leichtes Unbehagen, Neurosen, Psychosen, Masturbation und sexuelle Perversion, aber auch organische Schäden wurden als Folgen benannt. Homosexualität und Sexualverbrechen sollten ihre Ursache in der Enthaltsamkeit haben.[62] Welche Bedeutung der Enthaltsamkeitsfrage bei der Bekämpfung der Geschlechtskrankheiten beigemessen wurde, zeigt sich darin, dass einer der Beschlüsse der zweiten internationalen Syphiliskonferenz (1902) allein darauf abzielte: An erster Stelle müsse jungen Männern beigebracht werden, dass Abstinenz nicht nur unschädlich, sondern aus medizinisch-hygienischer Sicht sogar empfehlenswert sei.[63] Mit dieser Feststellung im Rücken konnte die Schließung der Bordelle erheblich forciert werden.

Widerlegt wurde außerdem die These der Erbsyphilis, die das Bedrohungspotenzial der Krankheit ins Apokalyptische gesteigert hatte. Durch die zunehmende sexuelle Aufklärung und die Verbreitung von Heilmitteln wie Salvarsan und Penicillin verlor Syphilis generell an Schrecken; ein nüchterner Blick auf die Krankheit wurde möglich, sodass die Abwägung zwischen dem Gesundheitsschutz der

---

60 Vgl. König, Staat als Zuhälter, S. 248–271.
61 Vgl. ebd., S. 205–229.
62 Vgl. Andreas Hill, Medizinische Debatten über sexuelle Abstinenz in Deutschland von 1903 bis 1918. Ein Beitrag zur Geschichte der Sexualwissenschaft und der Geschlechtskrankheiten, Med. Diss., Mikrofiche, Universität Lübeck 1996, S. 97–107; Ferdinando De Napoli, Sesso e amore nella vita dell'uomo e degli altri animali [1927], Mailand 1942, S. 423–454; Hugo Hecht, Die soziale Bedeutung und Bekämpfung der Geschlechtskrankheiten, in: Josef Jadassohn (Hg.), Handbuch der Haut- und Geschlechtskrankheiten, Bd. 22, Berlin 1927, S. 1–237, hier S. 112–114.
63 Émile Dubois-Havenith (Hg.), II° Conférence internationale pour la prophylaxie de la syphilis et des maladies vénériennes. Bruxelles 1902, Bd. II: Compte rendu des séances, Brüssel 1903, S. 512.

Gesellschaft und individuellen Freiheitsrechten ausgewogener ausfallen konnte.[64]

Hinzu kamen internationale Verpflichtungen gegenüber dem Völkerbund und später der UNO. Da diese den Frauen- und Mädchenhandel rigoros bekämpften, mussten die Regierungen der Mitgliedsländer zwangsläufig zu ihrer Prostitutionspolitik Stellung beziehen. Dass ein direkter Zusammenhang zwischen den staatlich lizenzierten Häusern und dem internationalen Frauenhandel bestand, ließ sich schon in den 1920er Jahren nicht mehr leugnen.[65] Die rechtliche Handhabung des Prostitutionswesens war daher keine rein nationale Angelegenheit mehr, die allein innenpolitisch verhandelt werden konnte, sondern ein Punkt, mit dem ein Mitgliedsland von der internationalen Gemeinschaft zur Rechenschaft gezogen werden konnte.

Fazit

Abschließend fallen vor allem drei Punkte ins Auge:

Erstens, die politische Frage der staatlich kontrollierten Prostitution und die Einführung des Frauenwahlrechts standen in einem engen Wechselverhältnis. Zum einen verstärkte das staatliche Bordell- und Prostitutionssystem das Bedürfnis vieler Frauen, politisch aktiv zu werden; zum anderen beflügelten die Frauen nach ihrem Eintritt ins Parlament die Debatte um die Abschaffung der staatlichen Reglementierung.

Zweitens, das Kriterium »Frauenwahlrecht« war für den Debattenverlauf und die Beschlussfassung notwendig, aber nicht hinrei-

---

64 Malte König, Syphilisangst in Frankreich und Deutschland. Hintergrund, Beschwörung und Nutzung einer Gefahr 1880–1940, in: Malte Thießen (Hg.), Infiziertes Europa. Seuchen im langen 20. Jahrhundert, *Historische Zeitschrift*, Beiheft 64, München 2014, S. 50–75; ders., Der Staat als Zuhälter, S. 109–152.
65 Vgl. den Bericht des Völkerbunds: League of Nations, Report of the Special Body of Experts on Traffic in Women and Children, 2 Bde., Genf 1927, sowie weiterführend: König, Staat als Zuhälter, S. 353–382.

chend. Zweifellos handelte es sich in allen drei Ländern um eine notwendige Voraussetzung, um den jeweiligen Gesetzesentwurf auf den Weg zu bringen; doch es entschied die Debatte nicht. Viele andere Faktoren und Argumente flossen ebenfalls in den Entscheidungsprozess ein.

Drittens, der quantitative Anteil der Frauen im Parlament hatte eine geringere Bedeutung, als man vermuten würde. Ausschlaggebend war, dass Frauen überhaupt vertreten waren. Nirgends zeigt sich dies deutlicher als in Italien, wo Lina Merlin ihr Gesetz zur Schließung der lizenzierten Bordelle in einer Legislaturperiode durchsetzte, in der sie als einzige Frau im Senat saß – unter 242 Männern. Die Anwesenheit einer Frau konnte ausreichen, um Sprache, Atmosphäre und Themen im Parlament entscheidend zu beeinflussen.

Raum – Körper – **Sprechen**

Susanne Schötz

Politische Partizipation und Frauenwahlrecht bei Louise Otto-Peters

Erstaunlicher Weise gilt Louise Otto-Peters (1819–1895)[1] bislang vergleichsweise wenig Interesse, wenn es um die Geschichte der politischen Partizipation von Frauen in Deutschland geht. Dabei hat sie als Schriftstellerin, Journalistin, Publizistin und Frauenpolitikerin wie keine andere die Formierung der ersten deutschen Frauenbewegung über einen langen Zeitraum mit ihren Ideen und Initiativen geprägt.[2] Bereits als junge Frau setzte sie sich im Vormärz und in der Revolution von 1848/49 mit der benachteiligten, vielfach eingeschränkten, teilweise völlig rechtlosen Rolle und Stellung von Frauen in Staat, Wirtschaft, Gesellschaft und Familie auseinander. Immer wieder wird

---

1 Vgl. zur Biografie: Johanna Ludwig, Eigner Wille und eigne Kraft. Der Lebensweg von Louise Otto-Peters bis zur Gründung des Allgemeinen Deutschen Frauenvereines 1865. Nach Selbstzeugnissen und Dokumenten, Leipzig 2014. Siehe des Weiteren: Irina Hundt, Einleitung, in: dies. (Hg.), Im Streben »nach Einfluß aufs Ganze«. Louise Ottos Tagebücher aus den Jahren 1849 – 1857 [= Louise-Otto-Peters-Jahrbuch III/2009. Forschungen zur Schriftstellerin, Journalistin, Publizistin und Frauenpolitikerin Louise Otto-Peters (1819 – 1895), hg. v. Johanna Ludwig, Susanne Schötz und Hannelore Rothenburg], Beucha 2010, S. 9–40; Marion Freund, Louise Otto (1819–1895). Biographischer Hintergrund, in: dies., »Mag der Thron in Flammen glühn«. Schriftstellerinnen und die Revolution von 1848/49, Königstein i. Ts. 2004, S. 131–145; Carol Diethe, The Life and Work of Germany's Founding Feminist Louise Otto-Peters (1819–1895), New York 2002; Ruth-Ellen Boetcher Joeres, Die Anfänge der deutschen Frauenbewegung: Louise Otto-Peters, Frankfurt am Main 1983.
2 Vgl. Boetcher Joeres, Die Anfänge der deutschen Frauenbewegung, S. 21.

in diesem Zusammenhang ihre Artikelfolge in den *Sächsischen Vaterlandsblättern* von 1843/44 genannt, mit der sie das Recht und die Pflicht der Frauen, an den Angelegenheiten des Staates teilzuhaben, begründete. Zudem finden ihre »Adresse eines Mädchens« von 1848 sowie die Herausgabe der ersten bedeutenden politischen Frauenzeitung in Deutschland zwischen 1849–1852/53 Würdigung.[3]

Ihre größte Bedeutung erlangte Louise Otto-Peters jedoch mit der von ihr initiierten Gründung des Allgemeinen Deutschen Frauenvereins (ADF) im Oktober 1865 in Leipzig. Diese gilt in den einschlägigen Darstellungen als Geburtsstunde der organisierten Frauenbewegung in Deutschland.[4] Mit dem ADF, dessen Vorsitzende sie bis zu ihrem Tode 1895 war, existierte eine gesamtdeutsch orientierte »Keimzelle feministischer Aktivitäten«,[5] die die Gesellschaft des Kaiserreichs nachhaltig herausforderte und veränderte. Nahezu einhellig betont die Forschung das Engagement des ADF und seiner Vorsitzenden für verbesserte Bildungs- und Erwerbsmöglichkeiten (bis hin zur Öffnung der Universitäten und akademischen Berufe für Frauen) sowie für höhere Löhne von Frauen und für eine Reform des Ehe- und Familienrechts im Zuge der Erarbeitung des BGB für das Deutsche Reich.[6]

---

3 Vgl. u. a. Ute Gerhard, Unerhört. Die Geschichte der deutschen Frauenbewegung, Reinbek bei Hamburg 1990, S. 37 f.; Angelika Schaser, Frauenbewegung in Deutschland 1848–1933, Darmstadt 2006, S. 18 f.; Margrit Twellmann, Die deutsche Frauenbewegung. Ihre Anfänge und erste Entwicklung 1843–1889, Meisenheim am Glan 1972, S. 4; Boetcher Joeres, Die Anfänge der deutschen Frauenbewegung, S. 58.

4 Vgl. Cordula Koepcke, Louise Otto-Peters. Die rote Demokratin, Freiburg/Basel/Wien 1981, S. 94; Gerhard, Unerhört, S. 76; Schaser, Frauenbewegung, S. 41.

5 So Ute Gerhard, Frauenbewegung und Feminismus. Eine Geschichte seit 1789, München 2012, S. 54.

6 Ute Frevert, Frauen-Geschichte. Zwischen bürgerlicher Verbesserung und neuer Weiblichkeit, Frankfurt am Main 1986, S. 113 ff.; Herrad-Ulrike Bussemer, Bürgerliche Frauenbewegung und männliches Bildungsbürgertum 1860–1880, in: Ute Frevert (Hg.), Bürgerinnen und Bürger. Geschlechterverhältnisse im 19. Jahrhundert, Göttingen 1988, S. 190–205, hier S. 190; Florence Hervé, Dem Reich der Freiheit werb' ich Bürgerinnen. Von den Anfängen bis 1889, in: dies. (Hg.): Geschichte der deutschen Frauenbewegung, Köln 1995, S. 26–28; ; Schaser, Frauen-

Wie jedoch im ADF über die politische Teilhabe von Frauen und das Frauenwahlrecht gedacht wurde, das bleibt in den meisten Geschichtsdarstellungen vage, wenn nicht widersprüchlich. So heißt es, der ADF und seine Vorsitzende hätten Fragen der politischen Partizipation ängstlich vermieden oder in die Zukunft verschoben.[7] Auch ist von einer politischen Richtungsänderung im ADF nach der Reichsgründung die Rede, verbunden mit einer theoretisch-konzeptionellen Neuorientierung, weg vom Feminismus des Egalitarismus hin zum Geschlechterdualismus.[8] Ausdruck dessen sei die Hinwendung zu Konzepten einer spezifischen Frauenbildung sowie zu »geistiger Mütterlichkeit« als »Kulturberuf« der Frau mit dem Ziel der Besserung der allgemeinen »Volkszustände« gewesen. Damit habe sich der ADF vom demokratischen, feministischen Anspruch nach der grundsätzlichen Gleichberechtigung der Geschlechter verabschiedet.[9] Zudem sei Louise Otto als langjähriger Vertreterin der deutschen Nationalbewegung die Nationalstaatsgründung von 1870/71 wichtiger gewesen als der kriegerische Weg dahin durch Bismarck und unter der Führung Preußens; letztlich habe sie, sozusagen als kleineres Übel, über demokratische Defizite des neu geschaffenen Kaiserreichs hinweggesehen.[10] Dabei wird kontrovers bewertet, ob sie das Frauenwahlrecht überhaupt forderte.[11]

---

bewegung in Deutschland, S. 41; Tanja-Carina Riedel, Gleiches Recht für Mann und Frau. Die bürgerliche Frauenbewegung und die Entstehung des BGB, Köln/Weimar/Wien 2008; Susanne Schötz, »Gleiches Gehirn, gleiche Seele, gleiches Recht!«. Der Allgemeine Deutsche Frauenverein im Ringen um die Öffnung der Universitäten für Frauen, 1865–1890, in: Schule in Leipzig. Aspekte einer achthundertjährigen Geschichte, hrsg. v. Detlef Döring und Jonas Flöter, Leipzig 2011, S. 347–373.

7 Zusammenfassung zum angeblichen deutschen Sonderweg bei: Gisela Bock, Frauenwahlrecht – Deutschland um 1900 in vergleichender Perspektive, in: Michael Grüttner u. a. (Hg.), Geschichte und Emanzipation. Festschrift für Reinhard Rürup, Frankfurt am Main/New York 1999, S. 95–136, hier S. 96–101.
8 Vgl. Bussemer, Bürgerliche Frauenbewegung, S. 199–203.
9 Vgl. Gerhard, Unerhört, S. 123 ff.
10 Ebd., S. 125.
11 Vgl. Johanna Ludwig, »Auch die Rechte der Frauen bedenken«. Louise Otto (1819–1895) in der Revolution von 1848/49, in: Helmut Bleiber/Walter Schmidt/

Vor allem Angelika Schaser, Kerstin Wolff und Gisela Bock setzten neue Akzente in der Bewertung der ersten deutschen Frauenbewegung. So verdeutlichte Angelika Schaser mit Bezug auf neuere lokalgeschichtliche Untersuchungen, aber auch auf biografische Studien zu bekannten Vertreterinnen der Frauenbewegung um bzw. nach 1900, so Helene Lange, Gertrud Bäumer, Anita Augspurg, Henriette Fürth, Bertha Pappenheim, Alice Salomon und andere, dass zwischen unterschiedlich orientierten Frauenvereinen eine Vielfalt von Koalitionen existierte. Eine strikte Trennung nach Vereinen und Personen, die entweder die Differenz oder die Egalität der Geschlechter betonten, lässt sich nicht aufrechterhalten.[12] Kerstin Wolff zeigte am Beispiel des ADF-Vorstandsmitglieds Henriette Goldschmidt, dass die von Goldschmidt bereits 1869 geforderte und vom ADF später vielfach umgesetzte Mitwirkung der Frauen in den Gemeinden – in der Armenpflege, Waisenpflege, Schulaufsicht, Wohnungsinspektion u.a.m. – nicht nur ein Einüben in politische Partizipation, sondern ganz konkrete Teilhabe an Sozialpolitik auf kommunaler Ebene bedeutete – und das Jahrzehnte bevor Frauen das Wahlrecht besaßen.[13] Auch Gisela Bocks Entdeckung, dass sich die alte Demokratin Louise Otto unmittelbar vor ihrem Tod im März 1895, in ihrem letzten, erst postum erschienenen Text in der Zeitschrift des ADF *Neue Bahnen* in einer enthusiastischen Buchbesprechung öffentlich zum Frauenwahlrecht bekannte,[14] lässt erahnen, dass Fragen der politischen Partizipation von Frauen für Louise Otto-

---

Susanne Schötz (Hg.), Akteure eines Umbruchs. Männer und Frauen der Revolution von 1848/49, Berlin 2003, S. 493–514, hier S. 504; Boetcher Joeres, Die Anfänge der deutschen Frauenbewegung, S. 177; Twellmann, Die deutsche Frauenbewegung, S. 20 und S. 212.

12 Vgl. Schaser, Frauenbewegung in Deutschland, S. 4 und S. 7.
13 Kerstin Wolff, Praktische Politik in den Gemeinden. Die Reformierung der Gesellschaft durch eine kommunale (Frauen-)Politik im Kaiserreich, in: Ariadne 40. Forum für Frauen- und Geschlechtergeschichte, 2001, S. 20–25.
14 Bock, Frauenwahlrecht, 106 f. Es handelt sich um die Schrift von Thomas Higginson aus Massachusetts, Mitherausgeber des *Woman's Journal* der American Woman Suffrage Association, von 1881: Common Sense about Women. Sie erschien 1895 in deutscher Übersetzung: Die Frauen und der gesunde Menschenverstand.

Peters und den ADF wohl doch eine andere Rolle spielten, als das von Teilen der älteren Forschung angenommen wurde. Gisela Bock konstatierte zudem ebenfalls eine Kompatibilität von Egalitarismus und Geschlechterdifferenz im Diskurs der deutschen wie der internationalen Frauenbewegung;[15] es war, so Bock, »für die klassische Frauenbewegung aller Länder« kein Widerspruch, die Forderung nach Gleichheit von Rechten und Chancen auf eine Geschlechterdifferenz zu gründen, und zwar unabhängig davon, ob es sich um »gemäßigte« oder »radikale« Frauenvereine handelte.[16]

Hier knüpft der folgende Beitrag an, der ausschließlich auf Louise Otto-Peters, die vielleicht bedeutendste deutsche Feministin des 19. Jahrhunderts, fokussiert. Anliegen ist es, sie als eine der wichtigsten deutschen *Vorkämpferinnen* für die politische Partizipation von Frauen und für das Frauenwahlrecht im 19. Jahrhundert zu würdigen.[17] Politische Teilhaberechte von Frauen zählten von Anbeginn an zu den Grundbestandteilen ihres sich entwickelnden feministischen Denkens und Demokratieverständnisses und bildeten zeitlebens eine Grundsäule ihrer wesentlich umfassenderen gesellschaftspolitischen und frauenemanzipatorischen Visionen. Louise Otto war möglicherweise die erste Person in Deutschland, die öffentlich das Frauenwahlrecht forderte – nämlich bereits 1848/49. Damit gehört sie auch weltweit in die Reihe der Ersten mit dieser Forderung. Die These einer wie auch immer gedachten deutschen Verspätung oder Zaghaftigkeit des feministischen Denkens lässt sich nicht aufrechterhalten.[18]

---

15 Gisela Bock, Frauen in der europäischen Geschichte. Vom Mittelalter bis zur Gegenwart, München 2000, S. 196.
16 Bock, Frauenwahlrecht, S. 110.
17 Ziel ist nicht ein umfassender Nachweis auf der Grundlage ihres gesamten, auch des schriftstellerischen und autobiografischen Schrifttums – denn eine solche langwierige Auswertung steht aus –, sondern auf der Basis einiger von mir ausgewerteter gesellschaftspolitischer und emanzipatorischer Schriften.
18 Dies zeigte bereits Gisela Bock für die deutsche Frauenbewegung um 1900. Vgl. Bock, Frauenwahlrecht. Einen Überblick zum internationalen historischen Timing der Frauenwahlrechtsforderung findet sich bei Bock, Frauen in der europäischen Geschichte, S. 178–190, sowie bei Birgitta Bader-Zaar, Zur Geschichte des Frauenwahlrechts im langen 19. Jahrhundert. Eine international vergleichende

Louise Otto-Peters verkörperte einerseits jenen Typ der Pionier_innen, die als Einzelkämpfer_innen lange vor der Formierung von Frauenbewegungen oder Frauenstimmrechtsbewegungen für die staatsbürgerlichen Rechte von Frauen eintraten, dies thematisiert der erste Teil meines Textes. Sie repräsentierte andererseits zudem jene Feminist_innen, die gezielt dazu beitrugen, die Idee des Frauenstimmrechts innerhalb der sich formierenden, vielstimmigen Frauenbewegung nicht nur zu verankern, sondern auch unter schwierigen politischen Bedingungen zu bewahren, darum geht es im zweiten Teil.

Louise Ottos Engagement für die politische Partizipation und das Wahlrecht von Frauen im Vormärz und in der Revolution von 1848/49

Louise Otto im Vormärz – das war eine junge idealistische Frau, die in einer Zeit, als Frauen dem dominierenden Geschlechterdenken zufolge ihren »natürlichen Beruf« der Gattin, Hausfrau und Mutter im Inneren des Hauses ausüben sollten,[19] in die Sphäre des öffentlichen Lebens eintrat. Nach dem Tod der Eltern und ihres ersten Verlobten Gustav Müller und einer Phase intensiver autodidaktischer Studien zu Literatur, Philosophie, Geschichte, Politik und Religion sowie zu

---

Perspektive, in: *Ariadne* 40 (2001), Forum für Frauen- und Geschlechtergeschichte, S. 6–13.

19 Vgl. zum bürgerlichen Geschlechterideal vor allem Ute Frevert, Bürgerliche Meisterdenker und das Geschlechterverhältnis. Konzepte, Erfahrungen, Visionen an der Wende vom 18. zum 19. Jahrhundert, in: dies. (Hg.), Bürgerinnen und Bürger. Geschlechterverhältnisse im 19. Jahrhundert, Göttingen 1988, S. 17–48; Ute Gerhard, Verhältnisse und Verhinderungen. Frauenarbeit, Familie und Recht der Frauen im 19. Jahrhundert, Frankfurt am Main 1978; Barbara Duden, Das schöne Eigentum. Zur Herausbildung des bürgerlichen Frauenbildes an der Wende vom 18. zum 19. Jahrhundert, in: *Kursbuch* 48 (1977), S. 125–140; Karin Hausen, Die Polarisierung der »Geschlechtscharaktere«. Eine Spiegelung der Dissoziation von Erwerbs- und Familienleben, in: Werner Conze (Hg.), Sozialgeschichte der Familie in der Neuzeit Europas, Stuttgart 1976, S. 363–393.

einigen Werken der Naturwissenschaften und Medizin[20] beschloss sie, im Streben »auf Einfluß aufs Ganze«[21] als politische Dichterin und Schriftstellerin zu leben und sich »im Dienste einer besseren Zukunft«[22] den »Interessen des Vaterlandes« und des eigenen Geschlechts zu widmen.[23] 1842 begann ihre schriftstellerisch-publizistische Laufbahn,[24] Ostern 1843 erschien ihr erster Roman »Ludwig, der Kellner«.[25] Damit nahm sie für sich selbst bereits Rechte wahr, die sie für ihre Geschlechtsgenossinnen 1843/44 forderte.

Die von ihr 1843/44 in den *Sächsischen Vaterlandsblättern* veröffentlichte Artikelfolge zum Thema »Frauen und Politik« gilt als publizistischer Auftakt der Frauenemanzipationsbewegung in Deutschland.[26] Louise Otto reagierte damit auf eine von Robert Blum, dem Herausgeber des Blattes und Führer der vormärzlichen Demokratiebewegung Sachsens, angestoßene Diskussion zur Frage, ob das weibliche Geschlecht ein Recht darauf habe, an den Staatsangelegenheiten teilzunehmen, wenn »die Theilnahme an der Gemeinde, am Staate, und an den Staaten oder der Menschheit ... den Menschen erst zum Menschen« mache.[27] Louise Otto begründete in ihrer mehrteiligen Antwort das Recht und die Pflicht der Frauen, an den Angelegenheiten des Staates teilzuhaben. Dabei nahm sie in Anspruch, »die Sache vom weiblichen Standpuncte aus und mit weiblichem Gefühl zu betrachten«.[28] Indem sie in einer öffentlichen Debatte zu einem politischen Gegenstand Stellung bezog, durchbrach sie einerseits radikal die dominierende Geschlechterideologie, der zufolge sich Frauen

---

20 Siehe Ludwig, Eigner Wille, S. 68–70.
21 Vgl. Hundt, Einleitung, S. 18.
22 Vgl. Ludwig, Eigner Wille, S. 71.
23 Vgl. Louise Otto, Ueber Weiblichkeit, *Sächsische Vaterlandsblätter*, 28. 10. 1843, S. 752.
24 Hundt, Einleitung, S. 17.
25 Ludwig, S. 72f. Es sollten mehr als 30 meist mehrbändige Romane werden.
26 Vgl. u. a. Gerhard, Unerhört, S. 37f.; Schaser, Frauenbewegung in Deutschland, S. 18f.
27 Vgl. Ralf Zerback, Robert Blum. Eine Biografie, Leipzig 2007, S. 147.
28 Vgl. Louise Otto, Meißen (Die Frauen), *Sächsische Vaterlandsblätter*, 5. 9. 1843, S. 633.

jenseits von Öffentlichkeit und Politik zu bewegen hatten. Andererseits aber knüpfte sie geschickt und sicher im Vokabular an üblichen Differenzzuschreibungen besonderer weiblicher Emotionalität an. Sie reklamierte damit für sich, etwas einzubringen, was Männer als die Anderen nicht leisten könnten: den weiblichen Blick, den weiblichen Standpunkt, das weibliche Gefühl.

Und sie argumentierte weiter: Eben weil den Frauen ein so beschränkter Wirkungskreis zugewiesen sei, sie nicht »für das schnelle Leben der Männer gemacht«[29] seien und vorzugsweise in der Stille walteten, verkette sie eine besondere Innigkeit des Gefühls mit der Heimat. Niemand könne ihnen, die ihrer weiblichen Natur zufolge zur Liebe berufen seien, das Recht streitig machen, ihre Heimat, ihr Vaterland, ja ihr Volk zu lieben und Anteil an seinem Schicksal zu nehmen. Als Trägerinnen der »Volkssittlichkeit« und als Geschlecht, das dem Vaterland seine Bürger schenkt und erzieht, hätten Frauen geradezu die Pflicht, am Staatsleben teilzunehmen.[30]

Zugleich konstatierte sie, dass sich im Unterschied zu Amerika und England bislang in Deutschland nur eine Minderheit der Frauen für Politik interessiere. Als Ursachen benannte Louise Otto erstens einen grundlegenden Zusammenhang zwischen politischen Systemen und bürgerlichen Teilhaberechten. So verwies sie darauf, dass auch deutsche Männer erst seit Kurzem ihre Teilnahme am Staatsleben zu äußern begännen, denn nur in Verfassungsstaaten existiere ein Interesse und ein Recht der Bürger, an den Angelegenheiten des Staates teilzunehmen.[31] Noch liege kein großer Zeitraum zwischen Regierungssystemen »früherer Zeiten, wo der Deutsche nicht Staatsbürger, sondern Unterthan, wo niemand ein lebendiges Glied am Körper des Staatshaushaltes, sondern nur eine todte Maschine an dem schwerfälligen Mechanismus einer eisernen Regierungsform war«.[32] Auch wenn sich »wie durch einen Zauberschlag die Constitu-

---

29 Ebd.
30 Otto, Ueber Weiblichkeit, S. 752.
31 Otto, Meißen (Die Frauen), S. 633.
32 Louise Otto, Frauen und Politik, *Sächsische Vaterlandsblätter*, 23. 11. 1843, S. 811.

tionen auf den Trümmern alter Institutionen« erhoben[33] und »die barbarischen Gesetze, die schmählichsten Sklavenjoche« in den Abgrund gesunken seien,[34] gebe es weiterhin viel zu tun. Noch wenig sei bedacht worden, welche neue Stellung den Frauen in der neuen Ordnung gebühre.[35]

Diese Überlegungen stehen angesichts der angespannten gesellschaftspolitischen Situation im Deutschen Bund keinesfalls für brave und harmlose Anfänge der deutschen Frauenemanzipationsbewegung.[36] Zwar war im Königreich Sachsen im Gefolge der kleinstaatlichen Revolution von 1830 ein umfangreiches bürgerliches Reformwerk in Gang gekommen, und es existierte seit 1831 eine Verfassung, die einige Grundrechte gewährte. Aber mit dem zunehmenden Erstarken konservativer Regierungskreise wurden 1842/43 wichtige Reformvorhaben im Sächsischen Landtag ausgebremst.[37] Ein Repressionskurs mit zunehmender Maßregelung der Presse gewann an Fahrt.

Preußen aber, der größte Flächenstaat des Deutschen Bundes, war noch kein Verfassungsstaat mit einem wie auch immer gewählten Parlament. Preußische Liberale, wie beispielsweise Johann Jacoby, forderten deshalb eine Verfassung, die die gesetzmäßige Teilnahme der selbständigen Bürger an den Angelegenheiten des Staates garantiere.[38] Vor diesem Hintergrund bedeutete die von Robert Blum ausgelöste Debatte um die politischen Teilhaberechte von Frauen am Staatsleben eine weitere Stufe der Radikalisierung, aber auch der Demokratisierung des vormärzlichen politischen Diskurses um Partizi-

---

33 Otto, Meißen (Die Frauen), S. 633.
34 Otto, Frauen und Politik, S. 812.
35 Otto, Meißen (Die Frauen), S. 633.
36 So Gerhard, Unerhört, S. 37.
37 So beispielsweise die Abschaffung der Patrimonialgerichtsbarkeit und der Jagdprivilegien des Adels und die Einführung der Öffentlichkeit und Mündlichkeit in die Strafprozessordnung. Vgl. Theodor Flathe, Geschichte von Sachsen, Gotha 1873, S. 528–535.
38 Vgl. Hans-Werner Hahn / Helmut Berding, Reformen, Restauration und Revolution 1806–1848/49 [=Gebhardt. Handbuch der deutschen Geschichte, Bd. 14, 10. völlig neu bearb. Aufl.], Stuttgart 2010, S. 513.

pation, denn die Teilhabe von Frauen hatte auch Jacoby nicht gefordert. Blum teilte in diesem Punkt offensichtlich das Denken von Charles Fourier und anderen Frühsozialisten, dass die Stellung der Frauen in einer Gesellschaft der Gradmesser für sozialen und politischen Fortschritt sei.[39] Eine Auffassung, mit der Louise Otto vertraut war, sprach sie doch gleich in ihrer ersten Zuschrift an die *Vaterlandsblätter* davon, dass die Stellung der Frauen als »Barometer der Staaten« diene.[40]

Für die zweite Ursache des noch geringen Interesses der Frauen am Staatsleben hielt sie das Fortwirken von Vorurteilen in der Erziehung und Bildung von Mädchen, die mit den staatlichen und sozialen Verhältnissen im Widerspruch stehe.[41] Sie plädierte deshalb für einen verbesserten Schulunterricht der Mädchen, der Kenntnisse über die historische Entwicklung der Menschheit und zugrunde liegende Ideen und Staatssysteme beinhalten sollte – historisch-politische Bildung also. Weltgeschichte sollte zudem nicht als Abfolge von Herrschern und Schlachten, Königen und großen Männern aufgerollt werden, sondern als Geschichte der Völker, die die »Berggipfel der Kultur« ersteigen[42] – ein modern wirkendes Geschichtsverständnis. Notwendig erschien ihr auch die Unterrichtung in Zeitgeschichte, die Kinder sollten nicht im Dunkeln gelassen werden, was um sie herum vorgehe, wofür ihre Großväter und Väter kämpften. Zudem dürfe nicht aller Unterricht für Mädchen mit der Konfirmation und damit »in einem Alter, in dem alle Geisteskräfte sich erst recht zu entfalten beginnen«, abgeschlossen sein.[43] Auch wenn ihr vorzugsweiser Wirkungskreis das Haus sei, hätten sie doch wie jeder Mensch die Pflicht, sich geistig immer mehr zu vervollkommnen, nur so könnten sie ihre edle Weiblichkeit entfalten.[44]

---

39 Gerhard, Unerhört, S. 38; Hundt, Einleitung, S. 11.
40 Vgl. Otto, Meißen (Die Frauen), S. 633.
41 Otto, Frauen und Politik, S. 812.
42 Ebd.
43 Ebd.
44 Vgl. Louise Otto, Frauen und Politik (Schluß), *Sächsische Vaterlandsblätter*, 25. 11. 1843, S. 815 f.

1847 publizierte Louise Otto einen weiteren größeren Aufsatz »Über die Theilnahme der Frauen am Staatsleben«.[45] In diesem Text griff sie viele der in der Artikelserie von 1843/44 genannten Gedanken auf und resümierte die Entwicklung der letzten Jahre. Als Quellen des von ihr nun konstatierten erwachenden politischen Interesses von Frauen benannte sie die politische Poesie, insbesondere die Jungdeutschen Dichter, die politischen Auseinandersetzungen in den Landtagen, zu denen Frauen beispielsweise in Sachsen als Zuschauerinnen auf den Damentribünen zugelassen waren, und schließlich die religiöse Bewegung des Deutsch-Katholizismus. Meines Erachtens traf das alles auf sie selbst sehr stark zu.[46]

Besondere Beachtung verdient die von ihr hervorgehobene Bedeutung des Deutsch-Katholizismus in der Geschichte der Frauenemanzipation. Wie Sylvia Paletschek verdeutlicht, liefen in den 1840er Jahren Religionskritik, Gesellschaftsveränderung und beginnende Frauenemanzipation eng zusammen. Der Frauenanteil in den neu entstandenen deutsch-katholischen bzw. freireligiösen Gemeinden lag bei ca. 40 Prozent.[47] Diese waren für Frauen u. a. deshalb attraktiv, weil hier allgemeine Menschenrechte, wie die Teilhabe am staatlichen und öffentlichen Leben, auch für Frauen angestrebt wurden. Frauen sollten, ausgehend von der auch in der freireligiösen Bewegung »weiblich« gedachten Sphäre von Ehe, Familie und Erziehung, aktiv werden und für eine neue Erziehung und eine Reform von Ehe und Familie innerhalb und außerhalb dieser wirken. Auch wenn in der Bewegung im Einzelnen recht unterschiedliche Frauenbilder vertreten wurden, besaßen Frauen doch überall Mitspracherechte und seit 1850 grundsätzlich das aktive und passive Gemeindewahl-

---

45 Das geschah im von Robert Blum herausgegebenen »Volkstaschenbuch Vorwärts«.
46 Siehe zu dieser Lebensphase unter anderem Schötz, Louise Otto-Peters, S. 418–423.
47 Vgl. Sylvia Paletschek, »Die Freiheit ist unteilbar!«. Frauenemanzipation, religiöse Reform und die Revolution von 1848/49, in: *Ariadne* 33 (1998), Almanach des Archivs der deutschen Frauenbewegung, S. 16–25, hier S. 17.

recht.⁴⁸ Das war einzigartig angesichts des in Deutschland erst 1918 eingeführten allgemeinen Stimmrechts für Frauen.

Die sich hier ausdrückenden neuen Geschlechterbeziehungen hatten sicherlich etwas Beeindruckendes für Louise Otto. Ebenso wichtig war jedoch, dass ihr ihre religiöse Grundüberzeugung, dass Mann und Frau vor Gott gleich sind, erst durch den Deutsch-Katholizismus und nicht durch die protestantische Unterweisung ihrer Kindheit und Jugend vermittelt wurde.⁴⁹ 1847 schrieb sie im von Deutsch-Katholiken Robert Blum herausgegebenen »Volkstaschenbuch Vorwärts«: »Mit dem Deutschkatholicismus war die Loosung gegeben einer allgemeinen geistigen Gleichheit vor Gott, von Priestern und von Laien, Gelehrten und Unwissenden, Männern und Frauen.«⁵⁰ Der Deutsch-Katholizismus schaffe als »Glauben der Freiheit und Liebe [...] ein priesterlich Volk aus lauter Hohenpriestern und Hohenpriesterinnen«. Auch wenn Louise Otto trotz religiöser Nähe und vieler naher Bekannter,⁵¹ die Deutsch-Katholiken waren, ihrer Kirche treu blieb, entnahm sie dem Deutsch-Katholizismus grundlegende religiöse Sinnstiftungen ihres frauenemanzipatorischen Denkens und Handelns. Dazu gehört eine durch religiöse Vorstellungen legitimierte Teilnahme der Frauen an der Verbesserung der Welt und ein durch religiöse Vorstellungen legitimiertes Recht der Frauen auf Teilhabe an Menschenrechten, dessen erstes das auf persönliche Selbstentfaltung zur Vervollkommnung war. Genau dieses Programm bestimmte ihre Haltung in der Revolution von 1848/49

---

48 Ebd., S. 19.
49 Vgl. Susanne Schötz, »Menschen werden wollen die Frauen und teilnehmen am Kranz der Arbeit und des Sieges«. Visionen von Emanzipation, Gemeinsinn und Gesellschaftsreform in der ersten deutschen Frauenbewegung, in: Swen Steinberg/Winfried Müller (Hg.): Wirtschaft und Gemeinschaft. Konfessionelle und neureligiöse Gemeinsinnmodelle im 19. und 20. Jahrhundert, Bielefeld 2014, S. 171–215, hier S. 203–211.
50 Vgl. Louise Otto, Die Theilnahme der weiblichen Welt am Staatsleben, in: Robert Blum (Hg.), Volkstaschenbuch Vorwärts, Leipzig 1847, S. 46.
51 Das waren beispielsweise Robert Blum, Emil Adolph Roßmäßler, Franz Wigard und Auguste Scheibe.

und wurde von ihr in verschiedenen Schriften zur Frauenfrage entfaltet – jedoch keinesfalls nur religiös legitimiert.[52]

Die Zeit der Revolution von 1848/49 durchlebte Louise Otto mit großer Begeisterung, sie bezeichnete das Jahr 1848 später als ein Jahr des Heils und des Aufschwungs, »wie kein anderes, das ich erlebt«, als »heiliges Jahr der Freiheit: 1848«.[53] Es ist hier unmöglich, auf ihre vielfältigen Aktivitäten während der Revolutionszeit einzugehen, die sie insgesamt als entschiedene Vertreterin der auf die Schaffung eines deutschen Nationalstaates abzielenden Nationalbewegung und als engagierte Vertreterin der Demokratiebewegung ausweisen. Jetzt übte sie nicht nur publizistisch das Recht politischer Meinungsäußerung und Auseinandersetzung aus, sondern nahm praktisch-konkret an den Angelegenheiten des Staatslebens teil.

In frauenemanzipatorischer und -politischer Hinsicht waren vor allem drei Aktivitäten von ihr herausragend, die sich ergänzten und ihr Emanzipationsverständnis widerspiegelten:

Erstens ihre »Adresse eines Mädchens«, die am 20. Mai 1848 zunächst in der *Leipziger Arbeiter-Zeitung* publiziert und später in anderen Blättern nachgedruckt wurde.[54] In dieser Adresse findet sich der wohl meist zitierte Gedanke Louise Ottos: »Die Geschichte aller Zeiten hat es gelehrt und die heutige ganz besonders, daß diejenigen, welche selbst an ihre Rechte zu denken vergessen, auch vergessen wurden.«[55]

Sie forderte von der vom liberalen sächsischen Märzministerium eingesetzten, an einer Wirtschaftsreform arbeitenden Kommission, bei der Neuorganisation der Arbeit die Frauen nicht zu vergessen:

---

52 Vgl. dazu ausführlich Schötz, Visionen von Emanzipation, Gemeinsinn und Gesellschaftsreform.
53 Zitat aus dem Jahr 1871. Zit. n. Magdalena Gehring, Die Revolution von 1848/49 im Leben von Louise Otto-Peters, in: Susanne Schötz / Martina Schattkowsky (Hg.), Louise Otto-Peters und die Revolution von 1848/49. Erinnerungen an die Zukunft, Leipzig 2012, S. 69–99, hier S. 85.
54 Vgl. Freund, Louise Otto, S. 143.
55 Vgl. den Abdruck in: Sturm läutet das Gewissen. Nichtproletarische Demokraten auf der Seite des Fortschritts, hrsg. v. Werner Fritsch u. a., Berlin 1980, S. 81–85, hier S. 82.

»Vergessen Sie auch die Fabrikarbeiterinnen, Tagelöhnerinnen, Strickerinnen, Näherinnen usw. nicht. – Fragen Sie auch nach ihrem Verdienst, nach dem Druck, unter dem sie schmachten, und sie werden finden, wie nötig hier Ihre Hilfe ist.«[56] Dabei begründete Louise Otto ihre Forderung nicht nur mit der unmittelbaren Notwendigkeit des Geldverdienens zur Existenzsicherung armer oder alleinstehender Frauen. Der Erwerbsarbeit von Frauen kam in ihrer Eingabe an die »Arbeiterkommission« ein wesentlich erweiterter Sinn zu, nämlich Grundlage für ein eigenständiges, selbstbestimmtes weibliches Leben, fern von der Willkür männlicher Ernährer zu sein.[57] Die Funktion von Erwerbsarbeit als Grundlage von Selbstständigkeit und Selbstbestimmung wird hier zum ersten Mal so deutlich von ihr formuliert; es handelt sich ebenfalls um einen Kerngedanken ihres frauenemanzipatorischen Programms.

Zweitens sprach sich Louise Otto in der von Luise Dittmar neu herausgegebenen Zeitschrift *Sociale Reform*, die wohl Ende Januar 1849 erschien[58], für das Stimmrecht der Frauen aus. Sie scheint damit, aber das ist wenig erforscht, zu den ersten Personen in Deutschland gehört zu haben oder überhaupt die erste gewesen zu sein, die das Frauenwahlrecht öffentlich befürworteten – ein Meilenstein nicht nur in der Geschichte des deutschen Feminismus, sondern auch des Parlamentarismus und der Demokratiebewegung, der von der Forschung bislang nahezu unbeachtet blieb.[59]

Unter der Überschrift »Mein Programm als Mitarbeiterin einer Frauenzeitung«[60] skizzierte sie ihr frauen- und gesellschaftspoliti-

---

56 Ebd., S. 84.
57 Vgl. Susanne Schötz, Frauenarbeit im Diskurs der Revolution von 1848/49. Die sächsische »Kommission für die Erörterung der Gewerbs- und Arbeitsverhältnisse«, in: Frauen in der Revolution 1848/49, hrsg. v. Johanna Ludwig, Ilse Nagelschmidt und Susanne Schötz, Bonn 1999, S. 114–135, hier S. 125.
58 Christine Nagel, »In der Seele das Ringen nach Freiheit« – Louise Dittmar, Königstein i. Ts. 2005, S. 134.
59 Erste Erwähnung meines Erachtens bei Ludwig, Auch die Rechte der Frauen bedenken, S. 504.
60 Vgl. zum Folgenden: Louise Otto, Mein Programm als Mitarbeiterin einer Frauenzeitung, in: *Sociale Reform* (1849), H. 1, S. 19–22.

sches Programm. Es enthält vier Forderungen: Erstens müsse die Erziehung des Weibes[61] eine andere werden, der Unterricht dürfe nicht da enden, wo die eigentliche Denkfähigkeit erst beginne. Auch solle nicht »gelehrter Wust« vermittelt werden, sondern soziales Bewusstsein, Begeisterung für hohe Ideen, »für das heilige Streben der Volksbeglückung«, damit Frauen in diesem Sinne selbst wirken und die ihnen anvertrauten Kinder erziehen könnten.

Zweitens sollte Frauen die Gelegenheit gegeben werden, ihren Weg durchs Leben selbst zu finden. Dazu müssten sie ihr tägliches Brot selbst verdienen können und zu allen Arbeiten zugelassen werden, zu denen sich ihre Kräfte eignen. Nur so könnten Prostitution und aus Berechnung, ohne Liebe geschlossene Versorgungsehen vermieden werden.

Drittens verlangte sie Gleichheit von Mann und Frau vor dem Gesetz, die Mündigkeit und damit das Recht der Frauen, ihre Angelegenheiten vor Gericht selbst zu vertreten. Wo die Geschlechtsvormundschaft noch existiere, müsse sie sofort beseitigt werden. Die Gleichheit vor dem Gesetz, so Louise Otto, dürfe auch nicht durch die Ehe aufgehoben werden, wie es jetzt der Fall sei, wo die Frau dem Manne mit allem gehöre, was sie besitze.

Viertens schließlich forderte Louise Otto die Hinzuziehung des weiblichen Urteils bei Abfassung derjenigen Gesetze, welche die Frauen betreffen: »Eben weil ich von der Ansicht ausgehe, dass die Natur des Weibes anders geartet ist wie die des Mannes, und unsere Bestimmung eine andere [...], eben weil ich den Frauen eine andere Stellung als den Männern im Staate anweise, den Männern alle Staatsämter und Würden überlassend, für die Frauen aber die heilige, stillwirkende Priesterschaft im Dienste der Humanität beanspruchend – ... fordere ich, daß die Frauen bei denjenigen Gesetzen, welche sie selbst betreffen, eine Stimme haben. Ich fordere diese Stimme für sie auch da, wo es gilt, Vertreter des ganzen Volkes zu wählen – denn wir Frauen sind ein Theil dieses Volkes.«[62]

---

61 »Weib« ist keine abwertende, sondern eine zeitgenössisch übliche Bezeichnung für Angehörige des weiblichen Geschlechts.
62 Vgl. Otto, Mein Programm, S. 21.

Zugleich kritisierte sie die Wahlpraxis des Revolutionsjahres 1848, das zwar Wahlgesetze hervorgebracht habe, in denen es heiße, »Alle mündigen Staatsangehörigen sind Wähler«, wo Frauen aber, »gleichsam durch schweigende Uebereinkunft von diesem Recht ausgeschlossen seien«. Das bedeute, Frauen »für unmündig zu erklären«. Und sie fährt fort: »Ein Recht, das jetzt den Unwissendsten im Volke zusteht, muß auch für das Weib da sein.«[63]

Damit reagierte sie auf die aktuellen Auseinandersetzungen um die Demokratisierung des Wahlrechts in der Revolution. So war es beispielsweise im Herbst 1848 im Königreich Sachsen auf Druck einer landesweiten, radikalen Demokratiebewegung zur Verabschiedung eines neuen, demokratischeren Wahlrechts gekommen, das das Wahlrecht innerhalb der männlichen Bevölkerung ausdehnte, ohne ein allgemeines zu sein.[64] Doch offensichtlich verwendeten selbst entschiedene Demokraten kaum Gedanken auf die staatsbürgerlichen Rechte von Frauen. Louise Ottos Demokratieverständnis erwies sich als wesentlich breiter als das der meisten Demokraten.

Dieser Text enthält viele Grundgedanken der von Louise Otto-Peters in den 1860er und 1870er Jahren ausführlich dargelegten Emanzipationsvision[65]: die Notwendigkeit von Bildung für Frauen um ihrer selbst und um ihrer Rolle als Mütter und Erzieherinnen des künftigen Menschheitsgeschlechts willen, die Forderung der Berufstätigkeit von Frauen als ökonomische Grundlage von Selbstständigkeit und Selbstbestimmung, die rechtliche Gleichstellung von Mann und Frau in Ehe und Familie sowie in staatsbürgerlicher Hinsicht und das Anknüpfen an Theorien der Geschlechterdifferenz, des Anders-Seins und des anderen Platzes von Männern und Frauen in Staat, Gesellschaft, Familie. Bemerkenswert ist die enge Verwobenheit von Frauenemanzipation und Gesellschaftsreform; die Grundüberzeugung, dass das Eine ohne das Andere nicht funktioniert. Und natürlich

---

63 Ebd.
64 Vgl. Reiner Groß, Geschichte Sachsens, Leipzig 2004, S. 224–226.
65 Vgl. dazu ausführlicher Schötz, Visionen von Emanzipation, Gemeinsinn und Gesellschaftsreform.

auch, dass die Wahlrechtsforderung keine einsame Spitzenforderung ist, sondern organischer Grundbestandteil eines Gesamtkonzepts.

Auch aus der Enttäuschung heraus, dass ansonsten freiheitlich und demokratisch auftretende Revolutionäre die Einforderung von Frauenrechten 1848/49 nicht im Geringsten in Erwägung zogen, ist von ihr, und hier sehe ich den dritten herausragenden Punkt ihres frauenpolitischen Handelns während der Revolution 1848/49, die *Frauen-Zeitung* als ein Organ zur Artikulierung von Fraueninteressen gegründet worden. Sie erschien unter dem Motto »Dem Reich der Freiheit werb' ich Bürgerinnen« zum ersten Mal am 21. April 1849 und dann bis 1852/53 nahezu wöchentlich. Programmatisch mahnte sie unter dem Titel »Programm« die Vereinigung der Frauen zur Verfolgung gemeinsamer Ziele an: »Wohl auf denn, meine Schwestern, vereinigt euch mit mir [...]. Wir wollen auch unser Teil fordern und verdienen an der großen Welt-Erlösung, welche der ganzen Menschheit, deren eine Hälfte wir sind, endlich werden muß.« Und sie forderte sodann »das Recht, das Rein-Menschliche in uns in freier Entwicklung aller unserer Kräfte auszubilden, und das Recht der Mündigkeit und Selbständigkeit im Staate«.[66]

Louise Otto formulierte hier ihre Überzeugung, dass Frauen ein Menschenrecht auf die freie Entfaltung ihrer Fähigkeiten besitzen und dass ihnen politische Teilhaberechte gebühren. Und sie hielt neben dem erzieherischen Wirken der Frauen in der Familie ihr gemeinsames, solidarisches, Klassengrenzen überschreitendes Handeln in Vereinen und unter Nutzung der Presse für grundlegend – hier klingt erstmals der Gedanke der Selbsthilfe durch Selbstorganisation an, der in den 1860er Jahren zur organisatorischen Begründung der deutschen Frauenbewegung führen wird.

Wichtig im Hinblick auf Louise Ottos Emanzipationsverständnis sollte indes noch eine weitere, zunehmend dem Versuch der Präzisierung unterzogene Auffassung werden, nämlich die vom »Ewig-Weiblichen«, die sie im November 1851 in der Frauen-Zeitung erstmals systematisch entfaltete. In einer Argumentationsweise, wie sie

---

66 Louise Otto, Programm, *Frauen-Zeitung*, 21. 4. 1849, S. 1.

für Frauenrechtlerinnen auch in anderen Ländern üblich war, knüpfte sie dabei an die dominierende bürgerliche Vorstellung von der Unterschiedlichkeit von Männern und Frauen nicht nur in körperlicher, sondern auch psychischer Hinsicht an, insbesondere an die unterschiedlichen Zuordnungen von Verstand zu den Männern und Gefühl zu den Frauen[67] – an Auffassungen, auf die sie bereits in ihrer Artikelfolge in den *Sächsischen Vaterlandsblättern* von 1843/44 rekurriert hatte. Frauen, so Louise Otto 1851, seien Wesen mit der tieferen Empfindung, der größeren Herzenswärme und Begeisterung. Sie wären hingebungs- und aufopferungsvoller als Männer, die sich von der Kälte des Verstandes, von Abstraktion und Hochmut leiten ließen. Dennoch seien sie gleichwertig, beide »aus der Hand der Gottheit oder Schöpfung – wie man es nennen will – als zwei vollkommen ebenbürtige Geschöpfe hervorgegangen«. Sie bezeichnete es als das »eigentlich erhabene und schöne Ziel«, das, was den Frauen an Eigentümlichkeiten »von der Gottheit als Erbe übergeben worden, in seiner ganzen Macht und Heiligkeit zur Geltung zu bringen«. Frauen dürften deshalb nicht auf den engen Kreis der Häuslichkeit beschränkt bleiben, sondern müssten »im Allgemeinen wie für das Allgemeine, sowie für die eigene Ausbildung mit derselben Freiheit wirken können wie der Mann«.[68]

Was diese Position grundlegend von den herrschenden Geschlechterauffassungen der Differenz unterschied, war zum einen die Aufhebung der hierarchischen Komponente, denn die angebliche männliche Disposition zu Verstand wurde in aller Regel höher bewertet als die angebliche weibliche Disposition zu Gefühl und diente der Begründung der privatrechtlichen und staatsbürgerlichen Unterordnung von Frauen unter die Entscheidungsbefugnis von Männern. Zum anderen aber folgte aus der physischen und seelischen Verschie-

---

67 Vgl. u. a. Frevert, Bürgerliche Meisterdenker.
68 Louise Otto, Das Ewig-Weibliche, *Frauen-Zeitung*, 23. 11. 1851, S. 321–323. Einer späteren biografischen Äußerung zufolge stammte der auf Goethes Faust verweisende Begriff von August Peters. Vgl. Louise Otto, Erinnerungsbilder eines deutschen Frauenlebens, X. Die erste deutsche Frauen-Zeitung, in: *Politische Frauen-Zeitung* (1871), H. 60, S. 604.

denheit von Mann und Frau bei Louise Otto keine Begrenzung der Frauen auf das Haus, sondern ganz im Gegenteil ihre Pflicht, über das Haus hinaus für das Allgemeine zu wirken.

Gedanken über die »weibliche Sphäre« oder »Mission« zirkulierten seit den 1830er Jahren in Europa und legitimierten, wie Gisela Bock zeigte, zunehmend das Gegenteil von Häuslichkeit: weibliche Berufs- oder sonstige außerfamiliäre Tätigkeit.[69] Es ist gegenwärtig offen, ob Louise Otto die Bestseller von Sarah Lewis, Louis-Aimé Martin, Marion Kirkland Reid oder Juliette Adam-Lamber kannte. Auch wessen Geschlechteranthropologien sie im Vormärz und in der Revolutionszeit besonders beeinflussten, muss weiter erforscht werden. Mit Sicherheit hat sich ihr Blick durch die Vorträge Eduard Vehses »Ueber die gesellige Stellung und geistige Bildung der Frauen in England, Amerika, Frankreich und vornehmlich Deutschland«, die sie im Winterhalbjahr 1842/43 hörte, geweitet.[70] Ob sie über die öffentlichen Auseinandersetzungen zum Frauenwahlrecht 1848 in Frankreich informiert war, wo sich Jeanne Deroin als Kandidatin der Nationalversammlung aufstellen ließ, die von Louise Otto verehrte George Sand dies jedoch ablehnte, ist ungewiss.[71]

Vermutlich speiste sich ihre eigene Forderung des Frauenwahlrechts in der Revolution auch aus der Kenntnis politischer Teilhaberechte von Frauen in den deutsch-katholischen Gemeinden ihres Umfeldes. Es wäre zu untersuchen, in welchen Kontexten das Wahlrecht für Frauen in der Revolutionszeit von 1848/49 darüber hinaus eine Rolle spielte. Für Leipzig existieren Beispiele, dass im Umfeld der Revolution erste gemischtgeschlechtliche Vereine entstanden, zu denen nicht nur Männer, sondern auch Frauen als gleichberechtigte Mitglieder, mit gleichem Beratungs- und Stimmrecht, Zugang hatten. Das trifft beispielsweise auf den sog. Blum-Verein zu, den Leipziger Demokraten, darunter viele Deutschkatholiken, im November 1849 anlässlich des ersten Todestages und des Geburtstages

---

69 Bock, Frauen in der europäischen Geschichte, S. 128 f.
70 Sie verfasste dazu 1843 eine Rezension. Vgl. Otto Stern, Zur Frauenemancipation, in: *Unser Planet* (1843), H. 27, S. 106–108.
71 Bock, Frauenwahlrecht, S. 119.

von Robert Blum, dem einstigen Protagonisten der sächsischen Demokratiebewegung und Vorsitzenden der sächsischen Vaterlandsvereine, gegründet hatten. Der Blum-Verein übernahm vom Deutschkatholizismus die Innovation des Mitentscheidungs- und Stimmrechts für Frauen. Zuvor hatte dies schon der Sozialistische Klub so gehandhabt.[72] Etwa zur gleichen Zeit fasste auch der Leipziger Tonkünstler-Verein den Beschluss, »daß auch Damen selbständige Mitglieder sein können«.[73] Bei seinen Versammlungen besaßen sie schon zuvor »Sitz und Stimme«, was sich ja, so der Kommentar Louise Ottos in der *Frauen-Zeitung*, »in einem zeitgemäßen Verein« von selbst verstehe.[74]

Hier wird deutlich, dass die noch junge Frauenemanzipationsbewegung unter dem Einfluss der Märzerrungenschaften und einer großen, allgemeinen Politisierung punktuell und kurzzeitig das politische Denken über die Geschlechterrollen zu erschüttern vermochte, auch wenn diese Erschütterung im Bereich politischer Partizipationsrechte – so jedenfalls nach bisheriger Kenntnis – weder bis zur kommunalen noch bis zur einzelstaatlichen oder der nationalen Ebene des Paulskirchenparlaments reichte. Mit der einsetzenden Restaurations- und Repressionspolitik nach der Niederlage der Revolution wurden spätestens 1850 nicht nur alle noch existierenden politisch orientierten Vereine aufgelöst. Von nun an war es Frauen nach dem Vorbild Preußens auch in den anderen deutschen Staaten verboten, künftig Mitglied eines politischen Vereins zu werden und an Versammlungen politischen Inhalts teilzunehmen, ein Verbot, das reichsweit erst 1908 außer Kraft gesetzt wurde.[75] In Sachsen erlaubte zudem ein neues Pressegesetz nur noch ortsansässigen männlichen

---

72 Vgl. Susanne Schötz, »Alle für Eine und eine für Alle«?. Zur Geschichte weiblicher Emanzipationsbestrebungen im 19. Jahrhundert in Leipzig, in: Ulrich Brieler / Rainer Eckardt (Hg.), Unruhiges Leipzig. Beiträge zu einer Geschichte des Ungehorsams in Leipzig [= Quellen und Forschungen zur Geschichte der Stadt Leipzig, Bd. 12], Leipzig 2016, S. 151–209, hier S. 186–194.
73 Vgl. Frauen-Zeitung, 24. 11. 1849, S. 8.
74 Vgl. ebd., 4. 8. 1849, S. 7.
75 Gerhardt, Unerhört, S. 73 f.

Personen, die im Besitz des Landtagsstimmrecht waren, als verantwortliche oder mitverantwortliche Redakteure tätig zu sein. Die Herausgeberin der *Frauen-Zeitung* Louise Otto kommentierte das als eine »neue Unmündigkeitserklärung der Frauen« und »als Beleidigung und Zurücksetzung eines ganzen Geschlechts«.[76]

Louise Otto-Peters Wirken für weibliche Teilhabe am politischen Leben im Reichsgründungsjahrzehnt

Nach der Niederschlagung der Revolution gehörte Louise Otto zu den politisch Überwachten der Reaktionsperiode und verlor in dieser Zeit viele ehemalige Gesinnungsgenossen und Freunde durch Verhaftung oder Emigration. Am stärksten beeinflusst wurde ihr persönliches Schicksal durch die Inhaftierung des Publizisten und Schriftstellers August Peters,[77] mit dem sie seit Januar 1849 eine Liebesbeziehung hatte. Infolge seiner Teilnahme an den Kämpfen der Reichsverfassungskampagne hatte er von 1849 bis 1856 zunächst im badischen Bruchsal, später im sächsischen Waldheim Zuchthausstrafen zu verbüßen.[78] Das Paar, seit 1858 verheiratet, lebte ab 1860 in Leipzig. Hierher besaß es seit dem Vormärz enge Kontakte zu Schriftstellern, Publizisten und Verlegern. Beide arbeiteten ab 1861 an der *Mitteldeutschen Volks-Zeitung*, einem entschieden demokratischen Blatt, und waren über August Peters in den Leipziger Schillerverein und andere Vereinigungen der Nationalbewegung[79] involviert. Ge-

---

76 Hundt, Einleitung, S. 25f.
77 Vgl. Siegfried Sieber, Ein Romantiker wird Revolutionär. Lebensgeschichte des Freiheitskämpfers August Peters und seiner Gemahlin Louise Otto-Peters, der Vorkämpferin deutscher Frauenrechte, Dresden 1948.
78 Was das für sie bedeutete, ist in ihren Tagebüchern eindrucksvoll beschrieben, vgl. Hundt, Im Streben.
79 Leipzig war 1863 eine Hochburg der deutschen Nationalbewegung, hier fanden zwei große deutsche Nationalfeste statt: das dritte Deutsche Turnfest im August und die zentrale Erinnerungsfeier an die Völkerschlacht vor 50 Jahren im Oktober. Vgl. Susanne Schötz, Zwischen Repression und nationalpolitischem Aufbruch, 1849–1871, in: dies. (Hg.), Geschichte der Stadt Leipzig. Von den Anfängen

treu ihrem alten Grundsatz von 1843, dass es ein Recht der Frauen sei, sich an den Angelegenheiten des Staatslebens zu beteiligen, ist Louise Otto-Peters publizistisch auch persönlich in der Nationalbewegung aktiv geworden.[80]

In der gemeinsamen Leipziger Zeit mit August Peters begann sie, in verschiedenen Blättern auch wieder offen zu Frauenthemen zu publizieren, z. B. im *Leipziger Sonntagsblatt* und in *Otto Janckes Deutscher Wochenschrift*, herausgegeben von Friedrich Spielhagen in Berlin.[81] Wie schon im Vormärz und in der Revolution waren Fragen weiblicher Erziehung, Erwerbstätigkeit und Selbstständigkeit ihre zentralen Themen, nun allerdings stärker auf die prekäre Lage vieler Frauen aus mittleren bürgerlichen Gesellschaftsschichten fokussiert.

Im Winter 1864/65, nach dem frühzeitigen Tod ihres Mannes, versammelte sie einen reinen Frauenkreis, den sog. »Unschuldsbund«, immer donnerstags bei sich. Dieser bestand aus Lehrerinnen, Theaterkünstlerinnen, Schriftstellerinnen und anderen interessierten und interessanten Frauen.[82] Hier wurde bereits in einem lockeren personellen Netz Kommunikation unter Frauen gepflegt, als Hauptmann Philipp Anton Korn Anfang 1865 in Leipzig Vorträge zur »Frauenfrage« und über »Volkserziehung« hielt. Ohne die Gründungsgeschichte des Leipziger Frauenbildungsvereins weiter verfolgen zu wollen,[83] war es doch Louise Otto-Peters, von der die ent-

---

bis zur Gegenwart, Band 3: Vom Wiener Kongress bis zum Ersten Weltkrieg, Leipzig 2018, S. 192–211, hier S. 204–206.

80 Vgl. Susanne Schötz, »Frauenschlacht« zu Leipzig. Anmerkungen zu Louise Otto-Peters in der Reichsgründungszeit, in: Volker Rodekamp (Hg.), Helden nach Maß. 200 Jahre Völkerschlacht bei Leipzig. Katalog zur Ausstellung des Stadtgeschichtlichen Museums Leipzig, 4. September 2013 – 5. Januar 2014, Leipzig 2013, S. 47–54; siehe auch Magdalena Gehring, »Wir haben einen glänzenden Sieg gehabt«. Theodor Körner auf der Opernbühne, in: ebd., S. 55–59.

81 Vgl. Laute aus den »stillen Jahren«. Artikelfolge »Den Frauen« von Louise Otto im Leipziger Sonntagsblatt, in: Louise Otto-Peters. Ihr literarisches und publizistisches Werk. Katalog zur Ausstellung, hrsg. im Auftrag der Louise-Otto-Peters-Gesellschaft e. V. von Johanna Ludwig und Rita Jorek, Leipzig 1995, S. 65–76.

82 Vgl. Clara Claus, Vor dreißig Jahren, in: *Neue Bahnen* 31 (1896), H. 6, S. 50.

83 Siehe zuletzt zur Gründungsgeschichte von Frauenbildungsverein und ADF: Susanne Schötz / Irina Hundt, Allem Anfang wohnt ein Zauber inne oder Los geht's!.

scheidende inhaltliche Prägung des Frauenbildungsvereins ausging. Es gelang ihr, eine Programmatik durchzusetzen, die weit über den lokalen Kontext hinausreichte und den Frauenbildungsverein zur »Wiege« der deutschen Frauenbewegung[84] machte, denn Punkt 2 seines Programms legte bereits die Vorbereitung einer Konferenz von Frauen aus verschiedenen Städten und Orten Deutschlands fest. Dieser Punkt sorgte in der Gründungsphase des Vereins für Auseinandersetzungen, doch, wie Louise Otto-Peters rückblickend bemerkte, habe sie ihren Mitstreiterinnen seinerzeit erwidert, dass ihr selbst dieser Punkt »gerade die Hauptsache [sei], denn sie denke nicht nur an das Wirken innerhalb einer Stadt, sondern an das aller deutschen Frauen und sage auch hier und jetzt wie immer: ›Das ganze Deutschland soll es sein!‹«.[85]

Zweifellos drückt sich hier ihr Engagement im Kontext der erstarkenden Nationalbewegung der frühen 1860er Jahre aus. Auch ihr Festhalten an der Idee eines geeinten deutschen Vaterlandes, die sie seit dem Vormärz begeisterte und die nun immer mehr Menschen erfasste. Zugleich vermittelt das Zitat ihre unveränderte Überzeugung von der Berechtigung der Frauen zur Teilhabe am öffentlichen Leben und von der Notwendigkeit, eigene Belange selbst in die Hand zu nehmen. Dabei wird sichtbar, dass sie die ausstehende Nationsgründung keinesfalls nur als formal-juristischen oder staatlich-politischen Vorgang ansah, sondern sie mindestens ebenso als einen von konkreten Menschen zu gestaltenden Prozess »von unten« betrachtete. Einheit konnte durch selbstbestimmte, eigenverantwortliche und freie

---

Der Allgemeine Deutsche Frauenverein von 1865, in: *Ariadne* 67/68 (2015), Forum für Frauen- und Geschlechtergeschichte, S. 8–17, sowie ausführlich zum Folgenden: Susanne Schötz, Leipzig und die erste deutsche Frauenbewegung, in: Detlef Döring (Hg.), Leipzigs Bedeutung für die Geschichte Sachsens, Leipzig 2014, S. 157–180.

84 Diesen Begriff benutzte Louise Otto-Peters 1890. Vgl. Louise Otto-Peters, Zum 25jährigen Bestehen des Frauenbildungsvereins in Leipzig, in: *Neue Bahnen* 25 (1890), H. 4, S. 25–29, hier S. 27.

85 Vgl. Louise Otto-Peters, Das erste Vierteljahrhundert des Allgemeinen deutschen Frauenvereins gegründet am 18. October 1865 in Leipzig. Aufgrund der Protokolle mitgeteilt, Leipzig 1890, S. 4f.

Vereinigung von Bürgern und, das war das Besondere im Denken von Louise Otto-Peters, das sie von den meisten demokratischen männlichen Vertretern der Einheitsbewegung unterschied, auch von Bürgerinnen hergestellt werden. Das vereinte Wirken der deutschen Frauen in vielen Städten würde zudem eine ganz andere, ungleich stärkere gesellschaftliche Wirkung erzielen als die Arbeit einzelner, von einander unabhängiger Fraueninitiativen. Dass hierbei auch Lernprozesse, die von der sich nahezu zeitgleich konstituierenden Arbeiterbewegung ausgingen, eine Rolle spielten, kann gemutmaßt werden.[86]

Die Planung und Vorbereitung einer gesamtdeutschen Frauenkonferenz muss als strategische Entscheidung Louise Ottos begriffen werden, nunmehr aus dem Leipziger Wirkungskreis herauszutreten und auf nationaler Ebene Frauenpolitik zu gestalten. Das wichtigste Ergebnis der Leipziger Frauenkonferenz, die Gründung des ADF unter ihrem Vorsitz, hat jedenfalls ganz ihrer Absicht entsprochen.[87] Sie erfolgte am 18. Oktober 1865, einst der Entscheidungstag der Völkerschlacht, und markiert in einschlägigen Darstellungen zur Geschichte den Beginn der organisierten Frauenbewegung in Deutschland.[88] Von nun an stand Louise Otto-Peters nahezu bis an ihr Lebensende an der Spitze zweier Vereine – des gesamt-national orientierten ADF und

---

86 Leipzig erlebte in den 1860er Jahren verschiedene bedeutende Vereinsgründungen. 1863 erfolgte hier beispielsweise die Gründung des Allgemeinen Deutschen Arbeitervereins unter Ferdinand Lassalle, die als Geburtsstunde der deutschen Sozialdemokratie gilt. Lernprozesse mit Blick auf die entstehende Arbeiterbewegung dürften vor allem über Emil Adolph Roßmäßler vermittelt worden sein, der zum Bekanntenkreis von Louise Otto-Peters gehörte. Vgl. Schötz, Leipzig und die erste deutsche Frauenbewegung S. 163.

87 Dass ein solches Wirken aus ihrer privatrechtlichen Stellung als Witwe heraus ungleich unproblematischer war, als dies aus dem Status der unter der Vormundschaft des Ehemannes stehenden Ehefrau heraus möglich gewesen wäre, ganz abgesehen von sonstigen Befindlichkeiten, sei lediglich angemerkt. Vgl. Barbara Dölemeyer, Frau und Privatrecht im 19. Jahrhundert, in: Ute Gerhard (Hg.), Frauen in der Geschichte des Rechts. Von der Frühen Neuzeit bis zur Gegenwart, München 1997, S. 633–658.

88 So beispielsweise Gerhard, Unerhört, S. 76.

des Leipziger Frauenbildungsvereins, der sich als Lokalverein des ADF verstand.

Mit dem ADF wurde die benachteiligte, vielfach eingeschränkte, z. T. völlig rechtlose Stellung von Frauen in Ehe und Familie, Wirtschaft, Gesellschaft und Staat ein Thema, das aus der öffentlichen Debatte in Deutschland nicht mehr verschwand. Ausgehend von der natürlichen Berechtigung der Frauen, »sich aus der bisherigen Unterordnung zu der ihnen gebührenden Gleichberechtigung neben dem Manne emporzuheben«, wie es Auguste Schmidt am Eröffnungsabend der Frauenkonferenz formulierte,[89] entwickelten seine Mitglieder in den folgenden Jahrzehnten beeindruckende Initiativen. Sie riefen für Frauen Sonntags- und Fortbildungsschulen, Haushalts-, Landwirtschafts- und Handelsschulen, Mägdeherbergen, Speiseanstalten, Stellenvermittlungsbüros, Kindergärtnerinnenseminare u. v. a. ins Leben. Sie forderten die Öffnung neuer Erwerbsfelder für Frauen durch den Staat und in den Gemeinden, so in Krankenhäusern, Strafanstalten, in der Armenpflege usw. Dort, wo sie nicht selbst tätig werden konnten, beauftragten sie den Vorstand des ADF, sich auf dem Weg der Petition an Länderregierungen und Reichstag zu wenden. Petitionsziele waren beispielsweise die Anstellung von Frauen im Post- und Telegrafendienst, die Schaffung von Seminaren für Volksschullehrerinnen, die Öffnung der Universitäten für Frauen im Höheren Lehramt und im Medizinstudium. So klein mancher Schritt auch gewesen sein mag und sosehr sich die deutsche Frauenbewegung später auch ausdifferenzierte – in der Summe erzeugten all diese Schritte eine innovative gesellschaftspolitische Wirkung; sie bedeuteten praktische Frauenpolitik und veränderten die Gesellschaft des Kaiserreichs nachhaltig. Anfangs von 35 Frauen gegründet, gehörtem dem ADF vor dem Ersten Weltkrieg 14 000 Mitglieder an. Die 1894 unter Führung des ADF gegründete Dachorganisation Bund Deutscher Frauenvereine aber zählte 1913 mehr als 500 000 Frauen.[90]

---

89 Vgl. Otto-Peters, Das erste Vierteljahrhundert, S. 8.
90 Vgl. Frevert, Frauen-Geschichte, S. 109 f.

Natürlich war eine solche Entwicklung im Sommer 1865 keineswegs absehbar, aber dass Louise Otto-Peters mit der Gründung des ADF hohe Erwartungen verband, verdeutlicht ihre programmatische Schrift »Das Recht der Frauen auf Erwerb«. Sie hatte sie im Winter 1865/66 verfasst, um einmal ausführlicher die Motive für die Gründung des ADF, seine Ansichten und Ziele sowie den Verlauf der ersten Frauenkonferenz darzulegen. So sollten »weitere Kreise« für die Bestrebungen des neu gegründeten Vereins gewonnen werden.[91] In dieser Schrift zeichnete sie u. a. nach, wie sich die Frauenfrage in den letzten Jahrzehnten entwickelt hatte. Sie verstand darunter den Aufbruch der Frauen zu selbstbestimmtem, mündigem Handeln im öffentlichen Raum sowie die Artikulation eigener Interessen zur Verbesserung der gesellschaftlichen Stellung von Frauen. Dabei benannte sie zwei Aufbrüche: einmal die Zeit der Befreiungskriege von der Fremdherrschaft, in der einzelne Frauen aufgrund von Patriotismus, von Vaterlandsliebe also, für die Sache der Allgemeinheit heraustraten. Zum anderen die politische Bewegung von 1848, in der sich unzählige Frauen, wenngleich insgesamt eine Minderheit, für die Sache der Demokratie begeisterten »und zugleich für die eigenen, d. h. die weiblichen politischen Rechte das Wort und die Feder ergriffen«.[92] »Was damals gekeimt und geblüht hatte«, fuhr sie fort, »verfiel dem Schicksal aller Märzblüten – sie verschneiten wieder –, aber jetzt, wo der Schnee wieder hinweggetaut, kommt alles aufs Neue zum Vorschein. Im Stillen ist fortgewachsen und hat sich ausgebreitet, was

---

91 Sie wollte die Schrift unter dem Titel »Das Recht der Frauen« veröffentlichen, konnte dafür aber keinen Verleger gewinnen. Der Hamburger Verlag Hoffmann und Campe publizierte sie schließlich 1866 unter dem genannten Titel. Siehe hierzu Louise Otto-Peters, Das Recht der Frauen, in: dies., Das Recht der Frauen auf Erwerb. Wiederveröffentlichung der Erstausgabe aus dem Jahr 1866. Mit einer Reminiszenz der Verfasserin und Betrachtungen zu der Schrift aus heutiger Sicht, hrsg. im Auftrag der Louise-Otto-Peters-Gesellschaft e. V. von Astrid Franzke, Johanna Ludwig und Gisela Notz unter Mitarbeit von Ruth Götze [= LOUISEum 7. Sammlungen und Veröffentlichungen der Louise-Otto-Peters-Gesellschaft e. V.], Leipzig 1997, S. 10 f.
92 Ebd., S. 85.

zu jener Zeit nur Keim war und schießt jetzt in frischen Halmen lustig empor.«[93]

Nun, in den 1860er Jahren, traten wiederum Frauen im Rahmen der national-liberalen bzw. -demokratischen Bewegung hervor, und einige bezogen die allerorten proklamierten Freiheitsrechte auch auf einzulösende Frauenrechte. Frauen zu bestärken, »das Recht der freien Selbstbestimmung« als »das heiligste und unveräußerlichste jedes vernunftbegabten Wesens«[94] wahrzunehmen und selbstständig und aus eigener Kraft in Ehe und Familie, im Erwerbsleben und in der Öffentlichkeit zu handeln, dieses Anliegen durchzieht die gesamte Schrift. Ihre grundlegenden Topoi sind Bildung, Arbeit, Selbstständigkeit, Selbsthilfe und das »Ewig-Weibliche«. Damit stellte sie im »Recht der Frauen auf Erwerb« erstmals alle Kerngedanken ihres frauenemanzipatorischen Programms zusammenhängend dar.

Breiten Raum nimmt dabei das Kapitel »Selbsthilfe« ein. Selbsthilfe begann für sie bei jedem Mädchen, jeder Frau »an sich selbst«. Sich selbst zu der Anschauung zu bringen, auch außerhalb von Ehe und Familie einen Selbstzweck zu haben, deshalb lernen und sich vorbereiten zu müssen, »um nicht nur in einem Fall, der vielleicht gar nicht eintritt, sondern auf alle Fälle ein nützliches, niemanden zur Last fallendes Mitglied der menschlichen Gesellschaft zu werden«,[95] das hielt sie für den alles entscheidenden Ausgangspunkt weiblicher Selbsthilfe. Es bedeutete, das eigene Schicksal nicht mehr dem Zufall zu überlassen.[96]

Da es sich aber grundsätzlich um Probleme handelte, die aufgrund der herrschenden Anschauungen, der bestehenden Gewohnheiten und der rechtlichen Situation das Schicksal des gesamten weiblichen Geschlechts betrafen, war es in ihrem Verständnis notwendig, sich gemeinsam über die drängendsten Probleme zu verständigen und dann gemeinsam zu handeln. Sie war zutiefst überzeugt, dass eine wirkliche Lösung der Frauenfrage nur »durch die Frauen

---

93 Ebd., S. 87.
94 Ebd., S. 99.
95 Ebd., S. 82.
96 Ebd.

selbst, durch ihren eigenen Willen und ihre eigene Kraft« gefunden werden könne.[97] Frauen müssten selbst darüber entscheiden, was sie für richtig und falsch hielten, was zu tun sei und was nicht. Als von großer Wichtigkeit bezeichnete sie deshalb die Gründung des ADF. Mit ihm war aus ihrer Sicht das entscheidende organisatorische Mittel zur Förderung gemeinsamer Bestrebungen und zur Wahrung gemeinsamer Interessen entstanden.[98] Zeit ihres Lebens betonte Louise Otto-Peters, dass der ADF unter dem Losungswort »Alle für Eine und Eine für Alle« gehandelt habe – als solidarische, klassenübergreifend auch für Arbeiterinnen gedachte Frauenorganisation, die das Prinzip der Selbsthilfe durch Selbstorganisation umsetzte.[99]

Wie sehr Louise Otto-Peters bemüht war, aus ihrer Führungsposition heraus meinungsbildend auf die sich formierende Frauenbewegung zu wirken, verdeutlicht ihre sich enorm ausweitende publizistische Tätigkeit auf dem Gebiet der sog. Frauenfrage.[100] Sofort nach der ADF-Gründung übernahm sie zielstrebig die Herausgabe des 14-täglich erscheinenden Vereinsblattes *Neue Bahnen*, zunächst mit Jenny Hirsch, dann bis zu ihrem Tode gemeinsam mit Auguste Schmidt.[101] Obwohl die *Neuen Bahnen* nur in einer Auflagenhöhe von 600 Exemplaren erschienen, können sie in ihrer Bedeutung für

---

97 Ebd., S. 99. Aus diesem Grund war Männern eine reguläre Mitgliedschaft im ADF verwehrt, ihnen konnte von den Frauen nur eine Ehrenmitgliedschaft mit beratender Stimme verliehen werden.
98 Ebd., S. 96.
99 Otto-Peters, Das erste Vierteljahrhundert, S. VIII.
100 In den ersten zehn Jahren des ADF publizierte sie fast sämtliche ihrer größeren Schriften zur Frauenfrage: »Das Recht der Frauen auf Erwerb. Blicke auf das Frauenleben der Gegenwart« (1866); die sog. Genius-Bücher »Der Genius des Hauses« (1869), »Der Genius der Menschheit im Dienste der Humanität« (1870) und »Der Genius der Natur. Harmonien der Natur zu dem Frauenleben der Gegenwart« (1871); »Weihe des Lebens. Ein Buch zur Erhebung und Erbauung des Geistes und des Herzens« (1873); »Frauenleben im Deutschen Reich. Erinnerungen aus der Vergangenheit mit Hinweis auf Gegenwart und Zukunft« (1876) sowie »Einige deutsche Gesetztes-Paragraphen« (1876). 1890 kam lediglich noch »Das erste Vierteljahrhundert des Allgemeinen deutschen Frauenvereins« hinzu, die erste Geschichtsdarstellung zur Gründung und Entwicklung des ADF.
101 Vgl. Otto-Peters, Das erste Vierteljahrhundert, S. 12f.

die Verbreitung frauenemanzipatorischen Initiativen und Ideen in Deutschland und für die Konsolidierung der deutschen Frauenbewegung gar nicht hoch genug bewertet werden.[102] Sie berichteten regelmäßig über Versammlungen und Initiativen der unterschiedlichsten Frauenvereine, gaben damit konkrete Beispiele, führten eingeschlagene Wege vor Augen und machten auf einen ganzen Kanon praktischer Lösungsansätze aufmerksam. Durch diese Berichterstattung und Information erfuhren Gleichgesinnte voneinander, lernten Bündnispartner kennen und begriffen sich, so isoliert sie leben mochten, als Teil einer berechtigten, größeren, ja weltweiten Bewegung. Denn über die zahlreichen Auslandsberichte der *Neuen Bahnen* war die Leserschaft auch über die sich formierenden Frauenbewegungen anderer Länder und deren Themen und Vorgehensweisen unterrichtet.[103] Durch die Berichterstattung wussten sie beispielsweise um die Organisierung von Männern und Frauen für das Frauenwahlrecht im Vorfeld von Wahlreformen – nämlich die Erweiterung des Wahlrechts durch Zensussenkungen in England 1867 und das Verbot des Ausschlusses aufgrund der Hautfarbe und der Rasse 1868 und 1870 in den USA.[104] Allein 13 Mal wurde in den *Neuen Bahnen* zwischen 1866 und 1870 über das Wirken John Stuart Mills zugunsten des Frauenwahlrechts in England berichtet, zum Teil äußerst ausführlich. So lernten deutsche Leser_innen ausländische Protagonist_innen des Frauenwahlrechts und deren Argumentationen kennen, so wurde Wissen transferiert und in den Köpfen verankert, auch wenn deutschen Frauen jegliche kollektive politische Betätigung untersagt war. Selbstverständlich wurden auch die wenigen positiven Stellungnahmen zum Frauenwahlrecht in Deutschland, wie die von Franz von Holtzendorff, ausführlich vorgestellt. Er hatte 1868

---

102 Vgl. Herrad-Ulrike Bussemer, Frauenemanzipation und Bildungsbürgertum. Sozialgeschichte der Frauenbewegung in der Reichsgründungszeit, Weinheim/Basel 1985, S.133, sowie Hundt, Einleitung, S.35.
103 Vgl. Susanne Schötz, »Blicke in die Runde« von Leipzig aus. Regionales und Internationales in den »Neuen Bahnen«, in: Irina Hundt/Ilse Kischlat (Hg.), Topographie und Mobilität in der deutschen Frauenbewegung, Berlin 2003, S.42–61.
104 Vgl. Bader-Zaar, Zur Geschichte des Frauenwahlrechts, S.8.

in einem Vortrag in Berlin nicht nur für die Öffnung unterschiedlicher Erwerbsmöglichkeiten für Frauen bis hin zur Medizin und Advokatur, sondern auch für das Frauenwahlrecht plädiert. Hier wird eine gezielte Strategie der erfahrenen Publizistin Louise Otto-Peters deutlich, das Frauenwahlrecht als zentralen Grundwert und grundsätzliches Ziel in der deutschen Frauenbewegung zu verankern (bzw. zu bewahren).

In Deutschland scheint es zumindest auf nationaler Ebene nicht zu einer breiteren Debatte um die Ausgestaltung des Wahlrechts im Kontext der Gründung des Norddeutschen Bundes 1866/67 und des Deutschen Reichs 1870/71 gekommen zu sein, wurde doch unter Bismarck das im europäischen Vergleich fortschrittliche allgemeine, gleiche und direkte Männerwahlrecht eingeführt.[105] Inwiefern das Frauenwahlrecht bei der Reform kommunaler und einzelstaatlicher Wahlrechte ein Thema war, ist wenig untersucht.

Es ist spannend, dass es Louise Otto-Peters tatsächlich wagte, sich in einem öffentlichen Vortrag im Louisenstädtischen Handwerkerverein zu Berlin am 19. Juli 1869 für das Frauenwahlrecht auszusprechen. Dieser hatte ihr im Winter eine mit vielen Unterschriften versehene Dank- und Zustimmungsadresse »in Bezug auf ihr dem Volk treu gewidmetes Wirken und Dichten« gesandt und sie anlässlich eines Aufenthaltes in Berlin eingeladen, einen Vortrag über ihre Bestrebungen in der Frauenfrage zu halten.[106] Zu diesem Vortrag hatten sich nicht nur Mitglieder des Louisenstädtischen Handwerkervereins, Männer und Frauen, sondern auch des Volksküchenvereins[107] und anderer Vereine eingefunden, sodass der Veranstaltungsraum nicht ausreichte, um alle, die gekommen waren, aufzunehmen. Louise Otto-Peters entwickelte unter dem Vortragstitel »Frauenwirken im Dienste der Humanität« ihre bekannte, von der Unterschiedlichkeit, doch Gleichwertigkeit männlichen und weiblichen Wesens

---

105 Vgl. Bock, Frauen in der europäischen Geschichte, S. 181.
106 Vgl. hierüber den Bericht in den *Neuen Bahnen* (1869), H. 18, S. 141–143.
107 Gemeint ist der 1868 von Lina Morgenstern gegründete Volksküchenverein in Berlin, vgl. Gerhard, Unerhört, S. 93 f.

ausgehende Emanzipationsvision im Dienste der Humanität.[108] In der sich anschließenden Debatte plädierte zunächst Lina Morgenstern für das gleichberechtigte Zusammenwirken von Männern und Frauen in Frauenvereinen, was Louise Otto-Peters veranlasste, nochmals darzulegen, warum Männer im ADF nicht stimmberechtigt seien. Sie äußerte dann ihre Auffassung zum allgemeinen Wahlrecht: »Nach meiner persönlichen Ueberzeugung bin ich sogar für allgemeine Gleichstellung der Männer und Frauen auch in politischen Angelegenheiten, also auch für allgemeines Stimmrecht und selbst wenn eine Frau in den Reichstag gewählt würde, so würde dies den socialen Fragen nur nützlich sein. Aber ich spreche dies nur im Princip aus, dafür wirken zu wollen, wäre noch zu früh.«[109] Offensichtlich erzeugte diese Auffassung Sprachlosigkeit und Ablehnung, denn die folgenden Redner_innen gingen in keiner Weise darauf ein, sondern bekräftigten ihrerseits den »natürlichen Beruf« der Frauen in Ehe und Familie, »ihre Bestimmung im Hause und in der Küche«, das Glück des Hauses, das auf der »naturgemäßen Unterordnung« der Frauen bestehe usw. Nur einige räumten entweder die Notwendigkeit der Erwerbsarbeit von Frauen ohne männlichen Ernährer ein und unterstützten deshalb Fortbildungsanstalten für Mädchen oder gestanden bürgerlichen Frauen zumindest ein gewisses Wirken für das Wohl der ärmeren Klasse zu. Hier spiegelt sich wider, wie innovativ und zugleich herausfordernd die Ziele und Vorgehensweisen des ADF und seiner Vorsitzenden am Beginn der sich konstituierenden Frauenbewegung wirkten und auf wie viel Unverständnis und Widerstände sie stießen.

Interessant ist, dass das von der Demokratin Louise Otto-Peters befürwortete Frauenwahlrecht weiter gehend war als das des englischen Liberalen John Stuart Mill. Sie war für ein allgemeines, also keines, das an bestimmte Voraussetzungen wie Zensus, Selbstständigkeit oder bestimmte Bildungsvoraussetzungen gebunden war, und sie war nicht nur für ein aktives, sondern auch für ein passives Wahl-

---

108 Sie nannte das »zwei gleichgewichtige Kräfte«, vgl. *Neue Bahnen* (1869), H.18, S.141f.
109 Ebd., S.142.

recht – Frauen sollten als Reichstagsabgeordnete gewählt werden können. Demgegenüber verlangte John Mill die Zulassung von unverheirateten Frauen zum aktiven, aber noch nicht passiven Wahlrecht. Er war zudem für ein abgestuftes Wahlrecht (*graduated suffrage*) und dessen Bindung an Bildung und Selbstständigkeit, was sich nicht nur aus konservativen Motiven speiste, sondern Teil der von den Liberalen viel debattierten Spannung zwischen »Volkssouveränität« und »vernünftiger Regierung« war.[110]

Fazit

Zusammenfassend bleibt festzuhalten, dass Louise Otto-Peters zwischen Vormärz und Reichsgründung nicht nur ein zutiefst demokratisches Verständnis von politischer Partizipation entwickelte, sondern auch im eigenen Leben und Wirken umsetzte. Dieses schloss politische Teilhaberechte von Frauen und die Bereitschaft, sich persönlich zu engagieren, von Anbeginn ein – bereits ihre erste große frauenemanzipatorische Artikelfolge in den *Sächsischen Vaterlandsblättern* von 1843/44 belegt dies. Vor allem ihre frühzeitigen Kontakte zur vormärzlichen Demokratiebewegung im Königreich Sachsen und insbesondere in Leipzig, dem damaligen Zentrum der oppositionellen deutschen Presse und einem der deutsch-katholischen Bewegung, wirkten prägend.

Während der großen allgemeinen Politisierung von 1848/49 wurde sie vielfach politisch aktiv. Aus der Enttäuschung darüber, dass nicht nur die Liberalen, sondern auch die meisten Demokraten in der Revolution an Frauenrechte zu denken vergaßen, trat sie zunächst in Louise Dittmars Zeitung *Sociale Reform* mit einem eigenen Programm hervor, das auf verbesserte Bildungs- und Erwerbsmöglichkeiten für Frauen sowie auf ihre Mündigkeit in Ehe und Familie sowie im Staatsleben abzielte. Erstmals sprach sie die Frauenstimmrechtsforderung als notwendigen Teil eines umfassenden Emanzipationsprogramms

---

110 Bock, Frauen in der europäischen Geschichte, S. 180 und S. 203.

aus. Die von ihr herausgegebene *Frauen-Zeitung* konzipierte sie dann als ein Organ zur kollektiven Verständigung über Daueninteressen vor dem Hintergrund der allgemeinen gesellschaftlichen Entwicklung. Für sie bedingten Gesellschaftsreform und Frauenemanzipation einander.

Nach dem politischen Überwintern während der Repressions- und Restaurationsphase trat Louise Otto-Peters wieder seit Beginn der 1860er Jahre im Rahmen der erstarkenden deutschen Nationalbewegung hervor. Mit der von ihr vorangetriebenen Gründung des ADF blieb sie nicht nur ihrem Grundsatz treu, dass die Frauen ein Recht und die Pflicht haben, am Staatsleben teilzunehmen. Mit dem ADF als einem national orientierten Netzwerk lokaler Frauenvereine nahm die bürgerliche Frauenbewegung Deutschlands ihren Anfang. Auch ohne das Wahlrecht zu besitzen und ohne kollektiv politische Forderungen erheben zu dürfen, entwickelten die Mitglieder vielfältige Aktivitäten zur Verbesserung der Situation von Frauen und setzten so Frauenpolitik in Gang. Immense Bedeutung für die Konsolidierung der deutschen Frauenbewegung kommt den *Neuen Bahnen* als Publikationsorgan des ADF zu. Vor allem über regelmäßige Auslandsberichte, die über Vereine und Initiativen auf dem Gebiet der sog. Frauenfrage informierten, und insbesondere über Berichte zur entstehenden Frauenstimmrechtsbewegung in Großbritannien und den USA zirkulierte Wissen über die Formierung der Frauenbewegung als einer berechtigten, weltweiten Emanzipationsbewegung. So wurden nicht nur spezifische Vorgehensweisen und Argumentationen verdeutlicht, sondern auch gemeinsame Wert- und Zielvorstellungen verankert, zu denen die Gewinnung des Frauenwahlrechts zählte. Auf wie viel Unverständnis diese Forderung allerdings noch stieß, verdeutlicht die Sprachlosigkeit angesichts des Auftritts von Louise Otto-Peters im Louisenstädtischen Handwerkerverein in Berlin 1869.

Die meisten Deutschen gingen davon aus, dass Männer und Frauen körperlich und psychisch unterschiedliche Wesen mit daraus abgeleiteten unterschiedliche Rollen und Aufgabenbereichen seien. Politik galt als Sphäre der Männer. Auch Louise Otto-Peters knüpfte mit ihrem Konzept des »Ewig-Weiblichen« argumentativ am herrschenden Geschlechterdiskurs der Differenz an. Im Unterschied zu diesem war sie jedoch davon überzeugt, dass die Geschlechter, trotz ihrer different vorgestellten psychischen Beschaffenheit und daraus resultierenden unterschiedlichen Fähigkeiten, zwei gleichwertige Hälften eines Ganzen seien. Nur durch deren gleichberechtigtes Zusammenwirken auf allen Gebieten, also auch dem der Politik, könnte ein Zustand der Harmonie und Humanität erreicht werden. Hinzu kam die Auffassung, dass jeder Mensch das unveräußerliche Recht auf die freie Entfaltung seiner Talente und Fähigkeiten besitze, um sich selbst zu vervollkommnen und zum Fortschritt der Menschheit beizutragen. Diese Geisteshaltung ließ die Ur-Demokratin Louise Otto-Peters nach der Reichsgründung von 1871 in kritische Distanz zum politischen System gehen.[111]

---

111 Vgl. Schötz, Visionen von Emanzipation, Gemeinsinn und Gesellschaftsreform.

Birte Förster

Den Staat mitgestalten
Wege zur Partizipation von Frauen
im Großherzogtum und Volksstaat Hessen
1904–1921[1]

»Erfreulicherweise mehrt sich […] die Zahl derer, die es nicht nur für berechtigt, sondern für dringend nötig halten, daß die Frauen besser gerüstet werden für einen selbstständigen Beruf, für das Leben«[2] – stand im Mai 1904 im *Darmstädter Tagblatt* zu lesen. Die hessische Lokalzeitung hatte mit der lapidaren Bemerkung »Man schreibt uns« eine Art Werbeschreiben für den Allgemeinen Deutschen Frauenverein (ADF) veröffentlicht, das vermutlich aus der Feder eines Mitglieds des am 8. Januar 1904 in der Residenzstadt gegründeten Ortsvereins stammte. Der Beitrag wandte sich gegen den Verdacht, der ADF habe etwas mit dem anrüchigen Begriff »›Emanzipation‹« zu tun, weil zu seinen Zielen die bessere Rechtstellung der Frau, berufliche Bildung sowie die Teilhabe an »kulturellen und sozialen Arbeiten unserer Zeit« gehörten. Trotz dieses unschönen Vorurteils sei die Mitgliederzahl steigend, denn die gut situierten Bürgerinnen der Stadt wollten sich solidarisch zeigen: »So schließen sich immer mehr Frauen, die sich selbst in gesicherter Lebensstellung befinden, zusammen, um weniger glücklichen Schwestern, die noch um ihre Existenz ringen,

---

1 Für wertvolle Hinweise und Anregungen danke ich Hedwig Richter, Rupert Levi Scheuermann und Patrick Bahners, für ihre Hilfe bei der Literaturbeschaffung danke ich Ursula Meller.
2 *Darmstädter Tagblatt*, 11. 5. 1914, Nr. 110. Alle Zitate im ersten Absatz stammen aus diesem Artikel.

durch Rat, Tat und Mittel die Wege zu bahnen und zu ebnen.« Auf diese Frauen und Mädchen in gesicherten Verhältnissen zielte der Verein, sie sollten Aufgaben im öffentlichen Leben übernehmen. Statt sich nur mit »Vergnügen, Putz und Geselligkeiten« abzugeben, sollten sie Bürgersinn und Verantwortungsfähigkeit demonstrieren – bei der Rechtsberatung, bei sozialen und pädagogischen Projekten wie auch in der praktischen Fürsorge für Kranke und Kinder.

Mit dieser programmatischen Ausrichtung gehörte der Darmstädter Ortsverein des ADF jener Strömung der Frauenbewegung an, die sich verstärkt kommunal- und sozialpolitischen Themen zuwandte und versuchte, über rechtliche Veränderungen und (meist) ehrenamtliche Mitarbeit die Befähigung der (bürgerlichen) Frau zur Staatsbürgerin unter Beweis zu stellen.[3] Staatsbürgerschaft (*citizenship*) ist laut Bryan Turner als das Ensemble der politischen, ökonomischen, sozialen und kulturellen Praktiken zu denken, dank derer eine Person sich als anerkanntes Mitglied einer Gesellschaft versteht.[4] Diese Definition geht weit über jene politischen Rechte hinaus, die 1918/1919 recht überraschend auf nationaler wie auf Ebene der Einzelstaaten für Frauen eingeführt wurden. Denn in ihrem Kern geht es um das Aushandeln von Partizipation, um die Beteiligung an ganz unterschiedlichen Entscheidungsprozessen, um den Zugang zu Ressourcen des Staates. Zugleich geraten so auch die sehr unterschiedlichen Vorstellungen von den Aufgaben und Zielen einer Staatsbürgerin in den Blick. Was Staatsbürgerschaft bedeutet, wurde lange vor dem 19. Januar 1919 und auch darüber hinaus verhandelt. Damit ist auch die Zeitspanne, die Kathleen Canning für die Neuaushandlung von Staatsbürgerschaft in Deutschland mit 1917 bis 1924 angibt[5], zumin-

---

3 Iris Schröder, Wohlfahrt, Frauenfrage und Geschlechterpolitik. Konzeption der Frauenbewegung zur kommunalen Sozialpolitik im Deutschen Kaiserreich, in: Geschichte und Gesellschaft 21 (1995), S. 368–390, hier S. 384.
4 Bryan Turner, Contemporary Problems in the Theory of Citizenship, in: ders. Citizenship and Social Theory, London 1993, S. 1–18, hier S. 2.
5 Kathleen Canning, Claiming Citizenship. Suffrage and Subjectivity in Germany After the First World War, in: dies. / Kerstin Barndt / Kristin McGuire (Hg.), Weimar Publics / Weimar Subjects. Rethinking the Political Culture of Germany in the 1920s, New York 2010, S. 116–137, hier S. 117.

dest mit Blick auf die bürgerliche Frauenbewegung breiter zu fassen. Die Debatte musste zudem nach 1945 erneut geführt werden, davon zeugt der Kampf, den Frieda Nadig und Elisabeth Selbert 1948 und 1949 im Parlamentarischen Rat um den Gleichheitsgrundsatz im Grundgesetz und anschließend um dessen Umsetzung ausfochten.[6]

Am Beispiel des Großherzogtums und späteren Volksstaats Hessen[7] beschäftigt sich dieser Beitrag mit der Frage nach der Bedeutung des Frauenwahlrechts und damit der Staatsbürgerschaft in drei Schritten. Zuerst geht es um Partizipationsmöglichkeiten und -bestrebungen vor der Einführung des Wahlrechts auf lokaler und regionaler Ebene. Die in Ute Freverts programmatischem Aufsatz zur neuen Politikgeschichte beschriebene Verschiebung dessen, was jeweils als politisch definiert wurde, verdient dabei besondere Aufmerksamkeit.[8] Welche kommunalen, sozialpolitischen und rechtlichen Fragen reklamierten die im ADF organisierten Frauen für sich? Gelang es ihnen, im Sinne einer »domestication of politics«[9] als weiblich definierte Aufgabenfelder für sich zu beanspruchen und zu kommunalen zu machen? Zweitens behandelt der Beitrag am Beispiel Darmstadts Formen der Mobilisierung von Wählerinnen bei den

---

6   Gisela Notz, Frauen in der Mannschaft. Sozialdemokratinnen im Parlamentarischen Rat und im Deutschen Bundestag 1948/49 bis 1957, Bonn 2003, S. 14, 23–31.
7   Das Großherzogtum Hessen existierte von 1806 an, war seit 1871 ein Gliedstaat des Deutschen Reiches und wurde 1919 in den Volksstaat bzw. die Republik Hessen umgewandelt. Das Staatsgebiet umfasste drei Provinzen: Rheinhessen mit der Hauptstadt Mainz, Starkenburg mit der Haupt- und Universitätsstadt Darmstadt und Oberhessen mit der Hauptstadt Gießen und der zweiten Universität des Landes. Zum Gebiet gehörten zudem mehrere preußische und badische Enklaven. Darmstadt war auch die Hauptstadt des gesamten Gebietes und Sitz des Parlaments. 1933/34 wurde es durch die Ernennung eines Reichsstatthalters und das »Gesetz für den Neuausbau des Reiches« gleichgeschaltet. Nach der Gründung von Groß-Hessen durch die US-Militärregierung gehörten nur die rechtsrheinischen Provinzen zum Gebiet des späteren Bundeslandes.
8   Ute Frevert, Neue Politikgeschichte. Konzepte und Herausforderungen, in: dies./Heinz-Gerhard Haupt (Hrsg.), Neue Politikgeschichte, Frankfurt am Main/New York 2005, S. 7–26, hier S. 13–16.
9   Paula Baker, The Domestication of Politics. Women and American Political Society 1870–1920, in: American Historical Review 89 (1984), H. 3, S. 620–647.

Reichs- und Landtagswahlen im Januar 1919. Drittens untersucht er anhand der Tätigkeit weiblicher Abgeordneter in der hessischen Volkskammer die konkrete Umsetzung der neuen Staatsbürgerinnenrechte während der ersten Legislaturperiode (1919–1921).

Partizipation und Handlungsräume im Großherzogtum Darmstadt

Die Ortsgruppe des Allgemeinen Deutschen Frauenvereins, den Susanne Schötz als »Keimzelle politischer Arbeit von Frauen« bezeichnet hat,[10] wurde 1904 fast vierzig Jahre nach dem Dachverband und damit relativ spät gegründet. Über den konkreten Gründungsanlass ist nichts bekannt. Zur ersten Vorsitzenden der Ortsgruppe Darmstadt des ADF wurde 1904 Auguste Staudinger (1852–1944) gewählt. Sie hatte den Konsumverein Darmstadt mitgegründet und war Mitglied der Frauengruppe der Sozialdemokraten. Für einen bürgerlichen Frauenverein hatte sich die Darmstädter Ortsgruppe damit eine außergewöhnliche Vorsitzende gesucht.[11] 1907 wurde sie von

---

10 Siehe dazu den Beitrag von Susanne Schötz in diesem Band. Zum ADF siehe Irene Stoehr, Emanzipation zum Staat? Der Allgemeine Deutsche Frauenverein – Deutscher Staatsbürgerinnenverband 1893–1933, Pfaffenweiler 1990, sowie zur Gründungsgeschichte Ute Planert, Die Nation als »Reich der Freiheit« für Staatsbürgerinnen. Louise Otto zwischen Vormärz und Reichsgründung, in: dies. (Hg.): Nation, Politik und Geschlecht. Frauenbewegung und Nationalismus in der Moderne. Frankfurt am Main / New York 2000, S. 113–130, hier S. 122, sowie Susanne Schötz, Zur Entstehungsgeschichte des Allgemeinen Deutschen Frauenvereins vor 135 Jahren in Leipzig, in: Irina Hundt / Ilse Kischlat (Hg.), Zwischen Tradition und Moderne. Frauenverbände in der geschichtlichen Kontinuität und im europäischen Diskurs heute, Berlin 2002, S. 11–23.
11 Zu Auguste Staudinger s. Hauptstaatsarchiv Darmstadt (HStAD, S1, Nachweis Staudinger, Auguste: https://arcinsys.hessen.de/arcinsys/detailAction.action?detailid=v4419750&icomefrom=search; Staudinger, Auguste, in: Hessische Biografie: http://www.lagis-hessen.de/pnd/11722331X (Stand: 22. 4. 2017) [20. 1. 2018]; 25 Jahre Konsumverein Darmstadt, Darmstadt 1925, S. 7. Schriftführerin wurde die Musiklehrerin Luise Müller, Kassiererin Olga Schenck (1840–1912), siehe Sitzung des Beirates der Ortsgruppe Darmstadt des ADF, 19. April 1904, HStAD, G 28/R172.

Karoline Balser (1873–1928) abgelöst, die ebenfalls Erfahrungen aus der Wohlfahrtsarbeit mitbrachte.[12] Die Mitgliederliste von 1904 verzeichnete 75 Frauen, ungefähr die Hälfte davon war unverheiratet, der Pädagogische Verein trat als juristische Person bei. Soweit sich Informationen über die Mitglieder erheben lassen, handelte es sich um bürgerliche Frauen der Jahrgänge 1840 bis 1887.[13] In der Ortsgruppe Darmstadt engagierten sich auch einige wenige Männer. Der Verein sah zwei Arten der Mitgliedschaft vor: Ordentliche Mitglieder waren Mädchen und Frauen, die als Mitglieder des ADF Mitglieder der Ortsgruppe Darmstadt wurden; es gab aber auch Frauen und Männer, die nur lokale Mitglieder der Darmstädter Gruppe waren. Über deren Aufnahme entschied die Ortsgruppe allein.[14]

Zweck des Vereins war die »Befreiung der Berufsarbeit der Frau von allen Hindernissen; Förderung von Berufsinteressen auf dem hauswirtschaftlichen, wissenschaftlichen und künstlerischen Feld«[15]. Dazu kam die Teilhabe an kulturellen wie sozialen Aufgaben und die Verbesserung der privaten wie staatsbürgerlichen Rechtstellung der Frau. Das Beispiel des ADF zeigt deutlich: In der bürgerlichen

---

12 1907 wurde zudem Eleonore Pfnor als Schriftführerin gewählt, Schenck blieb im Amt, Auszug aus dem Protokoll der Generalversammlung der Ortsgruppe Darmstadt des Allgemeinen Deutschen Frauenvereins vom 9. 11. 1907, HStAD, G 28/R172.
13 Dafür spricht auch der Mitgliedsbeitrag von sechs Reichsmark im Jahr. Recherchiert wurde im Archivinformationssystem Hessen (arcynsis.hessen.de) sowie in der Hessischen Biographie des Landesgeschichtlichen Informationssystems Hessen (lagis-hessen.de). Allerdings verzeichnet die Liste bei vielen Mitgliedern die Vornamen nicht, was die Suche erschwert. Für folgende Mitglieder konnten Daten ermittelt werden: Im Beirat des ADF war Marie Wolfskehl (1878–1939), »Wolfskehl, Wilhelmine Marie«, in: Hessische Biografie: http://www.lagis-hessen.de/pnd/1111819750 (Stand: 18. 8. 2016), [24. 1. 2018]. Das jüngste Mitglied war Antonie Bender (1887-nach 1946), die Berufsschullehrerin wurde. 1933 wurde sie mit dem »Gesetz zur Wiederherstellung des Berufsbeamtentums« aus dem Schuldienst entlassen.
14 Satzungen für die Ortsgruppe Darmstadt des Allgemeinen Deutschen Frauenvereins, 8. Januar 1904, s. HStAD, G 28/R172. In der Liste des Jahres 1904 sind zwei Männer zu finden, Geheimrat Hauser und Professor Münch, s. ebd.
15 Satzung der Ortsgruppe Darmstadt des Allgemeinen Deutschen Frauenvereins vom 8. Januar 1904, HStAD, G 28/R172.

Frauenbewegung war Staatsbürgerschaft im Sinne einer Teilhabe an Entscheidungsprozessen schon lange vor der Verleihung staatsbürgerlicher Rechte ein Thema. Der 1904 auch in der hessischen Residenzstadt ins Leben gerufene Verein vertrat, was Paula Baker für die amerikanische Geschichte zwischen 1870 und 1920 (und damit vor der Einführung des allgemeinen Wahlrechte in den USA) als eine »domestication of politics«[16] bezeichnet hat: Gemeinhin als »weiblich« geltende Handlungsfelder wie Schulbildung, Mutterschutz, Gesundheit und Hygiene sowie Wohnqualität wurden zu öffentlichen Aufgabenfeldern erklärt, für die Frauen aufgrund ihres »Geschlechtscharakters« besonders kompetent seien. Langfristiges Ziel der vornehmlich ehrenamtlichen Tätigkeiten war es, die eigene Verantwortungsfähigkeit unter Beweis zu stellen und zudem auf diese Weise Zugang zu staatlichen Ressourcen zu erlangen – etwa um als Mitglied städtischer Kommissionen über die Vergabe öffentlicher Mittel mitzuentscheiden. Dies zeigt etwa das Bemühen des ADF, Frauen in diesbezüglichen städtischen Kommissionen Sitz und Stimme zu verschaffen.

Das weibliche Vereinswesen war zudem – so meine These – ein nicht unwesentliches Mittel für Frauen der bürgerlichen Frauenbewegung, um sich politisch zu professionalisieren und Partizipation in Teilöffentlichkeiten zu praktizieren, nicht zuletzt im eigenen Verband. Dafür spricht, dass nicht nur die Vorsitzende des ADF in Darmstadt, Karoline Balser, 1919 ein Mandat in der Volkskammer (für die DDP) erlangte, sondern auch die Vorsitzende des Katholischen Frauenbundes Darmstadt, Else Hattemer (Zentrum), das langjährige Mitglied des Evangelischen Frauenvereins Offenbachs, Else Bierau (DVP).[17] Auch die 1919 für die SPD in den Landtag gewählte Abgeordnete Margarete Steinhäuser hatte Verbands- und Parteierfahrung, sie

---

16 Baker, Domestication of Politics, S. 640f.
17 Die Lebensläufe und Tätigkeitsbereiche der weiblichen Abgeordneten der Hessischen Volkskammer sind dank dieser Studie gut dokumentiert: Ingrid Langer, Zwölf vergessene Frauen. Die weiblichen Abgeordneten im Parlament des Volksstaats Hessen. Ihre politische Arbeit, ihr Alltag, ihr Leben. Frankfurt am Main 1989, S. 171–172, 250, 297–299, 409.

hatte 1913 den Arbeiter-Samariter-Bund mitgegründet und war in der Partei vor allem in der Jugendwohlfahrt engagiert.[18] Balser wurde 1910 auch Vorsitzende des Verbandes Darmstädter Frauenvereine, in dem sich 27 bürgerliche Frauenvereine zusammenschlossen.[19]

Was die konkreten Aktivitäten der ADF-Ortsgruppe Darmstadt betrifft, so müssen diese vornehmlich aus der Zeitungsberichterstattung rekonstruiert werden. Arbeitsbereiche des lokalen Vereins waren Wohlfahrt, Schule, Erziehung, Bildung für Mädchen, Gesundheit und Hygiene. Zu diesen Themenfeldern bildeten sich die Mitglieder durch Vorträge weiter. Diese gab es zur Erwerbsarbeit von Frauen oder über »Soziale Reformarbeit und die Alkoholfrage«[20], zu »Kinderpflege im ersten Lebensjahr«[21] oder über die bessere Ausbildung für Lehrerinnen. Dazu nahmen einige Mitglieder an einem Rechtsschutzkursus in Frankfurt teil.[22] Dass diese Vorträge in der Regel von Frauen gehalten wurden, war der entscheidende Unterschied zu ähnlichen Aktivitäten in den evangelischen Kirchengemeinden Darmstadts. Die Mitglieder des ADF hielten auch selbst Vorträge, so sprach Auguste Staudinger 1912 auf dem deutschen Frauenkongress über Konsumvereine.[23]

Auch im Bereich der Beratung waren die Mitglieder tätig. Sie richteten kurz nach der Gründung eine Auskunftsstelle für Frauen und Mädchen ein, die in Berufs- und finanziellen Fragen Rat erteilte.[24] Dazu wurde 1908 auf Betreiben von Karoline Balser, die in-

---

18 Ebd., S. 50–53.
19 Nach 1900 wurden zahlreiche Frauenvereine in Darmstadt gegründet, neben konfessionellen auch der Darmstädter Lehrerinnenverein, der Kaufmännische Bund weiblicher Angestellter und 1907 auch der Verein für das Frauenstimmrecht. Bis 1933 war die Stadt zudem Sitz zahlreicher hessischer Frauenverbände, s. Agnes Schmidt: Frauenvereine, in: Historischer Verein für Hessen (Hg.), Stadtlexikon Darmstadt, Stuttgart 2006, S. 265f.
20 *Darmstädter Tagblatt*, 3. 11. 1904, Nr. 260.
21 *Darmstädter Tagblatt*, 3. 12. 1904, Nr. 283.
22 *Darmstädter Tagblatt*, 11. 1. 1904, Nr. 8.
23 Margarete Jacobsohn, Der deutsche Frauenkongress, in *Neue Bahnen* 47 (1912), S. 46–49, 53–56, hier S. 47.
24 *Darmstädter Tagblatt*, 27. 6. 1904, Nr. 148.

zwischen Vorsitzende der Ortsgruppe war, eine Rechtsauskunftsstelle eingerichtet, neben juristischer Beratung kümmerte sich Balser um Bittgesuche sowie Straf- und Prozessvertretungen. Der ADF Darmstadt, so Regierungsrätin Keller auf der Gedenkfeier für Karoline Balser am 28. November 1928, habe »›Kinderhorte, Lesehallen, Schulgärten, Krippen und Säuglingsheime‹« gegründet, »›die heute längst als Pflichtaufgaben der Kommunalverwaltung anerkannt worden sind‹«.[25] Besonders erfolgreich war die Darmstädter Ortsgruppe bei der Bekämpfung der Säuglingssterblichkeit, dies wurde im Jahresbericht des ADF 1911 ausdrücklich erwähnt.[26] Zu diesem Zweck hatte Balser 1908 gemeinsam mit Frau Professor Berger eine Beratungsstelle für sogenannte »unbemittelte[ ] Mütter« eingerichtet, die man in Ernährungs- und Hygienefragen beriet. Auf diese Weise konnte die Säuglingssterblichkeit deutlich gesenkt werden.[27] Als Wohnungsinspektorinnen waren Frauen im Großherzogtum Hessen professionell in der Wohlfahrtspflege tätig, im Landkreis Worms seit 1910 die Wirtschaftswissenschaftlerin Marie Kröhne. 1910 publizierte Kröhne erste Ergebnisse ihrer Arbeit. Der Jahresbericht umfasste das Konzept ihrer Tätigkeit sowie den Bericht über ihre konkreten Aktivitäten mit Empfehlungen für Maßnahmen. Gertrud Bäumer sah in dieser Inspektionstätigkeit eine Möglichkeit, die »Propaganda für die öffentliche Wohnungspflege und für ihre Ausübung durch Frauen so auszunutzen wie nur irgend möglich«.[28] Ganz

---

25 So die Ansprache von Frau Regierungsrat Keller auf der Gedenkfeier für Karoline Balser am 24.11.1928, s. Langer, Vergessene Frauen, S. 247f.
26 Gertrud Bäumer, Geschäftsbericht des Allgemeinen Deutschen Frauenvereins, in: Neue Bahnen 46 (1911), S. 156–160, hier S. 160
27 Ortsgruppe Darmstadt, in: Neue Bahnen 46 (1911), S. 135f.
28 Gertrud Bäumer, Aus der Arbeit der hessischen Wohnungsinspektorin, in: Neue Bahnen 46 (1911), S. 105–108, Zitat S. 105; Marie Kröhne, Jahresbericht der Kreiswohnungsinspektorin für die Landgemeinden des Kreises Worms 1910, Worms 1910, der Bericht erschien jährlich bis 1913. Marie Kröhne (1880 bis nach 1972) war die Pflegetochter der Leipziger Frauenrechtlerin Johanna Brandstetter und hatte 1908 in Leipzig promoviert, siehe: https://www.leipzig.de/jugend-familie-und-soziales/frauen/1000-jahre-leipzig-100-frauenportraets/frauenbewegung/frauenbewegung-portraets/ [26.1.2018].

offensichtlich wollte der ADF solche Best-practice-Beispiele einer breiteren Öffentlichkeit zugänglich machen. Marie Kröhne und ihre Vorgängerin Else Kesten-Conrad waren vorzeigbare Beispiele von Staatsbürgersinn.

Ein wichtiges Thema war die höhere Mädchenschulbildung: Die Ortsgruppe setzte sich unmittelbar nach ihrer Gründung erfolgreich für deren Ausbau ein, was »in verschiedenen Kreisen unserer Stadt« auf fruchtbaren Boden gefallen war, nicht zuletzt, weil die Viktoriaschule, und damit die einzige städtische Höhere Mädchenschule, überfüllt war. Als Lösung schlug der ADF Darmstadt die Förderung von Realgymnasialkursen für Mädchen vor – eine Maßnahme, von der Stadt und Mädchenbildung gleichermaßen profitieren könnten, die zudem laut ADF ohne große Belastungen für die Stadt ins Werk zu setzen sei.[29] Dabei konnten sich die Aktivistinnen des ADF auf die um 1900 etablierten Ziele der sozialen Entwicklung der deutschen Städte berufen.[30] Die von der Ortsgruppe angeregten Kurse wurden zwar nicht eingerichtet, man fand allerdings einen Kompromiss, mit dem das Ziel, die höhere Mädchenbildung auszubauen, dennoch erreicht wurde: Darmstädter Schülerinnen konnten ab 1904 Klassen in Jungenschulen besuchen und so das Abitur absolvieren. Die Auskunftsstelle des ADF unterstützte Schülerinnen und Eltern beim Übertritt in die Jungenschulen.[31] Die Maßnahme wurde von Erfolg gekrönt, 1911 legten die ersten sechs Schülerinnen am Realgymnasium die Abiturprüfung ab. Sie wollten – ganz im Sinne der Bildungs- und Berufsziele des ADF – Lehrerinnen, Ärztin und Apothekerin werden.[32]

Auch für den Ausbau kommunaler Rechte setzte sich der ADF Darmstadt ein. Gemeinsam mit anderen hessischen Frauenvereinen machte er 1911 Eingaben bei der Regierung und der zweiten Stände-

---

29 »Es wird dies der Entwickelung unserer Stadt und der Erziehung der weiblichen Jugend zugute kommen«, *Darmstädter Tagblatt*, 18. 4. 1904, Nr. 37
30 Schröder, Wohlfahrt, Frauenfrage und Geschlechterpolitik, S. 380 f.
31 *Darmstädter Tagblatt*, 31. 8. 1904, Nr. 204.
32 Ortsgruppe Darmstadt, in: *Neue Bahnen* 45 (1910), S. 47.

kammer, um das Gemeindewahlrecht für Frauen zu erreichen[33] – vergebens: »Die Darmstädter Ortsgruppe hat – leider erfolglos – die Berücksichtigung der Frauen in der neuen hessischen Städteordnung erstrebt.«[34] So fasste Gertrud Bäumer im Geschäftsbericht des ADF das Ergebnis der Bemühungen um mehr kommunale Partizipation zusammen. Etwas zu pessimistisch: Nach Artikel 130 der Landgemeindeordnung und Artikel 132 der Städteordnung vom 8. Juli 1911 konnten Frauen von 1911 an in den städtischen Deputationen »für das Armenwesen, für Unterrichts- und Erziehungswesen, Gesundheitswesen und Krankenfürsorge« mit »Sitz und Stimme« vertreten, bis zu einem Viertel der Mitglieder konnten von nun an Frauen sein.[35] Die spätere Zentrumsabgeordnete Else Hattemer bekleidete von 1912 an einen solchen Posten in der Darmstädter städtischen Armen- und Fürsorgedeputation.[36]

Seit 1907 trug die »Auskunftsstelle für Gemeindeämter der Frau«, die in Frankfurt von Jenny Apolant geleitet wurde, Informationen über die kommunale Mitarbeit von Frauen in den einzelnen Ländern des Reiches und auch in Europa zusammen.[37] Mithilfe dieses Wissens sollten sowohl die eigenen Forderungen professionalisiert und zugleich möglichst viele Belege dafür gesammelt werden, dass die eingangs erwähnte »domestication of politics« schon weit vorangeschritten war. Ziel war es, die Mitarbeit von Frauen in kommunalen Ämtern und Kommissionen zu stärken und so langfristig das Wahlrecht für Frauen zu erreichen, das passive wie das aktive.[38] Mit der

---

33 Jenny Apolant, Das kommunale Wahlrecht der Frauen in den deutschen Bundesstaaten, hrsg. vom Deutschen Reichsverband für Frauenstimmrecht, Leipzig 1918, S. 29.
34 Gertrud Bäumer, Geschäftsbericht des Allgemeinen Deutschen Frauenvereins, in: Neue Bahnen 46 (1911), S. 156–160.
35 Apolant, Das kommunale Wahlrecht, S. 29 f., Neue Bahnen 52 (1918), S. 23 f.
36 Langer, Vergessene Frauen, S. 171 f.
37 Zur Gründung der Auskunftstelle und zu ihrer Arbeit s. Stoehr, Emanzipation zum Staat, S. 40–44.
38 Schröder, Wohlfahrt, Frauenfrage und Geschlechterpolitik, S. 382–384; Angelika Schaser, Zur Einführung des Frauenwahlrechts vor 90 Jahren am 12. November 1918, in: Feministische Studien 1 (2009), S. 97–110, hier S. 100, 103 f.

Übernahme dieser Ämter konnten Frauen ihre Politikfähigkeit unter Beweis stellen, denn es ging auch darum, für Ämter wählbar zu sein, und damit um das passive Wahlrecht.[39] 1918 meldete die Zentralstelle für Gemeindeämter der Frau, wie sie seit 1911 hieß, ein ernüchterndes Ergebnis: Im gesamten Großherzogtum Hessen waren nur 16 Frauen als Stadt- und Gemeindeverordnete tätig, in der Provinz Rhein-Hessen keine einzige. Um diese Informationen zu beschaffen, wurden die Hessischen Frauenverbände beim Großherzoglichen Ministerium des Innern vorstellig. Das befragte daraufhin die Kreisämter und musste auf die Antworten mehrfach drängen, denn viele Gemeinden reagierten zunächst gar nicht auf das Schreiben des Ministeriums. Aus dem Bezirk Oberhessen meldeten schließlich nur zwei Gemeinden Frauen als Deputierte.[40]

Daten über die lokale Mitbestimmung zu erheben und Frauen zur Ausübung ihres kommunalen Wahlrechts zu ermuntern, war Kärrnerarbeit, das zeigt ein Beispiel aus Hessen-Nassau, zu diesem Zeitpunkt eine preußische Provinz. Der Verein für Frauenwahlrecht und der ADF versuchten 1909 herauszufinden, welche Frauen – zu diesem Zeitpunkt waren dies ledige und verwitwete Grundbesitzerinnen – durch einen Stellvertreter wahlberechtigt waren. Dazu wurden zunächst die 93 Gemeinden der Provinz angeschrieben, von denen jedoch nur acht (zum Teil unvollständig) überhaupt Antwort gaben. Mitglieder beider Vereine liehen sich daraufhin ein Auto und fuhren in alle Gemeinden der ländlichen Provinz, um selbst zu überprüfen, welche Frauen wahlberechtigt sein könnten. Die Recherche förderte 1230 wahlberechtigte Frauen zutage, die bei den Kommunalwahlen ihre Stimme abgeben durften. Man schrieb daraufhin all diese Frauen an und rief sie dazu auf, ihr Wahlrecht auszuüben. Nach der Wahl

---

39 Apolant veröffentlichte 1910 die Ergebnisse der Arbeitsstelle, die 1913 in einer erweiterten Auflage erneut publiziert wurden, siehe Jenny Apolant, »Stellung und Mitarbeit der Frau in der Gemeinde«, Leipzig 1910, online verfügbar unter: http://sammlungen.ub.uni-frankfurt.de/judaicaffm/urn/urn:nbn:de:hebis:30:1-300438 [5. 2. 2018].
40 Siehe dazu den Schriftverkehr im Mai und Juni 1918 zwischen Ministerium und Kreisämtern in HStAD, G15 Friedberg/N119.

wurde erhoben, wie viele der wahlberechtigten Frauen davon Gebrauch gemacht hatten. 415 Frauen hatten tatsächlich gewählt beziehungsweise auf die diesbezügliche Anfrage der Zentralstelle geantwortet.[41]

Der ADF betrieb vor dem Ersten Weltkrieg, so Irene Stoehr, eine »kommunalpolitische Offensive«[42], in deren Kontext auch Gründung und Engagement des Ortsvereins Darmstadt einzuordnen sind. Ziel war es, die kommunalpolitischen Leistungen von Frauen und ihre fachliche Kompetenz für öffentliche Aufgaben sichtbar zu machen. Beschränkt man, wie Kerstin Wolff vorschlägt, Kommunalpolitik nicht auf die Zusammenarbeit von städtischer Verwaltung und Magistrat, sondern versteht sie als System, »das neben den institutionellen Formen der politischen Beteiligung (Wahlen und Abstimmungen) stark auf informelle Akteurinnen setzte«[43], dann kann man sehr wohl eine Beteiligung des ADF Darmstadt an städtischer Politik feststellen. Deren Mitglieder nutzten den Verein und ihren Einfluss in der Stadt, um ihr Ziel, die »Befreiung der Berufsarbeit der Frau von allen Hindernissen«[44], vor Ort umzusetzen: durch die Förderung von Bildung, durch Rechts- und Berufsberatung, durch Fortbildungen ihrer Mitglieder.

---

41 Jenny Apolant, Praktische Gemeinderechtswahl, in: *Neue Bahnen* 45 (1910), S. 34 f.; dies., Jahresbericht der Auskunftsstelle für Gemeindeämter der Frau. Frankfurt am Main, in: *Neue Bahnen* 45 (1910), S. 149 f.; Jenny Apolant, Das kommunale Wahlrecht der Frauen in den deutschen Bundesstaaten, hrsg. vom Deutschen Reichsverband für Frauenstimmrecht, Leipzig 1918, S. 6.
42 Stoehr, Emanzipation zum Staat, S. 36.
43 Kerstin Wolff, Kommunalpolitik und Geschlecht im 19. Jahrhundert. Haben Frauen eine politische Stimme?, in: Ulrike Gilhaus u. a. (Hg.): Wie wir wurden, was wir nicht werden sollten. Frauen im Aufbruch zu Amt und Würden, Essen 2010, S. 107–114, hier S. 113.
44 Satzung der Ortsgruppe Darmstadt des Allgemeinen Deutschen Frauenvereins vom 8. Januar 1904, HStAD, G 28 / R172.

Wahlrecht oder Wahlpflicht.
Die Mobilisierung von Wählerinnen
im Volksstaat Hessen

Nachdem der Rat der Volksbeauftragten am 12. November 1918 das Wahlrecht für Frauen beschlossen, am 30. November eine Verordnung zu den Wahlen zur Nationalversammlung erlassen und damit das Wahlrecht für Frauen ab 20 für die Wahl zur verfassunggebenden Nationalversammlung eingeführt hatte,[45] waren Frauen als Wählerinnen auch Thema im neu proklamierten Volksstaat Hessen, wo am 26. Januar 1919, eine Woche nach den nationalen Wahlen, das Landesparlament gewählt werden sollte. Die Darmstädter Zeitungsartikel und Flugblätter betreffs der Erweiterung des Wahlrechts kreisten im Winter 1918/19 um drei Gesichtspunkte. *Erstens* mussten Frauen zur Teilnahme an der Wahl motiviert werden, *zweitens* musste man den Erstwählerinnen beibringen, wie man wählt und *drittens* wollten Parteien die Erstwählerinnen von sich überzeugen. Der Zusammenschluss der Darmstädter Frauenvereine organisierte Informationsveranstaltungen zu den beiden ersten Punkten, die von der ADF-Vorsitzenden Karoline Balser geleitet wurden. Am 20. Dezember 1918 unterrichtete der Seminaroberlehrer Bäuerle aus Stuttgart interessierte Darmstädter Bürgerinnen und Bürger (letztere waren ausdrücklich auch willkommen)[46] darüber, dass noch nicht klar sei, ob Frauen überhaupt zur Mitarbeit am Staat geeignet seien, denn deren erste Grundlage sei Bildung. »Das Recht, das den Frauen zuteil wurde, lädt ihnen eine schwere Pflicht der Verantwortung auf. Wer sich ihr entzieht, macht sich der Pflichtverletzung schuldig«,[47] so Bäuerle, dessen Rede laut *Darmstädter Tagblatt* von den Anwesenden mit viel Beifall bedacht wurde. Balser versprach, der ADF werde sein Bestes tun, um die Wählerinnen auf die Wahl vorzubereiten – eine

---

45 Schaser, Zur Einführung des Frauenwahlrechts, S. 97. Das Wahlrecht für Frauen war erst mit der Verabschiedung der Verfassung im Sommer 1919 endgültig eingeführt.
46 Allgemeine Frauen-Versammlung, *Darmstädter Tagblatt*, 17. 12. 1918, Nr. 349.
47 Oeffentliche Frauen-Versammlung, *Darmstädter Tagblatt* 21. 12. 1918, Nr. 353.

Aufgabe, die dem ADF seinem Selbstverständnis nach ohnehin oblag. Die Figur der »Wahlpflicht« war auch bei einer Veranstaltung des Deutschen Evangelischen Frauenbunds präsent, der Vortrag von Landgerichtspräsident Theobald am 20. Dezember 1918 hieß »Wahlrecht ist unsere Wahlpflicht«.[48]

Die Deutsche Volkspartei hielt unter Vorsitz der Gründerin des Darmstädter Hausfrauenbundes Matilde de Weerth (1860–1955)[49] am 9. Januar 1919 eine Frauenversammlung ab, auf der die Kandidatin der Partei, Else Bierau, über »Die Wahlpflicht der Frau«[50] sprach. Auch Bierau deutete das Wahlrecht als Wahlpflicht und versuchte so, Wählerinnen aus Kreisen anzusprechen, die eigentlich gegen das Wahlrecht von Frauen gewesen waren. Um es auszuüben, deuteten viele konservative Frauen es zu ihrer Pflicht um, ihre Stimme an den Wahlurnen abzugeben.[51]

»Die Frau mit ihrem empfindsamen Gemüt«, führte die Rednerin aus, »empfinde die Not des Vaterlandes vielleicht noch tiefer, wie [sic] der Mann. Damit wächst ihr Pflichtgefühl gegenüber der Arbeit für das Vaterland.« Daher sei es für Frauen nun unerlässlich, sich einer politischen Partei anzuschließen und dafür auch besonders bei politikfernen Geschlechtsgenossinnen zu werben. Als weibliche Politikbereiche reklamierte Bierau die Familie, die Religion, den Schutz ideeller Werte gegen »den Materialismus« sowie die Wohlfahrt (»Kampf gegen den Alkoholismus, die Unsittlichkeit, das Wohnungselend«), »ihrer Veranlagung entsprechend« sollten Frauen »versöhnend tätig sein«. Für ihre Rede erhielt sie »lebhaft. Beifall«, auch die anderen Redner, darunter Bieraus späterer Fraktionsvorsitzender Eduard Dingeldey, stießen in ein ähnliches Horn.

---

48 Anzeige der Veranstaltung in der *Darmstädter Zeitung*, 17. 12. 1918, Nr. 295.
49 Agnes Schmidt, Weerth, Matilde, in: Stadtlexikon Darmstadt, S. 972. Der Hausfrauenbund hatte nach dem Krieg ca. 6000 Mitglieder in Darmstadt, s. dies., Hausfrauenbund, in: ebd., S. 356f.
50 Deutsche Volkspartei, *Darmstädter Tagblatt*, 10. 1. 1919, Nr. 10.
51 Andrea Süchting-Hänger, Das »Gewissen der Nation«. Nationales Engagement und politisches Handeln konservativer Frauenorganisationen, 1900 bis 1937, Düsseldorf 2002, S. 139.

Ganz anders Marianne Weber (DDP), die als Landtagskandidatin für den badischen Landtag am 8. Januar 1919 in Darmstadt in ihrem Vortrag »Das Wesen der Demokratie und die Frauen« die demokratische Mitbestimmung von Frauen forderte. Sie erhob Anspruch auf eine Mitarbeit von Frauen am Staat, da eine »Mitarbeit *Aller* am Staat«[52] ein erstrebenswertes demokratisches Ziel sei und gewerblich tätige Frauen zudem seit Jahren durch Steuerzahlungen ihren Pflichten gegenüber dem Staat nachgekommen seien. Es wäre falsch, wenn Frauen sich der Stimmabgabe entzögen, weil auch die Verweigerung eine politische Tat sei, die den nichtdemokratischen Parteien in die Hände spiele. Weber betonte den egalitären, meritokratischen Charakter der Demokratie, in der allein »die Bahn frei für die Tüchtigen« sei. »Die Zuhörer spendeten der Referentin, die aus ihren Darlegungen selbst das Fazit zog, daß die Frau nur demokratisch wählen kann, lebhaften Beifall.« Weber wurde am 12. Januar 1919 in die verfassunggebende badische Versammlung gewählt, im gleichen Jahr wurde sie zudem Vorsitzende des Bundes Deutscher Frauenvereine.[53] Vertreterinnen der bürgerlichen Frauenbewegung machten dazu über offene Briefe an Tageszeitungen Werbung für die DDP. Die Darmstädterin Lise Ramspeck (1855–1935) schrieb, die führenden Frauenrechtlerinnen wie Helene Lange, Marie Stritt, Maria Elisabeth Lüders, Minna Cauer seien Mitglied der Partei, Gertrud Bäumer kandidiere auf dem ersten Listenplatz in Groß-Thüringen für den Reichstag. Daher sollten Frauen unbedingt zumindest darüber nachdenken, es ihnen nachzutun. Die DDP sei »für die selbständig denkende und empfindsame Frau«, wie Marianne Weber ausgeführt habe, die einzig wählbare Partei.[54]

---

52 Demokratische Partei Darmstadt, in: *Darmstädter Tagblatt*, 9.1.1919, Nr. 9, die folgenden Zitate ebd.
53 Siehe Ina Hochreuther, Frauen im Parlament. Südwestdeutsche Parlamentarierinnen von 1919 bis heute, Stuttgart 2002, S. 71–73.
54 Lise Ramspeck, Offener Brief an die gebildeten Frauen, in: *Darmstädter Tagblatt*, 14.1.1919, Nr. 14. Elise Ramspeck war von 1910 an Mitglied im Vorstand des Darmstädter ADF und von 1913 bis 1916 dessen Vorsitzende, siehe Agnes Schmidt, Ramspeck, Elise in: Stadtlexikon Darmstadt, S. 706.

Neben den Wahlkampfveranstaltungen der Parteien, die Frauen adressierten, gab es auch Veranstaltungen, die der Unterrichtung über den eigentlichen Wahlvorgang dienten. So fand am 13. Januar in Darmstadt eine »Aufklärung über das Wahlsystem und die Wahltechnik für Frauen«[55] statt, damit Frauen sich mit jenen Praktiken vertraut machen konnten, die zum Wahlvorgang gehörten. Wie Frauen über das Wählen unterrichtet wurden, zeigt eine Bildergeschichte aus *Das Illustrierte Blatt*. »Der Wahlvorgang« erzählte die einzelnen Schritte vom Eintreffen der Wahlunterlagen über den Gang zur Wahl und die Anmeldung im Wahllokal bis hin zur erfolgreichen Stimmabgabe am Beispiel einer älteren Dame und ihrer Enkelin. Zu sehen war zudem, wie die Enkelin die Großmutter überredete, an der Wahl teilzunehmen. Gewählt wurde, indem man ein Kärtchen jener Partei in einen Umschlag steckte, für die man stimmen wollte. Auch ein ungültiger Wahlzettel, auf dem jemand Namen durchgestrichen hatte, war abgebildet. »Ungültiger Zettel, da geändert!« lautete der handschriftliche Kommentar dazu.[56]

Die Bemühungen, die neuen Wählerinnen zur Stimmabgabe zu bewegen, waren erfolgreich. Zwar wurden auch bei der Wahl zur Hessischen Volkskammer am 26. Januar 1919 die Stimmen nicht nach Geschlecht getrennt gezählt, doch die Wahlbeteiligung war erneut hoch, sie lag bei den Wahlen der Volkskammer bei 81%, in Darmstadt sogar bei 86%.[57]

---

55 *Darmstädter Tagblatt*, 12. 1. 1919.
56 Der Wahlvorgang, in: *Das Illustrierte Blatt* 7 (1919) H. 3, 14. Januar 1919, HStAD, R 12 D, 226.
57 S. HStAD, G13/61. Die Wahlbeteiligung zu den Wahlen der Volkskammer am 26. Januar 1919 war vor allem in den Städten hoch, in Darmstadt wählen 86%, in Mainz 84%, in Worms 82%, in Offenbach knapp 80%, nur in Gießen gingen lediglich 72% der Wahlberechtigten an die Wahlurnen.

Neue Volksvertreterinnen, altgediente Verbandsmitglieder, parteiübergreifende Allianzen

Am 26. Januar 1919 wurden fünf Frauen in das Parlament des Volksstaats Hessen gewählt[58] – von insgesamt 70 Abgeordneten[59]. Auffallend ist, dass alle weiblichen Abgeordneten in der ersten und zweiten Legislaturperiode des Volksstaats Hessen der gleichen Generation angehörten, nämlich der sogenannten »Gründergeneration«, die – in den 1870er Jahren geboren – während der Regierungszeit Wilhelms II. politisiert worden war.[60] Im Falle der hier untersuchten Politikerinnen handelt es sich nahezu durchweg um Frauen, die bereits Leitungsfunktionen in Partei oder Verbänden ausgefüllt hatten, bevor sie gewählt wurden. Zumindest die bürgerlichen Frauen unter ihnen waren damit auch geprägt von einem sich professionalisierenden Frauenvereinswesen, den Reformen um 1900 und zunehmend besseren Bildungsmöglichkeiten für Frauen.

Karoline Balser (1873–1928), DDP, aus Darmstadt, war bis zu ihrer Heirat mit Gustav Balser Lehrerin, 1904 Gründungsmitglied der Ortsgruppe Darmstadt, später Vorsitzende des ADF und ab 1910 Mitglied im Zusammenschluss der Darmstädter Frauenvereine. 1919

---

58 Ministerpräsident wurde Carl Ulrich (SPD), der gemeinsam mit der DDP und dem Zentrum eine Regierung bildete, die mit 57 Sitzen über eine Dreiviertelmehrheit verfügte. Zu Parlamentarierinnen liegt auf nationaler Ebene vor: Heide-Marie Lauterer, Parlamentarierinnen in Deutschland, 1918/19–1945, Königstein i. Ts. 2002; für den Volksstaat Hessen: Langer, Vergessene Frauen; für Baden und Württemberg: Hochreuther, Frauen im Parlament; für Preußen siehe den Beitrag von Barbara von Hindenburg in diesem Band; für die Landtage des heutigen Sachsen-Anhalt (Freistaat Anhalt, Preußen, Landtag der Preußischen Provinz Sachsen): Elke Stolze, Die weiblichen »Herren Abgeordneten«. Politikerinnen der Region Sachsen-Anhalt 1918 – 1945, Halle 2007. Zu den sozialdemokratischen Angeordneten in den Landtagen sind in der Datenbank BIOSOP Personendaten zu finden, s. http://zhsf.gesis.org/biosop.htm [3. 2. 2018].
59 Abgeordnete erhielten keine Diäten, sondern zunächst 20, dann 30 Reichsmark Tagegelder pro Sitzungstag, wobei jene der Auswärtigen um die Hälfte höher ausfielen, siehe Langer, Vergessene Frauen, S. 40.
60 Detlef J. K. Peukert, Die Weimarer Republik. Krisenjahre der Klassischen Moderne, Frankfurt am Main 1987, S. 27.

wurde sie nicht nur in den Landtag gewählt, sondern auch in die Darmstädter Stadtverordnetenversammlung, in der sie allen zwölf Ausschüssen angehörte.[61] *Else Bierau* (1877–1966), DVP, aus Darmstadt, war vor ihrer Wahl nicht berufstätig, sie war Mitglied im Evangelischen Frauenbund und in städtischen Ausschüssen tätig.[62] Die profilierteste Abgeordnete war *Elisabeth (Else) Hattemer* (1870–1948), Zentrum, aus Darmstadt, Lehrerin für Englisch und Französisch in Vallendar und Köln, ab 1898 in Michelstadt. Nach ihrer Heirat musste sie wegen des Lehrerinnenzölibats ihren Beruf aufgeben. Seit 1901 lebte sie in Darmstadt, wo sie ab 1909 sozialfürsorgliche Arbeit in zahlreichen kirchlichen Einrichtungen leistete; sie war zudem Vorsitzende der Ortsgruppe Darmstadt des KDF (Katholischer Deutscher Frauenbund), Mitglied des Hessischen Landesausschusses, Mitglied im Zentralvorstand des KDF und seit 1912 Mitglied der städtischen Armen- und Fürsorgedeputation. Hattemer war von 1921 an Mitglied im Verwaltungsbeirat des Landestheaters, von 1922 an Mitglied im Reichsfrauenausschuss der Zentrumspartei, von 1920 bis 1928 Delegierte bei den Reichsparteitagen. 1928 kandidierte sie erfolglos für den Reichstag.[63] *Margarethe Steinhäuser* (1874–1955), SPD, aus Offenbach, war nach der Volksschule und sozialer Frauenschule als Dienstmädchen tätig, seit den 1890er Jahren war sie in der SPD aktiv, 1908 wurde sie Mitglied im Landesvorstand. 1913 war sie Mitbegründerin des Arbeiter-Samariterbundes in Offenbach, 1919 gründete sie die

---

61 Balser gehörte dem Landtag von 1919 bis 1921 und von 1924 bis 1928 an, siehe Langer, Vergessene Frauen, S. 239–269.
62 Bierau gehörte dem Landtag von 1919 bis 1921 an, siehe Langer, Vergessene Frauen, S. 292–324.
63 Hattemer gehörte dem Landtag von 1919 bis 1933 an, siehe Langer, Vergessene Frauen, S. 166–221; Birgit Sack, Zwischen religiöser Bindung und moderner Gesellschaft. Katholische Frauenbewegung und politische Kultur in der Weimarer Republik (1918/19–1933), Münster 1998, S. 414. Hattemers Lebenslauf entspricht den kollektivbiografischen Eckdaten, die Sack auf S. 96–100 für die weiblichen Zentrumsabgeordneten ausmacht. Auch sie entstammte dem katholischen gehobenen Bildungsbürgertum, besuchte eine private höhere Mädchenschule und hatte seit der Gründung des Katholischen Frauenbundes Führungsaufgaben in der Organisation wahrgenommen. Ihre Berufsausbildung musste sie gegen den Widerstand der Eltern durchsetzen.

dortige AWO, 1920 war sie Delegierte der Reichsfrauenkonferenz der vereinigten sozialdemokratischen Parteien.[64] *Anna Maria Rauck* (1871–1953), SPD, aus Darmstadt, war in der sozialdemokratischen Wohlfahrtspflege tätig, für das Rote Kreuz und die Arbeiterjugend engagiert.[65]

Inhaltlich bedienten die Parlamentarierinnen hauptsächlich Felder, die zu diesem Zeitpunkt als spezifisch weiblich galten: Bildung und Erziehung[66], Versorgung von Waisenkindern[67], Ernährung[68], Säuglingssterblichkeit[69]. Allerdings nicht nur, sie sprachen auch zu Themen wie Infrastrukturen[70], Pensionen für Kleinrentner[71] und den »Reichsbund der Kriegsbeschädigten«[72]. Zentrales Thema über Parteigrenzen hinweg war neben der Aufhebung des Lehrerinnenzölibats[73] der Zugang von Frauen zu Staatsämtern und zu juristischen Berufen. Getreu einem Differenzmodell der Geschlechterordnung forderten sie parteiübergreifend, Frauen dort einzusetzen, wo dies

---

64 Steinhäuser gehörte dem Landtag von 1919 bis 1927 und von 1930 bis 1931 an. Wegen einer Kehlkopferkrankung konnte sie ab 1926 kaum sprechen, in den vierten Landtag gelangte sie nur als Nachrückerin, siehe Langer, Vergessene Frauen, S. 45–80. Ihr Lebenslauf weist viele Parallelen zu dem der AWO-Gründerin Marie Juchacz auf, s. Lore Ringwald / Wolfgang Reuther, Margarethe Steinhäuser. Die »Mutter von Offenbach«, in: Angelika Amborn-Morgenstern u. a., Frauen prägen Offenbach. Auf Spurensuche durch drei Jahrhunderte, Offenbach 2016, S. 81–83.
65 Rauck gehörte dem Landtag von 1919 bis 1921 an. Sie war auf dem wenig aussichtsreichen 31. Listenplatz eher unbeabsichtigt in den Landtag gewählt worden, siehe Langer, Vergessene Frauen, S. 33–44.
66 Volkskammer 1, Bd. 3: 98. Sitzung, 5. Juli 1921; 99. Sitzung, 6. Juli 1921, S. 2529 f., 117. Sitzung, 21. Oktober 1921, S. 2890 f.
67 Verhandlungen der Volkskammer, Drucksachen, Darmstadt 1919–1921, 661. Drucksache »Pflegesätze für Waisenkinder«.
68 Volkskammer 1, Bd. 1: 9. Sitzung am 3. April 1919, S. 200; Bd. 3: 100. Sitzung, 7. Juli 1921.
69 Volkskammer 1, Bd. 2: 45. Sitzung, 12. Dezember 1945, S. 1158; Bd. 3: 81. Sitzung, 2. 12. 1920, S. 2132–2134; Drucksachen, 29. und 449. Drucksache.
70 Volkskammer 1, Bd. 2: 48. Sitzung, 18. Dezember 1919, S. 1230, 1234 f.
71 Volkskammer 1, Bd. 3: 120. Sitzung, 26. Oktober 1921, S. 3055 ff.
72 Volkskammer 1, Bd. 2: 48. Sitzung, 18. Dezember 1919, S. 1245 f, 1266.
73 Volkskammer 1, Bd. 2: 65. Sitzung, 30. Juli 1920, S. 1640, 1653–1655; Bd. 3: 98. Sitzung, 5. Juli 1921, S. 2511–2513.

ihren »Charaktereigenschaften« besonders entspreche, von einer »Gleichmacherei« der Geschlechter distanzierten sie sich entschieden. Else Hattemer hatte bereits im Februar 1919 mit ihrer Fraktion die »Berufung von Frauen in Regierungs- und Verwaltungsstellen« gefordert. Frauen, so argumentierte der Antrag, könnten »wertvolle Dienste« für die »sozialen und karitativen Aufgaben des Staates« in allen Berufen leisten, »die ihr entsprechen«. Bildung, Erziehung, Wohlfahrt, Gesundheit und »Sittlichkeit« nannte der Antrag als konkrete Aufgabenfelder und verlangte, Frauen sollten auf diesen Gebieten »wenigstens mitvertreten« sein.[74] Der zuständige Finanzausschuss befürwortete den Antrag, denn »die Revolution habe die Gleichberechtigung der Frauen anerkannt« – so der Berichterstatter des Finanzausschusses Leonhard Eißnert (SPD).[75] Hattemer betonte die Leistung von Frauen im Krieg und stellte die Frau als »Hüterin der Zucht und Sitte« für die große Staatsfamilie dar. Sie forderte einen gleichberechtigten Zugang zu Verwaltungsämtern für Frauen überall dort, wo die Anforderungen der Ämter mit der »Eigenart« von Frauen in besonderer Weise harmoniere. Als konkrete Felder nannten die Abgeordneten Mädchenbildung, Wohlfahrt, Kinder- und Jugendpflege, Arbeitsvermittlung und Prostitution. Denkbar sei ein Landesamt für Wohlfahrt, gefordert wurden Stellen für Referentinnen in den Ministerien sowie ein Frauendezernat. Balser nahm für sich in Anspruch, als Vertreterin der hessischen Frauenbewegung zu sprechen. Im Parlament wurde der Antrag von Hattemer einstimmig angenommen, der Ball lag nun im Feld der Regierung Ulrich.

Wie Frauen an staatlichen Entscheidungen, die Frauen und ihre Familien betrafen, teilnehmen konnten, beschäftigte auch die Hessischen Vereinspolitikerinnen. Sie machten dazu verschiedene Eingaben bei der Volkskammer. Der Verband Hessischer Frauenvereine versuchte, außerparlamentarisch Druck auszuüben und so

---

74 Verhandlungen der Volkskammer, Drucksachen, 57. Drucksache.
75 Volkskammer 1, Bd. 1: 19. Sitzung am 6. Mai 1919, S. 478–481. Alle Zitate zu diesem Abschnitt ebd. Bei der Sitzung wurde die Hauptrednerin Hattemer von den Kolleginnen der SPD, DDP und DVP unterstützt, für die erkrankte Bierau sprach ihr Fraktionskollege Osann.

dem Thema Gewicht zu verleihen. Die Vorsitzende Alice Dullo und ihre Vertreterin Clara Grein beantragten am 15. Juni 1919 einen Frauenbeirat, der von den Ministerien bei wichtigen Fragen hinzugezogen werden sollte, die Frauen und Mütter betrafen. Mitglieder des Beirats sollten »erfahrene Hausfrauen und Mütter, Lehrerinnen, sozial geschulte und beruflich tätige Frauen aus allen Volkskreisen sein«[76]. Für den Frauenausschuss der DDP Offenbach verlangte Berta Spielmann im Juni 1919 die Zulassung von Frauen für höhere Staatsämter, sie sollten nicht nur beratend zurate gezogen werden, sondern auch »in verantwortlichen selbständigen Stellen« tätig sein.[77]

Das Misstrauen der Verbandspolitikerinnen war nicht unbegründet, denn die Regierung bezog erst am 15. Oktober 1919 zum einstimmigen Beschluss der Volkskammer vom 19. Mai des Jahres Stellung und verkündete, »in die Vorarbeit zur Verwirklichung des Antrags eingetreten« zu sein. Erst am 12. März 1920 wurden die Monate zuvor erfolgten Eingaben der Frauenverbände behandelt, der Finanzausschuss hielt die Eingaben wegen der Absichtserklärung der Regierung für erledigt, was auf heftigen Widerspruch der weiblichen Abgeordneten traf. Balser wies darauf hin, dass auf nationaler Ebene und

---

76 Alice Dullo, Verband Hessischer Frauenvereine am 15. Juni 1919 an das Staatsministerium, HStAD, G 21A, 67/3. Auch der Verband Darmstädter Frauenvereine machte eine Eingabe, siehe Volkskammer 1, Bd. 2: 52. Sitzung, 12. Mai 1920, S. 1334. Die Frauenrechtlerin Alice Clara Dullo (1871–1950), geb. Japha, war die Frau des Offenbacher Oberbürgermeisters (1907–1919) Andreas Dullo, siehe Albrecht Dümling, »Walter Andreas Dullo«, in: Claudia Maurer Zenck / Peter Petersen / Sophie Fetthauer (Hg.), Lexikon verfolgter Musiker und Musikerinnen der NS-Zeit, Hamburg 2017, https://www.lexm.uni-hamburg.de/object/lexm_lexmperson_00005177 [26. 1. 2018]; Clara Grein (1876–1933) hatte auf einem hinteren Listenplatz für die DDP kandidiert, sie war Stadtverordnete in Offenbach und Mitglied im Vorstand der örtlichen DDP, siehe Christina Uslular-Thiele, Clara Grein. Liberale Politikerin und »rote Klara«, in Amborn-Morgenstern, Frauen prägen Offenbach, S. 84–86.

77 Berta Spielmann. Frauenausschuss der DDP Offenbach am 24. Juni 1919 an die Hessische Volkskammer, HStAD, G 21A, 67/3. Auch der Verband Mainzer Frauenvereine hatte eine Eingabe an die Volkskammer gemacht, Frauen bei der Besetzung von Ämtern zu berücksichtigen, dieser wurde allerdings schon im Dezember 1919 für erledigt erklärt, Volkskammer 1, Bd. 2: 48. Sitzung am 18. Dezember 1919, S. 1228f.

in anderen Ländern längst Frauen in Verwaltungsämtern eingestellt worden seien, und drängte auf die baldige Besetzung der gewünschten Ämter. Else Bierau erklärte, die Regierung solle so der langjährigen Mitarbeit von Frauen auf dem Gebiet der Wohlfahrt Anerkennung zollen, und Else Hattemer forderte, der Volksstaat solle sich ein Beispiel an den übrigen Ländern nehmen und endlich handeln. Der Präsident des Landesarbeits- und Wirtschaftsamtes Raab versprach, eine Referentinnenstelle in seinem Amt einzurichten. »Ob und inwieweit in den übrigen Ministerien für verschiedene dort zu erledigende Aufgaben, die besonders die Frauenwelt interessieren, noch weibliche Hilfskräfte anzustellen wären, muß unsere Erachtens zunächst der Entwicklung überlassen bleiben« – eine Antwort, die den seit Jahren in der Mädchenbildung, Rechtsberatung und Wohlfahrtspflege tätigen Parlamentarierinnen nicht gefallen konnte.[78] Im August 1920 hakte Balser noch einmal nach und stellte fest, der Volksstaat Hessen sei inzwischen das einzige Land, in dem keine einzige Frau in einem Ministerium tätig sei, obwohl die Volkskammer einen einstimmigen Beschluss gefasst hatte. Sie forderte eine weitere Referentinnenstelle, denn offensichtlich fehle ihren Kollegen »das Verständnis dafür, was diese Frau leisten müsse«.[79]

Die weiblichen Abgeordneten waren »Neulinge«[80] im Parlament, aber sie lernten schnell. Balser ließ sich umgehend in einen Parlamentsausschuss entsenden, Hattemer und Steinhäuser folgten noch im gleichen Jahr. Als Berichterstatterinnen waren die drei letztgenannten in der verfassunggebenden Volkskammer präsenter, denn sie kamen so häufiger zu Wort. Zudem nutzten sie Anträge und Anfragen um ihren Anliegen Gewicht zu verleihen und brachten auch gemeinsam Anträge in die Volkskammer ein.[81] Hattemer übernahm

---

78 Volkskammer 1, Bd. 2: 52. Sitzung, 12. März 1920, S. 1331–1334.
79 Volkskammer 1, Bd. 2: 69. Sitzung, 4. August 1920, S. 1735f.
80 Diese Formulierung habe ich übernommen von: Christiane Streubel, Radikale Nationalistinnen. Agitation und Programmatik rechter Frauen in der Weimarer Republik, Frankfurt am Main/New York 2006, S. 33.
81 Siehe etwa Drucksache Nr. 278, Hilfsaktion für österreichische Kinder, Drucksache Nr. 285, Dringliche Anfrage: Die französische Abteilung des Mainzer Frauengefängnisses, in: Verhandlungen der Volkskammer, Drucksachen.

dazu recht häufig bei Anträgen ihrer Fraktion die Federführung und stellte das Anliegen im Parlament vor. Bei den Debatten unterstützten sich die Parlamentarierinnen gegenseitig, indem sie die Argumente ihrer Vorrednerinnen aufgriffen, bestätigten oder ergänzten. Dennoch war ihre Situation im Parlament schon insofern prekär, als jede von ihnen in ihrer Fraktion die einzige Frau war (Rauck trat im Plenum nur ein einziges Mal in Erscheinung). Dass sie diese Lage auch als schwierig empfanden und zur Sprache brachten, zeigt eine Einlassung von Karoline Balser im Rahmen der Haushaltsdebatte, konkret ging es um das Kapitel 77, das Landesarbeits- und Wirtschaftsamt. Der Haushaltsplan sah eine einzige Referentin für »Frauenangelegenheiten« vor.[82] Nachdem der federführend von Balser eingebrachte Dringliche Antrag ihrer Fraktion »betreffend Referentin für Frauenangelegenheiten« für eine zweite Referentin vom Finanzausschuss zur Ablehnung empfohlen worden war und auch die diesbezügliche Eingabe des Verbandes Hessischer Frauenverbände als erledigt erklärt werden sollte, wies sie darauf hin, dass keine Frau im Finanzausschuss »mit beschließender Stimme« vertreten sei.[83] Der Landtagspräsident belehrte sie, dass die Verfassung keinen Unterschied zwischen männlichen und weiblichen Abgeordneten mache und »die Damen« sich eben von ihren Fraktionen entsenden lassen müssten. Balser konterte, genau das sei eben unter anderem wegen »der älteren Rechte« der Herren nicht gelungen. Ihr Lösungsvorschlag: »Solange das in den Fraktionen nicht möglich ist und zwar keiner Frau in den Fraktionen möglich ist, müssen wir [...] eben hier doch das Wort ergreifen.« Doch ihre Intervention nützte nichts, ihr Antrag wurde abgelehnt.[84] Diese Szene, eingeschlossen der so regelkonforme wie utopische Hinweis des Parlamentspräsidenten, führt vor Augen, dass formale Rechte nicht automatisch Gleichberechtigung für die Neu-

---

82 Eckart G. Franz / Manfred Köhler (Hg.), Parlament im Kampf um die Demokratie. Der Landtag des Volksstaats Hessen 1919–1933, Darmstadt 1991 (Vorgeschichte und Geschichte des Parlamentarismus in Hessen 6), S. 152.
83 Verhandlungen der Hessischen Volkskammer, Erste Legislaturperiode, Bd. 2: 69. Sitzung, 4. August 1920, S. 1735 f. Die folgenden Zitate ebd.
84 Ebd., S. 1747.

gewählten bedeuteten und dass sie sich einen Platz in ihrer Fraktion noch erkämpfen mussten. Balser war nämlich von ihrer Fraktion in den dritten, recht unspezifischen Ausschuss entsandt worden, Hattemer und Steinhäuser konnten erst später eine stellvertretende Mitgliedschaft bekleiden.[85] Deutlich war: Um ihre Anliegen durchsetzen zu können, brauchten die Parlamentarierinnen Zugang zu den entscheidenden Gremien der Volkskammer. Einfache Abgeordnete zu sein genügte nicht. Von der zweiten bis zur vierten Wahlperiode saß Else Hattemer immerhin als Stellvertreterin im Finanzausschuss.[86]

War Hattemers Antrag zum Zugang für Frauen zum Staatsdienst noch mit Wohlwollen aufgenommen worden, so traf die Forderung einer Zulassung von Frauen zu juristischen Berufen im Volksstaat Hessen auf ein denkbar feindliches Umfeld. Mit Händen und Füßen wehrte sich die Landesregierung schon gegen die Öffnung des ersten juristischen Staatsexamens und damit gegen den Zugang von Frauen zu maßgeblichen Ressourcen des Staates. Im Rechts- und Beamtenstaat Deutschland hing an der Zulassung zur juristischen Prüfung die Möglichkeit, amtliche Verantwortung zu übernehmen und das Recht, das wichtigstes Instrument des Umbaus vom Obrigkeits- zum Volksstaat war, mitzugestalten. Der Schriftverkehr des hessischen Justizministers mit dem Reichsministerium offenbart, dass staatsbürgerliche Rechte auch nach der Verabschiedung der Reichsverfassung durchgesetzt werden mussten. Diese definierte in Artikel 109 Frauen und Männer als grundsätzlich gleichberechtigt und öffnete in Artikel 128 allen Staatsbürgerinnen und Staatsbürgern den Zugang zu staatlichen Ämtern. Als Sachsen im April 1920 Frauen zum ersten Staatsexamen zuließ und dies auch für das zweite Staatsexamen ankündigte, erklärte der hessische Justizminister Brentano dies für »gefährlich«, da »der tägliche Verkehr mit Frauen jeder Gesellschaftsschicht und die daraus gewonnene Erfahrung längst klargestellt hat, dass die Frau ihrer natürlichen Veranlagung nach sich nicht zum

---

85 Hattemer wurde im Juli 1919 Schriftführerin im 5. Sonderausschuss, siehe Franz / Köhler, Parlament im Kampf, S. 94.
86 Langer, Vergessene Frauen, S. 257.

praktischen juristischen Beruf eignet«.[87] In der Hessischen Volkskammer kam das Thema im Juli 1921 zur Sprache, kurz nachdem das Nationalparlament einen Gesetzesentwurf zur Gleichstellung von Frauen in Justizberufen im Rechtsauschuss abgelehnt und der Deutsche Richtertag mit 245 zu 5 Stimmen gegen die Zulassung von Frauen zu Rechtsberufen votiert hatte.[88] Karoline Balser, die in Darmstadt seit 1908 eine Rechtsberatungsstelle für Frauen leitete, hielt in ihrer Rede am 13. Juli 1921 fest, »unendlich viel Leid und Elend der Frauenwelt« sei »auf unsere Gesetzgebung« zurückzuführen, und klagte daran anschließend Änderungen im Bürgerlichen Gesetzbuch bezüglich des Vermögensrechts, der Vormundschaft und der »elterliche[n] Gewalt« ein. Außerdem forderte sie die »Zulassung zum Richteramt« und »zur Anwaltspraxis« sowie zu »Schöffengerichten«.[89] Diese Forderung begründete sie mit einer Mischung von Gesichtspunkten, der Gleichberechtigung einerseits und dem besseren Verständnis von Richterinnen für »die Eigenart der Frau« andererseits. Frauen sollten ihrer Ansicht nach nicht ausschließlich von Männern gerichtet werden. Gerade ihr Argument der angeblich essenziellen Geschlechtsunterschiede wendete der Hessische Justizminister Brentano (Zentrum) aber gegen eine Zulassung von Juristinnen, indem er behauptete, das Richteramt entspreche gerade *nicht* der »weiblichen Natur«, und ein Drohszenario entwarf, wonach jede wirkliche Frau an Gerichten »unter die Räder« kommen würde und »nur ein Mannweib sich hernach wieder erheben könnte«.[90]

Balser wollte diese negative Auslegung des Differenzmodells im Parlament nicht gelten lassen. Sie wehrte sich gegen die misogynen

---

87 HStAD, G 21 A, 67/3, Akten des Ministeriums der Justiz betreffend die Frauen im Staatsdienst, Hessisches Ministerium der Justiz am 19. Mai 1920 an den Reichsjustizminister.
88 Marion Röwekamp, Die ersten deutschen Juristinnen. Eine Geschichte ihrer Professionalisierung und Emanzipation, 1900–1945, Köln u. a. 2011, S. 296–298.
89 Volkskammer 1, Bd. 3: 104. Sitzung, 13. Juli 1921, S. 2692f. Am Tag nach Balsers Rede scheiterte ein entsprechender Antrag im Reichstag, siehe Röwekamp, Juristinnen, S. 301f.
90 Ebd., S. 2708–2710. Zu diesem seit der Antike bestehenden Stereotyp siehe neuerdings Mary Beard, Women and Power. A Manifesto, London 2017.

Aussagen des Justizministers und machte sie lächerlich: »Der Herr Justizminister hat geglaubt, daß die Frau sich so heranbilden wird zum Mannweib. Ich möchte ihm erwidern, daß die Zeiten, die die Frauen zum Mannweib entwickelten, überwunden sind.«[91] Gerade die weiblichen Eigenschaften qualifizierten Frauen für das Richteramt, bekräftigte Balser: »Wir sind uns klar darüber, daß wir hier kein leichtes Amt auf Frauenschultern laden. [...] Wenn die Frau zum Richteramt mehr Herz und mehr Gemüt und mehr Liebe mitbringt als der Mann, so sind das nach unseren Auffassungen wahrlich keine Eigenschaften, die beim Richteramt schaden können.« Im Gegenteil, sie würden so zum »Segen ihrer Geschlechtsgenossinnen wirken«.

Wie Marion Röwekamp gezeigt hat, brauchte es mehrere Anträge im Reichstag und viel Lobbyarbeit des Deutschen Juristinnen-Vereins, des Bundes Deutscher Frauenvereine und der Initiative von Einzelstaaten, bis das Reichsministerium die Schranken für die Zulassungen von Frauen zu Rechtsberufen strich.[92] Damit hatten die weiblichen Abgeordneten der Hessischen Volkskammer zwar keinen parlamentarischen Sieg errungen, wohl aber war eines ihrer Ziele erreicht. Im Volksstaat Hessen gab es dennoch bis 1933 keine einzige Richterin, erst im Frühling 1929 legten die ersten beiden Rechtsreferendarinnen ihre Rechtsanwaltsprüfung erfolgreich vor der Darmstädter Justizprüfungskommission ab.[93] Im benachbarten Frankfurt war die Lage anders: im Januar 1928 war in der Darmstädter Zeitung von drei neuen Richterinnen an Frankfurter Gerichten zu lesen.[94]

---

91 Volkskammer 1, Bd. 3: 105. Sitzung, 13. Juli 1921, S. 2717f, alle folgende Zitate in diesem Absatz ebd.
92 Röwekamp, Juristinnen, S. 267–325.
93 Franz / Köhler, Parlament im Kampf, S. 152, 567: Marie Grosch und Dr. Gertrud Meinzinger wurden in Mainz als Rechtsanwältinnen zugelassen, Dr. Herta Victoria am Landgericht Darmstadt.
94 *Darmstädter Zeitung*, 4. 1. 1928, Nr. 3, s. HStAD, G 21 A, 67/3.

Fazit: Der Vorhang auf, doch längst nicht alle Rechte

Es war für die hessischen Parlamentarierinnen schwierig, ihre verbandspolitischen Ziele im Parlament durch- und umzusetzen. Am erfolgreichsten waren in der ersten Legislaturperiode Anträge für die Säuglings- und Waisenfürsorge. Die Themen, die sie vor dem Krieg zu den eigenen gemacht, für die sie Beratungsstellen und Konzepte entwickelt hatten, mussten sie sich im Parlament erneut aneignen. Der nun durch die Verfassung formal garantierte Zugang zur Partizipation im demokratischen Staat musste praktisch durchgesetzt und das Scheitern einer besseren administrativen Verankerung frauenpolitischer Interessen zunächst hingenommen werden. In dieser Perspektive war das Wahlrecht eine Zwischenposition in einem Prozess der Inanspruchnahme und Durchsetzung staatsbürgerlicher Rechte, der im Grund bis heute anhält.

Das Differenzmodell war zwar zum einen die Möglichkeit, die Ansprüche auf Mitbestimmung zu legitimieren und wohl auch zumindest für einen Teil der Kollegen hoffähig zu machen, es trug jedoch auch zur Selbstmarginalisierung der Parlamentarierinnen bei. Dass sie für die Frauen des Volksstaats Hessen sprachen, fand bei den Entscheidungsträgern kaum Gehör, auch wenn sie dabei von den eignen Verbänden unterstützt wurden. Erfolgreich angenommene Anträge, wie der von Else Hattemer gleich zu Beginn der Legislaturperiode, zeigen deutlich die Diskrepanz zwischen der verbalen Unterstützung im Parlament und der Umsetzung durch die Regierung. Der breiten Zustimmung für die Zulassung von Frauen zu Staatsämtern folgte in der ersten Legislaturperiode genau eine Stelle für eine Referentin, die gar nicht alle anstehenden Themen bearbeiten konnte. Als Balser in der Debatte zumindest eine zweite Stelle durchsetzen wollte, reagierten die anderen Abgeordneten nicht auf ihre Forderungen. Dennoch: Artikuliertem Antifeminismus im Stil eines Brentano konnten sie nun auch im Parlament entgegentreten.

Als Balser in der dritten Legislaturperiode wieder in den Landtag gewählt wurde, schmiedete sie weiter Allianzen mit ihren Kolleginnen und forderte bessere Bedingungen für Frauen in Lehramt und Polizei sowie eine Dezernentin für Bildung.[95] Hattemer vernetzte sich in den Frauengremien ihrer Partei auch auf nationaler Ebene, Balser arbeitete als Stadtverordnete in Darmstadt in allen Ausschüssen mit. Die durch eine »domestication of politics« lange vor Erreichen des aktiven und passiven Wahlrechts beanspruchten Handlungsfelder wollten sich die Abgeordneten in Hessen trotz Niederlagen nicht nehmen lassen. Sie arbeiteten weiter unermüdlich an der Verschiebung dessen, was als politisch und damit bedeutsam galt.

---

95 Langer, Vergessene Frauen, S. 251.

Lutz Vogel

Weitgehend chancenlos
Landtagskandidatinnen in Sachsen 1919–1933

Insgesamt 200 Frauen kandidierten zwischen den Wahlen zur Sächsischen »Volkskammer«[1] im Februar 1919 und der von den Nationalsozialisten herbeigeführten »Neubildung« des Landtages im April 1933 für das sächsische Landesparlament. Nur 19 von ihnen waren mit ihren Kandidaturen erfolgreich, darunter vier, die erst als Nachrückerinnen im Verlauf einer Legislaturperiode in den Landtag einzogen.[2] Mit einem Anteil von knapp zehn Prozent waren die Chancen der Frauen somit weitaus geringer als die ihrer männlichen Mitbewerber.[3]

Vor allem in den vergangenen drei Jahrzehnten sind unzählige Aspekte im Zusammenhang mit der Einführung des Frauenwahlrechtes untersucht worden, in der Regel aber waren es »Wählerin-

---

1 Wie im Volksstaat Hessen auch wurde das erste nach der Novemberrevolution gewählte Landesparlament in Sachsen als »Volkskammer« bezeichnet.
2 Zum parlamentarischen Wirken dieser 19 Abgeordneten vgl. Lutz Vogel, »… so bin ich da als Mutter wohl besser sachverständig als der Minister …«. Das parlamentarische Wirken der ersten weiblichen Abgeordneten im Sächsischen Landtag 1919–1933, in: *Landtagskurier* 2007, H. 4, S. 23, und H. 5, S. 14 f.
3 Die Chancen der männlichen Bewerber um ein Parlamentsmandat waren weit größer: Zwischen 15,8 Prozent (Landtagswahlen 1929 und 1930) und 24,7 Prozent (Landtagswahl 1922) der männlichen Landtagskandidaten errangen ein Parlamentsmandat. Aufgeschlüsselt nach den insgesamt sechs Landtagswahlen (ohne die »Neubildung« des Landtages 1933) schwankt dieser Wert bei den Kandidatinnen zwischen 7,1 Prozent (Volkskammerwahl 1919) und 14,6 Prozent (Landtagswahl 1922).

nen und Gewählte«[4], die in den Blick genommen wurden. Die Kandidatinnen zu den Wahlen zu Länderparlamenten und Reichstag sind demgegenüber bislang nur am Rande betrachtet worden.[5] Der vorliegende Beitrag möchte sich diesen Kandidatinnen um Mandate im sächsischen Landesparlament widmen. Im Zentrum steht dabei die Frage, wie die Integration der neuen Wählerschaft in die aktive Politik aussah und was die Gründe für Inklusion oder Exklusion waren. Konkret untersuche ich das anhand der Problematik, wie es um die Chancen der Frauen stand, gewählt zu werden. Wie gelang es Frauen einen aussichtsreichen Listenplatz zu erringen, um überhaupt die Chance zu haben, parlamentarisch tätig zu werden? Dieser Aufsatz will damit einen Beitrag zu der Frage leisten, inwieweit sich die konstatierte Marginalisierung der politisch aktiven Frauen in der Weimarer Republik auch an der Aufstellung der Kandidat_innen zum sächsischen Landesparlament nachweisen und sich daran auch die »Remaskulinierung«[6] der Politik ab Ende der 1920er Jahre zeigen lässt.

Für die Analyse von Konjunkturen und Strukturen bei der Aufstellung der Kandidat_innen sollen nicht zuletzt Parteizugehörigkeiten und biografische Faktoren berücksichtigt werden. Zur Beantwortung dieser Fragen erfolgt eine Auswertung aller Wahlvorschlagslisten,

---

4 So z. B. Beate Hoecker, Von der Frauenstimmrechtsbewegung bis zur Präsenz von Frauen in den heutigen Parlamenten, in: Renate Meyer-Braun (Hg.), Frauen ins Parlament!. Porträts weiblicher Abgeordneter in der Bremischen Bürgerschaft, Bremen 1991, S. 15–30, hier S. 22.

5 Vgl. Heide-Marie Lauterer, Parlamentarierinnen in Deutschland 1918/19–1949, Königstein i. Ts. 2002, S. 165, 167; Elke Stolze, Die weiblichen »Herren Abgeordneten«. Politikerinnen der Region Sachsen-Anhalt 1918–1945, Halle an der Saale 2007, S. 25; Christl Wickert, Unsere Erwählten. Sozialdemokratische Frauen im deutschen Reichstag und Preußischen Landtag 1919–1933, Göttingen 1986, Bd. 1, S. 147–150; Bd. 2, S. 71–109.

6 Vgl. Kirsten Heinsohn, Ambivalente Entwicklungen. 150 Jahre Frauenbewegung, Politik und Parteien, in: *Ariadne* 67/68 (2015), S. 40–48, hier S. 44 f.; dies., Parteien und Politik in Deutschland. Ein Vorschlag zur historischen Periodisierung aus geschlechterhistorischer Sicht, in: Gabriele Metzler / Dirk Schumann (Hg.), Geschlechter(un)ordnung und Politik in der Weimarer Republik, Bonn 2016, S. 279–298, hier S. 291–296.

die vor den jeweiligen Landtagswahlen in der »Sächsischen Staatszeitung« publiziert worden sind.[7]

Das sächsische Wahlrecht jener Zeit kannte nur das Verhältniswahlrecht. Der Freistaat war in die drei Wahlbezirke Dresden-Bautzen, Leipzig und Chemnitz-Zwickau aufgeteilt, in denen die angetretenen Parteien Listen einzureichen hatten, die Grundlage für die Verteilung der Parlamentssitze waren.[8] Das heißt, weniger die Kandidat_innen standen zur Wahl, sondern vor allem die zu den Wahlen antretenden Parteien. Insgesamt 96 Mandate waren jeweils zu verteilen, Verrechnungs- oder Überhangmandate, wie es sie beim Reichstag gab, waren beim Sächsischen Landtag nicht vorgesehen. Der Listenplatz war somit das entscheidende Kriterium zur Beantwortung der Frage, ob jemand einen Parlamentssitz erringen konnte oder nicht. Und damit lag die Chancenverteilung in erster Linie bei den Parteien und Parteispitzen, die die einzelnen Listen zusammenstellten. Eine solche »Verstärkung des Einflusses der Parteileitungen auf Kosten des freien Wählerwillens«[9] gab es damals in den meisten deutschen Ländern.

Zu den Mechanismen der Aufstellung der Kandidat_innen in den verschiedenen Parteien liegen – zumindest für den sächsischen Fall –

---

7 In Sachsen gab es 1919, 1920, 1922, 1926, 1929 und 1930 Wahlen zum Landesparlament – sowie die von den Nationalsozialisten veranlasste »Neubildung« des Landtages 1933, vgl. *Sächsische Staatszeitung*, 27. 1. 1919, S. 6, 12; 28. 1. 1919, S. 8; 5. 11. 1920, S. 7; 6. 11. 1920, S. 11f.; 8. 11. 1920, S. 8; 20. 10. 1922, S. 5; 23. 10. 1922, S. 5; 25. 10. 1922, S. 5; 20. 10. 1926, Beilage; 30. 4. 1929, S. 5f.; 2. 5. 1929, S. 5f.; 3. 5. 1929, S. 5f.; 13. 6. 1930, S. 5–10. Darüber hinaus wurden herangezogen: Sächsisches Staatsarchiv – Hauptstaatsarchiv Dresden (HStAD), 10693 Landtag 1919–1933, Nr. 1, up.; ebd., Nr. 397, Bl. 13–15; ebd., Nr. 760, Bl. 3; ebd., Nr. 2337, up.; HStAD, 10701 Staatskanzlei, Nr. 28/1–4; ebd., Nr. 34/1–4.

8 Vgl. Landeswahlgesetz für den Freistaat Sachsen vom 4. September 1920, in: Gesetz- und Verordnungsblatt für den Freistaat Sachsen 1920, Dresden [1921], S. 331–337. Festgelegt war auch die Zahl der Mandate, die pro Wahlkreis zu vergeben waren: 35 im Wahlkreis Dresden-Bautzen, 24 im Wahlkreis Leipzig, 37 im Wahlkreis Chemnitz-Zwickau.

9 Eberhard Schanbacher, Parlamentarische Wahlen und Wahlsystem in der Weimarer Republik. Wahlgesetzgebung und Wahlreform im Reich und in den Ländern, Düsseldorf 1982, S. 107.

nur wenige Informationen vor. Lediglich von der Sozialdemokratie wurden Protokolle von Bezirks- und Unterbezirksversammlungen in der Parteipresse abgedruckt. Es ist zu vermuten, dass das Prozedere bei allen Parteien in etwa gleich abgelaufen ist: Die lokalen Parteigliederungen schlugen Kandidat_innen vor, regionale Gremien fassten diese Vorschläge zusammen, und eine Wahlbezirksversammlung beschloss die Zusammensetzung der Liste.[10] In der südwestsächsischen SPD entschied zu den Landtagswahlen 1929 ein Bezirksparteitag über die Aufstellung der Wahlliste – und zwar für die Plätze 1 bis 19. Die Ergänzung der Liste, die zur Wahl insgesamt 36 Personen umfasste, wurde der Bezirksleitung übertragen.[11]

In der KPD entschied die erweiterte Bezirksleitung über die Aufstellung.[12] Aus den Erinnerungen der Kommunistin Margarete Nischwitz, 1929 bis 1931 Mitglied des Sächsischen Landtages, spricht ein geringer Einfluss der Kandidatin und späteren Abgeordneten. Es ging mehr um die »Verfügung« der Partei über die Mitglieder denn um ein eigenständiges Streben nach einem Parlamentsmandat. Dies kann allerdings auch eine Besonderheit der streng hierarchisch organisierten KPD gewesen sein:

»Gen. Heckert sagte mir, daß ich und weitere 3 Genossinnen für das Chemnitzer Stadtparlament aufgestellt werden würden. Das war für uns Neuland! […] Die Partei setzte mich auf die Kandidatenliste zur Landtagswahl und ich wurde gewählt.«[13]

Dass bei der Aufstellung der Wahllisten in erster Linie auf die Repräsentation möglichst breiter Wählerkreise geachtet wurde – und dass

---

10 Vgl. Mike Schmeitzner, Alfred Fellisch. 1884–1973. Eine politische Biographie, Köln / Weimar / Wien 2000, S. 390.
11 Vgl. *Volksstimme*, 15. 4. 1929, 1. Beilage. In der Praxis bedeutet dies für dieses Beispiel, dass mit Martha Schlag (Platz vier) und Elsa Fischer (18) zwei Kandidatinnen auf dem Parteitag nominiert wurden, drei weitere Kandidatinnen wurden von der Bezirksleitung bestimmt: Meta Petzold (22), Johanna Claus (23) und Emma Jahn (29). Aussichtsreich positioniert war damit nur Martha Schlag, da die SPD zu den Landtagswahlen 1929 in diesem Wahlkreis elf Mandate errang, in der vorherigen Landtagswahl 1926 hatte sie zehn Mandate errungen.
12 Vgl. *Arbeiterstimme*, 15. 4. 1929, S. 1.
13 Archiv Frank Dahms, Annaberg-Buchholz, Nachlass Margarete Nischwitz, up.

dabei die kandidierenden Frauen oftmals das Problem hatten, keine
besondere »Gruppe« hinter sich zu wissen, bemerkte Gertrud Bäumer bereits 1919 mit Blick auf die Frauenkandidaturen zu Nationalversammlung und Landesparlamenten:

> »Es ist richtig, daß im Verhältnis zur Wählerschaft zu wenig Frauen aufgestellt wurden und daß dabei nicht Mangel an Persönlichkeiten, sondern die einfache Eifersucht vielfach eine Rolle gespielt hat – die Rücksicht auf alles, was bei einer Listenaufstellung berücksichtigt werden will.
>
> Diese Zurückstellung aber hat wohl vielfach noch andere als ›frauenfeindliche‹ Gründe. Es ist das Vorwiegen der standespolitischen Rücksichten bei der Listenbildung: ein Krebsschaden der politischen Rekrutierung überhaupt. Nicht die fähigen Menschen, sondern die Vertreter bestimmter Stände werden gesucht. Und dabei werden die Frauen falsch eingereiht. Wie oft hat man bei solchen Listenberatungen aufzählen hören: ›wir brauchen einen Handwerker, einen Privatbeamten, einen Lehrer usw. usw. und eine Frau‹. Als ob die Frauen auch so eine Standesgruppe wären. Dabei kommen dann in der Tat vielfach grade geistig hervorragende Frauen nicht in Betracht, weil sie nicht irgendeine greifbare Masse, wie man so schön und oft so illusionistisch sagt, ›hinter sich haben‹.«[14]

Das von Bäumer aufgeworfene Problem zeigt sich auch in Sachsen: Kandidatinnen wurden vor allem als Vertreterinnen ihres Geschlechts aufgestellt[15] – und eben nicht in erster Linie aufgrund ihrer zweifellos vorhandenen und durch mannigfache Betätigung – zumeist in den Feldern der Kultur-, Sozial- und Bildungspolitik – nachgewiesenen Kompetenzen. Selbst in der Sozialdemokratischen Partei, die immer wieder betonte, dass sie es gewesen sei, die den Frauen zum Stimmrecht verholfen habe, wurden weibliche Kandidaten bei der Aufstellung der Listen benachteiligt. Dies widersprach den Vereinbarungen im Heidelberger Parteistatut von 1925, »wonach sie bei

---

14 Gertrud Bäumer, Der graue Alltag im Frauenstimmrecht, in: *Die Frau* 27 (1919), H.1, S.28f.
15 Vgl. Lauterer, Parlamentarierinnen, S.165.

der Verteilung von Ämtern und Mandaten entsprechend ihrem Anteil unter den Mitgliedern beteiligt werden sollten«[16]. Nicht nur in Sachsen wurde diese Vorgabe aber nie erreicht.

Im Laufe der 1920er Jahre entzündete sich eine Diskussion über den »Wert« von Kandidaturen von Frauen zum Sächsischen Landtag. Der *Volksstaat*, Organ der sozialdemokratischen Rechtsabspaltung ASP, brachte im Nachgang der Landtagswahl 1926 die Meldung eines nicht genannten konservativen Pressedienstes, in der es hieß: »Kaum eine Frau fühlt sich dadurch veranlaßt, für eine Partei zu stimmen, weil sie eine Frau aufstellt; keine Frau stimmt gegen eine Partei, der sie zuneigt, für eine andere, wenn ›ihre‹ Partei auf eine Frauenkandidatur verzichtet.«[17] Die sozialdemokratische Parteipresse war erwartungsgemäß anderer Meinung und gab zu bedenken:

»Erstens weiß niemand, ob ohne die weiblichen Kandidaturen die Wahlbeteiligung, besonders der Frauen, nicht noch schlechter ausgefallen wäre. Weiter aber können die Wählermassen der Frauen aus Gründen der Parität und Gerechtigkeit einen Anteil an den Parlamentssitzen für Frauen beanspruchen, wo sie spezielle Frauenfragen mit zu vertreten haben. Und schließlich sollen Frauen gewählt werden für die Listen ihrer Partei, die den gleichen Umfang an menschlicher Werbekraft, an Wissen, Können und Lebensstellung aufweisen wie ihre männlichen Mitbewerber.«[18]

Umfang und Konjunkturen von Frauenkandidaturen

Bei den Wahlen zwischen 1919 und 1930 hatte es zunächst einen deutlichen Anstieg der Frauenkandidaturen gegeben. Die Zahl der aufgestellten Frauen stieg im Vergleich zwischen 1919 und 1930 um über die Hälfte,[19] wobei ein beinahe linearer Anstieg zu verzeichnen ist – was

---

16 Wickert, Unsere Erwählten, Bd. 2, S. 9.
17 *Volksstaat*, 6. 11. 1926, 2. Beilage.
18 Ebd.
19 1919 kandidierten 42 Frauen auf sechs Listen, 1930 waren es 68 auf zwölf Listen.

auch an der Zersplitterung des Weimarer Parteiensystems Ende der 1920er Jahre und der damit verbundenen Erhöhung der Anzahl der Wahlvorschläge lag. Zur »Neubildung« des Landtages nach der nationalsozialistischen Machtübernahme 1933 kandidierten dann nur noch neun Frauen – ein Rückgang um knapp 87 Prozent im Vergleich zu den letzten freien Landtagswahlen 1930.

Für 19 verschiedene Parteien kandidierten die Frauen zum Sächsischen Landtag. Die meisten Frauen traten für die Sozialdemokratie (39 Prozent) an.[20] Mit großem Abstand folgten kommunistische Listen (15 Prozent),[21] die DNVP (12 Prozent), die DDP (11 Prozent) und die DVP (10 Prozent). Die katholische Zentrumspartei, die in anderen Landesparlamenten und im Reichstag durch Frauen vertreten war,[22] spielte aufgrund der protestantischen Prägung Sachsens kaum eine Rolle und konnte während der Zeit der Weimarer Republik nur für eine Wahlperiode einen einzigen Abgeordneten in den Landtag entsenden.

Nahezu zwei Drittel der Kandidatinnen ließ sich nur einmal aufstellen (130 von 200), ein knappes Viertel (22,5 Prozent) kandidierte zweimal. Dagegen traten die langjährigen Landtagsabgeordneten Elise Thümmel (USPD, ab 1922 SPD) und Martha Schlag (KPD, ab 1925 SPD) jeweils sechsmal zu Landtagswahlen an,[23] drei weitere Frauen jeweils fünfmal.[24]

---

20 Für die (M)SPD kandidierten 86 Frauen (27,2 Prozent), für die ASP (ab 1926) 22 (7 Prozent) und für die USPD (1919 und 1920) 14 (4,4 Prozent).

21 Für die KPD kandidierten 35 Frauen (11,1 Prozent), für die Kommunistische Partei-Opposition, eine 1929 entstandene Abspaltung der Partei, die sich gegen die ultralinke Wende der KPD wandte, 12 (3,8 Prozent).

22 Für die Zentrumspartei kandidierten in Sachsen bei sieben Landtagswahlen nur insgesamt 8 Frauen. Vgl. Birgit Sack, Die weiblichen Reichs- und Landtagsabgeordneten des Zentrums und der Bayerischen Volkspartei (1919–1933). Eine Kollektivbiographie, in: *Historisch-politische Mitteilungen* 5 (1998), S. 1–32.

23 Thümmel (1920–1933) und Schlag (1923–1933) waren auch die weiblichen Abgeordneten, die am längsten ein Mandat im Sächsischen Landtag innehatten. Anders als z. B. im Reichstag und im Preußischen Landtag gab es in Sachsen keine Parlamentarierin, die von 1919 bis 1933 durchgehend ein Mandat ausübte, was fünf männlichen Landtagsabgeordneten in Sachsen gelang. Vgl. Wickert, Unsere Erwählten, Bd. 1, S. 89; Josef Matzerath, Aspekte sächsischer Landtagsgeschichte.

Der Anteil der Kandidatinnen zu den sächsischen Landtagswahlen schwankte mit Ausnahme der von den Nationalsozialisten herbeigeführten »Neubildung« 1933 zwischen 8,3 (1926) und 10,8 Prozent (1930).[25] Der vergleichsweise hohe Prozentsatz 1930 erklärt sich in erster Linie durch die verstärkte Aufstellung von Frauen auf der Liste der KPD.[26] Diese trat zur Landtagswahl in jenem Jahr mit einer landesweiten Einheitsliste an,[27] stellte 50 Kandidat_innen auf, worunter sich 13 Frauen befanden. Der Frauenanteil von 26 Prozent wurde in keiner anderen Liste und zu keiner anderen Landtagswahl erreicht.[28]

Oft war gleich die erste Kandidatur der Frauen erfolgreich. Neben den drei 1919 in die verfassunggebende Sächsische Volkskammer eingezogenen Abgeordneten Anna Geyer (USPD), Julie Salinger (DDP) und Helene Wagner (SPD) sowie der im Jahr darauf nachgerückten Else Ulich-Beil (DDP) waren neun weitere Kandidatinnen beim ersten Anlauf erfolgreich.[29] Die späteren Abgeordneten Ida

---

Die Mitglieder und Wahlbezirke der sächsischen Landtage (1833–1952), Teil II: 1919–1952, Dresden 2011.

24 Eva Büttner kandidierte 1920 und 1922 erfolgreich für die SPD im Wahlkreis Dresden-Bautzen, schloss sich im sogenannten Sachsenstreit der neu entstandenen ASP an, für die sie 1926, 1929 und 1930 erfolglos kandidierte. Helene Wagner wurde 1919 auf Listenplatz 4 der SPD gewählt, sie verteidigte 1920 und 1922 ihr Mandat. Auch sie schloss sich der ASP an und kandidierte 1926 und 1929 erfolglos. Johanna Lasse kandidierte zwischen 1919 und 1929 fünfmal für die DDP und die DVP für den Landtag. Ein Mandat konnte sie dabei nicht erringen.

25 Diese Zahlen sind mit denen der Reichstagskandidat_innen vergleichbar, wo z. B. 1930 der Frauenanteil 9,2 Prozent betrug. Vgl. Statistik des Deutschen Reichs 382 (1932), H. III, S. 11.

26 Die KPD trat 1919 in Sachsen nicht zu den Wahlen an, zur Landtagswahl 1920 kandidierten fünf Frauen auf der kommunistischen Liste, 1922 waren es sechs, 1926 vier, 1929 sieben und 1930 dreizehn.

27 Hintergrund hierfür war, dass 1929 ein einheitlicher KPD-Parteibezirk aus den drei vorher bestehenden Bezirken Westsachsen, Ostsachsen und Erzgebirge/Vogtland gebildet wurde.

28 Im Wahlkreis Leipzig stellten die Kommunisten nur 47 Kandidat_innen auf, darunter 12 Frauen. Der Anteil war dort also geringfügig niedriger (25,6 Prozent). Vgl. *Sächsische Staatszeitung*, 13. 6. 1930.

29 Dabei handelte es sich um Mily Bültmann (DNVP, 1920), Eva Büttner (SPD, 1920), Martha Schilling (SPD, 1922), Helene Glatzer (KPD, 1929), Margarete Groh (KPD,

Bauer, Olga Körner, Martha Kühne, Martha Schlag, Martha Seifert, Bertha Thiel und Elise Thümmel hatten dagegen bereits eine oder mehrere erfolglose Kandidaturen hinter sich, ehe sie Mitglied des Landtages wurden.

Überraschend scheint auch der Aspekt, dass es zahlreiche erfolglose Frauenkandidaturen nach vorhergehender Parlamentszugehörigkeit gegeben hat. Ida Bauer (SPD), in der Wahlperiode 1926 bis 1929 für einige Monate Landtagsmitglied, kandidierte zu den Landtagswahlen 1929 und 1930 erneut. Hier war sie allerdings völlig chancenlos auf schlechteren Listenplätzen als bei ihrem Eintritt ins Parlament positioniert. Gleiches gilt für Magdalene Focke (DNVP), die als nachgerückte Abgeordnete 1922 ins Parlament einzog. Bei der darauffolgenden Wahl im gleichen Jahr scheiterte sie mit einem hinteren Listenplatz. Der Fall der Demokratin Else Ulich-Beil 1929 fand Niederschlag in der Presse: 1920 in die Volkskammer nachgerückt, kandidierte sie 1920 sowie 1922 aufgrund einer Anstellung als Regierungsrätin beim sächsischen Innenministerium nicht und wurde 1926 vom vierten Listenplatz einer landesweiten Einheitsliste wieder in den Landtag gewählt. 1929 erhielt sie nur einen als unsicher geltenden zweiten Listenplatz im Wahlkreis Leipzig, womit sie letztlich kein Mandat erlangte. Die sozialdemokratische »Volksstimme« schrieb dazu:

»Charakteristisch ist, daß die auf dem linken Flügel der Partei stehende, als tüchtig bekannte Abgeordnete Dr. Uhlig-Beil [sic!] in ihrem alten Wahlkreis Ostsachsen völlig beiseite geschoben wurde und nur mit knapper Not noch im Leipziger Wahlkreis einen Unterschlupf fand.«[30]

Es gab also offenbar – anders als dies bei männlichen Abgeordneten der Fall gewesen ist[31] – bei den Politikerinnen keinen direkten Zu-

---

1930), Margarete Nischwitz (KPD, 1929) und Doris Hertwig (DVP, 1920). Auch Magdalene Focke, 1922 kurzzeitig für die DNVP im Landtag, hatte für die vorangegangene Wahl 1920 zum ersten Mal kandidiert.

30 *Volksstimme*, 24. 4. 1929, 2. Beilage.

31 Erhellend ist hierfür, dass die Parteien insbesondere in der Frühphase der Weimarer Republik in nicht unerheblichem Maße auf »bewährte« männliche Kandi-

sammenhang zwischen geleisteter Parlamentsarbeit und aussichtsreichem Listenplatz zur nächsten Wahl. Ebenso wichtig war die Positionierung in den Parteien, gerade bei Strategiewechseln, die im obigen Zitat eine Rolle gespielt haben mögen.

Neben der reinen Anzahl müssen natürlich auch die Listenplätze der kandidierenden Frauen untersucht werden. Hierbei ist zunächst ersichtlich, dass es in den 14 Jahren und den sechs freien Wahlen keine weibliche Spitzenkandidatin gegeben hat. Beste Listenposition war Platz zwei, den vier Kandidatinnen (davon zwei von der SPD) erringen konnten.[32] Acht Frauen erklommen bei dreizehn Kandidaturen den dritten Listenplatz ihrer Partei, 14 Frauen kandidierten insgesamt 22-mal an vierter Stelle. Damit ist aber noch nichts über die Chancen ausgesagt, die diese Plätze boten, da diese vom Gesamterfolg der jeweiligen Partei im Allgemeinen und der regionalen Stärke im jeweiligen Wahlkreis im Besonderen abhängig waren. So ist es auch möglich gewesen, dass zwei der vier Bestplatzierten und sogar fünf der acht auf Platz drei rangierenden Kandidatinnen aufgrund des Misserfolgs ihrer Partei nicht in den Landtag einzogen.[33] Auffallend ist zudem, dass der zweite Listenplatz erstmals 1926, also erst 7 Jahre nach Einführung des Frauenwahlrechtes an eine Kandidatin vergeben wurde – und acht von insgesamt dreizehn dritten Listenplätzen wurden erst

---

daten setzten: 41 von 96 Abgeordneten der Sächsischen Volkskammer 1919/20 hatten bereits im Kaiserreich ein Landtagsmandat inne; allein 22 von 42 SPD-Mandatsträgern dieser Legislaturperiode waren bereits zuvor Abgeordnete des Sächsischen Landtags gewesen. Auch wenn sich diese Zahl bereits nach der ersten Landtagswahl 1920 halbierte (20 Abgeordnete mit Erfahrungen aus dem Kaiserreich), zeigt es doch deutlich die Präferenz der Parteien, »erfahrene« und somit männliche Kandidaten bevorzugt auf aussichtsreiche Listenplätze zu setzen. Vgl. Elvira Döscher / Wolfgang Schröder (Bearb.), Sächsische Parlamentarier 1869–1918. Die Abgeordneten der II. Kammer des Königreichs Sachsen im Spiegel historischer Photographien. Ein biographisches Handbuch, Düsseldorf 2001.

32 Die zwei Sozialdemokratinnen errangen auf diesem Listenplatz auch ein Landtagsmandat.
33 Else Ulich-Beil kandidierte 1929 erfolglos für die DDP auf dem zweiten Listenplatz im Wahlkreis Leipzig, Lina Wolf 1930 auf derselben Position im selben Wahlkreis für die Reichspartei des Deutschen Mittelstandes.

1929 und später an Frauen vergeben.[34] Zu den ersten Wahlen 1919 war Platz vier das Höchste, was den Frauen zugestanden wurde.[35] Bei den Landtagswahlen im Jahr darauf waren Eva Büttner (SPD), Julie Salinger (DDP) und Elise Thümmel (USPD) mit einem dritten Listenplatz im Wahlkreis Dresden-Bautzen die bestpositioniertesten Kandidatinnen und errangen jeweils ein Mandat. Bei den Landtagswahlen 1922 war es nur Eva Büttner (SPD), die ihren dritten Listenplatz behaupten konnte und von dieser Position aus in den Landtag einzog. 1926 zog Martha Schilling (SPD) von einem erstmals an eine Kandidatin vergebenen zweiten Listenplatz im Wahlkreis Leipzig in den Landtag ein, 1929 kandidierten Bertha Thiel (SPD, erfolgreich) und Else Ulich-Beil (DDP, erfolglos) von Listenplatz zwei, im Jahr darauf wiederum Bertha Thiel (wiederum erfolgreich) sowie Lina Wolf (Reichspartei des Deutschen Mittelstandes, erfolglos). Eine Etablierung von Frauen als Landtagskandidatinnen auf vorderen und somit aussichtsreichen Listenplätzen fand also nur sehr schleppend statt. Einzig bei der SPD im Wahlkreis Leipzig ist eine gewisse Kontinuität feststellbar: Der zweite Listenplatz war hier ab den Landtagswahlen 1926 einer Kandidatin vorbehalten; nach dem frühen Tod von Martha Schilling übernahm Bertha Thiel diese Position bis zu den letzten freien Wahlen 1930.

Aus diesem Überblick geht hervor, dass es in erster Linie linke Parteien waren, die Frauen auf die vorderen Ränge ihrer Wahllisten setzten. Neunmal kandidierten Frauen auf sozialdemokratischen Listen vergleichsweise weit vorn, fünfmal Angehörige von DDP beziehungsweise Deutscher Staatspartei. DVP und DNVP stellten ihre führenden Frauen maximal an vierter Stelle auf, also außerhalb der sogenannten Troika der ersten drei Kandidat_innen, die oft auf Pla-

---

34 Der von Christl Wickert beschriebene Trend, dass sich die Listenpositionen für die SPD-Kandidatinnen im Verlauf der Weimarer Republik verschlechterte, kann hier nicht bestätigt werden. Richtig ist aber, dass viele Frauen nur als »Alibi-Kandidatinnen« aufgestellt wurden.
35 Anna Jacob, Arbeiterin aus Dresden, die für die USPD im Wahlkreis Dresden-Bautzen auf dem einzigen an eine Frau vergebenen vierten Listenplatz kandidierte, verfehlte jedoch den Einzug ins Parlament.

katen, Flugschriften und Werbezetteln vor Wahlen auftauchten.[36] Eine größere »Sichtbarkeit« von Kandidatinnen jenseits von Wahlveranstaltungen – sei es für die Frauengliederungen der einzelnen Parteien oder im Rahmen allgemeiner Wahlpropaganda – war somit nur in Einzelfällen gegeben. So erfolgte auch nur vereinzelt eine nähere Vorstellung der Kandidat_innen. Eine Ausnahme stellt die DVP dar, die zur Landtagswahl 1926 unter dem Motto »Trotz Listenwahl – Persönlichkeitswahl!« insgesamt 22 Kandidat_innen und mit Doris Hertwig-Bünger und Gertrud Thost-Sonntag auch zwei von sieben Kandidatinnen mit gezeichnetem Konterfei, Kurzbiografie und Themenschwerpunkten vorstellte.[37]

Betrachtet man neben den Spitzenpositionen die Gesamtverteilung von Frauen auf den Listen der zu den Landtagswahlen angetretenen Parteien, ist ein deutliches Übergewicht an hinteren – und damit praktisch aussichtslosen – Plätzen erkennbar. Bildet man aus den Listen vier gleiche Teile nach den Positionen der Kandidat_innen, finden sich im ersten Abschnitt (also auf den aussichtsreichen Plätzen) nur etwa ein Fünftel der Kandidatinnen, im zweiten dafür fast ein Drittel. Aus diesem zweiten Abschnitt gelangten jedoch nur drei Kandidatinnen direkt ins Parlament. Drei weitere rückten als Nachfolgerinnen für ausgeschiedene Parteikollegen nach.[38] Im Umkehrschluss bedeutet das, dass acht von zehn Kandidatinnen nur geringe oder gar keine Chancen auf einen Parlamentssitz hatten. Für die Mehrheit der politisch engagierten Frauen, die ein Mandat im Sächsischen Landtag anstrebten, kann daher davon ausgegangen werden, dass sie lediglich als »Alibi-Kandidatinnen« aufgestellt worden waren.[39]

---

36 Vgl. Flugblätter zur sächsischen Landtagswahl im November 1922. Loseblattsammlung, Sächsische Landesbibliothek – Staats- und Universitätsbibliothek Dresden, Hist.Sax.I.122.k. Vgl. auch Julia Sneeringer, Winning Women's Vote. Propaganda and Politics in Weimar Germany, Chapel Hill, London 2002.
37 Vgl. *Sachsenstimme*, 23.10.1926, S.6.
38 Direkt zogen von dieser Position aus ein: Mily Bültmann (DNVP, 1926), Martha Seifert (SPD, 1933), Elise Thümmel (SPD, 1922), es rückten nach: Ida Bauer (SPD, 1926), Magdalene Focke (DNVP, 1920), Else Ulich-Beil (DDP, 1919).
39 Vgl. Wickert, Unsere Erwählten, S.88f.

An dieser Stelle ist zu fragen, welche Voraussetzungen für eine Landtagskandidatur notwendig waren. Eine Vielzahl an Faktoren mögen hier eine Rolle gespielt haben, darunter der Bekanntheitsgrad der Persönlichkeit in der Öffentlichkeit, die durch Berufstätigkeit oder Mitwirkung in politischen Gremien zugeschriebenen Kompetenzen, die Verankerung in den jeweiligen Parteien – und damit eng verbunden die glaubwürdige Vertretung einer speziellen sozialen Gruppe. Sicher waren Frauen wie die Gründerin der Sozialen Frauenschule in Dresden, Lotte Schurig, oder die zeitweise als Regierungsrätin im sächsischen Innenministerium tätige Else Ulich-Beil zumindest den mit der bürgerlichen Frauenbewegung in Verbindung stehenden Wähler_innen ein Begriff. Auf lokaler Ebene und wohl verstärkt im ländlichen Raum hatten Lehrerinnen, Krankenschwestern oder Ehegattinnen beziehungsweise Witwen von »angesehenen« Männern sicher eine gewisse Bekanntheit. Durch die vergleichsweise groß zugeschnittenen Wahlkreise dürfte dies insgesamt jedoch nur geringe Auswirkungen gehabt haben. Fähigkeiten, Kompetenzen und Fachwissen sind ebenfalls schwer nachprüfbar. Von denjenigen, die nach erfolgreicher Kandidatur in den Landtag gelangten, stachen vor allem die promovierten Lehrerinnen Doris Hertwig-Bünger und Else Ulich-Beil durch große bildungspolitische Kompetenzen hervor. Gleiches gilt für die Sozialdemokratin Eva Büttner auf dem Gebiet der Kulturpolitik. Die nach 1918 erworbenen kommunalpolitischen Erfahrungen der Kandidatinnen sind gut nachweisbar. Vor allem in den drei Großstädten Chemnitz, Dresden und Leipzig finden sich zahlreiche weibliche Stadtverordnete, die sich auch zu Landtagswahlen aufstellen ließen. Allein 13 Kommunalpolitikerinnen aus Dresden kandidierten für den Landtag, einige von ihnen waren die gesamten 14 Jahre der Weimarer Republik kommunalpolitisch aktiv.[40]

Neben politischem war auch gesellschaftliches Engagement ein wichtiges Element für die Auswahl der Kandidat_innen. Hier zeigt sich, dass einige der Kandidatinnen in der bürgerlichen Frauenbewegung aktiv waren, so als Vorsitzende des Dresdner Hausfrauenbun-

---

40 Vgl. Stadtarchiv Dresden (StadtAD), Stadtverordneten-Nachträge, Nr. 1, up.

des oder als Vorsitzende des Verbandes landwirtschaftlicher Hausfrauenvereine.[41] Schließlich war auch eine gute Verwurzelung in der Partei bzw. deren jeweiligen Frauenorganisationen nötig. Gradmesser können hier die Ausübung von Parteiämtern oder auch Delegierungen zu Parteitagen sein. So ist beispielsweise für Bertha Thiel eine häufige Teilnahme an den Parteitagen der USPD und SPD nachweisbar, bevor sie 1929 in den Landtag gewählt wurde.[42] Mily Bültmann war 1919 Vorsitzende der Dresdner Frauenortsgruppe der DNVP, sieben Jahre später Vorsitzende des Landesfrauenausschusses ihrer Partei.[43] Einflussreiche Ämter in den Parteien jenseits der jeweiligen Frauenorganisationen sind für die Kandidatinnen – ganz im Gegenteil zu ihren männlichen Kollegen – nur in Ausnahmefällen nachweisbar.[44] Ein »Abschieben« der parteipolitisch aktiven Frauen in diese Organisationen, denen vonseiten der männlich dominierten Parteispitzen die Bearbeitung vermeintlich »weiblicher« Themenfelder zugewiesen wurde, ist nicht nur für die konservativen Parteien Sachsens offenkundig.[45]

---

41 Vgl. StadtAD, Frauenstadtarchiv, Nr. 308.
42 Bertha Thiel nahm an den USPD-Parteitagen 1919, 1920 und 1922 teil, nach der Wiedervereinigung der SPD war sie Delegierte der Parteitage 1924, 1927, 1929 und 1931. Zwischen 1919 und 1928 kandidierte sie zudem viermal für die Nationalversammlung bzw. den Reichstag. Vgl. Wickert, Unsere Erwählten, Bd. 2, S. 11, 21, 25.
43 Vgl. HStAD, 10693 Landtag 1919–1933, Nr. 1489.
44 Elise Thümmel (ab 1922) und Bertha Thiel (ab 1925) waren Mitglieder im Reichsparteiausschuss der SPD, vgl. Wickert, Unsere Erwählten, Bd. 2, S. 11. Auf Landesebene war Doris Hertwig Beisitzerin im Vorstand des ostsächsischen Verbandes der DVP, vgl. *Sachsenstimme*, 15. 6. 1919, S. 4. Mily Bültmann war 1921 Mitglied des DNVP-Landesvorstandes in Sachsen, vgl. *Volksbote*, 15. 2. 1921, S. 26. Ihre Parteikollegin Selina Weißwange war 1929 Vorstandsmitglied im ostsächsischen Parteiverband, vgl. ebd., 31. 3. 1929, S. 64.
45 Vgl. Heinsohn, Ambivalente Entwicklungen, S. 44.

Altersstruktur

Für die Landtagswahlen 1930 liegen weiterführende biografische Daten zu den weiblichen Kandidaten vor.[46] Von den 68 Frauen, die ein Mandat im Landesparlament anstrebten, traten 15 für die SPD, 13 für die KPD und 7 für die Volksnationale Reichsvereinigung an. Eine Analyse der Altersstruktur bestätigt die Untersuchungen über die Parlamentarierinnen in Reich und Ländern: konservative Parteien stellten vorrangig Ältere auf, während linke Parteien eher auf jüngere Kandidatinnen setzten. Im Schnitt waren die Kandidatinnen knapp 41 Jahre alt; das höchste Durchschnittsalter wiesen die Listen des Sächsischen Landvolkes (58 Jahre, allerdings nur eine Kandidatin), der DNVP (55,3 Jahre, vier Kandidatinnen) und der DVP (53,3 Jahre, drei Kandidatinnen) auf. Das geringste Durchschnittsalter verzeichnete die Volksnationale Reichsvereinigung (31,3 Jahre, sieben Kandidatinnen), die KPD (33 Jahre, 13 Kandidatinnen) und die Volksrechtspartei (37 Jahre, ebenfalls nur eine Kandidatin). Ein Vergleich mit den gewählten männlichen Kandidaten zu diesen Wahlen ergibt, dass die Parteien geschlechtsübergreifend ein ähnliches Altersspektrum aufstellten: Mit einem Lebensalter von durchschnittlich 57 Jahren waren die DNVP-Kandidaten die ältesten, gefolgt von DVP und DDP (jeweils ca. 52 Jahre); die durchschnittlich jüngsten – und ausschließlich männlichen – Kandidaten stellte die NSDAP (34,6 Jahre), gefolgt von der KPD (37,2 Jahre), die mit dem 24-jährigen Herbert Wehner und der 21-jährigen Margarete Groh die jüngsten Abgeordneten in den Sächsischen Landtags entsandten. Unter den männlichen Kandidaten, die zu dieser Wahl ein Mandat errangen, befanden sich noch vier Abgeordnete, die schon im Kaiserreich im Sächsischen Landtag saßen. Der älteste von ihnen war 1891 das erste Mal ins Landesparlament eingezogen, zu einem Zeitpunkt, als 40 Prozent der 1930 angetretenen Kandidatinnen noch nicht geboren waren.[47]

---

46 Vgl. HStAD, 10701 Staatskanzlei, Nr. 28/1–4, 32/2–13, 34/1–4.
47 Ernst Schulze (1855–1932; SPD) war 1891–1897 und 1909–1918 Mitglied der Zweiten Kammer des Sächsischen Landtags und bekleidete von 1926 bis zu seinem Tod

Berufs- und Sozialstruktur

Ein Aspekt von großem Interesse ist natürlich auch die Herkunft der Kandidatinnen in Bezug auf ihre Berufstätigkeit oder ihren »Stand«. Hier ergeben sich Probleme bei der Datenerhebung, vor allem bei denjenigen, »die weniger stark in der Öffentlichkeit hervorgetreten sind«.[48] Werden nur die zu den Kandidaturen publizierten Berufs- beziehungsweise Standesangaben herangezogen, ergibt sich eine überragende Bedeutung der politisch aktiven Hausfrau. An einem Beispiel lässt sich das Problem der Angabe »Hausfrau« illustrieren: Eva Büttner aus Dresden kandidierte zwischen 1920 und 1930 insgesamt fünfmal für den Sächsischen Landtag, jedes Mal mit einer anderen Angabe: 1920 als Schriftstellerin, 1922 als Hausfrau, 1926 als Professorsehefrau, 1929 als Schriftleiterin und 1930 als Redakteurin. Da für Büttner biografische Arbeiten vorliegen, ist zu verifizieren, dass keine dieser Angaben falsch ist: sie war Kultur- und Theaterkritikerin, Ehefrau eines Dresdner Musikprofessors und wirkte als Schriftleiterin des Organs der Alten Sozialdemokratischen Partei in Sachsen.[49] Ihr Lebensumfeld war somit ein gänzlich anderes als beispielsweise das der ebenso als »Hausfrau« geführten Chemnitzerin Helene Wagner, die als Hausangestellte und Näherin in Heimarbeit gearbeitet hat und mit einem Eisendreher verheiratet war.[50] Die Angabe »Hausfrau« dominiert die Berufs- beziehungsweise Standesangaben deutlich: 71 Kandidatinnen (35,5 Prozent) gaben – wie bei Eva Büttner zu sehen zumindest zeitweise – an, Hausfrau zu sein. Mehr als 80 Prozent von ihnen kandidierten für sozialdemokratische und kommunistische Listen. Daneben traten auch 17 Frauen (8,5 Prozent)

    1932 nochmals ein Landtagsmandat, vgl. Döscher / Schröder (Bearb.), Sächsische Parlamentarier, S. 465.
48 Renate Meyer-Braun, Zu diesem Buch, in: dies. (Hg.), Frauen ins Parlament!, S. 11–14, hier S. 14.
49 Vgl. Agata Schindler, »Büttner, Eva«, in: Sächsische Biografie, hrsg. vom Institut für Sächsische Geschichte und Volkskunde e. V., http://www.isgv.de/saebi/ [21.12.2017].
50 Vgl. Stephanie Pietsch, »Helene Wagner«, in: Geschichte der Chemnitzer SPD: Personen, http://stark-fuer-chemnitz.de/helene-wagner/ [2.1.2018].

an, die zumindest zeitweise »Ehefrau« angaben.[51] Mit großem Abstand folgt dann die ausschließlich von Sozialdemokratinnen und Kommunistinnen besetzte Gruppe der Arbeiterinnen: 32 Kandidatinnen (16 Prozent) gaben dies an, 20 davon arbeiten in der Textilindustrie. Die drittgrößte Gruppe bilden die Angestellten, 28 Kandidatinnen (14 Prozent) kamen aus diesem Arbeitsfeld, 9 davon traten für sozialdemokratische Listen an, 5 für die Kommunisten – allerdings war darunter keine einzige explizit so bezeichnete Parteisekretärin und nur 2 Gewerkschaftsangestellte. Die große Bedeutung der »Hausfrau«, das heißt der expliziten Zuweisung der Kandidatinnen zum »häuslichen« Bereich und die damit verbundene Reduktion ihrer Kandidatur als »Frauenvertreterinnen«, verweist auf die zu dieser Zeit vorhandene Trennung der Sphäre Politik (= männlich) und Haus (= weiblich) und den damit gleichsam mitgedachten Ausschluss von Frauen aus der Politik.

Acht promovierte Frauen traten in Sachsen zu den Wahlen an – allesamt für bürgerliche Parteien. Insgesamt fünfzehn Lehrerinnen und eine »Oberkindergärtnerin« kandidierten für das Landesparlament, vor allem für die DVP, die DDP und die DNVP.

In einigen wenigen Fällen verweisen die Standesbezeichnungen der Kandidatinnen auch ausschließlich auf die berufliche Stellung des Ehemannes. Bis auf die bereits geschilderte Ausnahme Eva Büttners trat dies nur bei Kandidatinnen bürgerlich-konservativer Parteien auf. Dadurch sollte offenbar die gesellschaftliche Position des jeweiligen Ehemannes als Ausweis der Kompetenz der Kandidatin dienen und sollten somit die potenziellen Wählerkreise angesprochen werden. Besonders gut ist dies bei der DNVP zu zeigen, wo vor allem die konfessionelle Bindung der Kandidatinnen durch den Bezug zum Ehegatten ausgedrückt wurde: So kandidierte Helene Cordes, Ehefrau des Leipziger Superintendenten und früheren Abgeordneten der Ersten Kammer des Sächsischen Landtages im Kaiserreich, August Cordes (1859–1936), zur Landtagswahl 1929 für die DNVP mit der Angabe »Frau Oberkirchenrat«. Wally Schmidt aus Lößnitz hatte

---

51 Vgl. Wickert, Unsere Erwählten, Bd. 1, S. 98.

zehn Jahre zuvor ebenfalls für die DNVP als »Frau Oberpfarrer« kandidiert und Marie Peter aus Pirna trat 1926 für die DDP ebenso als »Pfarrersehefrau« an wie Gertrud Roßbach aus Chemnitz für die DNVP im Jahr 1919.

Die Diskrepanz zu ihren männlichen Konkurrenten um Parlamentssitze ist hier offenkundig: Diese repräsentierten verschiedene gesellschaftliche Gruppen (wie zum Beispiel Beamte, Handwerker, Pfarrer, Arbeiter, Gewerkschafter, Industrielle und andere), die Berufsangaben bei ihnen verweisen zum Teil auf ihre Verankerung in Parteien (zum Beispiel als Schriftleiter der Parteipresse) und Verbänden (zum Beispiel als Verbandsgeschäftsführer) oder zeigen Regierungserfahrungen auf (aktuelle oder ehemalige Minister und Ministerpräsidenten).

Regionale Herkunft

Einen Schwerpunkt der regionalen Herkunft der Kandidatinnen zu den sächsischen Landtagswahlen gab es nicht. Legt man die Wahlkreise zugrunde, in denen die Frauen antraten, übertrifft der Wahlkreis Dresden-Bautzen (36,3 Prozent) die anderen beiden Wahlkreise – den Wahlkreis Leipzig (32,2 Prozent) und den Wahlkreis Chemnitz-Zwickau (31,5 Prozent) – nur knapp. Die Ausgangspositionen für die Kandidatinnen scheinen also in ganz Sachsen in etwa dieselben gewesen zu sein. Zieht man die jeweils zu den Landtagswahlen angegebenen Wohnorte heran, zeigt sich die Dominanz der drei sächsischen Großstädte: Allein aus Leipzig stammte jede vierte Kandidatin (25,5 Prozent), in Dresden lebten 23,2 Prozent der Kandidatinnen, in Chemnitz 10,8 Prozent – das heißt, etwa sechs von zehn Kandidatinnen stammte aus diesen drei Großstädten. Dennoch kamen politisch engagierte Frauen, die sich um ein Mandat bewarben, auch aus kleineren Städten und Landgemeinden – allerdings errangen letztlich nur Kandidatinnen aus den sächsischen Großstädten sowie den Mittelzentren Plauen und Pirna ein Landtagsmandat. Bei den gewählten Kandidatinnen überwiegt die Herkunft aus dem ostsächsischen Raum: Aus dem dortigen Wahlkreis Dresden-Bautzen waren insgesamt 16 Frauenkandidaturen erfolgreich, neunmal zogen Frauen aus dem Wahlkreis Chemnitz-Zwickau ins Landesparlament, achtmal aus Leipzig und siebenmal aufgrund ihrer Positionierung auf einer landesweiten Einheitsliste.

Zusammenfassung

Die Erfolgsaussichten von weiblichen Kandidierenden bei den Wahlen zum sächsischen Landesparlament in der Weimarer Republik bewegten sich im deutschlandweiten Vergleich fast überall in einem ähnlichen und aufgrund des Verhältniswahlrechts in einem sehr engen Rahmen.[52] Frauen wurden bei der Aufstellung der Listen nicht nur bei den konservativen Parteien in erster Linie als Vertreterinnen ihres Geschlechts angesehen, während männliche Kandidaten »nicht als Geschlechtswesen, sondern als Staatsbürger mit unterschiedlichen sozialen, kulturellen oder politischen Interessen angesprochen wurden«, so Kirsten Heinsohn.[53] Die von den Frauen eingebrachten Erfahrungen und Kompetenzen spielten demgegenüber nur eine untergeordnete Rolle. Sie wurden stattdessen bei den Listenaufstellungen von den männlich dominierten Parteileitungen in eine Konkurrenz mit Vertretern von Interessenverbänden gezwungen, die für die jeweiligen Parteien wichtiger waren als die Frauenorganisationen.[54] Die Kandidatinnen stammten in der Regel aus dem jeweiligen erwartbaren Wähler_innenkreis der Parteien, für die sie antraten. Bei den Sozialdemokratinnen waren dies zumeist als Hausfrauen bezeichnete Kandidatinnen, bei den Kommunistinnen, die erst ab Ende der 1920er Jahre in größerem Umfang erfolgversprechende Listenplätze einnehmen konnten, waren es Arbeiterinnen, zumeist aus der Textilindus-

---

52 Vgl. Julia Paulus, 19. Januar 1919 – Erstmaliges aktives und passives Wahlrecht für Frauen in Deutschland, in: Internet-Portal »Westfälische Geschichte«, http://www.westfaelische-geschichte.de/web600 [2.1.2018].
53 Heinsohn, Parteien und Politik, S. 287.
54 Vgl. Barbara Greven-Aschoff, Die bürgerliche Frauenbewegung in Deutschland 1894–1933, Göttingen 1981, S. 167.

trie. Für die bürgerlich-konservativen Parteien kandidierten vermehrt Frauen, die im Bildungsbereich tätig waren. Dagegen waren die männlichen Kandidaten oft schon durch ihre berufliche Stellung wesentlich enger mit den jeweiligen Parteiführungen verbunden, beispielsweise als Schriftleiter eines Parteipresseorgans.

Eine Verstetigung von aussichtsreichen Platzierungen für Frauen auf den Wahllisten ging nur schleppend voran. Einen »festen« vorderen Listenplatz erhielten weibliche Kandidaten praktisch nur in der Leipziger Parteiorganisation der SPD. KPD-Kandidatinnen spielten in größerem Umfang nach einem innerparteilichen Kurswechsel erst ab 1929 eine Rolle; Kandidatinnen der bürgerlichen Parteien gerieten Ende der 1920er Jahre ins Hintertreffen, als die von ihnen repräsentierten Parteien deutlich an Bedeutung verloren.[55]

Die Marginalisierung der in der Landespolitik aktiven Frauen, wie sie für Sachsen feststellbar ist (nur ein weibliches Mitglied im Verfassungsausschuss 1919/20, keine weibliche Fraktions- oder Ausschussvorsitzende, nur eine stellvertretende Fraktionsvorsitzende, nur ein weibliches Präsidiumsmitglied etc.), kann auch schon für die Zusammenstellung der Landtagskandidat_innen gezeigt werden. Eine »Remaskulinisierung« der Politik in Sachsen ab Ende der 1920er Jahre, wie sie zum Beispiel durch den starken Rückgang an weiblichen Wortmeldungen im Landtag sichtbar wird,[56] ist bei der Kandidat_innenaufstellung nur davon überdeckt, dass die KPD und KPD/O ab 1929 verstärkt Frauen aufstellten. Zudem spielt in Sachsen das frühe Erstarken der NSDAP, die prinzipiell Kandidaturen von Frauen ausschloss, eine wichtige Rolle: Bei den Landtagswahlen 1929 zogen die Nationalsozialisten erstmals mit fünf Abgeordneten ins Landesparlament ein, bei den Wahlen im Jahr darauf stellten sie bereits 14 Abge-

---

55 Die DDP, die zu den Wahlen 1919 noch 22 Mandate errang, stellte bei den Landtagswahlen 1930 noch 3 Abgeordnete; die DVP, nach den Wahlen 1922 mit 19 Abgeordneten im Landtag vertreten, errang 1930 noch 8 Mandate; die DNVP, 1920 mit 20 Abgeordneten vertreten, errang 1930 5 Sitze.
56 Während die weiblichen Landtagsabgeordneten in der Wahlperiode 1922–1926 in 40 Prozent der Sitzungen das Wort ergriffen, taten sie dies 1929/30 nur noch in jeder vierten, ab 1930 nur noch in jeder siebten Sitzung.

ordnete. Die damit einhergehende Polarisierung der sächsischen Landespolitik sollte das Ende der erstmaligen politischen Beteiligung von Frauen einläuten. Prägnant hierfür ist ein Zwischenruf bei einer Rede der KPD-Abgeordneten Margarete Nischwitz am 30. September 1930: Sie hatte kritisiert, dass sich unter den 107 NSDAP-Reichstagsabgeordneten keine Frau befände. Darauf reagierten die Nationalsozialisten mit dem Zwischenruf: »Sie sollen beim Kochtopf bleiben!«[57] Zweieinhalb Jahre später endete die aktive politische Partizipation von Frauen – nicht nur in Sachsen.

---

57 Verhandlungen des Sächsischen Landtages, 5. Wahlperiode, Bd. 1, S. 181.

Harm Kaal

Die Stimmen der Frauen für sich gewinnen
Auswirkungen des Frauenwahlrechts auf
die niederländische Wahlkultur 1922–1970[1]

Als die Frauen in den Niederlanden 1919 das Wahlrecht bekamen, stieg die Zahl der Wahlberechtigten auf mehr als das Doppelte. Zwei Jahre zuvor, im Jahr 1917, war den Frauen das passive Wahlrecht gewährt worden. 1918 zog die erste weibliche Abgeordnete in das niederländische Parlament ein. In diesem Aufsatz möchte ich untersuchen, welche Auswirkungen die Einführung des Frauenwahlrechts auf die politische Kultur der Niederlande gehabt hat. Dabei werde ich mich auf zwei Aspekte konzentrieren: zunächst einmal auf die Debatten, die in den politischen Parteien der Niederlande zu Beginn des 20. Jahrhunderts um die Wahlberechtigung und das politische Engagement von Frauen geführt wurden; und zweitens darauf, wie die Parteien nach Einführung des Frauenwahlrechts versucht haben, Frauen in ihre ehemals rein männliche Wählerschaft zu integrieren. Zu diesem Zweck werde ich die Wahlwerbung analysieren, mit der sich die größten niederländischen Parteien im Zuge der nationalen Wahlkämpfe von 1922 bis in die späten 1970er Jahre an Frauen richteten.

---

1 Ich möchte den Teilnehmer_innen der Konferenz »Hundert Jahre Frauenwahlrecht« (Frankfurt am Main, 13.–15. September 2017) für ihre erhellenden Kommentare und Anregungen danken. Teile dieses Aufsatzes sind bereits an anderer Stelle erschienen: Appealing to Female Voters. Dutch Political Parties and Their Approach of Women Voters in General Election Campaign, c. 1922–1970, in: Women's History Review 24 (2015), S. 776–808.

Jüngere Untersuchungen zur Formierung politischer Identitäten und zur Parteienkultur im späten 19. Jahrhundert und in der ersten Hälfte des 20. Jahrhunderts haben gezeigt, dass diese keineswegs automatisch aus den sozialen und religiösen Strukturen hervorgingen, in die die Wähler_innen eingebunden waren. Vielmehr entwickelten sie sich aus einem Zusammenspiel der materiellen Umstände, unter denen die Menschen damals de facto lebten, und des politischen Diskurses, mithilfe dessen die Politiker_innen diese Realität interpretierten.[2] Einige der genannten Untersuchungen zur Wahl- und Parteienkultur gehen auch – meist im Hinblick auf Großbritannien und Deutschland – auf die parteipolitische Werbung von Wählerinnen und den genderbezogenen Charakter politischer Identitäten ein und vermitteln uns dadurch eine Vorstellung von den wichtigsten Diskursen und Praktiken, die dieser Annäherung an Wählerinnen zugrunde liegen.[3]

Seit Einführung des Frauenwahlrechts haben die meisten Parteien Frauen immer wie eine gesonderte Kategorie der Wählerschaft behandelt. Dies gab ihnen die Möglichkeit, das politische Engagement von Frauen zu strukturieren und zu regulieren. Ähnlich wie auch den Bauern, Soldaten und Ladenbesitzern schrieben die Parteien Frauen auf diese Weise bestimmte Eigenschaften und eine besondere politische Identität zu. Eine »eingefahrene Stereotypisierung« der Frau als Mittelpunkt des Familienlebens, als fürsorgende Mutter und

---

2 Gareth Stedman Jones, Languages of Class. Studies in English Working Class History, Cambridge 1983; Jon Lawrence, Speaking for the People. Party, Language and Popular Politics in England, 1867–1914, Cambridge 1998; Thomas Welskopp, Das Banner der Brüderlichkeit. Die deutsche Sozialdemokratie vom Vormärz bis zum Sozialistengesetz, Bonn 2000, S. 257–333.

3 David Jarvis, Mrs Maggs and Betty. The Conservative Appeal to Women Voters in the 1920s, in: Twentieth Century British History 5 (1994), H. 2, S. 129–152; David Jarvis, The Conservative Party and the Politics of Gender, 1900–1939, in: Martin Francis / Ina Zweininger-Bargielowska (Hg.), The Conservatives and British Society, 1880–1990, Cardiff 1996, S. 172–193; June Hannam, Women and Labour Politics, in: Matthew Worley (Hg.), The Foundations of the British Labour Party. Identities, Culture and Perspectives, 1900–39, Farnham 2009, S. 171–191; Laura Beers, Thatcher and the Women's Vote, in: Ben Jackson / Robert Saunders (Hg.), Making Thatcher's Britain, Cambridge 2012, S. 113–131.

Hausfrau war bis in die 1960er Jahre hinein wirksam.[4] Nach dem Zweiten Weltkrieg gehörten die britischen Konservativen zu den Ersten, die die Frau nicht mehr nur als Hausfrau, sondern auch als Konsumentin und Arbeitnehmerin ansprachen.[5] Viele Autor_innen betonen zudem, dass die politische Sprache, mit der sich die Parteien an Frauen wandten, von einem Diskurs der politischen Unwissenheit geprägt war.[6] Man ging davon aus, dass sich Frauen von Natur aus nicht für Politik interessierten und erst nach eingehender politischer Erziehung zu einer »angemessenen« Stimmabgabe in der Lage wären. Schließlich heben einige Autor_innen den speziellen Charakter der für Frauen gedachten Wahlwerbung und der für sie organisierten Wahlkampfveranstaltungen hervor. Da sie befürchteten, Frauen durch »normale« Wahlpropaganda abzuschrecken, warben die Parteien vorzugsweise in Frauenzeitschriften, um ihre Wahlwerbung unauffällig zwischen Koch- und Nähanleitungen platzieren zu können. Politische Frauenveranstaltungen wurden gerne unter dem Deckmantel sozialer Aktivitäten veranstaltet und wiesen mehr oder weniger unverblümte Elemente der politischen Erziehung auf.[7]

---

4   Adrian Bingham, An Organ of Uplift?, in: *Journalism Studies* 14 (2013), H. 5, S. 651–662, hier S. 658; Jarvis, The Conservative Party, S. 174; Julia Sneeringer, Winning Women's Votes. Propaganda and Politics in Weimar Germany, Chapel Hill/London 2002, S. 274; K. J. Musolf, From Plymouth to Parliament. A Rhetorical History of Nancy Astor's 1919 Campaign, Basingstoke 1999, S. 42f.; Ron de Jong, Electorale cultuur en politieke oriëntatie. Verkiezingen in Gelderland, 1888–1940, Hilversum 2005, S. 152, 178.

5   Ina Zweininger-Bargielowska, Explaining the Gender Gap. The Conservative Party and the Women's Vote 1945–1964, in: Martin Francis / Ina Zweininger-Bargielowska (Hg.), The Conservatives and British Society, S. 194–223, hier S. 203, 216; Laura Beers, Your Britain. Media and the Making of the Labour Party, Harvard 2010.

6   Jarvis, Mrs Maggs, S. 133; Beers, Your Britain, S. 87; Harm Kaal, Constructing a Socialist Constituency. The Social-Democratic Language of Politics in the Netherlands, c. 1890–1950, in: *Archiv für Sozialgeschichte* 53 (2013), S. 175–202, hier S. 187f.

7   David Thackeray, From Prudent Housewife to Empire Shopper. Party Appeals to the Female Voter, 1918–1928, in: Julie V. Gottlieb / Richard Toye (Hg.), The Aftermath of Suffrage. Women, Gender, and Politics in Britain, 1918–1945, Basingstoke

Auch wenn die neuesten Untersuchungen, auf die hier verwiesen wird, unser Verständnis von der Konstruktion einer weiblichen politischen Identität in hohem Maße bereichert haben, bleiben doch einige Fragen nach wie vor ungeklärt. Wir wissen immer noch relativ wenig darüber, wie sich diese Diskurse über einen längeren Zeitraum, also bis einschließlich zur zweiten Welle der Frauenbewegung in den 1960er und 1970er Jahren, entwickelten. Außerdem geht die aktuelle Literatur – die sich hauptsächlich auf Großbritannien und Deutschland bezieht – kaum darauf ein, wie die konfessionellen Parteien damals um Frauen warben. Der Blick auf die Niederlande eröffnet einen vielversprechenden neuen Blickwinkel auf diese Zusammenhänge.[8] Während Joan Scott die Politik als männliches und säkulares Feld beschreibt, war es in den Niederlanden so, dass zwar auch hier die Politik von Männern dominiert wurde, allerdings – im Gegensatz zu Großbritannien und Deutschland – auch von der Religion. Bis 1967 verfügten die drei wichtigsten konfessionellen Parteien, die ARP (Antirevolutionaire Partij), die CHU (Christelijk-Historische Unie) und die RKSP (Rooms-Katholieke Staatspartij, die sich nach dem Zweiten Weltkrieg in KVP, Katholieke Volkspartij, umbenannte) zusammen über eine Mehrheit im Parlament.[9] Ihre Vorherrschaft wurde oft mit einer Kultur der Gehorsamkeit gläubiger Frauen in Verbindung gebracht, die – so die Vorstellung – ihre Stimmen treu und brav für die konfessionellen Parteien abgaben. An dieser Stelle sollte man sich allerdings fragen, wie eine solche Kultur geschaffen und aufrechterhalten werden konnte – insbesondere vor dem Hintergrund neuerer Studien zur weiblichen Handlungsfähigkeit (*agency*), die diese These von der Kultur weiblicher Gehorsamkeit in Zweifel

---

2013, S. 37–52, hier S. 38 f.; Lawrence Black, The Political Culture of the Left in Affluent Britain, 1951–1964. Old Labour, New Britain?, Basingstoke 2002, S. 117.

8 Einige Genderforscher_innen und Politikwissenschaftler_innen haben sogar die These vertreten, dass die für die Niederlande typische »Versäulung« (*verzuiling*), das heißt die starke Abschottung der verschiedenen gesellschaftlichen Milieus – der Calvinisten, Katholiken und Sozialisten – gegeneinander, dem Land einen »atypischen Charakter« verleiht. Vgl. Jet Bussemaker / Riet Voet (Hg.), Gender, Participation and Citizenship in the Netherlands, Aldershot 1998, S. 6.

9 Mit einer einzigen Ausnahme: 1959 fehlte ihnen ein Sitz für die Mehrheit.

ziehen.[10] Um einer Antwort auf diese Fragen etwas näher zu kommen, sollen im Folgenden die schriftlichen und bildlichen Werbematerialien analysiert werden, die sich in den Archiven der wichtigsten politischen Parteien der Niederlande finden. Dabei legt die vorliegende Studie ihren Schwerpunkt auf die beiden größten Parteien des niederländischen Parlaments: die Katholiken und die Sozialdemokraten.[11]

Konfessionelle Perspektiven auf das politische Engagement von Frauen im frühen 20. Jahrhundert

Der Kampf der niederländischen Suffragettenbewegung, liberaler Parteien und der Sozialdemokraten um das Frauenwahlrecht stieß bei den konfessionellen Parteien auf Widerstand.[12] Abraham Kuyper, der Gründer und Anführer der orthodox-protestantischen Antirevolutionären Partei war der Auffassung, Frauen sollten der Gesellschaft die ihnen angeborene Religiosität besser nicht an den Wahlurnen zugute kommen lassen, sondern in ihren eigenen vier Wänden, als

---

10 Monique Leijenaar, De geschade heerlijkheid. Politiek gedrag van vrouwen en mannen en Nederland, 1918–1988, Den Haag 1989, S. 30, 40; Marjet Derks, Heilig moeten. Radikaal-katholiek en retro-modern in de jaren twintig en dertig, Hilversum 2007.

11 Deren Archive sind über eine ganze Reihe archivarischer Institutionen verteilt: Die Archive der SDAP (Sociaal-Democratischen Arbeiderspartei), ihrer Nachfolgerin, der PvdA (Partij van de Arbeid), nahestehender Organisationen und wichtiger sozialistischer Politiker finden sich im International Institute of Social History (IISH); die Archive der ARP und der CHU im Historisch Documentatiecentrum voor het Nederlands Protestantisme (HDC); die Archive der RKSP und der KVP im Katholiek Documentatiecentrum (KDC); die Archive der VVD (Volkspartij voor Vrijheid en Democratie) und diverser liberaler Vorkriegsparteien im Documentatiecentrum Nederlandse Politieke Partijen (DNPP); sowie verschiedene persönliche und Parteiarchive in den National Archief (NA).

12 Zu den wichtigsten Büchern über die Suffragettenbewegung in den Niederlanden zählen: Mineke Bosch, Een onwrikbaar geloof in rechtvaardigheid. Aletta Jacobs 1854–1929, Amsterdam 2005; Mieke Aerts, Hollandsche vecht-suffragettes?. Een kwestie uit de geschiedenis van het Nederlandse feminisme, in: *Bijdragen en Mededelingen betreffende de Geschiedenis der Nederlanden* 124 (2009), H. 4, S. 599–618.

Hausfrauen, nicht als Wählerinnen.[13] Sage und schreibe 43 000 christliche Frauen waren derselben Meinung: 1917 brachten sie eine Petition gegen die Einführung des Wahlrechts für Frauen, das »der Nation fürchterlichen Schaden zufügen« würde, ins Parlament ein.[14] Liberale Politiker und Sozialdemokraten hielten dagegen. Sie unterstützten das Frauenwahlrecht, die Sozialdemokraten allerdings nur halbherzig, weil sie befürchteten, die konfessionellen Parteien würden am meisten davon profitieren. Die Frauen wären, so dachten sie, wegen ihrer politischen Unwissenheit eine leichte Beute für die konfessionellen Parteien. Um dem vorzubeugen, gründeten Sozialdemokraten 1905 die ersten Frauenclubs. Diese Clubs widmeten sich der politischen Bildung von Frauen, boten ihnen aber auch eine Plattform für ihr politisches Engagement. Sie organisierten Rednerinnen für Parteiveranstaltungen und halfen bei der Verteilung von Wahlkampfmaterialien.[15]

Auch wenn sie das Frauenwahlrecht ablehnten, hielten doch selbst die konfessionellen Parteien irgendeine Form von politischer Erziehung oder Erweiterung des politischen Bewusstseins der Frauen für notwendig. Die Gründung von Frauenclubs kam für sie aber nicht in Frage: Über ein passives Engagement hinaus wollten die konfessionellen Parteien nicht gehen. Bald entdeckten sie Frauenzeitschriften als ideales Mittel für ihre Zwecke. In Publikationen wie *Christelijk Vrouwenleven* (Das Leben christlicher Frauen), einer erstmals 1917 in Druck gegangenen protestantischen Zeitschrift, oder *De Katholieke Vrouw* (Die katholische Frau) erschienen Stücke über das Familienleben neben politischen Artikeln, meist über die Funktionsweise des politischen Systems.[16] Aus den Artikeln wird deutlich, dass die or-

---

13 De Kuypers Aufsätze sind versammelt in: Abraham Kuyper, De eerepositie der vrouw, Kampen 1914; Zitat S. 69.

14 Hella v. d. Velde, Vrouwen van de partij. De integratie van vrouwen in politieke partijen in Nederland, 1919–1990, Leiden 1994, S. 40.

15 C. S., Vrouwenbeweging, *Het Volk*, 11. 4. 1905; N. N., Soc.-Dem. Vrouwen Propagclubs, *Nieuwsblad van het Noorden*, 25. 3. 1913; 1913 hatten die 27 Frauen-Propagandaclubs landesweit knapp 1000 weibliche Mitglieder.

16 Hillie van de Streek, De christenvrouwen (1880–1940): liefdadigheid, vrouwenbeweging en politiek, in: J. de Bruijn (Hg.), Een land nog niet in kaart gebracht.

thodox-protestantischen und katholischen Gemeinschaften der Niederlande Frauen in politischer Hinsicht als Ehefrauen und Mütter wahrnahmen, deren wesentliche Aufgabe ihres Erachtens darin bestand, die Ehemänner zu Parteiversammlungen zu schicken und die gemeinsamen Kinder zu künftigen Anhängern der konfessionellen Parteien zu erziehen.[17]

Dennoch wurde die Entscheidung des niederländischen Parlaments, 1919 das Frauenwahlrecht einzuführen, von einer Mehrheit der konfessionellen Abgeordneten mitgetragen – allerdings nicht von den orthodox-protestantischen Abgeordneten der Antirevolutionären Partei: Diese konnten sich nicht dazu durchringen, ihre Vorstellung von einem »organischen« Wahlsystem aufzugeben, bei dem die Ehemänner ihre Stimme im Namen der ganzen Familie abgaben. Anders als im Lager der Protestanten löste sich der Widerstand unter katholischen Politikern Ende 1918 auf, und die katholische Partei konzentrierte sich fortan darauf, eine angemessene Begründung für ihre Unterstützung des Frauenwahlrechts zu finden. Mehrere Argumente wurden in diesem Zusammenhang vorgebracht. Zunächst einmal wurde behauptet, Wähler und Wählerinnen ergänzten sich gut, weil der männliche Egoismus im weiblichen Altruismus sein Gegengewicht fände. Verschiedentlich hörte man auch das Argument, das Frauenwahlrecht würde die Mängel des allgemeinen Wahlrechts für Männer beheben, weil Frauen durch ihre Orientierung an Gesetz, Ordnung und Religion die degenerativen Effekte des männlichen Wahlrechts aufhoben. Die katholische Partei ließ drittens verlauten, Frauen seien »reif« für das Wahlrecht, da sie sich mittlerweile stärker am öffentlichen Leben und der Gesellschaft insgesamt beteiligten.

Aspecten van het protestants-christelijk leven en Nederland in de jaren 1880–1940, Amsterdam 1987, S. 217–240, hier S. 226f.

17 RK Centraal Propaganda-bureau, Roomsche vrouw en de Roomsche lijst, in: *Vliegend blaadje* (1918), H.11; N.N., R.K. Kiesvereeniging district III, *De Tijd*, 14. 2. 1913; vgl. auch KDC, Archief van de Unie Nederlandse Katholieke Vrouwenbeweging (Unie-Archiv), Inv.-Nr. 240. Eenige leden der studieclub van de commissie tot politieke voorlichting van vrouwen in het aartsbisdom Utrecht, Luister eens!, 1919.

Diese Reife hatten Frauen nach Ansicht der katholischen Partei insbesondere im November 1918 erkennen lassen, als sie öffentlich gegen den sozialistischen Aufruf zur Revolution demonstrierten und so ihren Patriotismus unter Beweis gestellt hätten.[18]

Doch auch nach Einführung des Frauenwahlrechts blieb, mindestens bei den konfessionellen Parteien, das passive politische Engagement der Frauen weiterhin die Regel. Die Antirevolutionäre Partei vertrat die Position, das Wahlrecht sei den Frauen aufgezwungen worden: »Unsere Frauen sind nicht erpicht darauf, ihr Wahlrecht auszuüben.« Und doch mussten Frauen ihre Stimmen abgeben, nicht nur wegen der gesetzlich verordneten Wahlpflicht, sondern auch, weil ihnen ihr Gottesglaube gebot, an der Wahlurne von diesem Glauben Zeugnis abzulegen.[19] W. Brouns van Besouw, eine führende Vertreterin der katholischen Frauenbewegung, behauptete wiederum, Frauen verabscheuten Politik: »Ach komm! Politik! Sollen sie mich damit doch in Ruhe lassen! Ich habe genügend Politik im Haushalt!«[20] Ein stereotyp wiederkehrendes Element dieses Diskurses – das nach Einführung des Frauenwahlrechts immer wieder auftauchte – war die Frau, die, falls sie überhaupt Zeitung las, zielstrebig alle Politiknachrichten überblätterte, weil sie sich ausschließlich für Anzeigen und Fortsetzungsgeschichten interessierte.[21] Am Ende war es die Antire-

---

18 KDC, Archief RKSP, Inv.-Nr. 103. Notulenboek van de vergaderingen van Katholieke Kamerclub (1917–1919), vergadering d.d. 3. 12. 1918.
19 Jan P. Stoop, De ARP in het interbellum, in: George Harinck / Roel Kuiper / Peter Bak (Hg.), De Antirevolutionaire Partij, 1929–1980, Hilversum 2001, S. 171–197, hier S. 180.
20 Im niederländischen Original: »Och dan toch! Politiek! Ik geloof het wel, hoor! Ik heb politiek genoeg in de huishouding«. W. Brouns van Besouw, Van een Vrouw tot de Vrouwen, *De Tijd*, 23. 6. 1922.
21 IISG, Archief van de SDAP-Groningen (Archiv der SDAP-Groningen), Inv.-Nr. 65. Bond van Soc.-Dem. Vrouwenclubs te Amsterdam, De Vrouwen en de Verkiezingen. Politieke samenspraak tusschen twee vrouwen, 1918; N.N., Onze Kamercandidaten, in: *De Vrouw in de XXste eeuw* 8 (1918), H. 3; E. Bahlmann, Politieke voorlichting, *De Katholieke Vrouw*, 14. 5. 1920; N.N., Aan Noord-Holland de eer een katholieke vrouw naar de Kamer af te vaardigen, *De Gooische Post*, 22. 6. 1929.

volutionäre Partei, die sich am längsten einer Parteimitgliedschaft von Frauen widersetzte. Sowohl die katholische RKSP als auch die protestantische CHU nahmen in den 1920er Jahren Frauen auf; weibliche Abgeordnete beider Parteien zogen in den Zwischenkriegsjahren in das niederländische Parlament ein. Die ARP hingegen gestattete Frauen nicht, ihren lokalen Wahlvereinigungen beizutreten, und weigerte sich, Frauen auf ihre Wahllisten zu setzen. Erst lange nach Ende des Zweiten Weltkriegs schickte auch die ARP die ersten weiblichen Abgeordneten ins Parlament.

Werben um Wählerinnen in den Wahlkämpfen der Zwischenkriegszeit

1922 fanden in den Niederlanden die ersten allgemeinen Wahlen statt, bei denen Frauen wählen durften. In einem Wahlbezirks von Leiden wurde ein Wahlzettel mit einem – offenbar von einer Wählerin geschriebenen – Gedicht abgegeben (»een kiesgerechtigde vrouw«): »Wer hätte vor fünfzig Jahren gedacht / dass Frauen wählen müssten / ja, heute rufen alle Parteien lauthals / ohne den Rückhalt der Frauen würden wir verlieren.«[22] Die meisten Parteien schienen sich wohl bewusst zu sein, dass sie die neuen Wahlberechtigten für sich gewinnen mussten, denn schließlich gab es, wie immer wieder zu hören war, mehr Wählerinnen als Wähler. Doch im Grunde wissen wir nicht genau, wie die Parteien vorgingen, um Frauen in ihre bis dahin rein männlichen Wählerschaften zu integrieren. Wie bemühten sie sich um diesen Teil der wahlberechtigten Bevölkerung, von dem schließlich allgemein angenommen wurde, er sei weder politisch informiert noch politisch interessiert?

In den konfessionellen Parteien löste das Frauenwahlrecht eine Debatte um die Notwendigkeit politischer Propaganda für Frauen

---

22 Im niederländischen Original: »Wie had vóór vijftig jaar gedacht / Dat vrouwen zouden moeten kiezen / Ja, elke partij, roept thans met kracht / Zonder vrouwenstem, zouden wij 't verliezen«. Verkiezingsdrukte, *Leidsch Dagblad*, 6. 7. 1922.

aus. Liberale und Sozialdemokraten schienen zunächst recht mit ihrer Befürchtung zu behalten, die konfessionellen Parteien hätten sich nur auf das Frauenwahlrecht eingelassen, weil sie von der weiblichen Gehorsamkeit zu profitieren hofften. Tatsächlich plädierten einige Katholiken für ein Minimum an Wahlwerbung und verkündeten, es sei keine Schande für Frauen, sich von der amoralischen Welt der Politik fernzuhalten. Man solle ihnen lediglich den »Wert« des Wahlrechts und die richtige Form der Stimmabgabe beibringen.[23] Dieser strategische Ansatz wurde allerdings von anderen Katholiken infrage gestellt; sie wiesen darauf hin, dass Frauen ohne jegliche Kenntnis der allgemeinsten Grundsätze katholischer Politik nicht nur Schwierigkeiten hätten, ihre Kinder zu loyalen Anhängern der katholischen Partei zu machen, sondern auch anfälliger für die Propaganda anderer Parteien würden. Am Ende wurde beschlossen, die katholischen Frauenclubs zu Zentren der politischen Bildung auszubauen.[24]

In den ersten Wahlkämpfen nach Einführung des Frauenwahlrechts verteilten fast alle Parteien gezielt Werbung für Frauen. Man könnte sagen, dass das Geschlecht andere Identitäten verdrängte und in dieser Hinsicht die politische Landschaft spaltete: Parteien wie die sozialdemokratische SDAP und die katholische RKSP waren offenbar der Ansicht, Frauen bräuchten eine Sonderbehandlung, weil »normale« Wahlwerbung bei ihnen ins Leere liefe. Und tatsächlich stößt man auf zahllose Beispiele für die fortgesetzte Konstruktion des Politischen als einer männlichen Domäne. Die Bildpropaganda offenbart das männliche Gendering der Parteipolitik: So stellte sich die RKSP auf ihren Wahlplakaten als Ritter mit Schwert und Schild dar, der

---

23 J. R. van der Lans, Op vrouwen, verdedigt U!, *De Tijd*, 30. 6. 1922; P. A. Rijken, Politieke voorlichting en organisatie der katholieke vrouwen I, *De Tijd*, 22. 1. 1919; J. van Lent van der Schrieck, Politieke voorlichting en organisatie der katholieke vrouwen IV, *De Tijd*, 30. 1. 1919; A. van Wijnbergen, Met het oog op het vrouwenkiesrecht, *De Tijd*, 31. 12. 1918.

24 Anne van der Schueren, Politieke voorlichting en organisatie der katholieke vrouwen IX, *De Tijd*, 8. 2. 1919; Fé Haije, Politieke voorlichting en organisatie der katholieke vrouwen VII, *De Tijd*, 4. 2. 1919.

liberale Vrijheidsbond schlüpfte in die Rolle einer herkulesgleichen Figur, während sich die SDAP immer wieder als großer, muskulöser Arbeiter in Szene setzte.[25] Frauen erschienen dagegen meist in passiver Haltung, als Opfer, die von der Partei beschützt werden mussten.[26] Zweierlei lässt sich darüber hinaus an den Inhalten der Wahlwerbung ablesen: Den Parteien fiel es offenbar schwer, ihre potenziellen Wählerinnen mit politischen Themen zu behelligen, und sie sprachen Frauen nach wie vor als politisch unaufgeklärte Wesen an. Gleich in den Eingangspassagen der entsprechenden Texte wird klargestellt, die Politik sei zwar eine »fade und ärgerliche« (*saai en vervelend*) Angelegenheit, Frauen kämen aber nicht ganz darum herum, wenn sie im Namen Jesu Christi einen wirksamen Gebrauch von ihrem Wahlrecht machen wollten.[27] Vielfach wurde ihnen Politik als etwas präsentiert, das man »lernen« könne: Die eigene politische Einstellung war also keine Frage der Wahl, sondern eine Sache, die *verstanden* werden musste.[28] In diesem Sinne diente Wahlwerbung eher dazu, Frauen in ihre neue Funktion als wahlberechtigte Bürgerinnen einzuweisen, als darum, sie vor dem Hintergrund der ideologischen Unterschiede zwischen den Parteien von der eigenen Position zu überzeugen.

Neben der weiblichen Unwissenheit gab es noch zwei weitere fiktive Repräsentationen von Weiblichkeit, die aus der Wahlwerbung für Frauen nicht wegzudenken waren: die Frau als gläubiges, harmoniebedürftiges und friedliebendes Wesen und die Frau als Hausfrau

---

25 Vgl. http://www.verkiezingsaffiches.nl/Affiches/1922/RKSP-1922 [4. 4. 18]; http://www.verkiezingsaffiches.nl/Affiches/1925/RKSP-1925 [4. 4. 18]; http://www.verkiezingsaffiches.nl/Affiches/1922/Vrijheidsbond-1922 [4.4.18]; Albert Hahn Jr., Stemt op de lijst der Soc.-Dem. Arb. Partij, 1922 (Wahlplakat); Tjerk Bottema, Kiest de SDAP candidaten en begraaft deze twee onder roode stemmen!, 1922 (Wahlplakat); N.N., Weg met het militarisme. Stem op de SDAP, 1922 (Wahlplakat).
26 Albert Hahn Jr., Tegen de huurverhooging, 1925 (Wahlplakat); C.M. Plomp, Ontwapening. Arbeiders stemt de SDAP, 1925 (Wahlplakat); http://www.verkiezingsaffiches.nl/Affiches/1929/Vrijheidsbond-1929 [4.4.18].
27 Bahlmann, Politieke voorlichting.
28 Bingham, An Organ, S.656.

und Mutter – beide Klischees entsprachen genau den damals in den Niederlanden vorherrschenden Rollenbildern. Den Frauen wurde suggeriert, durch ihre Stimmen zu einer Reform der konfliktreichen politischen Kultur beitragen, die Wunden des Krieges heilen und die Welt in Zukunft von seinen Schrecken bewahren zu können.[29] Die Liberalen und die Sozialdemokraten versuchten, Wählerinnen davon zu überzeugen, dass sich ihr vermeintlich »religiöses Wesen« bestens mit ihrem Engagement für die liberale bzw. die sozialdemokratische Partei vertrug: Eine der liberalen Parteien behauptete, Jesus Christus und Luther seien von liberalem Gedankengut erfüllt gewesen, während die Sozialdemokraten Jesus Christus zu einem Vorkämpfer der Armen stilisierten.[30] Da die konfessionellen Parteien natürlich von der Religiosität der Frauen profitieren wollten, betonten sie wiederum die unauflösbaren Bande zwischen Religion und Politik. Sie schärften den Wählerinnen ein, eine Stimme für die falsche Partei sei zugleich eine Stimme gegen ihre Religion. Frauen, die nichtkonfessionelle Parteien wählten, wurden als »gottlose Frauen« *(vrouwen zonder God)* charakterisiert.[31] Unter Berufung auf die Autorität der Kirche deutete man die Stimmabgabe zu einem religiösen Akt um und erinnerte die Frauen daran, dass sie nur eine Wahl hatten: Entweder sie stimmten für eine konfessionelle Partei oder für die Verdammnis.[32]

---

29 Vgl. beispielsweise: IISG, Archief van P.J. Troelstra (Troelstra-Archiv), Inv.-Nr. 868. Rede Troelstras, *Middelburgsche Courant*, 18. 4. 1922; J.R. Slotemaker de Bruine, Onze vrouwen en de politiek, Utrecht 1919, S. 3.
30 H.A. van Riel-Smeenge, De Liberale Unie, in: Het Vrouwen-Comité voor Maatschappelijke Opvoeding en Voorlichting uit de Nederlandschen Bond voor Vrouwenkiesrecht (Hg.), Wat vrouwen weten moeten. De voornaamste staatkundige partijen geschetst door vrouwen voor vrouwen, Haarlem 1919, S. 59–70, hier S. 63; IISG, Archiv der SDAP-Groningen, Inv.-Nr. 114. A.B. Kleerekoper, Aan de vrouwen, 1922; ebd., A.B. Kleerekoper, De stem der moeder, in: SDAP, *Voor moeder de vrouw* (1922), H. 3; Carry Pothuis-Smit, Onze vredesboodschap. Kerstgeschrift van den Bond van Soc.-Dem. Vrouwenclubs, 1930.
31 Brouns von Besouw, Van een Vrouw.
32 HDC, Dokumentation ARP, Kasten 1, Abbildung 1922–1929. Provinciaal Comité van Anti-Revolutionaire Kiesvereenigingen in de Provincie Utrecht, 1925; N.N., De macht van de vrouw, *Verkiezingsklok van de RKSP-Utrecht*, 15. 4. 1933; N.N.,

In den Zwischenkriegsjahren scheint bei den konfessionellen Parteien die Sorge um die Wählerinnen ein wenig nachgelassen zu haben.[33] Das lag vermutlich an den Wahlergebnissen. Denn angesichts der Tatsache, dass die konfessionellen Parteien neun Parlamentssitze hinzugewonnen, Liberale und Sozialisten hingegen insgesamt sieben verloren hatten, wurde – auch ohne konkrete Beweise – allgemein angenommen, dass Erstere vom Frauenwahlrecht am stärksten profitierten. Offenbar glaubten deshalb auch die konfessionellen Parteien, sich nicht weiter anstrengen zu müssen, um Frauen von ihren Pflichten an der Wahlurne zu überzeugen – ein intensiver Wahlkampf für Frauen erschien ihnen überflüssig.[34] Die geringe Wahlwerbung war gleichzeitig ein Anzeichen dafür, dass die Verantwortlichen in den konfessionellen Parteien immer noch versuchten, die aktive politische Beteiligung der Frauen zu begrenzen. Im Gegensatz dazu verstärkten die Sozialdemokraten nach dem enttäuschenden Wahlergebnis des Jahres 1922 ihren Kampf um die weiblichen Wählerstimmen.[35] Zwei verlorengegangene Parlamentssitze galten als Bestätigung für die im sozialistischen Milieu eingefleischte Überzeugung, dass Frauen politisch unwissend und gleichgültig seien, weshalb man sie in Zukunft besser darüber »informieren muss, wie sie abstimmen sollen«.[36] Ortsverbände der SDAP waren angehalten, ein für die Frauenwerbung zuständiges Vorstandsmitglied zu nominieren – eine Entscheidung, die allerdings von den meisten Ortsverbänden ignoriert wurde.[37] Was die Wahlwerbung für Frauen und das

---

Aan Noord-Holland de eer een katholieke vrouw naar de Kamer af te vaardigen, *De Gooische Post*, 22. 6. 1929.

33 N. N., Tegen den verkiezingsdag, *De Katholieke Vrouw*, 8. 5. 1937; N. N., Stemmen, *De Katholieke Vrouw*, 22. 5. 1937; vgl. auch A. van Dijk, Op de bres, *De Katholieke Vrouw*, 26. 6. 1925; ebd., Op de bres, *De Katholieke Vrouw*, 28. 6. 1929.
34 Eine Ausnahme bildet HDC, Dokumentation ARP, Kasten 1, Abbildung 1922–1929. ARP, Aan de vrouwen!, 1925.
35 De Jong, Electorale cultuur, S. 179 f.
36 IISG, SDAP-Archiv, Inv.-Nr. 2198a. Verslag van de verkiezingscampagne van 1922, Termunten, November 1922.
37 IISG, SDAP-Archiv, Inv.-Nr. 1762. Brief van de van Sociaal-Democratische Vrouwenclubs aan de gewestelijke secretarissen, 24. 7. 1926.

politische Engagement der Frauen im weiteren Sinne anging, verließen sich die Sozialdemokraten, ähnlich wie andere Parteien, in den Zwischenkriegsjahren weiterhin stark auf ihre Frauenclubs.

Politische Parteien und Wählerinnen in den Nachkriegsjahren

Auch in den frühen Nachkriegsjahren nach dem Zweiten Weltkrieg war die Wahlwerbung immer noch geprägt vom Bild der Frau als politisch desinteressierter und desinformierter Ehefrau und Mutter. Mit schöner Regelmäßigkeit mussten sich Frauen sagen lassen, sie hätten kein Recht, über Politik zu schimpfen, solange sie sich mehr um ihr Aussehen kümmerten als um politische Probleme.[38] Frauenclubs und Werbestrategen rieten, die Politik angesichts der weiblichen Unwissenheit in konsumierbare Häppchen zu zerlegen. Ganz ähnlich wie in Großbritannien und in Deutschland wurden daraufhin Werbebroschüren und Hochglanzprospekte produziert, die politische Parolen mit Rezepten, Strickanleitungen und Preisausschreiben garnierten, um nicht als politische Propaganda aufzufallen.[39] Politik blieb eine männliche Domäne. Der Slogan, mit dem die von Jelle Zijlstra geführte ARP 1956 in den Wahlkampf zog, ließ daran keinen Zweifel: »Der Mann von heute wählt Zijlstra«.[40] Auf ihren Plakaten gerierten sich die

---

38 IISG, PvdA-Archiv, Inv.-Nr. 1766. Irene Vorrink, Voor de Vrouw. Voor't eerst ter stembus, 6. 5. 1946; 1972 war von einer Politikerin der KVP auch zu hören, Frauen »gehen lieber einkaufen«. N.N., Vrouw '72 wil alle vrouwen in Nederland politiek wakker schudden en zegt: »Vrouwen, stem op een vrouw!«, *De Telegraaf*, 8. 11. 1972.
39 KDC, KVP-Archiv, Inv.-Nr. 1488. KVP, De jurk van uw dromen, 1956; ebd., Inv.-Nr. 1496. PvdA, Aan de Nederlandse vrouwen!, 1956; IISG, PvdA-Archiv, Inv.-Nr. 2089. PvdA, Wij vrouwen, 1956; ebd., PvdA Partijbestuur, Werken voor twee. Actie-boek Kamerverkiezingen 1956. Gids ten dienste van de afdelingsbesturen; ebd., Inv.-Nr. 2090. PvdA, De 7 »ijsjes« van ..., 1959; HDC, Dokumentation ARP, Kasten 1, Abbildung 1963. ARP, Receptenboek voor a. r. politiek. Opgesteld door een vrouw, voor onze vrouwen, 1963.
40 Im niederländischen Original: »De man van vandaag stemt Zijlstra«. HDC, Dokumentation ARP, Kasten 1, Abbildung 1956. ARP, Eén en onverdeeld, 1956.

Parteien immer noch als die männlichen Beschützer von Müttern und Kindern.[41]

Erst in den 1950er Jahren änderten sich in den Wahlkämpfen ganz allmählich Bild und Rolle der Frau. Das gewachsene Selbstbewusstsein der Frauen aus den religiösen Milieus der katholischen und orthodox-protestantischen Organisationen und ihr zunehmendes politisches Engagement zwangen die konfessionellen Parteien, den Dialog mit ihnen zu intensivieren. 1957 wurde die KVP von einer Aktivistinnengruppe katholischer Frauen aufgefordert, ihr »ausschließlich männliches« Image zu korrigieren und herausragende Positionen in politischen und sozialen Organisationen mit Frauen zu besetzen.[42] Die Partei sollte in ihrer Wahlwerbung für Frauen auf den »bevormundenden Ton« *(neerbuigende toon)* verzichten, mahnten die Aktivistinnen, und ihre Attraktivität für Wählerinnen dadurch steigern, dass sie Wahlkampfveranstaltungen am Tag und an einem für das weibliche Publikum akzeptablen Ort stattfinden ließe.[43] Unabsichtlich trugen auch die Sozialdemokraten zur wachsenden Beachtung der Frauen in den konfessionellen Parteien bei. In einer PvdA-Broschüre aus dem Wahlkampf 1956 ermahnte eine »protestantische Frau« andere gläubige Frauen, nicht länger für die »Partei unserer Ehemänner« zu stimmen. Frauen sollten ihre *eigenen* politischen Ansichten entwickeln.[44] Auch wenn die konfessionellen Parteien bei ihrer Vorstellung blieben, das Wählen sei eine kollektive bzw. Familienangelegenheit, ersetzten sie daraufhin doch ihr Leitbild von der

---

41 Studi Uschi Torens, Geeft uw kind een betere toekomst. Kiest de Partij van de Arbeid. In dienst van het gehele volk, 1946; Simon Posthuma, Leg de toekomst in veilige handen, 1956; IISG, PvdA-Archiv, Inv.-Nr. 2089, N.N., Romme, de lijsttrekker, de hemelbestormer, O'56. Officieel orgaan voor de overwinning in 1956; ebd., Inv.-Nr. 2090. VVD, Recht voor Allen. De VVD strijd voor de middengroepen, 1956.

42 Im niederländischen Original: »uitsluitend mannelijk«. Mieke Aerts, De politiek van de katholieke vrouwenemancipatie. Van Marga Klompé tot Jacqueline Hillen, Amsterdam 1994, S. 152f.

43 KDC, KVP-Archiv, Inv.-Nr. 3955, Rapport Nolte, 1957.

44 KDC, KVP-Archiv, Inv.-Nr. 2089. PvdA, Wij leven niet op een eiland ... Keuze voor de Partij van de Arbeid van een protestantse vrouw, 1956.

politisch unaufgeklärten Frau durch das der »vernünftigen« Wählerin, die dafür sorgte, dass ihr Ehemann nicht vom rechten Weg abkam.[45]

Die zweite Welle der Frauenbewegung, die sich in den Niederlanden seit den späten 1960er Jahren bemerkbar machte, hatte gravierende Auswirkungen auf die Stellung und Darstellung der Frau in Parteipolitik und Wahlpropaganda. Im Zuge dieser Entwicklung drängte der Frauenclub der Partij von de Arbeid die Mutterpartei, ihre Haltung zur arbeitenden Frau wie auch zur Ehegesetzgebung zu ändern – die Sozialdemokraten hatten den weiblichen Vertretern der Arbeiterschaft bis dahin wenig Aufmerksamkeit geschenkt.[46] Feministische Organisationen forderten die Parteien auf, mehr Frauen auf ihre Kandidatenlisten zu setzen und propagierten ein Präferenzwahlsystem, um die Zahl der weiblichen Abgeordneten zu erhöhen.[47] Ein Ansinnen der Frauenclubs, dem die Parteien gerne nachkamen, war die Erhöhung des Budgets für gezielte Frauenwerbung. Denn da sie, wie schon erwähnt, die wöchentlichen Frauenzeitschriften für ein ideales Werbemedium hielten, schalteten sie regelmäßig Anzeigen in Magazinen wie *Libelle*, *Viva*, *Margriet* und *Story*.[48]

---

45 HDC, Dokumentation ARP, Kasten 1, Abbildung ohne Datum. Scevar, 't zij een bewuste daad, 1952; ebd., Brochure. Scevar, Evangelisatie, 1952; KDC, KVP-Archiv, Inv.-Nr. 1495. ARP, Maar natúúrlijk: Schouten, 1952; vgl. auch HDC, Dokumentation ARP, Kasten 1, Abbildung 1952. ARP, Zulk een partij is de Antirevolutionaire Partij, 1952, auf der ein Vater mit seiner Tochter und seinem Schwiegersohn abgebildet ist. Im Begleittext betont sie, wie wichtig es ist, den Wohnungsbau voranzubringen.

46 Anneke Ribberink, Leidsvrouwen en zaakwaarneemsters. Een geschiedenis van de Aktiegroep Man Vrouw Maatschappij (MVM), 1968–1973, Hilversum 1998, S. 98–101, 208f.

47 HDC, Dokumentation ARP, Kasten 6, Abbildung CHU. CHU, De vrouw en de verkiezingen; 1972 lehnte es die ARP ab, sich an einer Kampagne für die Präferenzwahl weiblicher Kandidaten zu beteiligen: HDC, Archief van de Dr. Abraham Kuyper Stichting (Kuyper-Stiftung), Kasten 32, Abbildung 412. Resumé van een bijeenkomst van de verkiezingscommissie, 11. 9. 1972.

48 N. N., Er is opnieuw een toekomst, ook voor onze kinderen, Libelle, 20. 5. 1977, S. 70; DNPP, VVD-Archiv, Inv.-Nr. 123. Am 20. 5. 1977 in Viva, Margriet, Story zu veröffentlichende Werbeanzeigen.

Was wir hier sehen, ist, dass alle Parteien in ihrem verstärkten Bemühen um Wählerinnen zunächst einmal daran festhielten, die Frauen als eine Untergruppe der wahlberechtigten Bevölkerung anzusprechen, und dass die Frauenorganisationen vor diesem Hintergrund eine entscheidende Rolle bei der Verteilung der Wahlwerbung spielten.[49] Doch der Widerstand gegen dieses Schubladendenken wuchs. So wurde die PvdA von ihrem feministischen Frauenclub angehalten, die Frauenwerbung in ihre allgemeine Wahlkampfstrategie zu integrieren, was in den frühen 1980er Jahren dann auch geschah.[50] Marketingexperten warnten die Parteien zudem, dass »Frauen« eine viel zu »vage und sinnlose Kategorie« *(vage en dus zinloze categorie)* für gezielte Werbung sei.[51] De facto beauftragten Ende der 1970er Jahre fast alle Parteien Marktforschungsinstitute, um herauszufinden, was die Bevölkerung über wichtige politische Themen, das Image der Parteien und etwaige Wahlkampfslogans dachte. Aufgrund der so ermittelten Daten ließ sich die Parteienwerbung nämlich passgenauer auf die verschiedenen Kategorien von Wählern und Wählerinnen zuschneiden: beispielsweise auf junge Frauen, Hausfrauen oder Frauen einer bestimmten Einkommensschicht, aber auch auf geschlechtsneutrale Zielgruppen wie die Jungen, die Älteren, Neuwähler, Wechselwähler etc. Die früheren Diskurse über Unwissenheit und Desinte-

---

49 Ribberink, Leidsvrouwen, S. 212; HDC, ARP-Archiv, Inv.-Nr. 422. N. N., Een werkgroep; HDC, Kuyper-Stiftung, Kasten 32, Abbildung 412. Model-brief t. b. v. verkiezingsactiviteiten speciaal gericht op vrouwelijke kiezers, 1972; HDC, ARP-Archiv, Inv.-Nr. 426. A. J. Schut-Heidinga, [kein Titel], 8. 5. 1972; ebd., Inv.-Nr. 472. N. N., Resumé vergadering AR Vrouwencomité, 5. 9. 1972; IISG, Archief van de PvdA Vrouwenbond, Inv.-Nr. 662. N. N. Campagne met een bus, de »rooie vrouwen bus«; DNPP, VVD-Archiv, Inv.-Nr. 115. Brief aan de propagandisten van de afdelingen, ondercentrales en Kamercentrales, 4. 5. 1981; KDC, KVP-Archiv, Inv.-Nr. 1396. Brief van De Savornin Lohmanstichting aan Dick Corporaal (APR Secretariat), d. d. 4. 4. 1977.
50 IISG, Archiv des Vrouwenbond, Inv.-Nr. 662. Konsept evaluatie. Verkiezingskampagne Rooie Vrouwen in de PvdA voorjaar 1981 t. b. v. evaluatie verkiezingskampagne PvdA, 17. 7. 1981.
51 DNPP, VVD-Archiv, Inv.-Nr. 108. R. W. de Korte, Concept-verkiezingsplan 1977, 14. 7. 1977; ebd., Inv.-Nr. 115. Concept-campagneplan 1981.

resse verloren unter dem Eindruck der Marktforschung allmählich an Bedeutung, verschwanden aber nie ganz von der Bildfläche. Ab und zu kamen CDA – die neue christdemokratische Partei, zu der sich KVP, ARP und CHU zusammengeschlossen hatten – und PvdA immer noch auf die Idee, Frauen das Zeitunglesen zu empfehlen oder ihnen Aspekte des Wahlsystems zu erklären. Zu der damit einhergehenden Unterstellung, die Angesprochenen interessierten sich nicht ausreichend für Politik oder verstünden nicht genug davon, gab es in der normalen Wahlpropaganda, die sich vor allem an männliche Wähler richtete, keine Entsprechung.[52]

Fazit

In diesem Beitrag habe ich dafür plädiert, die Geschlechterfrage in unsere Analysen einzubeziehen, um zu verstehen, wie politische Parteien Wählerschichten an sich zu binden versuchen. Die Geschlechterfrage hilft uns, die komplexen Zusammenhänge zu begreifen, die mit der Konstruktion einer politischen Anhängerschaft verbunden sind, und sie schafft eine kritische Distanz zu der eindimensionalen Art und Weise, in der die Bildung politischer Identitäten bisher oft verhandelt wurde. Vor dem Hintergrund dessen, was wir über Wählerinnenwerbung aus Ländern wie Großbritannien oder Deutschland wissen, habe ich mich außerdem bemüht, die besondere Situation in den Niederlanden herauszuarbeiten. Die niederländischen Parteien hielten viel länger an traditionellen Vorstellungen über ihre Wählerinnen fest als die britischen oder die deutschen – ein Umstand, der sich vielleicht einfach darauf zurückführen lässt, dass niederländische Frauen im Vergleich zu ihren britischen oder deutschen Geschlechtsgenossinnen auf dem Arbeitsmarkt unterrepräsentiert

---

52 Die CDA wurde offiziell erst 1980 gegründet, doch die Partei hatte schon 1977 unter diesem Namen an den landesweiten Wahlen teilgenommen. NA, Archief van het CDA, 1980–1988 (CDA-Archiv 1980–1988), Inv.-Nr. 228. Vrouw en politiek; ebd., Inv.-Nr. 199. CDA Vrouwenberaad Zeeland (1981) Verslag van de verkiezingsbijeenkomst 31 maart 1981 te Goes.

waren.[53] Anders als in England, wo die Frau als Arbeiterin und Konsumentin in den 1960er und 1970er Jahren zu einem integralen Bestandteil der politischen Auseinandersetzung zwischen Konservativen und der Labour-Partei wurde, fand sie sich in den Niederlanden bis in die 1960er Jahre fast ausnahmslos als Mutter und Hausfrau repräsentiert.

Dennoch kann man nicht behaupten, dass die niederländischen Parteien von einer naturgegebenen Stabilität der Geschlechterrollen und politischen Identitäten ausgegangen wären. Sie nahmen die politische Identitätsbildung durchaus als einen gegebenenfalls instabilen und kontroversen Prozess wahr. Zwei Umstände bestärkten die konfessionellen Parteien in dieser Wahrnehmung: Zum einen traten ihre Frauenorganisationen seit den 1950er Jahren selbstbewusster auf, zum anderen versuchten die Sozialdemokraten, die enge Verbindung zwischen Religion und Politik aufzulösen. Auch wenn sicherlich weitere Untersuchungen nötig sein werden, um diese These zu erhärten, dürfen wir doch mit gutem Grund annehmen, dass die Repräsentation der Wählerin eine wesentliche Rolle für die Konstruktion und den Erhalt von Stabilität im Sinne stabiler politischer Identitäten und Wählerschaften gespielt hat. Zunächst einmal waren sich weder die konfessionellen Parteien noch die Sozialdemokraten darüber im Klaren, wie sie Frauen in ihre Wählerschaften integrieren sollten. Frauen wurden in dieser Phase meist als die Ehefrauen des männlichen Kerns dessen angesprochen, was die politischen Parteien für ihre Wählerschaft hielten; eine Frau sollte ihre politische Identität daraus ableiten, dass sie mit einem sozialistischen Arbeiter verheiratet oder das Kind katholischer Eltern war. Das half den Parteien, ihre eigenen Wählermilieus zu konstruieren und zu bewahren, sowie die politische Zugehörigkeit als eine von der Wiege bis ins Grab während Lebensform zu begreifen, in welcher Mann und Frau als Einheit ab-

---

53 Janke Plantenga, Een afwijkend patroon. Honderd jaar vrouwenarbeid in Nederland en (West-)Duitsland, Amsterdam 1993; Anneke Ribberink, De verlokkingen van de theepot. Vrouwenarbeid in Nederland ter discussie, in: Wim van Noort/Rob Wichte (Hg.), Nederland als voorbeeldige natie, Hilversum 2006, S. 119–127.

stimmten. Frauen symbolisierten außerdem die Natürlichkeit der politischen Identität: Man musste sie nicht erst mit ideologischen Argumenten überzeugen, sondern sie lediglich lehren, diese Identität zu »verstehen« oder zu akzeptieren. Für das Imaginäre einer »versäulten« Gesellschaft, in dem jede politische Anhängerschaft als eine kompakte, stabile Gruppe mit einer auf »objektiven« Merkmalen wie Klasse oder Religion basierenden gemeinsamen Identität repräsentiert war, hatten sie deshalb eine ganz wichtige Funktion. Die permanente Anspielung auf ihre politische Unwissenheit förderte bei Frauen ein Selbstbild, das sie anfällig machte für die Vorstellung, sie müssten sich »erziehen« lassen und ihre politische Identität »verstehen lernen«. Dies änderte sich erst in den späten 1960er Jahren, als die zweite Welle der Frauenbewegung überkommene Frauenbilder infrage stellte. Doch der Diskurs von der weiblichen Unwissenheit erwies sich sogar in Parteien und Organisationen, die der Frauenbewegung ansonsten zugetan waren, als überaus hartnäckig.

Im vorliegenden Aufsatz ging es hauptsächlich um die politische Wahlwerbung für Frauen. Meines Erachtens ist die hier in Anschlag gebrachte Bewertung des Geschlechts als einer Schlüsselkategorie des politischen Diskurses aber durchaus geeignet, auch die Historiografie der Wahlen, der Parteien und der parlamentarischen Politik im Allgemeinen in ein neues Licht zu rücken. Möglicherweise liefert sie wichtige Hinweis auf die Frage, wie das Politische bis heute als männliche Domäne konstruiert wird. Das Problem der Integration von Frauen in den *demos* findet seine Entsprechung in der Schwierigkeit der parlamentarischen Integration von Frauen. Damit ist nicht nur die relativ geringe Anzahl weiblicher Abgeordneter gemeint, sondern auch die Inklusion von Frauen in eine männlich dominierte politische Kultur. Der sogenannte *emotional turn* der jüngsten politischen Geschichte bietet einen ausgezeichneten Anhaltspunkt, um sich weiter über die komplexen Wege Gedanken zu machen, auf denen weibliche (und männliche) Politiker die Grenzen politischer Verhaltenskodizes ausloten.

Aus dem Englischen von Bettina Engels

Über die Autorinnen und Autoren

Birgitta Bader-Zaar, Dr., Assistenzprofessorin am Institut für Geschichte der Universität Wien. Forschungsinteressen: Geschichte des (Frauen-)Wahlrechts; Grund- und Menschenrechte im Allgemeinen in Europa und Nordamerika; Geschichte der amerikanischen Sklaverei, insbesondere Selbstzeugnisse von Sklav_innen sowie die Antisklavereibewegung.

Birte Förster, Dr., Vertretung der Professur für Neuere und Neueste Geschichte an der Universität Bremen, habilitiert an der TU Darmstadt zu »Infrastrukturen als Koloniale Machtspeicher im Afrika südlich der Sahara, 1920–1970«. Forschungsschwerpunkte: Geschlechter- und Nationalismusforschung; Geschichte der Dekolonisierung Afrikas; Infrastrukturgeschichte. Veröffentlichungen: Der Königin Luise-Mythos. Mediengeschichte des »Idealbilds deutscher Weiblichkeit«, 1860–1960 (2011); mit Martin Bauch: Wasserinfrastrukturen und Macht von der Antike bis zur Gegenwart. Sonderheft der *Historischen Zeitschrift* 63 (2015).

Barbara von Hindenburg, Dr., Historikerin, sie war leitende wissenschaftliche Mitarbeiterin an der Freien Universität Berlin in einem DFG-Forschungsprojekt. 2017 veröffentlichte sie das »Biographische Handbuch« und eine biografische Analyse: Die Abgeordneten des Preußischen Landtags 1919–1933. Biographie – Herkunft – Geschlecht. Sie arbeitet als freie Historikerin und Publizistin. Zu ihren Schwerpunkten zählen das 19. und 20. Jahrhundert, Biografieforschung, neue Politikgeschichte sowie Frauen- und Geschlechtergeschichte.

Harm Kaal, Dr., Assistenzprofessor für Politikgeschichte an der Radboud University. Forschungsschwerpunkte: Sprache und Politik; Stadtplanung; Interaktionen zwischen Politik und Populärkultur; Geschichte der Wahlen. Zuletzt veröffentlichte er Aufsätze in *Contemporary European History*, in der *European Review of History*, *Women's History* und im *Archiv für Sozialgeschichte*.

Tobias Kaiser, Dr., Wissenschaftlicher Mitarbeiter der Kommission für Geschichte des Parlamentarismus und der politischen Parteien e.V., Berlin. Forschungsschwerpunkte: Europäischer Parlamentarismus; Gewalt und Polizei; Universitäts- und Wissenschaftsgeschichte. Ausgewählte Publikationen: Der Schutz eines »heiligen Ortes«. Eine kulturgeschichtliche Studie zur »parlamentarischen Polizeigewalt« im europäischen Kontext, Düsseldorf 2019 (in Vorbereitung); Eduard Baltzer (1809–1873) – ein enttäuschter 1848er-Revolutionär als Gründer des ersten deutschen Vegetariervereins?, in: Stefan Gerber u.a. (Hrsg.): Zwischen Stadt, Staat und Nation. Bürgertum in Deutschland [Festschrift für Hans-Werner Hahn zum 65. Geburtstag], Göttingen 2014, Bd. 2, S. 425–450; zusammen mit Heinz Mestrup (Hg.): Politische Verfolgung an der Friedrich-Schiller-Universität Jena von 1945 bis 1989. Wissenschaftliche Studien und persönliche Reflexionen zur Vergangenheitsklärung, Berlin 2012.

Malte König, PD Dr., Universität des Saarlandes. Forschungsschwerpunkte: Neuere und Neueste Geschichte Westeuropas; Vergleichende und transnationale Geschichtsschreibung; Nationalsozialismus und Faschismus; Geschlechtergeschichte; Medizingeschichte. Aktuelles Forschungsprojekt: Kosmopolitismus in der Praxis: Weltbürger, Europäisten und Nationalisten im Widerstreit 1919–1939. Ausgewählte Publikationen: Der Staat als Zuhälter. Die Abschaffung der reglementierten Prostitution in Deutschland, Frankreich und Italien im 20. Jahrhundert (Bibliothek des Deutschen Historischen Instituts in Rom, Bd. 131), Berlin 2016; Kooperation als Machtkampf. Das faschistische Achsenbündnis Berlin–Rom im Krieg 1940/41 (Italien in der Moderne, Bd. 14), Köln 2007.

Hedwig Richter, PD Dr., Historikerin am Hamburger Institut für Sozialforschung. Forschungsschwerpunkte: Europäische und US-Geschichte im 19. und 20. Jahrhundert; Demokratieforschung; Religion; Migration. Ausgewählte Publikationen: Moderne Wahlen. Eine Geschichte der Demokratie in Preußen und den USA im 19. Jahrhundert, Hamburg 2017; Geschlecht und Moderne. Analytische Zugänge zu Kontinuitäten und Umbrüchen in der Geschlechterordnung im 18. und 19. Jahrhundert, in: *Archiv für Sozialgeschichte* 57 (2017), S. 111–130; Transnational reform and democracy: election reforms in New York City and Berlin around 1900, in: *Journal of the Gilded Age and Progressive Era* 15 (2016), S. 149–175. Sie schreibt für die *Frankfurter Allgemeine Zeitung* und für die *Süddeutsche Zeitung*.

Marion Röwekamp, Dr., Professorin, Juristin, Historikerin; Inhaberin des Wilhelm-und-Alexander-von-Humboldt-Lehrstuhls am Colegio de México in Mexiko Stadt; Forschungsaufenthalte an der Columbia University, dem Mount Holyoke College und der Harvard University in den USA sowie der UNAM und dem Colegio de México in Mexiko. Forschungsschwerpunkte: Frauen und Recht; Exil und Erinnerungsgeschichte. Ausgewählte Publikationen: Sara L. Kimble / Marion Röwekamp, New Perspectives on European Women's Legal History, New York 2017; Julia Paulus / Marion Röwekamp, Eine Soldatenheimschwester an der Ostfront. Briefwechsel von Annette Schücking mit ihrer Familie (1941–1943), Paderborn 2015; Marie Munk. Rechtsanwältin – Richterin – Rechtsreformerin, Berlin 2014; Die ersten deutschen Juristinnen. Eine Geschichte ihrer Professionalisierung und Emanzipation 1900–1945, Köln u. a. 2011; Juristinnen. Lexikon zu Leben und Werk, Baden-Baden 2005.

Susanne Schötz, Professorin für Wirtschafts- und Sozialgeschichte an der TU Dresden. Forschungsschwerpunkte: frühneuzeitliche Handels- und Gewerbegeschichte; Geschichte der Arbeit; Wirtschafts- und Sozialgeschichte des Bürgertums und Kleinbürgertums; Geschichte der Frauenemanzipation und Frauenbewegung sowie zuletzt Geschichte der Stadt Leipzig im 19. Jahrhundert. Ausgewählte Publikationen: Geschichte der Stadt Leipzig. Von den Anfängen bis zur Gegenwart. Band 3: Vom Wiener Kongress bis zum Ersten Weltkrieg, Leipzig 2018; Geschichte weiblicher Erwerbsarbeit in Dresden im 20. Jahrhundert, Leipzig 2015; Leipzigs Wirtschaft in Vergangenheit und Gegenwart. Akteure, Handlungsspielräume und Wirkungen (1400–2011), Leipzig 2012.

Lutz Vogel, Dr., seit 2016 am Hessischen Landesamt für geschichtliche Landeskunde in Marburg tätig. Forschungsschwerpunkte: historische Migrationsforschung; Parlamentarismusgeschichte und hessische Landeszeitgeschichte. Ausgewählte Publikationen: Reformstau und Anpassungsdruck. Die Verwaltungsreformen im Königreich Sachsen in den 1870er Jahren vor dem Hintergrund der Reichseinigung, in: Gerold Ambrosius / Christian Henrich-Franke / Cornelius Neutsch (Hg.), Föderalismus in historisch vergleichender Perspektive, Bd. 6: Integrieren durch Regieren, Baden-Baden 2018, S. 335–366; Aufnehmen oder abweisen?. Kleinräumige Migration und Einbürgerungspraxis in der sächsischen Oberlausitz 1815 bis 1871, Leipzig 2014; zusammen mit Katrin Lehnert (Hg.), Transregionale Perspektiven. Kleinräumige Mobilität und Grenzwahrnehmung im 19. Jahrhundert, Dresden 2011.

Kerstin Wolff, Dr., Forschungsleiterin im Archiv der deutschen Frauenbewegung, Forschungsinstitut und Dokumentationszentrum – Kassel. Forschungsschwerpunkte: Geschichte der deutschen Frauenbewegung zwischen 1848 und 1970. Ausgewählte Publikationen: Kerstin Wolff, Anna Pappritz (1861–1939). Die Rittergutstochter und die Prostitution, Sulzbach i. Ts. 2017; mit Reinhold Lütgemeier-Davin (Hg.): Helene Stöcker – Lebenserinnerungen. Die unvollendete Autobiographie einer frauenbewegten Pazifistin, Wien u. a. 2015 (L'HOMME Archiv, Band 5); mit Bettina Kretzschmar: Volksgesundheit versus Geschlechtergerechtigkeit. Die Prostitutionsfrage in der Deutschen Gesellschaft zur Bekämpfung der Geschlechtskrankheiten, in: Mechthild Bereswill u. a. (Hg.), Intersektionalität und Forschungspraxis – Wechselseitige Herausforderungen, Münster 2015, S. 59–77.